KB093891

명화로 보는

오디세이아

"아무 일도 하지 않더라도

죽음을 피하기 어렵다면

어찌 죽음에 이르기까지

투쟁해 보지 않겠는가!"

–호메로스–

Odysseia Homeros

명화로 보는
오디세이아

호메로스 지음 | 강경수 엮음

《오디세이아》는 고대 그리스의 서사시로서 그 저자는 호메로스로 전해지고 있다. 시의 내용은 트로이아 전쟁 영웅 오디세우스의 10년간에 걸친 귀향 모험담이다. 이 때문에 서양 문학사에서는 모험담의 원형으로 주목된다.

《오디세이아》의 내용 중에는 이런저런 신비한 이야기나 폴리페모스 · 세이렌 등의 괴물이 등장하기 때문에, 아무도 실제 사건에 기초한 작품이라고 여기지 않았었다. 그러다가 트로이아 공성전 마지막 1년의 이야기를 다룬 《일리아스》가 사실에 근거한 것인지도 모른다는 주장이 제기된 후 연구를 진행한 결과, 오디세우스가 실제로 표류를 했다는 사실이 밝혀졌다. 대략 기원전 1178년 4월 16일경에 오디세우스가 귀환한 것이라는 학설이 있는데, 이는 《오디세이아》 내에서 묘사된 일식 등을 토대로 한 것이다. 이 같은 추정은 어디까지나 오디세우스의 귀환 날짜 추정 주장을 천문 자료로써 뒷받침할 수 있다는 뜻이지, 그 내용 자체가 역사적 사실이란 뜻은 아니다.

《일리아스》가 전쟁과 분노, 죽음에 관한 이야기라면 《오디세이아》는 쉽게 읽을 수 있는 모험담 같은 이야기이다. 또한 아군 적군 모두 사연이 있어 비극적이던 《일리아스》와는 달리 선악구도가 뚜렷한 편이다. 오디세우스가 없는 틈을 노려 오디세우스의 아내인 페넬로페에게 구혼을 한 자들도 당한 정도가 심하긴 하지만 이야기를 보면 확실히 오만한 데다가 무례하고, 오디세우스의 아들 텔레마코스를 죽이고 가문의 재산도 다 가로채려는 계획을 짜는 등 초지일관 악역으로 묘사된다. 또한 사람들의 선입견과는 달리 매우 살벌했던 고대 그리스의 사회나 문화를 생각하면 《오디세이아》 내에서의 잔혹성은 당시로선 크게 문제되지 않았을 것이다.

《오디세이아》는 시간순 구성 대신에 복합적인 구성을 채택하고 있다. 책의 서두는 고생을 한 오디세우스를 고향으로 보내주자는 신들의 회의 장면이고, 그다음은 오디세우스의 아들 텔레마코스가 아버지를 찾아나서는 이야기다. 중반에 가서야 요정 칼립소의 섬, 오기기아에서 7년간 붙들려 있던 오디세우스를 보여주고 이후부터 그의 모험 이야기를 쭉 나열해 간다. 후반부에 가서 오디세우스의 고향, 이타케에 도착한다. 그리고 나머지 반은 오디세우스가 자신의 아내에게 구혼했던 자들을 물리치는 이야기다.

엮은이 강경수

차 례

● 호메로스 예찬

이 작품은 신고전주의 미술의 거장인 장 오귀스트 도미니크 앵그르의 걸작이다. 앵그르는 1826년 루브르의 천장을 장식할 〈호메로스 예찬〉을 그려달라는 주문을 받아 이 듬해인 1827년에 이 작품을 완성했다.

그림 중경의 가장 높은 곳에 앉은 호메로스는 고대와 현대의 역사적 위인들로 이루어진 군집의 정점을 이루고, 호메로스의 뒤편에서는 승리의 여신 니케가 그에게 월계관을 씌 워주고 있다. 호메로스의 발아래에 앉아 있는 두 여인은 《오디세이아》와 《일리아스》의 의 인화인데, 작품을 상징하는 노와 검이 놓여 있다. 구도는 전체적으로 대칭을 이루고, 세부 는 사진에 가까울 정도로 세밀하게 묘사되어 있다.

제 1 부

전쟁의 종식

아가멤논 신화

　그리스와 트로이아 간의 전쟁은 결국 그리스의 승리로 끝이 났다. 그러나 그 전쟁으로 인해 헥토르와 아킬레우스 등 쌍방의 수많은 영웅들이 세상을 떠났으며, 살아남은 영웅들 또한 승자이건 패자이건 신의 분노로부터 온전할 수 없었다.

　오디세이아 이야기로 들어가기 전에, 살아남은 영웅들의 발자취를 따라가 보도록 하자. 먼저 그리스 연합군의 총사령관 아가멤논은 승전군의 수장이었지만, 그의 운명은 패장보다도 못했다. 아가멤논의 비극적인 운명은 오디세이아에서도 자주 거론되기에, 보다 자세한 설명이 필요하다.

　트로이아 전쟁 당시 그리스군의 총지휘관이었던 아가멤논은 메넬라오스의 형이었다. 아가멤논은

◀ 아가멤논의 가면
미케네성의 왕묘(王墓)에서 출토된 금제 가면. 미케네의 왕이자 트로이아 원정군의 총사령관이었던 아가멤논의 것으로 추정된다.

이피게네이아의 희생_ 샤를 드 라 포스의 작품

아가멤논이 사냥의 여신 아르테미스의 진노를 사서 바람이 전혀 불지 않았으므로, 트로이아 원정 길에 나선 그리스 군대가 아울리스항에서 출항할 수 없었다. 아가멤논왕은 예언자 칼카스의 조언에 따라 자신의 딸 이피게네이아를 아르테미스 여신에게 제물로 바치게 되었다. 그녀는 영웅 아킬레우스와 결혼한다는 구실로 고향에서 불려와, 여신의 제단에 산 제물로 바쳐질 뻔하였으나, 그녀를 불쌍히 여긴 여신이 한 마리의 사슴을 그녀 대신 제물로 바치고 그녀를 타우리스로 데려다가 여사제로 삼았다. 샤를 드 라 포스의 작품이다.

동생을 위해 트로이아 전쟁을 일으켰으나, 그의 최후는 동생과 달리 행복하지 못했다.

미케네의 왕 아가멤논이 트로이아 전쟁을 끝내고 10년 만에 고국으로 돌아온다는 소식이 미케네 왕궁에 봉화로 전달되었다. 아가멤논이 트로이아로 출정하기 전에 사냥을 하다가 아르테미스 여신의 사슴을 죽였고, 분노한 여신이 진중에 전염병을 퍼뜨리고 바람을 잠재워 배가 출발하지 못하게 만들자 아가멤논은 예언자의 조언대로 큰딸인 이피게네이아를 아르테미스에게 제물로 바쳤던 것이다(제사 때 이피게네이아가 실제로 살해당했다는 버전도 있고, 아르테미스가 이피게네이아를 몰래 빼돌려 사제로 삼았다는 버전도 있음).

아가멤논 때문에 큰딸을 잃었다고 생각한 클리타임네스트라는 남편에 대한 증오로 그가 트로이아 원정을 떠난 사이에 불륜을 저질렀다. 그리고 정부인 아이기스토스와 함께 미케네를 장악하고 남편을 죽이려는 음모까지 꾸미게 된다. 여기에 놀라운 사실 하나가 있는데, 클리타임네스트라의 정부인 아이기스토스가 아가멤논의 사촌 형제라는 점이다. 아가멤논의 아버지 아트레우스와 작은아버지 티에스테스는 서로 원수지간이었다. 티에스테스는 아가멤논의 어머니(형수) 아에로페와 불륜 관계를 맺었는데, 그것을 알아챈 형 아트레우스가 어느 날 동생을 초대해서 음식을 대접했다. 그런데 알고 봤더니 그 음식은 아트레우스가 티에스테스의 자식들을 요리한 것이었다. 이 사실에 분노한 티에스테스는 델포이 신전에 가서 형에게 복수할 방법을 물어보았고, 그와 딸 사이에서 태어난 아들이 복수를 해줄 것이라는 신탁을 받아냈다. 그 후 티에스테스는 자신의 딸을 겁탈하여 아이를 낳았는데,

티에스테스와 아에로페_ 노사델라의 작품

에우리스테우스왕의 죽음으로 아트레우스와 티에스테스 형제가 왕위를 이어받게 되자 티에스테스는 황금 양털을 가진 자가 왕이 되자고 제안한다. 아트레우스의 아내 아에로페는 시동생 티에스테스와 불륜에 빠져, 그가 왕이 되도록 돕지만 뜻을 이루지 못한다. 그림은 아트레우스의 황금 양털을 아에로페의 도움으로 훔치는 장면이다.

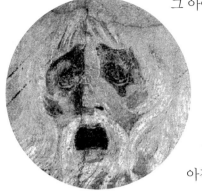

그 아이가 바로 아이기스토스였다.

결국 아가멤논은 미케네로 돌아와 그의 침실에서 클리타임네스트라와 아이기스토스에게 죽임을 당한다. 이들은 원래 아가멤논의 아들 오레스테스까지 죽일 작정이었다. 이 당시 오레스테스는 아직 어렸지만, 그가 성장하면 후환이 있을까 두려웠기 때문이었다. 그러나 오레스테스의 누나인 엘렉트라가 비밀리에 남동생을 포키스의 왕인 숙부 스트로피오스에게로 보내어 그의 생명을 구했다. 오레스테스는 스트로피오스의 궁전에서 왕자 필라데스와 함께 성장했는데, 그들 사이의 우정은 오늘

티에스테스 마스크
폼페이에서 출토된 빌라 줄리아 펠리체의 벽화이다. 티에스테스에게는 또 한 명의 아들이 있었다. 제우스의 아들로서 가문의 시조인 탄탈로스와 이름이 같은 탄탈로스다. 이 탄탈로스는 클리타임네스트라의 첫 번째 남편이었는데, 어린 아들과 함께 아가멤논에게 살해당했다. 아가멤논은 클리타임네스트라가 지켜보는 가운데 이들을 살해한 후 그 피범벅 위에서 그녀를 강제로 범했다고 한다.

날에도 여러 문학 작품에 등장할 정도로 돈독했다.

엘렉트라는 동생 오레스테스에게 종종 사자를 보내어, 아버지의 원수를 갚으라고 몇 번이고 상기시켰다. 성장한 오레스테스는 이에 대해 델포이 신전으로 가 신의 뜻을 물었다. 그때 받은 신탁은 그의 복수 결심을 더욱 공고히 하도록 만들었다. 그래서 오레스테스는 변장을 한 채 아르고스로 가서 스트로피오스의 사자라 사칭하고, 오레스테스의 죽음을 알리러 왔으며 그의 유골을 함에 넣어 가지고 왔다고 말했다.

그는 아버지 아가멤논의 묘로 가서 제물을 바친 뒤에 누이 엘렉트

라에게 자신의 정체를 밝혔다. 그리고 곧바로 아이기스토스와 클리타임네스트라를 찾아가 둘 다 죽여 아버지의 원한을 갚았다. 자식이 자기 어머니를 죽인 이 패륜 행위는 어머니가 저지른 죄와 신들의 명령으로 이루어진 것이어서 조금은 수긍하고 동정할 수 있었을망정, 사람들의 마음에는 큰 혐오감을 불러일으켰다.

결국 복수의 여신 에우메니데스는 오레스테스를 미치게 하여 각지

오레스테스의 복수_ 베르나르디노 메이의 작품
아가멤논의 아들 오레스테스가 아버지를 죽인 아이기스토스와 어머니 클리타임네스트라에게 복수하는 장면을 묘사하였다.

복수의 여신들에게 쫓기는 오레스테스_ 윌리앙 아돌프 부그로의 작품
복수의 여신들이 어머니를 죽인 오레스테스를 쫓으며 괴롭히는 장면이다.

를 유랑하게 만들었다. 그러자 친구인 필라데스는 그림자처럼 그를 따라다니면서 그의 뒤를 돌보아 주었다. 마침내 다시 오레스테스가 신의 뜻을 묻자, 스키티아의 타우리스로 가서 하늘에서 떨어졌다고 전해지는 아르테미스의 조각상을 가지고 오라는 신탁이 내려졌다. 이 신탁에 응하여 오레스테스와 필라데스는 타우리스로 갔다. 그러나 그들은 그곳의 야만인들에게 붙잡혔다. 모든 이방인을 잡아서 아르테미스에게 희생물로 바치는 그들의 관습대로 두 사람은 몸을 결박당한 채 아르테미스 신전으로 끌려갔다.

그런데 이 신전의 사제는 다름 아닌 이피게네이아였다. 이피게네이아는 오레스테스의 누나로, 그리스군의 제물로 희생되려는 순간 아르테미스가 구해 준 여인이다. 이피게네이아는 붙잡혀 온 그들이 누구인가를 알게 되었고, 그들에게 자신이 누구인지를 밝혔다. 결국 세 사람은 여신상을 가지고 미케네로 도망쳤다.

그러나 오레스테스는 복수의 여신들 손에서 벗어나지 못했다. 그는 아테나 여신에게 구원을 요청했다. 그러자 여신은 그를 보호해 주었고, 아레오파고스 법정에서 그의 운명을 재판했다. 복수의 여신이 그를 고소하였고, 오레스테스는 델포이 신탁에 따랐을 뿐이라고 말했다. 투표 결과 찬반의 수가 같았으므로, 오레스테스는 아테나의 규정에 따라 무죄로 석방되었다.

트로이아가 함락되자, 메넬라오스는 트로이아 전쟁의 단초를 제공한 헬레네를 다시 아내로 맞아들였다. 헬레네는 아프로디테 여신의 질투 탓에 메넬라오스를 버리고 파리스에게 가긴 했지만 여전히 자신의 남편을 사랑했다.

파리스가 죽은 뒤 헬레네는 은밀히 그리스군을 도왔다. 특히 오디세우스와 디오메데스가 팔라디온(아테나 여신상)을 가져가기 위해 변장을 하고 트로이아성 안으로 들어왔을 때 도움을 주었다. 그때 그녀는 오디세우스를 보자마자 바로 그 정체를 눈치챘지만 비밀

◀ **헬레네의 흉상_** 안토니오 카노바의 작품
헬레네는 그리스 최고의 미인으로, 파리스와 메넬라오스 사이에 갈등을 일으킨 결과 트로이아 전쟁의 원인이 되었다.

메넬라오스와 헬레네의 재회_ 요한 하인리히 빌헬름 티슈바인의 작품
메넬라오스는 트로이아 전쟁의 원인이 되었던 자신의 아네 헬레네를 트로이아성에서 만나, 그녀를
용서하고 다시 아내로 맞아들였다.

을 지켰고, 그들이 팔라디온을 가져가는 데 몰래 협조하였던 것이다.

헬레네와 메넬라오스의 화해가 이루어진 후, 두 사람은 그리스군의 선발대와 함께 트로이아의 해안을 떠나 스파르타로 향했다. 그러나 가는 도중에 신들의 기분을 상하게 하는 일을 저질렀고, 이에 신들이 일으킨 폭풍우를 만나 지중해 연안을 이리저리 표류하다가 키프로스, 페니키아, 이집트등을 떠돌게 되었다. 이집트에서는 크게 환대를 받았으며, 또한 많은 선물까지 받았다. 그중 헬레네가 받은 선물로는 금으로 만든 실타래와 바퀴 달린 바구니가 있었다.

마침내 메넬라오스와 헬레네는 무사히 스파르타에 도착하여, 다시 왕과 왕비로서 권위와 영화를 누린다.

오디세우스와 페넬로페

　제우스와 레다 사이에서 태어난 헬레네는 미의 여신 아프로디테 못지않은 미모로 유명하였다. 이에 여러 나라 군주 및 명망가 들이 소문을 듣고 그녀에게 구혼하려고 스파르타에 몰려들었다. 작은 도시국인 이타케의 오디세우스도 구혼자들 중 하나로 스파르타에 왔다. 그러나 참여한 구혼자들은 저마다 자신의 영지와 부를 자랑하였고, 결혼 지참금도 상상을 초월할 정도로 제시하였다. 결국 오디세우스는 구혼자들과 경쟁할 수 없다고 판단하여 그녀를 단념한다. 그러나 애초부터 헬레네가 그의 목적이 아니었다. 그는 아름다움보다는 현명하고 지조 있는 여인을 동경해 왔던 것이다. 그리하여 헬레네의 사촌인 페넬로페를 일찌감치 마음에 두고 있었다.

　스파르타의 왕이자 헬레네의 아버지인 틴다레오스에게는 근심이 많았다. 그는 수많은 구혼자 중 하나를 사위로 선택하면 선택받지 못한 다른 구혼자들이 불만을 품고 폭동을 일으킬까 두려워 선택을 주저하였다. 이때 오디세우스는 틴다레오스의 심중을 알아채고는 그에게 은밀히 다가가 자신의 생각을 말했다.

"틴다레오스 왕이여, 왕께서 근심하고 계시는 일을 해결할 만한 방책이 있습니다."

지혜가 넘치는 오디세우스인지라 틴다레오스는 그의 말에 반색을 하였다. 그러자 오디세우스는 헬레네의 사촌인 페넬로페를 자신의 아내로 맞이하는 대가로 이번 일을 성사시키겠다고 조건을 걸었다.

오디세우스라는 이름은 '증오받은 자'라는 뜻으로, 이는 오디세우스의 외할아버지인 아우톨리코스가 붙여준 것이다. 아우톨리코스는 귀족이었으나 도둑질과 거짓말에 능해 모두에게 미움을 받았는데, 그가 도둑질을 잘하게 된 내력은 그의 아버지 헤르메스가 전령의 신이자 도둑의 신이기도 한 탓이었다.

아우톨리코스가 시시포스의 소를 훔치다 걸려 자신의 딸을 시시포스에게 바쳤고, 그 딸이 이타케의 왕에게 시집을 가 오디세우스를 낳

시시포스_ 티치아노의 작품
그리스 신화에서 매우 교활한 인물로 유명한데, 들키지 않는 도둑 기술을 헤르메스로부터 물려받은 아우톨리코스조차도 그를 속이지는 못하였다. 아우톨리코스는 도둑질한 물건의 형태나 색깔을 바꿀 수 있는 능력을 가진지라 시시포스의 소를 훔친 뒤에 모양과 색깔을 바꾸었지만, 시시포스가 미리 소 발굽에 찍어놓은 표시 때문에 발각되고 말았다. 시시포스는 이를 계기로 아우톨리코스의 딸 안티클레이아에게 접근하여 어울렸다. 이 때문에 안티클레이아가 라에르테스와 결혼하여 낳은 오디세우스는 사실은 시시포스의 아들이라는 이야기도 전해신다. 사후에 시시포스는 신들을 기만한 죄로 커다란 바위를 산꼭대기까지 밀어 올리는 벌을 받았는데, 그 바위가 정상 근처에 다다르면 다시 아래로 굴러 떨어져 형벌은 영원히 되풀이된다고 한다.

았다고 한다. 다른 설로는 딸이 이타케의 왕과 결혼하기 전 시시포스와 연애하는 것을 내버려 두었는데, 내버려 둔 이유는 자기보다 더 영악한 외손자를 얻기 위해서였다고 한다. 시시포스는 명계(저승)의 대왕 하데스까지 직접 속여 넘긴 속임수의 명수였으니, 아우톨리코스가 탐을 낼 만도 하였다. 이렇게 오디세우스는 외할아버지의 도둑질 능력과 아버지 시시포스의 속임수 능력을 물려받아 지혜롭기가 천하제일이었다.

오디세우스의 제안을 받은 틴다레오스는 무조건 그의 말에 따르기로 하였다. 오디세우스는 헬레네의 많은 구혼자들을 불러놓은 후, 말 한 마리를 잡아 그 고기를 사방에 뿌리고 구혼자들을 그 고기 위에 올라서도록 했다.

"누가 헬레네의 신랑이 되더라도, 그 신랑이 재난에 처하게 되면 모두 도와주겠다는 맹세를 하십시오."

이렇게 오디세우스가 구혼자들을 설득하자 구혼자들은 모두 오디세우스의 말에 따르기로 약속하였다. 그래서 틴다레오스는 편안한 마음으로, 헬레네의 청혼자 중에서 가장 부자이자 아가멤논의 동생인 금발의 메넬라오스를 헬레네의 신랑으로 선택하였다.

오디세우스 덕분에 헬레네의 결혼 상대가 메넬라오스로 정해졌을 때에도 사소한 분쟁조차 일어나지 않았으며, 트로이아의 파리스가 헬레네를 납치했을 때에도 그리스의 영웅들이 각지에서 모여들어 트로이아 원정에 참전하였다.

오디세우스는 틴다레오스 왕의 도움으로 페넬로페와 결혼하였다. 그러나 페넬로페의 아버지 이카리오스는 딸을 곁에 두고 싶어서 셋

페넬로페를 데리고 고향 이타케로 돌아가는 오디세우스_ 장 자크 프랑수아 르 바르비에의 작품

이 함께 스파르타에서 살기를 원했다. 오디세우스는 가난했지만 이타케의 왕이었으므로, 이카리오스의 제안을 받아들이지 않았다. 그리고 페넬로페에게 남편과 아버지 중 한쪽을 선택하라고 했고, 베일로 얼굴을 가린 수줍은 신부 페넬로페는 오디세우스를 따라나섰다.

헬레네가 파리스에게 납치를 당하자 메넬라오스는 결혼 전에 오디세우스가 군웅들에게 맹세시켰던 조항을 부르짖으며 도움을 청했다. 그러자 메넬라오스의 형 아가멤논을 중심으로 거대한 그리스군이 결성되어, 트로이아 출정을 눈앞에 두고 있었다.

그때 그리스군의 유명한 예언자 칼카스는 "이 전쟁에 아킬레우스가 참전하지 않는다면 절대 승리를 할 수 없다"고 예언하였다. 이에 그리스군의 총사령관 아가멤논은 아킬레우스를 찾으려 했지만 그의 행방을 알 수 없었다. 또한 오디세우스의 모습도 보이지 않았다. 아가멤논은 팔라메데스에게 오디세우스와 아킬레우스를 찾아 전장에 나설 것을 명령하였다.

오디세우스는 페넬로페와 결혼하여, 아들 텔레마코스를 낳고 행복하게 살고 있었다. 그러나 자신의 지혜를 짜내어 헬레네의 구혼자들에게 맹세를 하게 한 것에 부담을 느껴서인지, 미친 척하며 외부와의 인연을 끊으려 했다. 아가멤논의 명령을 받은 팔라메데스가 이타케의 궁전에 도착했을 때, 페넬로페는 아기를 안고 궁전 앞을 산책하고 있었고 오디세우스는 황소와 나귀 뒤에 쟁기를 달고 밭을 일구고 있었다.

팔라메데스를 만난 페넬로페는 입을 열었다.

"요즘 오디세우스가 이상해져 괴상한 소리를 내며 밭에 씨앗 대신에 소금을 뿌리고 있어요."

밭을 가는 오디세우스_ 태피스트리(여러 가지 색실로 짠 그림) 작품이다.

오디세우스는 거짓으로 미친 사람 흉내를 내며, 전장에 나서지 않으려고 수를 쓰고 있었던 것이다.

팔라메데스는 오디세우스가 진짜 미쳤는지 시험해 보기로 하여, 페넬로페가 안고 있는 아기를 얼른 잡아채어 오디세우스의 쟁기 앞에 내려놓았다. 아기가 울음을 터뜨리자 오디세우스는 재빠르게 아들을 피해서 쟁기를 몰았다. 아기는 황소와 나귀의 발굽 소리에 놀라 더욱 크게 울어댔으나, 오디세우스는 여전히 흥얼거리고 있었다. 팔라메데스는 크게 웃으며 말했다.

"이타케의 왕인 오디세우스여, 아무리 미친 척하여도 소용이 없습니다."

오디세우스도 크게 웃으며 답하였다.

"꾀 많다는 나도 그대의 술책에 들통이 나버렸군요."

이렇게 해서 오디세우스는 사랑하는 아내 페넬로페와 작별하고 트로이아 전쟁에 나서게 되었다.

트로이아 전쟁

불화의 어신 에리스가 바다의 님페 테티스와 펠레우스의 결혼식장에 던진 황금 사과를 두고 헤라와 아프로디테, 아테나가 서로 다투다가 트로이아의 왕자 파리스가 심판을 내려 아프로디테가 주인이 되었다. 그 대가로 파리스에게 세상에서 가장 아름다운 여인을 아내로 맞게 해주겠다고 약속한 아프로디테는 스파르타의 왕비 헬레네의 사랑을 얻게 해주었다. 아내를 빼앗긴 메넬라오스가 형 아가멤논과 함께 트로이아 원정길에 나서 전쟁은 시작되었다.

그리스군의 아킬레우스와 오디세우스, 트로이아군의 헥토르와 아이네이아스 등 숱한 영웅들과 신들이 얽혀 10년 동안이나 계속되었는데 결국 그리스군의 승리로 끝났다. 그리스군은 거대한 목마를 남기고 철수하는 위장 전술을 폈는데, 여기에 속아 넘어간 트로이아군은 목마를 성안으로 들여 놓고 승리의 기쁨에 취하였다. 새벽이 되자 목마 안에 숨어 있던 오디세우스 등이 빠져나와 성문을 열어주었고, 그리스군이 쳐들어와 트로이아 성은 함락되고 말았다.

고대에는 이 전생의 역사적 사실성에 대해 전혀 의심하지 않았으나, 19세기의 비판적 역사 연구에서는 허구적 신화로 취급하는 풍조가 강하였다. 그러나 하인리히 슐리만이 1870년부터 트로이아 유적지를 발굴한 결과 두 나라 사이에 전쟁이 있었다는 역사적 근거를 얻었다. 1930년대에 미국의 블레겐은 트로이아 유적에 대한 과학적 재조사를 시행한 결과, 트로이아 전쟁이 사실성을 지닌다면 9층으로 이루어진 유적 가운데 B.C. 1250년의 것으로 추정되는 제7층이 여기에 해당한다고 주장하였다.

제 2 부

이타케의 혼란

텔레마코스와 멘테스

　뮤즈여, 그 용사의 이야기를 들려주소서! 트로이아성을 함락시킨 후 숱한 도시들을 방황해 온, 지략이 뛰어난 그 사나이의 이야기를. 그는 숱한 종족이 살고 있는 나라를 보고 풍속을 배워 바다에서 무수한 고뇌를 가슴 깊이 되씹으며, 자신의 생명을 지키고 부하들을 무사히 귀국시키려고 얼마나 애썼는가. 그러나 그토록 애쓴 보람도 없이 부하들을 구하지는 못했나니. 어리석은 그들이 하늘을 거니는 태양신의 소들을 잡아먹었기 때문에, 태양신이 그들로부터 귀국의 날을 빼앗아 버렸도다. 그들은 자신들의 못된 짓으로 인해 스스로를 멸망시켰도다. 그러한 이야기를 어느 대목부터라도 좋으니 제우스의 따님이시여, 원컨대 무엇이든 아는 바를 전해 주소서.

　전쟁에서 살아남은 군사들은 바다를 벗어나 모두 귀환했건만 오디세우스만은 그리운 아내와 고국을 그저 꿈속에서나 만나고 있을 뿐 돌아가지 못하고 있었다. 이는 여신들 사이에서도 고귀하고 젊은 님페 칼립소가 그와 결혼하기를 갈망하여 속이 텅 빈 동굴에 붙잡아 놓은 탓이었다.

마침내 세월이 흘러 여러 신들이 정해 놓은 귀국의 날이 돌아왔다.

하지만 그에게는 다시 고난의 길이 시작되었다. 다른 신들은 그에게 고국으로 돌아갈 운을 열어주었지만, 바다의 신인 포세이돈만은 노여움을 풀지 않고 아직도 그를 괴롭히며 그를 방황하게 만들었다.

마침 그즈음 포세이돈은 먼 곳에 살고 있는 아이티오페스족에게로 떠나고 없었다. 이 아이티오페스족은 인간 세계의 맨 끝에 살고 있었다. 그곳 사람들은 두 패로 나뉘어 한 패는 해가 뜨는 동쪽 땅 끝에, 다른 한 패는 해가 지는 서쪽 땅 끝에 살고 있었다. 포세이돈은 이들에게서 소와 양 들을 제물로 받기 위해 그곳으로 간 것이다.

한편, 올림포스의 신들은 신전에 모여, 인간과 신 들의 아버지인 제우스의 선언을 듣고 있었다. 제우스는 아가멤논의 아들 오레스테스가 아이기스토스를 살해한 사건으로 말미암아 모든 신들에게 주의를 환기코자 모이게 한 것이다.

"무슨 까닭으로 인간들은 우리 신들 탓을 한단 말인가. 재앙이란 재앙은 모두 우리에게서 비롯된다고들 하지만, 사실은 분수를 벗어난 자신들의 행동 때문에 타고난 운명보다 더한 고통을 당하게 마련이거든.

포세이돈 ▶
주로 바다를 지배하고, 제우스 다음가는 유력한 신이다. 오디세우스가 포세이돈의 자식인 거인족 폴리페모스의 외눈을 찌르고 도주하자 이에 화난 포세이돈은 그를 괴롭힌다.

이번 일만 하더라도 아이기스토스는 아가멤논의 아내 클리타임네스트라와 몰래 사통을 하여, 아가멤논이 트로이아에서 귀국하자 그를 살해하기에 이르렀지. 바로 자신의 파멸을 부르는 것인 줄 알면서도 말이지. 우리가 미리 저 훌륭한 파수꾼, 아르고스를 죽인 신 헤르메스를 사절로 보내어 아가멤논을 죽이지도 말고, 또 그의 아내를 탐하지도 말라고 일렀건만 말이오. 왜냐하면 그런 짓을 하면, 머지않아 아가멤논의 아들 오레스테스에게 복수를 당할 게 뻔한 일이니까. 헤르메스를 시켜 오레스테스가 비록 지금은 나이 어리고 타국에 있지만 장차 어른

고뇌하는 오레스테스_ 알렉상드르 카바넬의 작품
아버지 아가멤논의 복수를 위해 삼촌인 아이기스토스와 친어머니 클리타임네스트라를 살해한 오레스테스가 복수의 여신들로부터 자신의 죄악을 추궁받자 고뇌하는 모습이다.

이 되면 반드시 복수를 할 것이라고 간곡히 일렀건만, 아이기스토스는 이를 무시하여 결국 비참한 최후를 맞고 만 것이다.”

아테나 여신이 지혜로운 눈빛을 발하며 입을 열었다.

“오, 아버지! 천상의 신이시여, 그는 자기 죄에 합당한 징벌을 받았습니다. 그 누군들 그와 같은 죄를 짓고 천벌을 비켜 갈 수 있었겠습니까! 다만 내 마음은 오로지 저 불운아 오디세우스로 인해 어지러울 따름입니다. 그는 오랜 세월 동안 가족들과 동떨어져, 바다 한가운데의 외딴섬에 갇혀 지내고 있습니다. 하늘과 땅을 가르는 거대한 기둥을 짊어진 심보 고약한 아틀라스의 딸, 칼립소에게 붙잡혀서 말이에요.

그녀는 불운한 오디세우스를 감언이설로 꾀어 귀국을 단념케 하고 있습니다. 그러나 슬픔에 잠긴 오디세우스는 차라리 귀신이 되어서라도 고국 하늘에 피어오르는 연기를 보고 싶어 합니다. 오, 올림포스의 주인이시며 내 아버지시여, 어찌 그에게 관심을 갖지 않으십니까? 그는 저 넓은 트로이아 평야에서 제물을 바쳤고, 진중의 뱃전에서 주신께 정성을 다해 기원하지 않았습니까? 그런데도 어찌 당신은 그를 냉대하십니까? 오, 제우스 아버지시여!”

아테나 여신상 ▶
지혜, 전쟁, 기술, 직물, 요리 등을 관장하는 여신으로 투구, 갑옷을 입고 창, 방패를 든 여전사의 모습을 하고 있다.

아테네 도시에 대한 논쟁_ 메리 조제프 블롱델의 작품

아테나 여신은 아테네를 얻기 위해 바다의 신 포세이돈과 싸워야 했다. 아테나와 포세이돈이 아테네를 두고 경합하자 제우스는 평화적인 방법으로 이 문제를 해결하자고 제의했다. 둘 중에서 아테네 주민들에게 더 좋은 선물을 하는 쪽이 소유권을 인정받도록 하자는 제안이었다. 포세이돈은 자신의 무기 삼지창으로 땅을 찔러 샘이 솟게 하였고, 아테나는 그 샘 옆에 올리브나무를 하나 심었다. 주민들은 올리브 열매가 샘물보다 더 유용하다고 판정했다. 화가 난 포세이돈은 그때까지 아테나가 살던 아르카디아 지방에 홍수를 일으켜 심술을 부렸지만 결과에는 승복했다. 아테나는 홍수로 피폐해진 아르카디아를 떠나 아테네로 거주지를 옮겼다. 이때부터 아테나와 포세이돈은 앙숙 관계가 되어, 포세이돈이 오디세우스를 괴롭히자 아테나는 그를 도우려고 했다.

이에 그들을 불러 모은 제우스가 말했다.

"나의 딸아, 무슨 말을 그리 함부로 하느냐? 내 어찌 천하에 그 슬기를 당할 자 없고, 하늘을 다스리는 불사의 신들에게 제물을 바침에도 앞설 자 없는, 신에 못지않게 존엄한 오디세우스를 잊겠느냐? 하지만 대지를 뒤흔드는 포세이돈 신이 그토록 완고하게 고집을 부리고 있다. 오디세우스가 키클로페스족(식인종이며 거인족) 가운데 최고의 장사인 폴리페모스를 눈먼 장님으로 만들었기 때문이다. 무변대해의 영주 포르키스의 딸 토오사 님페가 바로 그의 어머니가 아니냐? 따라서 포세이돈은 오디세우스를 차마 죽이지는 못하고, 대신 귀국을 방해하여 방랑의 길로 내몰고 만 것이다. 그러나 우리 모든 신들이 오디세우스에게 귀국의 길을 열어준다면, 포세이돈 역시 마침내는 그 고집을 꺾고야 말 것이다. 설마 불멸의 신들에게 홀로 맞설 수는 없지 않을 것 아니냐?"

이렇게 말하자 빛나는 눈의 여신 아테나가 대답했다.

"저희들의 아버지 신이시며 크로노스의 아드님이시여, 모든 지배자 중에서도 가장 높으신 어른 제우스시여! 만약 마음 어진 오디세우스가 자기 집으로 돌아가는 일이 축복받으신 신들의 마음에 드신다면, 저 안내의 신이며 아르고스를 죽인 신인 헤르메스를 오기기아섬으로 가게 하도록 명령해 주세요. 당장에 긴 머리를 드리운 아름답고 젊은 님페에게 여러분의 확실한 생각을 전해 드리도록 말이에요. 나는 이타케로 달려가 오디세우스의 아들에게 용기를 불어넣어, 아카이아 사람들에게 알리게 하겠어요. 그런 다음 그를 스파르타와 모래가 많은 필로스로 보내어, 사랑하는 부친의 소식을 알아보게 하도록 하지요. 그러면 주변으로부터 좋은 평판을 얻게 될 테니까요."

이렇게 말하고 나서 아테나는 거룩한 황금으로 만든 훌륭한 샌들을 발목에 갈아 신었다. 그 샌들은 출렁이는 바닷길이든, 끝없는 육로든 가릴 것 없이 바람이 부는 대로 여신을 데려다 줄 것이었다. 또 예리한 청동 촉을 단 무겁고 튼튼한 창을 손에 들었다. 그 창은 이 위대

아르고스를 죽이는 헤르메스_ 루벤스의 작품
헤라 여신은 제우스가 사랑하는 여인 이오를 암소로 변신시켜, 그녀의 충복인 아르고스에게 감시를
맡겼다. 이에 제우스는 헤르메스에게 아르고스를 처단하고 이오를 풀어줄 것을 명령하였다. 지상으
로 내려온 헤르메스는 신의 옷을 벗어버리고 지팡이를 든 양치기의 모습으로 변장한 뒤, 피리를 불
며 아르고스에게 다가갔다. 아름다운 피리 소리를 들은 아르고스는 암소를 지키는 일이 지루했던지
양치기에게 자기 옆에 앉아서 피리를 계속 불어달라고 청했다. 헤르메스의 피리 소리에 아르고스의
많은 눈 중에 마지막 눈이 감기려 하고 있었다. 그러자 헤르메스는 숨겨 두었던 검으로 지체 없이
아르고스의 목을 베었다. 이후 헤르메스는 아르고스를 죽인 신으로 일컬어진다.

한 제우스의 딸이 자기를 격분시킨 무사들을 평정해 오곤 했던 무구
였다. 그러고는 올림포스의 높은 봉우리를 날아가 이타케섬에 내려,
오디세우스의 성 문 앞에 섰다. 여신은 청동 창을 손에 잡은 채, 오디
세우스와 아주 가까운 사이이자 타포스섬의 군주인 멘테스의 모습으
로 변신하였다.

성안에서는 페넬로페에게 구혼하기 위해 모인 자들이 저마다 자신
을 뽐내거나 문 앞에서 장기를 두면서 시간을 보내고 있었다. 그들이

깔고 있는 여러 장의 쇠가죽은 그들이 멋대로 죽여 없앤 소들의 가죽이었다. 이때 신통하게도 오디세우스의 아들 텔레마코스가 가장 먼저 아테나를 알아보았다. 그는 건달 같은 구혼자들 틈에 끼여 시무룩하게 앉아 있었다. 혹시나 아버지가 나타나 이 무례한 자들을 궁에서 쫓아내고 명예를 회복해 영토를 다시 다스려 주었으면 하고 바라고 있었던 것이다. 이런 와중에 아테나를 발견하고는 쏜살같이 문으로 달려 나왔다. 텔레마코스는 청동 창을 받아 들고 반색하면서 나는 듯한 목소리로 인사를 했다.

"어서 오십시오, 어르신. 어르신을 환영합니다. 편히 쉬시면서 식사도 하시고, 좋은 말씀도 들려주십시오."

멘테스로 변신한 아테나는 그를 따라 으리으리한 궁 안으로 들어갔다. 멘테스는 잘 닦은 창꽂이에다 아테나의 창을 세워 놓았다. 그 옆에는 오디세우스가 쓰던 창들이 가지런히 세워져 있었다. 그는 정교하게 조각한 무늬가 새겨진 안락의자에 아테나를 앉도록 발판을 놓아주었다. 그리고 긴 의자로 앞을 가로막아, 사람들이 가까이 접근하지 못하도록 하였다. 교만한 무리들과 자리를 같이하면 손님이 음식을 제대로 먹지 못할 뿐만 아니라, 혹 듣게 될지도 모를 아버지에 관한 소식을 잘 듣지 못하게 될까 봐 염려했기 때문이었다.

시녀가 아름다운 황금 항아리에 물을 떠다가 대야에 부어 아테나의 손을 씻게 했다. 그리고 곧 정갈한 음식들을 차려 내었다. 이때 거만한 건달 같은 구혼자들이 몰려들었다. 그들이 자리를 차지하고 앉자마자 시종은 그들이 손을 씻을 수 있도록 물을 떠다 바쳐야 했다. 시녀는 다시 빵을 날라 오고, 시종은 술을 부어 잔을 채웠다. 이윽고 그들은 맛있는 음식을 배불리 먹고 난 뒤 노래와 춤에 빠져들었다. 시종이 멋진 하프를 음유시인인 페미오스에게 건네주자, 그는 아름다운 선율에 맞춰 노래를 부르기 시작했다.

텔레마코스는 다른 사람들이 알아듣지 못하도록 아테나에게 속삭였다.

"어르신, 설마 제 말이 실례가 되지는 않겠지요? 저들은 춤과 노래에 미쳐, 보시는 것처럼 값도 치르지 않은 채 남의 재물을 퍼먹고 있습니다. 그것도 그 소유주의 백골이 어느 먼 육지에서 빗물에 썩어가는지, 아니면 바닷물 속에 잠겨 물결에 굴러다니는지도 모르는데 말입니다. 그 사람이 만일에 이 이타케로 돌아오기라도 한다면, 이들은 누구라도 할 것 없이 걸음아 날 살려라 하고 도망칠 것입니다. 금은보화나 옷을 남보다 많이 가지고 있더라도 말입니다. 하지만 지금으로서는 아까도 말했듯이 그 사람은 애꿎은 죽임을 당했고, 이제 저희들에겐 아무런 위안도 남지 않았습니다. 이 지상에 있는 인간들 가운데 그 누가, 아버지가 곧 돌아오신다고 말해 준다 하더라도 아무런 위로가 되지 않습니다. 아버지가 귀국하시리라는 희망은 완전히 사라지고 말았답니다. 그건 그렇고, 이젠 부디 분명히 말씀을 해주십시오. 당신은 어느 나라에서 오셨고, 또 양친은 누구신가요? 어떤 배를 타고 오셨으며, 어찌하여 뱃사람들이 이타케로 모셔 왔습니까? 도대체 그들은 어떤 신분의 사람들입니까? 이런 말을 묻는 건, 결코 걸어서 이 마을까지 오셨다고는 믿을 수 없기 때문입니다. 또 다음과 같은 점에 대해서도 사실을 말씀해 주십시오. 꼭 납득이 가도록 말입니다. 당신은 이타케를 처음 방문하시는 건지, 아니면 예부터 제 아버지와 절친한

텔레마코스와 멘테스_ 샤를 조제프 나투아르의 작품

분이신지, 그 점을 말입니다.

저희 집을 방문하신 여러 나라 분들이 퍽 많았으며, 아버지 또한 여러 나라 분들과 사귀고 계셨으니 말입니다."

그러자 아테나가 눈빛을 반짝이며 대답했다.

"자, 내 모든 것을 숨김없이 말하리다. 나는 안키알로스의 아들 멘테스이며, 노를 잘 젓는 타포스인들을 다스리는 영주올시다. 보시다시피 사공들을 데리고 이곳에 상륙하였소. 난 청동을 구하고자 테메세까지 거친 바다를 향해하였는데, 청동을 가득 실은 배는 지금 네이온 숲 아래 레이트론 항구에 정박해 있소. 그대의 부친과 나는 전부터 친교가 두터웠소. 당신의 조부이신 라에르테스께 가서 여쭤보면 알 것이오. 내가 지금 여기 온 것은 그대의 부친께서 이미 귀국하셨다는 소리를 들었기 때문이오. 그런데 아, 신들은 아직도 그의 발목을 붙잡고 있는 모양이구려. 내 감히 예언을 한마디 하리다. 내 비록 예언자도 아니고 새를 보고 점을 치는 술법도 익히지는 못했으나, 이것은 신께서 내게 계시해 준 바이니 반드시 성취되리라 믿소. 비록 족쇄가 채워져 있을망정 앞으로 그분께서 귀향할 날이 그리 멀지는 않았소이다. 지략이 뛰어난 분이니까 반드시 고국 이타케로 돌아오실 것이오. 자, 이젠 그쪽에서 흉금을 터놓고 말해 보시오. 그대는 혹시 오디세우스의 아들이오? 머리며 영롱한 눈빛이며 부친을 많이 닮은 것 같기는 하오만."

그 말에 현명한 텔레마코스가 대답했다.

"저도 솔직히 이야기하겠습니다. 제 어머니께서는 제가 오디세우스의 아들이라고 언제나 말하곤 하십니다. 하지만 저로선 알지 못합니다. 누군들 스스로의 출신을 분간할 수 있겠습니까? 만약 제가 자기 재산을 누리면서 늘그막까지 살 수 있는, 운수 좋은 사람의 아들이었다면 얼마나 좋았겠습니까! 당신께서 물으시기에 말씀드립니다만, 우리 아버지로 말하면 사람들 중에서도 가장 불행한 분입니다."

멘테스와 텔레마코스가 새겨져 있는 그리스 도자기 ▶

이에 아테나가 텔레마코스를 위로했다.

"진실로 신께서 장차 그대를 이름 없는 가문에 속하게 하시지는 않을 것이오. 페넬로페 부인께서 그대처럼 훌륭한 장부를 낳으셨으니. 그건 그렇고, 도대체 무슨 잔치가 벌어진 거요? 이게 웬 소동이란 말이오? 그냥 단순한 술자리요, 아니면 결혼 잔치요? 게다가 객들이 이다지도 버릇없이 온 집안을 휘저으며 술들을 마시고 있다니! 손톱만큼이라도 상식이 있다면, 저런 염치없는 짓거리를 하지는 않을 것이고, 누군들 저런 꼴을 보고 분개하지 않을 수 없을 거요.."

사려 깊은 텔레마코스가 대답했다.

페넬로페와 어린 텔레마코스_ 조셉 라이트의 작품
페넬로페는 남편 오디세우스가 트로이아 전쟁에 출정하여 없는 중에도 텔레마코스를 훌륭히 키워낸다.

"그렇지요. 아버님께서 계셨을 때에야 저희 집안은 참으로 풍요로웠고, 또한 남들도 우러러보았지요. 하지만 이제 신들께서는 제 아버님을 형편없는 존재로 만들어 놓으셨습니다. 차라리 아버님께서 트로이아 전쟁에서 전사하셨거나, 또는 심한 부상으로 전우의 품에서 운명하셨다면 이처럼 원통하지는 않겠습니다. 그렇다면 아카이아의 모든 군인들이 아버님의 묘지를 만들어 거룩한 장례라도 치러 넋을 달래주었을 테니까요. 또한 아버님의 자손인 저에게도 오디세우스의 아들이라는 명예를 남겼겠지요. 그러나 거센 파도는 아무런 영광의 자취도 없이 아버님을 쓸어가 버렸습니다. 어디서도 아버님의 흔적을 볼 수도 없고, 들을 수도 없습니다. 단지 우리에게는 슬픔과 한탄만이 남았습니다. 사정이 이러한데도 신들께서는 또 다른 비극을 주셨습니다. 보십시오. 둘리키온과 사메, 정글의 땅 자킨토스, 그리고 암석지대인 이타케 등에 사는 무뢰배 같은 영주들이 몰려와 어머니께 구혼하면서 재산을 축내고 있습니다. 어머니께선 이 치욕스러운 요구를 뿌리칠 힘이 없기에, 그들은 더욱 기승을 부리며 저희 집 재산을 탕진하고 있어서 머잖아 저는 알거지가 될 판입니다."

그 말에 분노한 아테나가 말했다.

"아, 이럴 수가 있단 말인가. 오랫동안 집을 비운 오디세우스의 귀국을 바라는 것도 무리는 아니오. 지금처럼 소식을 알 수 없기 전, 당신의 아버지 오디세우스는 에피라에 사는 메르메로스의 아들 일로스를 찾아갔었소. 청동 화살촉에 바르기 위한 독약을 구하러 말이오. 물론 이 독약은 사람을 죽이는 것이었지. 그러나 영원하신 신들을 두려워하는 일로스가 그의 부탁을 거절하였소. 하지만 우리 아버님께서는 흔쾌히 독약을 나눠 주셨지. 아버님은 오디세우스를 무척이나 아끼고 계셨기 때문이오. 그는 우리의 환대를 받으며 술을 마시고 매우 즐거워했었지. 지금 그가 돌아와 이 성 입구에 선다면, 투구를 쓰고 방패와 두 개의 창을 들었던 옛날 그대로의 모습일 것이오. 그러면 이 몰염치한 구혼자들을 응징할 수 있을 거요. 그때의 용맹을 발휘한다면 저들은 삽시간에 놀라 혼비백산하여 흩어질 거요. 하지만 지금 저 무례한 구혼자들을 몰아내는 일은 바로 그대의 손에 달려 있소. 자, 그러니 내가 하는 말을 마음에 새겨 두오. 내일 아침 아카이아인 남자들을 회합에 소집하여 모두에게 이렇게 선언하시오. 신들을 입회 증인으로 모시고 말이오. 구혼자들한테는 저마다 자기 집으로 돌아가도록 말하고, 또 어머님께는 만약 결혼하고 싶으시면 그토록 위세가 당당하다는 친정댁으로 돌아가라고 말하시오. 그렇게 하면 어머니의 친정에서 결혼 준비를 해줄 것이오. 퍽 많은 지참금도 마련해 주실 테지. 사랑하는 딸한테 주기에 알맞을 만큼 충분하게 말이오. 그리고 이제 그대에게는 현명하게 처신할 수 있는 방도를 따로 가르쳐 줄 테니, 그걸 잘 지키도록 하오. 그대는 스무 명이 탈 만한 크기의 아주 빠른 배 한 척을 준비하여 아버님의 소식을 수소문해 보시오. 혹시 누군가 부친에 관한 이야기를 들려줄지도 모르는 일 아니겠소? 어쩌면 신의 소리라도 듣게 될지 누가 아오? 우선 필로스로 가서 고매한 네스토르를 만나본 다음, 스파르타로 가서 금발의 메넬라오스왕을 찾으시오. 그는 아카이아의 군인 중에서 맨 마지막으로 귀국한 분이니까. 혹시 아버님께서 살아 계시다는 소식을 듣게 되거든, 1년만 더 참고 기다리시오. 만약 그가 죽었다면 즉시 고국으로 돌아와 분묘를 만들고 훌륭한 장례식을 치른 뒤 어머님을 개가시키도록 하시오. 그다음 심사숙고하여 공개적으로든, 혹은 비밀스럽게든 저 건달들을 처리할 대책을 강구하시오. 언제까지나 어린애 노릇만 할 수는 없지 않겠소? 그대는 저 오레스테스의 드높은 명성을 들어보지 못했소? 그는 자기 아비를 살해한 아이기스토스를 베어 세상에 이름을 떨쳤소. 보아하니 그대는 참으로 곧고 장대하구려. 자, 용맹을 떨쳐 후세 사람들이 그대의 이름을 기리도록 하시오. 이제 나는 일행을 찾아 배로 돌아가야겠소. 너무 오래 지체해서 화를 낼지도 모르니. 부디 내 말을 명심하기 바라오."

텔레마코스는 떠나려는 아테나를 만류했다.

"이렇게 아버님처럼 자상하게 말씀해 주시는데, 어찌 새겨듣지 않겠습니까? 다만 아무리 갈 길이 바쁘시더라도 목욕이나 하시고 기분을 푸신 다음에 저의 정성이 담긴 선물을 받아 가시지요. 여독도 좀 풀겸 해서요."

그 말에 빛나는 눈의 아테나가 대답했다.

"아니오, 이제는 더 만류하지 마시오. 무엇보다도 갈 길이 바빠 마음이 조급한 참이니. 만일 그대가 친절한 마음을 보여주고 싶다면, 다음 번에는 선물을 고맙게 받겠소."

네스토르 ▶
필로스의 왕이다. 트로이아 전쟁이 일어났을 때는 60세가 넘은 노인이었으나, 두 아들과 함께 90척의 배를 이끌고 그리스의 트로이아 원정군에 참가했다. 노년임에도 불구하고 전술에 뛰어나, 총사령관 아가멤논도 그의 작전을 신뢰하였다.

여신은 이렇게 말하고 나서 훌쩍 떠나갔다. 빛나는 눈의 여신은 새처럼 하늘 높이 사라져 갔다. 그러나 텔레마코스의 가슴에는 힘과 용기를 불어넣었고, 전보다도 더한층 아버지 생각이 나게 해주었다.

텔레마코스는 이제까지의 상황을 곰곰이 생각해 보고 마음속으로 크게 놀라지 않을 수 없었다. 왜냐하면 그와 같이 있었던 이가 분명 신임이 틀림없다고 느꼈기 때문이다. 이 젊은 성주는 곧장 구혼자들이 있는 곳으로 가서 다시 한자리에 앉았다. 그리고 아직도 저 훌륭한 음유시인이 낭송을 계속하고 있는 모습을 모두 앉아서 숙연히 귀를 기울이고 있는 모습을 보았다. 노래는 때마침 아카이아 군사의 귀국 대목에 접어들어, 아테나 여신의 지휘 아래 트로이아로부터 돌아올 무렵의 비통한 이야기를 엮고 있는 참이었다.

위층 내실에서 이카리오스의 딸 페넬로페가 이 곡을 듣고는 두 시녀를 거느린 채 층계를 천천히 내려와 구혼자들의 무리 앞에 나섰다. 얼굴은 반짝이는 면사포로 가린 채였다.

그녀는 촉촉이 젖은 눈망울을 들어 음유시인에게 말했다.

"페미오스여, 그대는 사람들을 즐겁게 해줄 수많은 노래나 영웅과 신 들의 행적을 노래한 곡들을 잘 알고 있을 거요. 제발 부탁건대, 그 구슬픈 노래만은 그만두고 다른 노

페넬로페_ 단테이 게이브리얼 로세티의 작품
남편이 트로이아 원정을 떠난 지 20년에 달하는데도, 많은 구혼자에게 지금 짜고 있는 자수가 다 되었을 때 결혼한다고 약속하고, 낮에 짠 천을 밤에 풀어 시간을 벌면서 정절을 지켜냈다.

래들을 불러주시오. 가뜩이나 슬픔과 고통이 자꾸 밀려드는데, 그 노래를 들으니 가슴이 무너지는 것 같다오."

영특한 텔레마코스는 어머니를 조용히 위로했다.

"어머니, 왜 음유시인 페미오스의 노래를 막으십니까? 자기 마음 가는 대로 부를 수 있도록 가만히 놔두시지요. 허물은 음유시인에게 있는 것이 아니라, 제우스께 있습니다. 신께서는 사람들에게 각기 생각나는 대로 운명을 던져 주시는 겁니다. 따라서 저 음유시인이 사람들의 불운을 노래할지라도 그것을 책망할 수는 없는 노릇이지요. 더구나 이 노래는 사람들이 애창하는 명곡이랍니다. 들을수록 새로운 맛이 우러나는 곡이지요. 어머니, 제 말 좀 들어보시지요. 트로이아에서 불귀의 객이 된 것은 아버님뿐만 아닙니다. 기분이 정히 그러시다면, 어서 방으로 돌아가셔서 쉬도록 하시지요. 시비는 사나이들에게 맡겨 두시고요. 제가 알아서 처리하겠습니다."

페넬로페는 아들의 말에 크게 놀라 자기 방으로 되돌아갔다. 그럴 수밖에 없는 것이, 아들의 의젓한 말에 가슴 깊이 감동했던 것이다. 그리하여 시녀들을 데리고 2층으로 올라가서 그리운 남편 오디세우스의 생각에 눈물만 흘리고 있었다.

한편 구혼자들은 넓고 그늘진 응접실에서 떠들썩하게 지껄여 대며, 저마다 그녀의 침대 옆자리를 차지할 수 있기를 바라고 있었다. 이제 의젓하게 자란 텔레마코스는 좌중을 둘러보며 입을 열었다.

"내 어머니의 구혼자들이여, 우리가 모여서 즐길지언정 시끄럽게 굴지는 맙시다. 신의 음성과도 같은 저 음유시인의 하프 소리에 조용히 귀를 기울였다가, 내일 아침이 오면 다시 한자리에 모이도록 합시

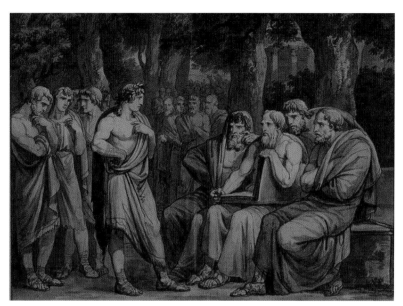

구혼자들에게 당당히 말하는 텔레마코스_ 바르톨로메오 피넬리의 작품

다. 그러면 내 뜻한 바를 숨김없이 밝히겠소. 오늘은 일단 흩어져서 배들을 채우기 바라오. 내일이면 그대들은 이 집에서 떠나야 할 테니까. 만일 우리 집의 재물을 계속해서 탕진할 생각이라면 어디 마음대로 해보시오. 나도 불멸의 신들에게 호소하겠소. 다행히 제우스 주신께서 복수의 길을 허락하신다면, 그대들은 결코 이 집에서 밖으로 나가지 못하는 불행을 맞이할 것이오."

텔레마코스의 당찬 말에 좌중은 모두 놀라고 말았다. 왜냐하면 그는 조금 전의 애송이 같은 모습이 아니었기 때문이다. 이때 에우페이테스의 아들 안티노오스가 말했다.

"텔레마코스, 진실로 신께서 그대에게 능력을 주셨단 말이오? 비록 그대가 그대 부친의 상속자인 것은 분명하나, 바다로 둘러싸인 이곳

텔레마코스의 항변_ 로버트 스머크의 작품
텔레마코스는 무례한 구혼자들 틈에서 묵묵히 지냈으나, 멘테스의 도움으로 용기를 얻어 구혼자들에게 항변을 한다.

이타케성의 주인이 되는 걸 제우스께서 용인하실지는 알 수 없는 일이 아니오?"

그러자 텔레마코스가 대답했다.

"안티노오스 님, 아닌 게 아니라 내가 말하고 싶은 건, 당신은 언짢아하실지 모르겠습니다만, 어떻든 나는 주신인 제우스께서 허락을 하신다면 마다하지 않겠습니다. 오디세우스께서 돌아가셨으니 누군가가 그의 자리를 계승해야 할 것이 아니오? 따라서 나는 신처럼 위대하신 오디세우스께서 자식인 내게 남겨주신 이 궁과 종들의 주인이 될 것입니다."

그러자 폴리보스의 아들 에우리마코스가 나섰다.

"텔레마코스여, 누가 이 바다로 둘러싸인 이타케섬에서 아카이아인들의 군주가 되느냐 하는 것은 신들의 뜻에 달린 일이다. 하지만 자네 집 재산은 자네 스스로 확보하고, 성 또한 자네가 직접 지배하도록 하는 게 좋겠지. 이타케에 사람들이 계속 살고 있는 동안은 자네 의사를 거슬러 폭력으로 자네 재산을 빼앗으려는 이가 절대로 없기를 빌겠네. 다만 그대에게 묻노니, 아까 그 손님은 보아하니 행색이 천민 같지 않아 보였는데, 무슨 연유로 이곳에 왔으며, 어디에서 왔는가? 친척은 어디 있고, 고국은 어디인가? 그대 부친의 소식을 가져온 것인가? 그처럼 서둘러 돌아간 이유가 무엇인지 알고 싶구려."

그 말에 텔레마코스가 답했다.

"에우리마코스여, 진실로 내 부친께서 돌아오실 날은 영원히 사라지고 말았소이다. 이제 그분에 관한 소식은 일절 믿지 않을 생각이오. 어머니께서 집으로 불러들인 점쟁이가 들려주는 이야기도 그렇고. 그런데 조금 전에 오셨던 손님은 제 아버님과 오랜 친구이신 타포스섬 사람입니다. 용감한 기상을 가진 안키알로스의 아들 멘테스라는 분으로, 항해에 익숙한 타포스의 영주이지요."

텔레마코스는 이렇게 말했으나, 마음속으로는 그가 불사의 여신인 줄 알고 있었다. 이렇게 하여 그들은 어두워질 때까지 춤과 시를 즐겼다. 그렇게 즐거움에 취해 있는 동안 밤은 깊어지고, 그들도 그제야 잠자리를 찾아서 제 집으로 돌아갔다.

그들이 떠나자 텔레마코스도 전망 좋게 지어진 자신의 침실로 돌아왔다. 그러나 이런저런 생각으로 잠이 오지 않았다. 그때 늙은 시녀인 에우리클레이아가 관솔불을 들고 그의 곁에 다가왔다. 그녀는 어릴 때부터 키워 왔던 텔레마코스를 매우 아끼고 있었다. 텔레마코스는 침대에 앉은 채 감촉이 부드러운 튜닉을 벗어, 어질고 현명한 에우리클레이아에게 건네주었다. 그녀는 그것을 차곡차곡 잘 매만져 놓고는 방을 나간 뒤 가죽끈을 단 빗장을 지른 다음 물러갔다. 텔레마코스는 잠옷을 입고 누워, 아테나 여신이 일러준 여행에 관해 생각하느라 오래도록 몸을 뒤척였다.

'멘토'의 어원

'멘토(Mentor)'라 함은 오늘날 현명하고 신뢰할 수 있는 상담 상대, 지도자, 스승, 선생의 의미로 쓰이고 있다.

'멘토'라는 단어는 《오디세이아》에 나오는, 오디세우스의 충실한 조언자의 이름에서 유래한다. 이타케 왕국의 오디세우스왕의 가장 친한 친구였던 멘토르가 오디세우스왕이 20여 년간 전쟁을 치르는 동안 왕의 아들 텔레마코스를 맡아 그의 친구요 스승이자 상담자로, 때로는 아버지 역할을 하며 그를 훌륭한 사람으로 양육한 것에서 유래했다.

그 후로 '멘토'라는 단어는 지혜와 신뢰로써 한 사람의 인생을 이끌어 주는 인생의 안내자, 지도자, 본을 보이는 사람, 자기 내면을 드러내 놓고 고민을 나눌 수 있는 상담자, 훌륭한 스승이라는 의미로 사용되고 있다.

'멘토링'은 멘토가 왕의 아들을 훌륭히 양육하기까지의 과정에서 비롯된 표현이다.

◀아테나 여신은 멘토르로 변신하여 텔레마코스를 올바른 길로 안내한다.

제 3 부

텔레마코스가 나서다

구혼자들과 논쟁을 벌이다

　새벽의 여신 에오스가 장밋빛 손가락을 뻗치기 시작할 무렵, 오디세우스의 사랑하는 아들 텔레마코스는 잠자리에서 일어나 옷을 입었다. 그는 훌륭한 검을 어깨에 둘러메고 튼튼한 신발을 신었다. 그러고서 방을 나서는데, 그 모습은 마치 오디세우스가 다시 돌아온 것 같았다. 그는 곧바로 젊은 시종을 시켜, 장발의 아카이아 사람들에게 집회장으로 모이라고 알렸다. 구혼자들이 모여들자, 그는 청동 창을 들고서 그들 앞에 모습을 드러냈다. 날랜 사냥개 두 마리가 그의 뒤를 따랐다. 아테나 여신이 그의 배후에 빛을 뿌려주자 사람들은 그의 신비로운 모습에 경탄해 마지않았다. 그가 부친이 늘 앉던 자리에 앉자 노인들이 옆으로 비켜섰다.

　그러자 매우 늙어 허리가 굽었기는 하나 박식한 노인인 아이깁티오스가 먼저 말문을 열었다. 그가 먼저 말을 꺼낸 데에는 나름대로 이유가 있었다. 노인의 사랑하는 아들인 안티포스가 오디세우스를 따라

텔레마코스가 소집한 집회에서 열변을 쏟는 아이깁티오스

큰 배를 타고 트로이아 출정에 나섰기 때문이다. 그런데 이 창을 잘 쓰는 무사는 난폭한 거인족인 키클로페스의 동굴 속에서 최후를 맞이했다. 그 외에도 아이킵티오스에게는 세 명의 아들이 더 있었는데, 하나는 에우리노모스로 구혼자의 무리에 끼어들었고, 나머지 두 아들은 아버지의 일을 돕고 있었다. 그런데도 그는 죽은 아들을 잊지 못해 항상 비탄에 잠겨 살아왔다. 여느 때와 같이 아들 생각에 몹시 울고 난 아이깁티오스는 좌중을 향해 고개를 들었다.

"이타케의 동지들이여, 내가 먼저 한마디 하겠소이다. 여태껏 한 번도 우리는 모임이나 집회를 연 적이 없소. 존엄한 오디세우스께서 배를 타고 떠난 뒤로는 말이오. 그런데 지금 이렇게 집회를 소집한 사람은 누구시란 말이오? 무슨 급한 일이라도 생겼소? 외적이 쳐들어 온다는 급보라도 날아온 거요? 우리를 소집한 이가 누구든 그분은 진실한 분일 터이니, 그분에게 행운 있으라! 제우스여, 그분이 뜻한 바를 모두 이루게 하소서.”

이렇게 말하자 텔레마코스는 내심 흐뭇해하며 더 이상 오래 앉아 있을 필요 없이 빨리 이야기를 하려고 집회장 한가운데로 가 섰다. 그러자 사려 깊은 전령 페이세노르가 그의 손에 단장을 쥐어 주었다.

“노인장이시여, 여러분을 이렇게 모이도록 한 것은 바로 나입니다. 외적이 쳐들어온다는 급보를 받았거나, 모두에게 알려야 할 일이 있어서가 아니라, 나의 집안에 불어닥친 일련의 불행을 알릴 목적으로 여러분을 모이도록 했습니다. 모두 알다시피, 나는 고귀한 아버님을 잃었습니다. 한때는 여러분을 다스렸던 왕이셨고, 또한 부모와 같이 인자하셨던 분이지요. 그런데 지금은 그분의 집안이 무참히 몰락해 버릴 지경에 몰렸습니다. 현재 내 어머니께서는 여러 곳에서 온 구혼자들 때문에 심한 고통을 받고 계십니다. 다들 어찌 그리도 비겁하고 모질게 굴 수 있는지요. 내 외조부를 찾아가면 될 게 아닙니까! 그분께서 손수 혼수도 장만해 주실 거고, 또 그분 눈에 잘 보인다면 기꺼이 사위로도 삼으실 텐데요. 그런데도 날마다 내 집으로만 몰려와 소를 잡거나 양과 살진 염소를 잡는다, 술잔치를 벌인다 해서 야단법석을 떠니, 천금을 쌓아두어도 버텨낼 재간이 없답니다. 기울어지는 집안을 일으켜 줄 아버님 같은 분은 계시지 않고 말입니다. 이렇게 가다가는 그야말로 불쌍한 신세로 늙어 죽게 될지도 모르는데, 그것을 모면할 길은 없는 것 같습니다. 내게 힘이 있다면야, 이렇게 방관하지는 않겠지요. 구혼자들의 작태는 정말 눈 뜨고 볼 수 없습니다. 여러분, 신들의 분노가 두렵지 않으십니까? 도리에 어긋나는 행동을 밉게 보시고 무언가 근본적으로 바꿀 조치를 하실지도 모를 일이니까요. 올림포스의 제우스 주신과 집회를 주재하시는 테미스 여신의 이름으로 여러분들에게 바라나니, 아비를 잃은 슬픔을 조용히 맛볼 수 있게 내버려 두십시오. 내 아버지께서 아카이아인들에게 끼친 해를 복수할 심산으로 나와 내 집안을 해코지하는 게 아니라면, 제발 자제해 주십시오. 여러분들이 내 재산을 축내고 가축을 잡아먹는 것은 사실 겁나지 않소이다. 언젠가는 그 대가를 치르게 될 테니까요."

이렇게 말하고 나서 그는 갑작스레 감정이 끓어올라 눈물을 쏟았다. 그러자 순간 동정심이 좌중을 사로잡았다. 모든 사람들이 누구 할 것 없이 조용해지면서 감히 텔레마코스에게 반박의 말을 할 엄두도 못내는데, 이때 안티노오스가 침묵을 깨고 입을 열었다.

"텔레마코스여, 그대는 우리를 모욕하고 비난할 생각이오? 잘못은 우리 구혼자들에게 있는 게 아니라, 교활한 그대 어머니에게 있소이다. 그녀가 우리 구혼자 무리를 속여온 건 이미 3년을 지나 4년째가 되어가고 있소.

안티노오스의 흉상 ▶
페넬로페의 구혼자인 안티노오스는 그리스어로 '적개심'이라는 뜻이다. 호메로스의 《오디세이아》에 따르면, 트로이아 전쟁에 출정한 오디세우스가 전쟁이 끝난 뒤에도 돌아오지 않자, 오디세우스가 다스리던 이타케섬에는 그의 아내 페넬로페에게 구혼하는 무뢰한들이 들끓었다. 안티노오스는 그들 가운데 우두머리격 인물이었다.

페넬로페 베 짜기_ 존 윌리엄 워터하우스의 작품
구혼자 선택을 미루는 빌미의 하나로, 페넬로페는 시아버지의 수의(죽을 때 입는 옷) 짜기를 시작하고는, 그 수의 마련이 끝나면 구혼자들 중 한 사람을 고르겠노라고 했다. 그러고는 낮에는 베를 짜고 밤이 되면 짠 베를 풀었다. 이것이 유명한 〈페넬로페 베 짜기〉라는 것인데, 이 말은 오늘날 세월이 가도 언제 끝날지 알 수 없는 일, 끝내 마치지 못하는 일을 가리킬 때 쓰인다.

그녀가 마음에도 없는 거짓 약속을 남발해 모두를 들뜨게 만든 건 한두 번이 아니었소. 방 안에 큰 베틀을 놓고 길쌈을 하면서 이렇게 말하였소.

'고귀하신 여러 구혼자들이시여! 이제 영주이신 오디세우스께서도 돌아가셨으니, 아무리 혼사가 급하시더라도 이 길쌈을 마칠 때까지만 참아주소서. 뽑아놓은 실을 헛되이 버릴 수야 없지 않겠습니까? 제 시아버지이신 라에르테스께서 운명하실 때를 대비해 미리 수의나마 만들어 놓을까 합니다. 그분께서 많은 재산을 두고도 수의 하나 입지 못

베를 짜는 페넬로페

하시고 돌아가신다면, 아카이아 땅의 모든 부인들이 저를 나무라겠지요.'

사정이 이러하기에 우리 구혼자들은 참고 지낼 수밖에 달리 도리가 없었소이다. 그러나 그대의 모친은 낮에는 베를 짜고 밤에는 그것을 다시 풀어 자그마치 3년이란 세월 동안 우리 구혼자들의 인내를 모욕하고 조롱해 왔소. 그러다가 해가 바뀌면서 한 시녀가 비밀을 폭로하자, 마침내 그녀는 싫든 좋든 길쌈을 끝맺게 된 것이오.

이쯤 되면 그대도 우리들의 입장을 이해했으리라 믿고, 이제 구혼자들을 대표해 요구하겠소. 그대의 모친을 어서 친정으로 보내시오. 그래서 친정아버지께서 선택하는 사람이나 본인 마음에 드는 구혼자와 결혼하게 하시오. 만일 그녀가 아테나 여신께 받은 지혜를 함부로 악용하여, 아카이아의 젊은 구혼자들을 계속해서 농락할 생각이라면 어디 한번 그렇게 해보라고 하시오. 그 옛날 머리칼이 아름다웠다는 티로(살모네우스의 딸)나 알크메네(헤라클레스의 어머니), 아름다운 비녀를 꽂았다는 미케네 등도 페넬로페처럼 간교하지는 않았소. 마치 신의 사주라도 받은 듯이 앞으로도 기만적인 행동을 계속한다면, 우리 구혼자들은 그대의 가산을 탕진할 것이오. 그녀가 결혼식을 올리기 전까지는 아무도 돌아가지 않을 것이오."

그 말에 현명한 텔레마코스가 대답했다.

"안티노오스여, 절대로 이 집에서 어머니를 그 의사에 반대하여 쫓아낼 수는 없습니다. 그분은 나를 낳고 길러 주신 분이오. 아버님의 생사조차 모르는 터에 만일 내가 자진해서 어머니를 친정으로 돌려보낸다면, 외조부님 이카리오스께 너무 무거운 부담을 안겨드리게 되오. 다시 말해서 어머니의 아버님한테서도 지독한 보복을 당할 것이고, 또 신들께서도 이에 덧붙여 벌을 내리실 겁니다. 만약 어머니가 이 집을 나가실 때에, 나를 저주하기 위해서 무서운 복수의 여신들을 불러들이실 경우에는 말이오. 게다가 세상 사람들도 나에게 비난을 퍼붓게 될 것입니다. 그런 까닭에 나로서는 도저히 그런 말을 입에 담을 수 없습니다. 만약 당신들이 마음 한구석에라도 수치감을 느낄 줄 안다면 이 집에서 당장 나가 주십시오. 그리고 내 집을 떠나 다른 곳에서 향연을 즐기시오. 그러나 내 집안의 제물을 축내는 데 재미를 붙였다면, 어디 마음대로 해보시오. 나는 불사의 신들께 호소하리다. 다행히 제우스께서 내 기도를 들어주신다면 여러분들도 반드시 좋지 못할 것이외다."

텔레마코스의 말에 대답하려는 듯, 제우스 주신이 높은 산봉우리로부터 두 마리의 독수리를 날려 보냈다. 그 두 마리의 독수리는 한참 동안 바람을 따라 날개를 펼치고 날아갔는데, 이윽고 시끄럽게 웅성대는 집회장 한가운데의 높은 하늘에 이르자, 날개를 푸드덕거리며 빙글빙글 돌다가 군중의 머리 위로 날카로운 눈초리를 보냈다. 그 눈빛에는 파멸의 조짐이 나타나 있었다. 그리고 사나운 발톱으로 서로의 볼과 목 언저리를 할퀴어 뜯다가, 이 번화한 도시의 지붕 꼭대기 위에서 동쪽 하늘로 쏜살같이 사라졌다. 사람들은 독수리가 하는 짓을 자기들 눈으로 똑똑히 보았기 때문에 무척 놀라며, 도대체 무슨 일이 일어나려는 조짐일까 하고 궁금해했다.

그러자 이번에는 마스토르의 아들인 할리테르세스가 좌중을 향하여 말했다. 그는 새를 이용해서 점을 잘 치고 운명을 읽을 줄 아는 사람이었다.

"이타케섬 여러분, 이제부터 내가 하려는 말을 잘 들어

텔레마코스 집회 상공의 독수리_ 얀 스티카의 작품
텔레마코스의 말에 부응이라도 하는 것처럼 독수리 두 마리가 나타나 사람들에게 암시를 하는 장면이다.

보시오. 특히 구혼자 여러분한테 알려주기 위해 이런 말을 하려는 바이오. 당신들한테 이제 무서운 재앙이 덮쳐 오고 있으니 말이오. 오디세우스가 가족들 곁에서 멀리 떠나 있는 것도 곧 끝날 것이오. 아마도 그는 지금 우리 가까이 와서 당신들을 처단할 계획을 세우고 있는지도 모르오. 그뿐만 아니라, 이타케에 사는 모든 이들에게도 그 화가 미칠지 모르겠소. 그러니 일이 터지기 전에 어서 대책을 세웁시다. 재앙을 막아야 합니다. 나는 결코 헛된 소리나 지껄이고 다니는 사람이 아니오. 그리스군사들이 오디세우스왕과 더불어 트로이아로 출항할

때도 말한 바 있지만, 이제 만사가 그의 뜻대로 되어가고 있소. 갖은 고난을 겪으며 부하를 다 잃은 그가 아무도 모르게 20년 만에 고국으로 돌아오게 되리라고 내 예언하지 않았소? 자, 보시오. 이제 모든 것이 내 예언대로 될 것이오."

그러자 폴리보스의 아들 에우리마코스가 할리테르세스의 말을 반박했다.

"노인이여, 집으로 돌아가 당신 자식들 점이나 쳐주시지. 잘못해서 이다음에 어떤 재난이라도 당하지 않도록 말이오. 하지만 오디세우스에 관한 일이라면 당신보다 내가 훨씬 뛰어난 예언자일 거요. 태양을 쬐며 날아다니는 새는 많지만, 아무 새나 전조를 물어다 주는 것은 아니오. 오디세우스는 이미 머나먼 타국에서 오래전에 죽었소이다. 당신도 그와 함께 죽었더라면 오죽이나 좋았겠소? 그랬더라면 그따위 엉터리 같은 예언도 못 했을 거고, 가뜩이나 화가 나 있는 텔레마코스의 가슴에 부채질도 하지 않았을 텐데 말이오. 내 영감께 분명히 말해 두지만, 서 푼어치 지식에 의지해 예언이랍시고 함부로 입을 놀렸다간, 머지않아 자신에게 크나큰 고통이 돌아갈 거라는 사실을 명심하기 바라오. 그리고 텔레마코스, 그대에게도 충고를 한마디 하겠소. 어머니를 친정으로 보내시오. 일가친척이 혼인 잔치를 베풀고 값비싼 예물들을 마련하면, 그 모든 혜택이 인자하신 어머니한테로 돌아갈 터. 그래야만 아카이아의 대장부들도 이 시끄러운 청혼을 그만둘 거요. 앞으로 어떤 일이 벌어지든 우린 결코 겁날 게 없소. 그대가 무슨 소리를 하든, 저 노인이 예언이니 뭐니 하며 함부로 지껄여 대도 아무 소용이 없소이다. 괜히 미움만 더 사게 될 뿐이라는 걸 알아두시오.

그대의 어머니가 결혼 문제로 우리 구혼자들의 속을 태우는 한, 이 집안의 재산이 축나는 걸 막을 수 없는 노릇 아니오?"

이에 영리한 텔레마코스가 말했다.

"에우리마코스여, 그리고 의기양양하신 구혼자 여러분, 이젠 내 어머니에 대한 당신들의 그 뛰어난 의견을 더 이상 당신들한테서 바라지도 않거니와 더 이상 거론하지도 않겠소이다. 왜냐하면 신들이나 이곳의 여러분이나 이미 모두 알고 있는 사실이니까요. 그보다도 이젠 빠른 배와 20명의 동행자를 준비해 주십시오. 나를 도와 여행을 무사히 끝내고 돌아오도록 말입니다. 이제부터 나는 오래도록 집을 나간 채 돌아오실 줄 모르는 아버님의 귀국 소식을 알아보기 위해서 스파르타와 모래 언덕이 많은 필로스로 떠날 작정입니다. 혹시 세상 사람들 가운데 제우스 신으로부터의 소식을 들을 수 있지나 않을까 해서 말입니다. 그리고 아버님이 살아서 귀국하셨다는 소문이 들리기만 한다면, 고생이 되더라도 앞으로 1년쯤이야 더 참을 수도 있겠지요. 하지만

제우스 ▶

제우스는 원래 그리스 땅 북방으로부터 침입한 그리스 민족의 주신으로, 은혜로운 비를 내리게 하는 천공을 신격화한 것이었다. 이것이 크레타섬을 중심으로 한 이 지역의 주신과 동일한 신으로 간주되고, 마침내 헤시오도스나 호메로스의 2대 서사시 《일리아스》《오디세이아》 등을 통해 여러 가지 신화와 전설이 융합되어 오늘날까지 전해지고 있다.

멘토르와 텔레마코스
오디세우스는 트로이아 전쟁에 참가하게 되자 연장자인 멘토르에게 집안일과 아들 텔레마코스의 교육을 부탁하였으며, 멘토르는 이 부탁을 들어주려고 노력하였다.

만약에 이미 돌아가셔서 이 세상 사람이 아니라는 소문을 듣는다면, 그때엔 곧 그리운 고국으로 돌아와 아버님을 위해 무덤을 쌓고, 아버님에게 어울리는 훌륭한 장례식을 치르기로 하겠습니다. 그리고 어머님은 새 남편에게 내주도록 하겠습니다."

텔레마코스는 이렇게 잘라 말하고 그제야 자리에 앉았다. 그러자 여러 사람들 틈에서 멘토르라는 사람이 일어서 말을 하였다. 그는 오디세우스의 친구로서 출정을 앞둔 오디세우스로부터 가족과 집안일을 맡아달라는 부탁을 받았었다.

"우리 이타케섬의 여러분, 내가 이제부터 말하려는 걸 처음부터 끝까지 잘 들어 주시기 바랍니다. 이제부터는 왕홀을 가진 군주라 할지라도 그에게 친절과 인자함을 결코 기대하지 맙시다. 또한 정의의 마음을 구하지도 맙시다. 오로지 불의와 몰인정만을 바랍시다. 왜냐하면 여길 보시오. 단 한 명도 신성한 오디세우스를 생각해 주는 이가 없지 않습니까! 그는 일찍이 우리 모두의 군주로서, 친아버지처럼 인자하게 선정을 베풀었는데도 말이오. 그렇다고 해서 내 여기 있는 여러 젊은 구혼자들을 꾸짖고자 하는 건 아니오. 다만 난폭한 행동을 일삼으며 옛 주인의 살림을 망치고 있는 무리들을 보면서도, 꿀 먹은 벙어리처럼 가만히 있는 여러분들에게 적잖이 실망했다는 걸 말하는 것이오. 이렇게 많은 사람들 중에서 이까짓 몇몇 구혼자들을 꾸짖어 혼내 줄 사람이 정말 하나도 없단 말이오?"

그에 대해 에우에노르의 아들 레오크리토스가 공박을 했다.

"얼빠진 멘토르여, 무슨 당치도 않은 말을 하는가! 사람들을 부추겨 우리를 제지해 보겠다고? 천만의 말씀! 당신들보다 수적으로도 월등한 우리들을 대적하기는 어려울 거요. 오디세우스가 살아 돌아와, 온통 먹자판을 벌인 구혼자들을 내쫓으려 하더라도 그 부인께서 그다지 반기지는 않을 것이오. 벌써 수적으로 우세한 우리들과 싸워 봤자, 얻을 것은 죽음밖에 없으니까! 그러니까, 아예 그따위 말일랑은 입 밖에 내지 마시오. 자, 이제 지루한 회합 따위는 끝났으니, 모두 집으로 돌아들 가시오. 항해 준비는 멘토르와 할리테르세스가 하게 될 거요. 두 사람 다 대대로 이 집안의 하수인들이었으니까! 그러나 결국은 헛물만 켜게 되겠지. 항해라는 게 결코 쉬운 일이 아니거든."

이렇게 소리 높여 말하고는 성급하게 집회를 해산시켰다. 사람들이 각자 자기 집을 향해 돌아가는 동안 구혼자들은 군주 오디세우스의 성으로 걸음을 옮겼다. 그러자 텔레마코스는 사람들 곁을 떠나 바닷가로 나가, 잿빛 바닷물로 손을 씻고는 아테나 여신께 기도를 드렸다.

"부디 제 소원을 들어주십시오. 어제 저를 찾아오셔서 말씀하시기를, 뽀얗게 안개 서린 바다로 나가 이토록 오랫동안 돌아올 줄 모르는 아버님의 귀국에 대해 알아보도록 제게 권고해 주시지 않았습니까? 그런데 그 일에 대해서 오만한 구혼자들이 온갖 수단으로 저를 방해합니다."

그의 기도에 아테나 여신은 멘토르의 모습을 빌려서 위엄 있는 목소리로 텔레마코스에게 말했다.

"텔레마코스여, 앞으로는 그렇게 비겁하거나 어리석게 행동하지 마시오. 그대가 진실로 위대한 오디세우스의 피를 이어받았다면 말이오. 그대의 아비였다면, 이런 일쯤은 말이 채 떨어지기도 전에 실행에 옮겼을 것이오. 정말 그대의 몸 안에 부친의 힘과 용기가 깃들어 있다면, 성공적인 항해가 될 것이오. 그러나 진정 그분의 후예가 아니라면 그대의 소원은 결코 이루어지지 않을 것이오. 그건 그렇고…… 만약 그대가 이후에도 겁을 먹고 약해지거나 분별을 잃지 않으면, 또 오디세우스의 슬기로운 꾀가 조금이나마 그대한테 남아 있다면, 그렇다면 이일을 해낼 가능성은 충분하오. 그러니 지금 분별없는 구혼자들의 꾀나계획 따위에 신경을 쓸 필요는 없소. 그들은 참으로 어리석은 데다 분별도 없거니와 정의감조차 상실한 이들이니, 죽음에 대해 전혀 분간을 못 하고 있는 것이오. 그런 일이 그들의 코앞에 닥쳐왔고, 하루 동안에모두가 죽임을 당하게 될 것도 모르고 있으니까. 어쨌거나 그대가 열심히 준비하는 여행은 더 이상 방해를 받지 않을 것이오. 왜냐하면 내가부친의 친구로서 그대 곁에 있으니 말이오. 빠른 배도 물론 마련해 주겠고, 또 나도 함께 따라가도록 하겠소. 그러니 그대는 지금 집으로 돌아가 구혼자들과 함께 있도록 하시오. 그리고 식량 준비를 하되, 무엇이든 그릇에 담아 배에 싣도록 하오. 포도주는 두 귀가 달린 항아리에담고, 무엇보다도 중요한 보릿가루는 탄탄한 가죽 자루에 넣도록 하시오. 나는 곧바로 거리로 나가, 도와줄 사람들을 불러 모으도록 하겠소.

그리고 배 같은 건 바다로 둘러싸인 이 이타케섬에 새것 낡은것 할 것 없이 얼마든지 있으니까, 그 가운데서 어떤 것이 가장 적합할지를 내가 조사해 보겠소. 곧 모든 준비를 마치고 넓은 바다로 떠나도록 합시다."

아테나 여신의 말에 텔레마코스는 더 이상 꾸물대지 않았다. 신의 말씀이었기 때문이다. 그러나 그는 무거운 가슴을 안고 집을 향해 걸음을 옮겼다. 집 안에서는 무법천지의 구혼자들이 안뜰에서 산양의 가죽을 벗기고, 살찐 암퇘지를 불에 굽는 등 제멋대로 행패를 부리고 있었다.

안티노오스가 큰 소리로 웃으면서 텔레마코스를 향해 곧바로 다가오더니, 그의 손을 꽉 잡으며 말했다.

"이 성급한 젊은 열변가여! 그 맹렬한 말과 생각만으로도 이젠 충분하겠지. 자, 다시 전과 같이 우리와 더불어 먹고 마시기나 하세. 하지만 자네의 항해 일은 우리 모두가 알아서 해줄 걸세. 배 준비와 능숙한 뱃사람들의 뒷바라지 말이야. 한 시바삐 신성한 필로스에 도착하여 자네 아버지의 소식을 들을 수 있도록 말일세."

텔레마코스는 안티노오스의 손을 가볍게 뿌리치며 대답했다.

"나는 교만한 사람들과 같이 식사하고 싶은 생각이 없소이다. 당신들은

◀ 구혼자들이 벌인 난장판을 묘사한 도자기 그림

그동안 날 어린애로 취급하면서 내 집의 재산을 함부로 낭비해 왔소. 그런데도 아직 직성이 풀리지 않는단 말이오? 나도 이제 성인이 되었소. 앞으로는 내 의지대로 판단할 테요. 필로스로 가서 원조를 받든지, 아니면 이 고장에서라도 그대들을 혼내 줄 방도를 찾을 것이오. 자, 내가 말한 항해가 당신들한테는 허튼 짓으로 보이겠지만, 나는 남의 배를 얻어 타서라도 항해를 할 작정이오."

이러는 사이에 구혼자들은 여기저기서 먹고 마시고 떠들어 대느라 분주했다. 그중에는 텔레마코스에 대해 심하게 욕지거리를 하는 사람도 있었고, 또 이렇게 빈정거리는 사람도 있었다.

"정말이지 텔레마코스는 우리를 죽이려고 여러 가지로 궁리하는 모양이군! 아마 모래 언덕이 많은 필로스에서 누군가 자기편 사람을 데려올 모양인가? 아니면 스파르타에서 데려올 생각인 건가? 이렇게 성급히 서둘러 댄단 말이야. 혹은 비옥한 에피라 땅으로 가서 독약을 얻어다가 술에 타서 우리에게 먹이려는지도 모르지."

그러자 또 다른 구혼자가 끼어들었다.

"글쎄, 누가 아나? 그가 배를 타고 떠난 다음, 가족들로부터 멀리 떨어져서 방황하는 동안에 죽게 될는지. 마치 오디세우스처럼 말이지. 그렇게 되면 우리에겐 얼마나 귀찮은 일이겠나? 그의 재산을 여럿이서 나누어 갖느라고 갖가지 번거롭고 복잡한 일이 생기겠지. 하지만 이 집만은 그 녀석의 어머니한테 주어야 할 거야. 아니면 누구든지 그녀와 결혼하는 사나이에게 주도록 하지."

이렇게 공론을 하는 동안에 텔레마코스는 지붕이 높고 널따란 부친의 광으로 갔다. 그곳에는 황금과 청동의 기구들이 잔뜩 쌓여 있었으며, 궤 속에는 옷들이 가득 들어 있었고, 좋은 향기를 풍기는 올리브 기름도 많았다. 거기에는 또 여러 해 묵은 달콤한 포도주를 담은 통들도 즐비했다. 질서 있게 벽을 향해 잘 정돈된 채, 마치 오디세우스가 온갖 고생 끝에 언젠가는 고국에 돌아올 것을 기다리고 있는 듯했다. 그곳은 꼭 맞는 겹문짝으로 닫혀 자물쇠로 잠겨 있었으며, 늙은 하녀 에우리클레이아가 밤이나 낮이나 온 정성을 다해 지키고 있었다.

텔레마코스는 그녀를 광으로 불러들여 일러두었다.

"여기 포도주를 두 귀가 달린 항아리에 따라주게. 유모가 소중하게 모셔 놓았던 것 다음으로 좋은 걸로 말일세. 저 불운한 아버님, 제우스의 후손인 오디세우스가 죽음의 운명을 벗어나 언젠가는 돌아오시겠지 하고 유모가 아껴둔 것 다음의 걸로 말일세. 12개의 항아리에 가득히 담아서 모두 잘 봉해 두게나. 그리고 탄탄히 꿰맨 가죽 자루에 보릿가루 두 말만 담는 거야. 이 일은 유모 혼자만 가슴속에 간직해 두고 아무한테도 알리면 안 되네. 그리고 지금 말한 물건을 모두 한곳에 모아두게. 저녁때가 되면 내가 가지러 올 테니까. 어머님이 2층 방으로 올라가 주무실 때쯤 해서 말이지. 나는 이제부터 그리운 아버님의 소식을 알아보기 위해 스파르타와 필로스로 떠날 작정이네. 혹시나 무슨 이야기라도 들을 수 있을는지 모르니까 말이야."

이렇게 말하자 마음 착한 유모 에우리클레이아는 울음 섞인 목소리로 호소하였다.

"아, 어쩌다 이런 생각을 다 하시게 되었는지요? 사랑하는 도련님, 애지중지 귀여움만 받던 몸으로 어찌 그 먼 곳까지 가신다는 말씀입니까? 오디세우스 그분은 이미 머나먼 객지에서 운명하셨나이다. 도련

님마저 여길 떠나시면 저 몹쓸 구혼자들이 무슨 짓을 저지를지 뻔합니다. 간계를 부려 이 집안의 재산을 모두 나눠 차지하겠지요. 그러니 그냥 여기 계세요. 괜히 재난을 자초하지 마세요."

그 말에 현명한 텔레마코스는 대답했다.

"힘을 내요, 유모. 신의 도움도 없이 이번 계획을 무작정 세운 게 아니니까. 그보다도 자, 나한테 맹세해 주게. 어머님한테 절대로 이 일을

어린 텔레마코스와 페넬로페, 유모 에우리클레이아_ 루이 장 프랑수아 라그르네 1세의 작품
텔레마코스는 아버지 오디세우스가 없는 동안에 어머니 페넬로페와 유모 에우리클레이아의 보살핌을 받으며 성장해 간다.

말하지 않겠다고. 아무튼 지금으로부터 열하루째, 아니면 열이틀째가 되기 전에는 말이야. 또는 어머님께서 먼저 내가 없는 걸 알아차리시고, 이미 떠나 버렸다는 소식을 아실 때까지는 말일세. 너무 우시거나 해서 아름다운 얼굴이 상하지 않았으면 좋으련만."

텔레마코스의 유모인 에우리클레이아는 신의 이름을 걸고 굳게 맹세했다. 그러고는 곧바로 항아리에 포도주를 채우고, 튼튼한 가죽 자루에 보리를 담기 시작했다. 그사이에 텔레마코스는 광을 빠져나와 구혼자들 틈에 섞여 들었다.

한편 지혜의 여신 아테나는 텔레마코스로 변신하여 온 성을 돌아다니면서 사람들을 만나, 밤에 정박해 있는 배로 모이도록 조처하였다. 그런 다음 프로니오스의 아들 노에몬에게 가서 빠른 배 한 척을 부탁하여 쾌히 승낙을 얻어냈다. 해가 지고 사방이 어두워지자 아테나는 선원들을 모아놓고 그들의 용기를 북돋아 주었다. 그리고 나서 오디세우스의 집으로 가서 구혼자들의 눈에다 깊은 잠을 퍼부었다.

아테나 여신은 멘토르로 변신하여 텔레마코스를 불러내 말했다.

"텔레마코스여, 채비를 마친 동지들이 지금 배에서 그대를 기다리고 있소. 자, 어서 갑시다. 갈 길이 늦어지면 곤란하오."

아테나 여신의 흉상 ▶
아테나 여신은 오디세우스의 아들 텔레마코스를 돕기 위해 멘토르로 변신하여 조언을 하는가 하면, 때로는 텔레마코스로 변신하여 배를 저어갈 뱃사람들을 불러 모은다.

고대 그리스 시대의 배 부조
고대 그리스 시대의 배 모습으로, 텔레마코스가 타고 간 배의 모습을 유추해 볼 수 있다.

여신이 앞장서 가자 텔레마코스는 그 뒤를 바싹 좇아갔다. 항구에 이르니, 과연 머리가 치렁치렁한 한 무리의 청년들이 그를 기다리고 있었다. 그들 앞에 선 텔레마코스는 입을 열었다.

"동지들이여, 준비해 둔 양식을 배로 나릅시다."

텔레마코스는 일행들을 데리고 궁으로 가서, 준비해 둔 양식을 가져다 배 위에 실은 뒤 아테나를 따라 배 뒤편으로 가서 앉았다. 이에 일행이 배에 올라타 닻을 올리자 아테나가 맑은 서풍을 일으켜 주었다.

텔레마코스는 일행들을 독려하여 밧줄을 잡도록 하고 소나무 돛대를 올려 중방 구멍에다 박고는 밧줄로 단단히 동여맨 다음, 가죽끈으로 흰 돛을 힘껏 당겨 올리게 했다. 그러자 바람이 돛을 부풀리면서, 검푸른 물결이 뱃머리에서 하얗게 부서지기 시작했다. 배는 물살을 가르며 쏜살같이 앞으로 나아갔다. 일행은 술을 가득 따라 영생의 신들께, 특히 지혜의 여신 아테나 여신께 잔을 올렸다. 배는 기나긴 밤이 지나 새벽이 올 때까지 물 위를 부지런히 헤쳐 나아갔다.

필로스에서 일어난 일들

어느새 텔레마코스와 일행은 필로스에 도착했다. 마침 바닷가에서 필로스 사람들이 새까만 황소들을 잡아, 대지를 뒤흔드는 검은 머리의 포세이돈 신 앞에 제물로 바치고 있을 무렵에 일행이 도착하였다. 배를 정박시킨 후, 일행이 배에서 내리자 아테나가 길을 인도했다.

먼저 아테나 여신이 입을 열었다.

"텔레마코스여, 이제부터는 절대로 수줍어하지 마시오. 그대가 바다를 건너온 까닭은 바로 부친의 소식을 알아보기 위한 것 아니겠소? 자, 이제 오디세우스께서 어떠한 최후를 맞이하셨는가를 알아보도록 합시다. 그러니 이제부터 곧바로 기사 네스토르에게 가 보시오. 우리는 그가 가슴속에 감추어 둔 사실을 알아내려고 이곳에 찾아왔으니. 그러나 그에게서 사실을 알아내려면 그대가 직접 그를 만나야 하오. 아마도 그는 거짓말을 하지 않을 것이오. 그는 현명한 사람이니까."

이에 텔레마코스가 반문했다.

"멘토르 어르신, 제가 가서 어떻게 말을 꺼내야 하는지요? 저는 말 주변도 없고, 특히 어른한테는 더욱 그렇지요."

그러자 빛나는 눈의 여신 아테나가 대답했다.

"텔레마코스여, 그대의 타고난 지혜로 부족함을 느낄 때엔 신의 보살핌이 그대를 따를 것이오. 그대가 태어나면서부터 지금에 이르도록 신들이 까닭 없이 그대를 보살펴 주시는 것은 아니오."

이렇게 말하고, 아테나 여신은 어느새 앞장서서 나아갔다. 그래서 텔레마코스도 여신의 뒤를 따라, 필로스 사람들이 모여 있는 회합 장소에 닿았다. 그곳에는 네스토르가 아들들과 함께 앉아 있었다. 그 주위에서는 그의 부하들이 잔치 준비를 하며, 고기를 굽기도 하고 꼬챙이에 꿰기도 했다. 그들은 나그네들의 모습을 보자, 모두 한꺼번에 다가와 손을 잡고 인사를 하고는 앉기를 권했다. 먼저 네스토르의 아들 페이시스트라토스가 그들을 인도해, 모래 위에 깔아놓은 털가죽 위에 앉혔다. 그 곁에는 그의 형인 트라시메데스와 아버지 네스토르가 앉아 있었다.

페이시스트라토스는 새로 온 손님들에게 살코기와 술을 올린 다음, 멘토르로 변신한 아테나 여신을 보면서 말했다.

"손님이시여, 마침 잘 오셨습니다. 잔을 들어 포세이돈 신께 축원을 올리시지요. 불사의 신들께 축원을 올리는 것은 좋은 일입니다. 우리 중 신의 은혜를 받지 않은 자가 없지요. 먼저 손님께서 올리시고 다음 분에게 돌리시지요."

아테나는 양손잡이가 달린 금술잔을 자기에게 먼저 돌리는 주인의 아량과 호의에 기분이 좋아졌다. 그래서 그 자리에서 포세이돈에게 빌었다.

"바다를 관장하는 포세이돈이시여, 우리의 축원을 들으소서. 네스토르와 그의 아들들에게 영광을 내리시고, 필로스 백성들에게도 이 빛나는 제물을 기꺼이 받아들이시어 가득 찬 축복을 내려주시기를! 또 텔레마코스와 내가 검은 칠을 한 빠른 배를 타고 이곳에 와서 그 목적을 반드시 이루고 돌아갈 수 있도록 보살펴 주십시오."

필로스 해변에서 포세이돈에게 제물을 바치는 네스토르와 그의 자식들

이렇게 여신은 기도를 드렸다. 또한 그 일의 성취를 여신이 끝까지 보살필 작정이었다. 이윽고 텔레마코스에게 아름다운 두 귀가 달린 술잔을 건네자, 오디세우스의 사랑하는 아들도 그와 똑같이 기도를 드렸다. 그리고 여러 사람들은 바깥쪽 고기를 다 구운 뒤 불에서 내려놓고는 베어낸 것을 접시에 담아 내놓고 훌륭한 잔치를 벌였다. 그리하여 실컷 먹고 마셨을 때, 네스토르가 좌중에서 먼저 입을 열었다.

"자, 이제 식사도 어느 정도 하셨으니 몇 마디 물어보겠습니다. 손님께서는 어디서 오셨는지, 무슨 일을 하시는지 궁금합니다. 아니면 약탈을 일삼는 해적들처럼 모험을 즐기시는 분인가요?"

네스토르의 물음에 텔레마코스는 용기를 내어 대답했다.

"넬레우스의 아드님이신 네스토르이시여, 아카이아인의 위대한 영광이신 당신께서 물으시니, 몇 마디 말씀드리겠습니다. 저희는 네이온산 밑의 이타케에서 왔습니다. 저희가 이곳에 온 이유는 다름이 아

트로이아 전쟁의 영웅들

메넬라오스 　파리스 　　디오메데스 오디세우스 네스토르 아킬레우스 아가멤논

트로이아 전쟁은 그리스 연합군과 트로이아군이 10년에 걸쳐 펼친 결과 그리스군의 승리로 끝났다. 그 과정에서 많은 영웅들이 죽거나, 아니면 귀국 중에 신들의 노여움을 사 갖은 고난을 겪는다.

니라 저의 아버님 오디세우스에 대한 소문이라도 듣고자 해서입니다. 들자 하니 저의 아버님께서는 당신과 함께 트로이아성을 공략했다고 하더군요. 그런데 트로이아 전쟁에 참전한 영웅들의 참혹한 최후에 대해서는 익히 들어 알고 있습니다만, 유독 저의 아버님의 최후만은 아직 전해지지 않고 있습니다. 그분께서 어디에서 최후를 마치셨는지, 육지에서인지 바다에서인지 아무도 말을 해주지 않습니다. 그래서 이렇게 이곳을 찾아오게 되었습니다. 혹시 보신 바가 있거나, 무슨 소문이라도 들으셨다면 말씀해 주십시오. 아버님께서는 박명할 운명을 가지고 태어나셨다고 합니다. 그러니 원하옵건대 저를 동정하여 위로의 말씀만 하시지는 말고, 사실대로 그리고 기억나시는 대로 모두 말씀해 주십시오.”

그러자 네스토르가 놀라며 말했다.

"오, 그대는 그리운 분을 떠올리게하는구려. 걷잡을 수 없을 만큼 용맹심에 불타는 우리 아카이아인들의 아들들이 그 고장에서 참고 견디었던 그 슬픈 추억을. 우리가 병사들의 배를 거느리고 안개가 자욱한 바다 위를 헤매며 적을 찾아 무찔렀을 때, 그때엔 언제나 아킬레우스가 앞장섰소. 그리고 프리아모스왕의 도시에서 접전에 또 접전을 할 때였지, 거기서는 우리의 훌륭한 용사라고 불릴 만한 강한 자들 거의가 다 전사했다오. 그곳에는 군신 아레스의 반려인 아이아스도, 아킬레우스도, 꾀를 잘 꾸몄던 파트로클로스도 잠들어 있지. 무용이 뛰어나고 인품도 비길 바 없이 훌륭한 사랑하는 내 아들 안틸로코스도 달리기가 빠르기로는 누구보다도 뛰어난 용사였건만. 우리는 그 밖에 많은 재앙을 입었던 거요. 그와 같은 모든 불행을 일일이, 어차피 죽어야 할 인간인 우리들 중에서 도대체 그 누가 다 이야기할 수 있겠소? 설사 5년이든, 6년이든 오래 묵어가면서 묻더라도 모두 듣지는 못할 것이오. 훌륭한 아카이아 사람들이 그곳에서 얼마나 무서운 재난을 겪었는가를 아마 다 듣기도 전에 가슴이 미어지는 듯한 고통 때문에 고국으로 돌아가

네스토르_ 조제프 데지레 쿠르의 작품
트로이아 전쟁에서 혁혁한 전공을 올린 네스토르는 종종 과거의 무공담을 들려줌으로써 병사들을 고무하였고, 건전한 판단과 친절한 성격 때문에 모든 사람들로부터 존경과 사랑을 받았다.

버릴 거요. 9년 동안 우리는 온갖 수를 써서 적에게 타격을 입히려고 애썼다오. 그때엔 슬기로운 꾀에 있어서는 그대 아버지와 맞서 겨루는 자가 누구 하나 없었지. 훌륭한 오디세우스의 온갖 책략은 누구도 따를 자가 없을 정도로 뛰어났으니까. 아닌 게 아니라 그대를 자세히 보니, 두렵고 공경하고 싶은 마음이 나를 사로잡는구려. 정말 말하는 모습이 무척 닮았소. 또 누구든지 젊은 사람이 그처럼 훌륭하게 말할 줄 알 것이라고는 감히 생각지 못할 것이오. 그곳에 가 있던 내내 나하고 오디세우스는 장군들의 집회에서도, 또 영주들의 회의에서도 의견을 달리한 적이 한 번도 없었소. 언제나 마음을 모아 치밀한 방법을 잘 궁리하여 꾸미곤 했지. 그리스 편을 위해 어떻게 하면 일이 가장 잘될 것인가 하고.

그러나 프리아모스의 높이 솟은 도성 거리를 공략했을 때, 바로 그때 제우스 주신은 마음속으로 그리스 편에게 무서운 귀국 여행을 계획하셨지. 왜냐하면 우리 모두가 그리 생각이 깊지도, 도리에 합당하지도 않았거든. 그 때문에 그들 중 많은 사람들이 뜻밖의 재앙으로 죽음을 맞게 되었던 거요. 거룩한 아버지 신의 따님이신 아테나 여신의 저주에 찬 분노 때문이었지만. 그 여신이 아트레우스 집안의 두 형제 사이에 분쟁을 일으켰던 거요. 그래서 두 사람은 황급히 아카이아 사람들을 모조리 회합에 불러들였지. 그러나 온전한 절차도 밟지 않았고, 해질 무렵이 되었을 때의 일이었소. 아카이아군은 술에 잔뜩 취한 상태였고, 거기서 두 사람은 군사를 모이게 한 이유를 여러 사람들에게 이야기해 주었소. 그때 메넬라오스는 아카이아 군사들이 모두 고국으로 돌아가기를 바라고 있으니 망망대해를 향해 군선을 띄우자고 권했지만, 아가멤논은 그것이 전혀 마음에 들지 않았소. 그로서는 군사들을 붙들어 두고, 거룩한 제물을 바치어 아테나 여신의 무서운 노여움을 가라앉혀 드리기를 바라고 있었기 때문이었소. 그러나 어리석었지, 들어주시지 않을 것이 뻔한 것을 전혀 모르고 있었으니 말이오. 왜냐하면 불사의 신들의 생각이 그렇게 갑자기 변할 리가 없기 때문이었소. 그날 밤 잠자리는 서로에 대한 불쾌감과 앙심으로 인해 편안치가 않았었는데, 이는 이미 제우스께서 우리에게 운명의 손길을 뻗치셨기 때문이었소. 이튿날 아침, 우리 병사들의 반은 배를 바다에 끌어 내려놓고 전리품과 허리에 띠를 두른 부녀자들을 배에 실었소. 나머지 절반의 병사들은 그대로 거기에, 용사들의 우두머리인 아가멤논 밑에 머물러 있게 되었소.

한편, 우리 배는 잘 달리고 있었지. 돛을 부풀리지 않고도 잘 달릴 수 있었던 것은 신께서 깊고 넓은 바다에 바람이 약하게 불게 하여 잔잔한 물결이 일게 해주셨기 때문이었소. 그리하여 테네도스 섬에 이르자 귀향을 갈망하며 신들에게 제물을 바쳤지만, 제우스 신께서는 결코 그렇게 빨리 귀국을 허락하실 생각이 없으셨소. 그분은 우리 사이에 또 다시 불길한 다툼질을 일으키셨다오. 그 결과 한 무리는 뱃머리가 젖혀진 작은 배를 그들이 오던 방향으로 되돌려서 돌아갔소. 비록 현명한 오디세우스 님과 뜻을 같이하던 사람들이었지만, 그건 단지 아트레우스의 아들 아가멤논에게 충성을 맹세했기 때문이었지 마음으로 오디세우스를 따랐기 때문은 아니었소. 그들은 단지 아가멤논의 뜻을 받들었을 뿐이오. 그러나 나는 나를 따르는 배들을 모두 하나로 합해서 전진을 서둘렀소. 왜냐하면 신께서 우리에게 재앙을 꾸미고 계시다는 것을 깨달았기 때문이었소. 티데우스의 아들 디오메데스도 빠져나와 우리 동료들을 독촉했지만, 훨씬 나중에는 금발의 메넬라오스 역시 우리를 따라왔소. 레스보스섬에서 우리가 먼 항해에 대해 여러 가지 궁리를 모색하느라고 지체하고 있는데, 그가 쫓아왔소. 그 궁리란 키오스섬의 험난한 해협을 멀리 돌아갈 것인가, 아니면 프시리아섬을 향해 가는 길을 택할 것인가, 아니면 키오스섬 옆으로 바람이 세차게 불어대는 미마스곶을 통해 지나갈 것인가 하는 것이었소. 이런 어려움에 처하자 우리는 신께 조짐을 하나 보여주시기를 기도드렸소. 그러자 신께서는 우리에게 명확한 지시를 내리시어, 조금이라도 빨리 재난을 면하기 위해서는 큰 바다 한가운데를 뚫고 나가 에우보이아를 향해 가도록 일러주셨소. 때마침 바람이 소리 높이 불어오기 시작했으므로 선단은 매우 빨리 물고기들이 많은 바닷길을 달려, 그날 밤으로 게라이스토스곶에 닿았소. 그래서 우리는 망망한 바다를 무사히 건너게 해주신 데 감사를 드리기 위해

아테나와 디오메데스의 조각상_ 앨버트 울프의 작품 그리스군의 영웅인 디오메데스는 여신 아테나의 가호로 트로이아 군대를 격파했고, 트로이아 편인 여신 아프로디테와 군신 아레스에게까지 상처를 입혔으며, 트로이아의 아테나 여신상을 훔쳐 오기도 하였다. 전쟁이 끝나고 아르고스로 돌아오자 그는 아내 아에기아레아의 부정을 알게 되었다. 아에기아레아의 부정은 아프로디테의 복수심에서 비롯된 것이다. 디오메데스에게 앙심을 품은 아프로디테가 아에기아레아의 마음을 흔들어 다른 남자를 사랑하게 만들었던 것이다. 이탈리아로 건너간 그는 다우니아의 왕이 되어, 이탈리아 남부에 많은 도시를 건설하였다.

황소들의 허벅지 살을 많이 구워서 포세이돈 신전에 바쳤던 거요. 그리고 나흘째 되는 날, 티데우스의 아들인 기사 디오메데스와 그 부하들의 훌륭한 배들이 아르고스 땅에 닿았다오. 그 무렵 나는 필로스를 향해 계속 항해하고 있었소. 처음 출발 때에 신께서 보내주신 순풍은 여전히 계속 불어오고 있었지.

친애하는 젊은이여, 나는 아무 이야기도 듣지 못한 채 돌아왔기 때문에, 아카이아 군사들 가운데서 누가 살아남고 누가 죽었는지를 잘 알지 못한다오. 그러나 여기에 돌아온 뒤에 내가 들은 이야기는 절대로 조금도 숨기지 않고 그대에게 모두 들려줄 테요. 늠름한 아킬레우스의 영예로운 아들이 거느린 미르미돈족의 용사들은 무사히 귀국했다는 이야기요. 또 포이아스의 훌륭한 아들 필록테테스와 이도메네우스도 마찬가지요. 그리고 아가멤논에 대한 이야기는 그대도 들었을 거

트로이아 전쟁을 정교하게 묘사한 태피스트리(직물 공예)

요. 그는 돌아오자마자 아이기스토스의 음모로 무참하게 최후를 맞았소. 물론 아이기스토스 역시 아가멤논의 아들 오레스테스한테 무서운 보복을 당했지만 말이오. 보아하니 그대 또한 수려하고 장대한 체격에 용기도 갖추었구려. 필시 장차 이름을 떨치게 되리다.”

이에 지혜로운 텔레마코스가 답변하였다.

“아카이아인의 큰 명예이신 네스토르 님. 당신의 말씀대로 확실히 오레스테스는 복수를 했습니다. 그러니 아카이아 사람들은 그의 명성을 후세에까지 노래로 전할 것입니다. 바라건대 제게도 그만큼 큰 힘을 신들께서 내려주시길! 난폭하고 무례하게 우리를 괴롭히는 구혼자들에게 응징을 할 수 있을 만한 힘을 말입니다. 그들은 제게 무례한 짓을 서슴지 않을 뿐 아니라 못된 수까지 꾸미고 있습니다. 그러나 지금으로서는 그저 그들이 하는 짓을 참고 있을 수밖에 없는 형편입니다.”

그러자 네스토르가 말했다.

“그대여, 이제야 기억이 나는구려. 그대 어머니한테 많은 구혼자들이 몰려들어 나쁜 짓을 일삼는다고 하던데. 말해 보시오. 그들은 신의 뜻에 따라 그대를 못 살게 구는 것이오? 아니면 단지 힘이 약한 그대가 그들에게 굴종하는 것이오? 하지만 누가 알겠소. 그 어느 쪽이라도 오디세우스가 돌아와 그들의 극악무도함에 보복의 철퇴를 가할지. 오, 만일 오디세우스를 유달리 사랑해 주시던 저 빛나는 눈의 여신 아테나만 그대를 사랑하고자 한다면! 만일 여신께서 그대를 도와주시기만 한다면, 그까짓 무리들이야 깨끗이 쓸어낼 텐데……”

그러자 현명한 텔레마코스가 대답하였다.

“오, 네스토르 님, 아마 말씀대로는 실현되지 못할 것이라고 생각합니다. 말씀하시는 일이 너무나 엄청나서 두려운 생각마저 듭니다. 저로서는 절대로 그렇게 되기를 기대조차 할 수 없습니다."

이에 멘토르의 모습을 한 빛나는 눈의 여신 아테나가 말했다.

"텔레마코스여, 어찌하여 그런 말이 그대에게서 나올 수 있단 말이오? 신께서는 자신이 원하면 힘들지 않고도 멀리 있는 사람을 귀향하게 할 수 있소. 아무튼 내 생각으로는 엄청난 괴로움을 겪은 뒤에라도 고국으로 돌아갈 수 있다면, 차라리 그때를 기다리는 편을 택할 것이오. 마치 아가멤논이 아이기스토스와 자기 아내의 간사한 꾀에 죽은 것처럼, 돌아오자마자 자기 집에서 살해되기보다는 말이오. 그러나 누구 할 것 없이 죽어야 할 운명에 있으니, 막상 죽음의 저주스러운 운명이 닥쳐오면 아무리 신일지라도, 그리고 신이 특별히 여기는 사람일지라도 그 죽음을 막아 주지는 못하는 것이라오."

이에 현명한 텔레마코스가 대답하였다.

"멘토르 님, 이제 이런 고통스러운 일에 대해서는 그만 논하십시다. 저는 이제 제 아버님께서 이미 돌아오실 수 없는 분이라고 생각하는 수밖에 없습니다. 이미 불사의 신들이 그분에게 죽음의 검은 운명을 정해 놓으신 것 같으니까요. 하지만 네스토르 님께 한 가지만 더 묻겠습니다. 지혜와 이성이 출중하셔서 세 번이나 영주가 되셨다고 하니, 불멸의 신처럼 우러러 뵈옵니다. 네스토르시여, 아가멤논 대왕의 최후를 사실대로 말씀해 주십시오. 메넬라오스는 어디에 있었고, 아이기스토스는 어떻게 자기보다 훨씬 용감한 분을 죽일 수 있었습니까?"

네스토르가 대답했다.

"자, 그럼 말하리다. 만일 금발의 메넬라오스가 트로이아에서 돌아와 아이기스토스가 집안에 있는 것을 보았더라면, 어떻게 되었겠소? 어느 누구 하나 아이기스토스의 시신을 묻어주는 자가 없어 그 시신은 결국 성 밖에 놓인 채로 새와 짐승의 밥이 되었을 거요. 여자들조차 눈물을 흘려주지 않은 걸 보면 그가 얼마나 끔찍한 죄를 저질렀는지 가히 짐작할 수 있었을 것이오. 그는 평화롭던 시절에도 아가멤논의 아내 클리타임네스트라를 자꾸만 유혹하려 했소. 물론 지각 있는 그녀도 처음부터 불미스러운 행동을 한 건 아니오. 더욱이 아가멤논이 트로이아로 떠나면서 음유시인에게 아내를 잘 돌봐 달라고 신신당부를 했지만, 그러나 신의 장난으로 그녀는 멸망의 길로 접어든 거요. 아이기스토스는 음유시인을 무인도로 추방하고, 그녀를 자기 집으로 유혹하여 불륜을 저지르고 말았소.

그러고는 맛있는 고기를 신의 제단에 올린 것은 물론이거니와 비단·황금 등 많은 재물을 바쳤소.

한편, 트로이아에서 돌아올 때 우리는 귀국한다는 생각만으로도 가슴이 벅차올랐소. 그런데 우리가 수니온곶에 다다랐을 때였소. 아폴론이, 한창 달리는 배의 키를 잡고 있던, 메넬라오스의 키잡이를 향해 화살을 날린 거요. 그는 오네토르의 아들 프론티스로 키를 다루는 데에서는 어느 누구도

클리타임네스트라_ 존 콜리어의 작품
남편인 아가멤논을 살해한 후의 모습이다.

당할 자가 없었소. 메넬라오스는 마음이 급했지만 그를 장사 지내지 않을 수 없었소. 프론티스는 메넬라오스를 도와 죽음도 불사할 정도로 헌신했던 청년이었기 때문이오. 그리고 나서 다시 풍랑을 헤치고 전속력으로 말레아의 험준한 산기슭에 다다랐을 때, 제우스의 무서운 고함 소리와 함께 집채만 한 파도가 넘실거리며 덤비는 것이었소. 여기서 사람들은 다시 둘로 갈리어, 한 패는 키도네스족이 이아르다노스강 양쪽에 모여 사는 크레타로 향한 거요. 마침 남서풍이 불어주어 짙은 안개와 폭풍우 속에서도 고르티스의 변방에 다다를 수 있었소.

겨우 전멸을 면한 것이오. 그리고 메넬라오스가 이끄는, 뱃머리가 검은 다섯 채의 배는 파도에 밀리어 이집트까지 표류해 갔소. 그는 그곳에서 많은 재산과 보화를 모았지만, 언어가 통하지 않는 타국에서는 이방인에 불과할 뿐이었소.

그사이에 아이기스토스는 아가멤논을 살해한 후, 황금이 많이 나는 미케네를 7년 동안 다스렸소. 그러나 8년째가 되자 아테나가 영리한 오레스테스를 보내 아버지 아가멤논의 원수를 죽이게 한 거요. 오레스테스가 아르고스 사람들을 불러 원망스러운 어머니와 비겁한 아이기스토스의 장례를 지낸 바로 그날, 메넬라오스가 금은보화를 가득 싣고 돌아온 것이오. 그러

◀ **메넬라오스왕의 조타수**_ 자크 필립 뒤몽의 작품
트로이아 전쟁이 끝난 후 메넬라오스는 귀국 항해 중에 모진 고통을 받았는데, 뒤몽은 이를 조타수의 어려움으로 은유해 표현했다.

살해당하기 전의 아가멤논_ 피에르 나르시스 게랭의 작품
트로이아 전쟁에서 돌아온 아가멤논은 그의 부인 클리타임네스트라와 정부인 아이기스토스에게
살해를 당한다.

므로 친구여, 집에 불량한 사내들이 들끓는다면 이렇게 멀리까지 나
와 방황하지 마시오. 그들이 재산을 송두리째 없애버린다면 어찌하겠
소? 아니, 차라리 메넬라오스를 찾아가면 어떻겠소? 그는 머나먼 낯
선 나라에서 최근에야 돌아왔으니까 말이오. 그가 표류하다가 머물렀
다는 그곳은 날아가는 새도 1년 열두 달이 걸려도 갈 수 없을 만큼 먼
바다 저쪽이라오. 만일 그대가 뭍으로 가고 싶다면 내 수레와 말을 내
어 드리리다. 그뿐만 아니라 내 아들들에게 메넬라오스가 사는 라케

다이몬까지 안내하게 하리다. 그대가 메넬라오스에게 직접 물어보시오. 아마 틀림없이 쓸모 있는 대답을 해줄 거요. 그리고 매우 어진 사람이니, 그대를 속이는 일도 없을 것이오."

그의 말이 떨어지기 무섭게 해가 지고 어둠이 밀려왔다. 그러자 지혜의 여신 아테나가 그들에게 말했다.

"노인장이시여, 참으로 지당하신 말씀입니다. 이제 우리 제물의 혀를 자르고 술을 걸러 포세이돈과 그 밖의 신들께 올린 뒤 쉬도록 합시다. 오늘은 이미 늦었으니, 신들 앞에 오래 머무르지 말고 집으로 돌아가는 것이 좋겠습니다."

이 말에 의전관들이 먼저 신주를 차례로 따른 다음, 제물의 혀를 불에 던지고 잔을 올렸다. 아테나와 텔레마코스도 자리에서 일어났다. 그 모습을 본 네스토르가 만류하며 말했다.

"이럴 수는 없습니다. 내 집에 들르지도 않고 배로 돌아가신다니, 신들도 허락지 않을 것입니다. 우리가 아주 구차하여 손님이 쉬실 방조차 없다면 또 모르겠습니다만, 오디세우스 같은 분의 귀한 자제를 배 위에서 쉬게 한다는 것은 경우가 아니지요. 이미 내 자식에게 손님을 접대하도록 일러두었습니다."

이에 빛나는 눈의 여신 아테나가 대답했다.

"정말 좋은 말씀을 하셨소, 고마운 분이시여. 텔레마코스도 당신 말씀대로 하는 것이 합당한 일일 것이오. 그러나 저는 배로 가서 일행들에게 일러둘 말이 있습니다. 일행 중에는 제가 가장 연장자이거든요. 다른 사람들은 모두 텔레마코스와 동갑으로 젊어 아직 일처리가 서툽니다. 저는 오늘 밤 배에서 쉬었다가 내일 아침엔 용감한 카우코네스족을 찾아가, 얼마 되지는 않지만 빚을 받아야겠습니다. 그러니 내일 길을 떠날 수 있도록 텔레마코스에게 말과 수레를 내 주시고, 자제분으로 하여금 동반케 해주시면 참으로 고맙겠습니다. 이왕 폐를 끼치게 되었으니, 아주 힘이 세고 날쌘 말로 내주십시오."

이렇게 말하고 나서, 아테나는 물수리로 변하여 하늘로 세차게 날아 올라갔다. 이를 본 사람들이 모두 놀라 멍하니 바라보았다. 그중에서도 더욱 놀란 네스토르는 텔레마코스의 손을 반갑게 맞잡았다.

"친구여, 그대는 진정 축복받은 자요. 신들이 이처럼 그대를 인도하다니, 행운아임에 분명하오. 저분은 올림포스의 여러 신들 중에서도 제우스의 따님으로서 전리품을 안겨주시며, 또한 그대 아버지를 가장 아끼시던 아테나가 아니고 누구겠습니까! 오, 여신이시여! 저에게, 또 저의 자식들에게 훌륭한 명예가 되어주소서. 이제 당신께 채 1년이 안 된 암송아지, 사람들이 멍에를 씌우지 않은 놈의 뿔을 금으로 싸서 제물로 올리겠나이다."

그의 기도를 아테나 여신이 들었다. 이윽고 네스토르는 아들들과 사위들을 거느리고 그들의 앞장을 서서

아테나 여신이 새겨진 그리스 도자기 ▶
아테나는 지혜의 여신답게, 오늘날 멘토라는 용어의 어원이 된 멘토르로 변신하여 텔레마코스에게 지혜와 용기를 불어넣었다.

훌륭한 자기 저택으로 갔다. 드디어 그 영주의 소문난 저택에 이르자, 모두 차례대로 긴 의자와 팔걸이의자 등에 걸터앉았다. 노인은 손님을 위해 달콤한 포도주를 준비했다. 그 술은 10년 동안 묵혀 두었던 것으로 하녀가 뚜껑을 벗기고 마개를 열었다. 그것을 늙은 왕이 희석용 술동이에 부어서 섞게 한 후, 염소가죽 방패를 가지신 아테나에게 바치면서 기도를 드렸다. 그런 다음 가볍게 잔치를 벌이고 각자 처소로 돌아갔다. 텔레마코스의 잠자리는 새로 잘 짜 맞춘 듯한 침상이었다. 그의 옆에는 아직 미혼으로 회색 창의 명수인 페이시스트라토스가 누웠다.

마침내 여명이 밝아오자 네스토르는 자리에서 일어나 현관 앞에 놓인, 윤이 나는 흰 돌에 앉았다. 이 돌은 그 옛날 지혜가 신과 같았던 부왕, 넬레우스가 앉았던 자리였다. 오늘은 그 뒤를 이어 네스토르가 아카이아 시민을 수호하는 왕홀을 손에 들고 이 자리에 앉은 것이다. 아들들이 그를 중심으로 빙 둘러앉았다. 에케프론과 스트라티오스, 페르세우스, 아레토스, 트라시메데스 그리고 막내아들인 영웅 페이시스트라토스가 앉았다. 그들은 텔레마코스를 그 옆에 앉히는 것도 잊지 않았다. 네스토르가 먼저 입을 열었다.

"얘들아, 당장에라도 내 소원을 풀어다오. 아무래도 신들 중에서 우선 아테나 여신의 마음을 가라앉혀 드리고 싶구나. 여신은 내 눈에도 분명히 나타나셨다가 신들의 성대한 잔치 자리로 떠나셨다. 그러니 너희들 가운데 한 사람은 들판으로 가서 소몰이꾼이 소들을 몰고 오게 하라. 그리고 한 사람은 인품이 뛰어난 텔레마코스의 검은 배에 가서 동행자들을 모두 데려오되 두 명은 파수꾼으로 남겨 두어라.

또 한 사람은 금세공을 하는 라에르케스한테 가서 이리 오라고 하여라. 쇠뿔에 황금을 둘러 입히기 위해서지. 다른 사람들은 이대로 여기 함께 남아 있도록 하고, 집 안에 있는 시녀들에게는 각별히 훌륭한 요리를 정성껏 마련하도록 일러라. 그리고 궁 안에 축제 준비를 시키고 제단 주위에 좌석을 마련하도록 하며, 또 신선한 물도 날라다 놓도록 하라."

이렇게 말하자 모두 급히 서둘러 그 명령에 따랐다. 들판에서 어린 암소가 끌려 왔고, 훌륭하고 빠른

아테나 니케 신전
과거에는 니케 아프테로스(Nike Apteros, 날개없는 니케) 신전으로 알려지기도 했으나, 니케 신전이 아니고 승리의 여신 아테나 신전이다. 완전히 붕괴된 것을 19세기 그리스 독립 후, 처음의 재료를 사용해서 복원했다. 아테네의 아크로폴리스 남서단, 니케 피르고스에 자리하고 있다.

배에서 인품이 뛰어난 텔레마코스의 동행자들도 왔으며, 금속 세공인도 세공에 사용할 연장을 손에 들고 왔다. 세공의 마무리를 하는 모루와 쇠망치, 단단하게 만들어진 쇠집게 등 황금 세공을 하는 데 필요한 기구와 재료 따위를 갖고 왔다.

그러자 아테나 여신도 제물을 받으려고 참석했다. 그래서 네스토르가 황금을 건네주자, 세공사는 여신이 보고 기뻐하도록 어린 암소의 두 뿔에 금으로 된 쇠뿔 장식을 훌륭하게 입혔다. 아레토스는 꽃무늬가 아로새겨진 병에 손 씻을 물을 담아 나왔는데, 그의 다른 손에는 보리 바구니가 들려 있었다. 그리고 트라시메데스는 암송아지를 내리칠

신에게 제물을 바치는 모습을 형상화한 부조
네스토르가 아테나 여신에게 제물을 바치는 장면을 유추해 볼 수 있는 부조이다.

날카로운 도끼를 들고 왔으며, 페르세우스는 피를 받기 위해 대접을
들고 있었다. 네스토르는 먼저 손을 씻고 보리를 뿌려 즉시 아테나에
게 축원을 올렸으며, 송아지의 머리털을 잘라 불에 넣었다.

그들이 기도를 마치자, 트라시메데스가 도끼로 암송아지를 힘껏 내
리쳤다. 그와 동시에 네스토르의 딸들과 며느리들, 그리고 애처인 에
우리디케가 환성을 올렸다. 무사들의 지도자 격인 페이시스트라토스
가 암송아지의 목을 자르자 검은 피가 분수처럼 솟구쳐 올랐다. 아들
들이 달려들어 다리를 자른 다음 날고기를 장작불 위에 올려놓았다.
네스토르가 포도주를 고기에 붓자, 아들들이 그것을 잘게 썰어 꼬챙
이에다 꿰어 제각기 구웠다.

한편, 네스토르의 막내딸인 폴리카스테는 텔레마코스를 목욕시킨

다음, 온몸에 향유를 발라 주고 화려한 망토와 튜닉을 입혀 주었다. 욕조에서 나오는 텔레마코스의 모습은 불사의 신처럼 당당해 보였다. 그가 네스토르 옆으로 다가와 앉자 드디어 잔치가 시작되었다.

네스토르가 먼저 사람들을 둘러보며 말했다.

"자, 내 사랑하는 아들들아! 이제 갈기가 탐스러운 말을 골라 멍에를 씌운 다음 텔레마코스로 하여금 길을 떠나게 하라."

그의 말에 아들들이 서둘러 날랜 말을 수레에 매어놓자, 여인들이 앞다투어 왕들이나 먹을 법한 맛있는 음식과 술을 내다 실었다. 마침내 텔레마코스가 호화로운 수레에 올라타자 총지휘자 격인 페이시

텔레마코스와 폴리카스테_
안 스티카의작품
폴리카스테는 네스토르가 아낙시비아 또는 에우리디케와의 사이에서 낳은 막내딸이다. 호메로스의 《오디세이아》에 따르면, 오디세우스의 아들 텔레마코스가 아버지의 행방을 묻기 위해 필로스를 방문하였을 때, 폴리카스테가 그를 목욕시키고 몸에 감람유를 발라 주었다고 한다. 이것이 인연이 되어 텔레마코스와 결혼하여 페르세폴리스라는 아들을 낳았다고 한다.

네스토르를 떠나는 텔레마코스_ 헨리 하워드의 작품

스트라토스가 앞에 올라타 고삐를 잡았다. 쌍두마차는 곧 가파른 필로스의 성을 뒤로한 채 평원을 향해 내달리기 시작했다. 말들은 하루 종일 쉬지 않고 발맞추어 달리고 또 달렸다.

사방에 어둠이 깔리기 시작했다. 파라이에 도착한 그들은 디오클레스의 집에서 하룻밤을 보냈다. 또다시 새벽의 여신이 밤의 장막을 걷자 그들은 주랑을 빠져나와 수레에 올라탔다. 페이시스트라토스는 고삐를 늦추지 않은 채 종착지를 향해 내달렸다. 해는 서녘으로 기울어 가고 있었다.

그들은 기복이 심한 땅 라케다이몬에 도착하여 메넬라오스의 궁으로 향했다. 때마침 메넬라오스왕은 성에서 인품이 뛰어난 아들과 딸의 결혼을 축하하기 위해 많은 친척들과 함께 향연을 베풀고 있었는데, 그 자리에 그들이 도착한 것이었다. 전쟁 용사 아킬레우스의 아들에게 딸을 시집보내려는 참이었는데, 오래전 트로이아에서 시집을 보내기로 약속하고 승낙도 했던 터인 데다 신들도 그들의 결혼을 허락했기 때문이다. 그래서 왕은 이때를 맞추어서 그 딸에게 말과 훌륭한 수레를 딸려서 아킬레우스 아들의 통치 아래 있는 미르미돈의 유명한 도시를 향해 이제 막 보내려는 참이었다. 한편 아들이란 늘그막에 태어난 힘이 센 메가펜테스로, 그의 어머니는 노예였다. 말하자면 헬레네에게는 귀여운 맏딸 헤르미오네 이후로는 신들이 자식을 내려주시지 않았기 때문이었다. 이 공주는 황금의 아프로디테를 너무도 꼭 닮은 모습이었다.

헤르미오네_ 안 루이 지로데 드 루시 트리오종의 작품
그리스 신화에서 스파르타의 왕 메넬라오스와 미녀 헬레네 사이에 태어난 딸이다. 아킬레우스의 아들 네오프톨레모스, 아가멤논의 아들 오레스테스 등과 결혼한다. 그림은 헤르미오네가 오레스테스를 만나는 장면이다

텔레마코스의 모험

호메로스의 《오디세이아》에서는 오디세우스를 주인공으로 삼아 그가 트로이아 전쟁 후 고국 이타케로 귀환하는 무용담을 그려내고 있다. 이에 반해 16세기 페늘롱이 루이 14세의 손자를 위해 지은 《텔레마코스의 모험》에서는 오디세우스의 아들 텔레마코스가 스승인 멘토르와 함께 겪는 모험담을 그려내고 있다. 그리스 서사시를 동원한 이 작품은 교육적인 목적을 지니고 있었다. 페늘롱은 루이 14세의 손자인 부르고뉴 공작의 가정교사였으며, 이 책은 그에게 바쳐진 것이었다. 이 책은 훌륭한 통치자가 갖추어야 할 덕목에 대한 수많은 조언들을 담고 있다. 동시에 좋은 왕들과 나쁜 왕들의 사례들도 제시한다. 텔레마코스가 타르타로스와 엘리시온 평원에서 만나는 대조적인 왕들이 대표적이다.

그리고 살렌토의 이도메네우스왕은 원래 나쁜 왕으로 비난받았지만, 멘토르의 조언 덕분에 훌륭한 왕으로 변한다. 고전주의적인 규범에서 벗어나는 초자연적인 요소나 지나치게 관능적인 장면을 넣어 비판을 받기도 했지만 재미와 교훈을 아우르기 위한 수단이었다. 《텔레마코스의 모험》은 루소의 《에밀》이 나오기 이전에 가장 널리 읽힌 교육 소설로 평가받으며, 루소에게도 적지 않은 영향을 미친 것으로 알려져 있다.

프랑수아 드 페늘롱

제 4 부

메넬라오스와의 만남

메넬라오스왕에게서 소식을 듣다

메넬라오스의 신하 에테오네우스는 텔레마코스와 페이시스트라토스가 탄 수레가 성문 앞에 멈추는 것을 보고는 궁으로 달려가 아뢰었다.

"위대하신 왕이시여, 낯선 나그네 두 분이 이곳을 찾아왔습니다. 보아하니 제우스의 피를 받은 듯합니다. 자리를 마련해 주오리까, 아니면 다른 곳을 찾으라고 하오리까?"

신하의 물음에 금발의 메넬라오스는 화를 내며 말했다.

"무슨 어리석은 소리를 하는가. 일찍이 우리가 이곳으로 올 동안에도 제우스의 은총으로 많은 사람들의 은혜를 입은 걸 벌써 잊었는가! 어서 가서 나그네의 고삐를 풀게 하고, 술자리를 마련하도록 하오."

그제야 궁을 나온 에테오네우스는 급히 그들을 맞이했다. 텔레마코스 일행은 에테오네우스의 안내를 받아 휘황찬란한 궁궐에 들어선 후 찬탄해 마지않았다. 궁궐 구석구석을 둘러본 그들은 반들반들한 욕조

에 들어가 시녀들의 시중을 받
으며 목욕을 한 뒤 향유로 마
무리하고, 모직 망토와 튜닉
을 입었다. 그러고는 밖으로
나가 메넬라오스 옆의 안락의
자에 앉자, 시녀가 화려한 무
늬의 금항아리에 물을 담아 와
은대야에 부으며 손을 씻도록
했다. 윤이 나는 테이블 위에
는 산해진미가 차려져 있었다.

텔레마코스와 페이시스트라토스
텔레마코스와 페이시스트라토스가 스파르타의 메넬라오스
궁을 방문하여 목욕을 하는 장면이다. 이 두 사람은 이후 각
별한 우정을 쌓게 된다.

마침내 금발의 메넬라오스가 입을 열어 두 사람을 환영했다.

"나그네들이여, 마음껏 드신 다음 서로 인사나 나누도록 하시지요.
왠지 제우스의 후예 제왕들의 자손처럼 보입니다만……. 평범한 조상
한테서는 그대들 같은 자손이 나올 수 없기 때문이지요."

그는 존경의 표시로 구운 등심을 그들 앞에 놓았다. 두 사람은 마음
껏 먹고 마셨다. 바로 그때 텔레마코스가 페이시스트라토스에게 나직
이 말했다.

"나의 귀중한 친구여, 이렇게 찬란하게 빛나는 궁전은 올림포스의 제
우스 궁전에 견주어도 손색이 없을 정도요."

그의 속삭임을 알아들은 메넬라오스가 얼른 소리를 높여 말했다.

"친애하는 나그네여, 누가 감히 제우스와 견주겠습니까? 세상에 그
분과 견줄 자는 없습니다. 그분의 궁전과 보배는 세상에 단 하나뿐이
오. 물론 인간 세상에서는 나와 견줄 자가 아마 별로 없으리라 봅니다.

메넬라오스궁

메넬라오스는 귀국 중 이집트로 항해하여 그곳의 많은 보물들을 획득하고, 이집트풍의 화려한 궁을 짓는다.

나는 무수한 고난을 헤치고 8년이란 세월을 건너 이곳까지 왔습니다. 키프로스와 페니키아, 이집트 등을 표류하여 에티오피아, 에렘비, 리비아에까지 갔었습니다. 그곳은 암양이 1년에 세 번씩이나 새끼를 낳고, 새끼 양도 나면서부터 뿔이 돋아나더이다. 이들 나라를 떠돌아다니며 내가 많은 재산을 모으는 동안 나의 형 아가멤논은 간악한 아내의 꾐에 빠져 죽임을 당했습니다. 그러니 내가 재산을 모은들 무슨 재미가 있겠습니까? 내 소원은 트로이아의 넓은 평원에서 싸우던 그 옛날 동지들과 함께 내 집에서 사는 것이라오. 이렇게 호화스러운 궁에 산다고 해도 그들을 생각하면 눈물이 절로 나온다오.”

메넬라오스는 잠시 비탄에 젖어 눈시울을 적셨다. 그리고 눈시울을 훔치며 다시 말을 이었다.

"사람은 아무리 쓰라린 일이라도 오래 간직할 수 없는 법인가 보오. 이렇게 호화롭게 사는 걸 보니 말입니다. 그러나 오로지 그분을 생각할 때면, 밤잠도 식사도 다 시들해지지요. 그럴 수밖에 없는 것이, 아카이아 군사 중 어느 누구도 오디세우스만큼 나를 위해 고생을 하고 애써 준 사람은 없었으니까요. 그런데도 그 사람에게는 아직도 여러 가지 재난이 덮쳐 올 운명이었답니다. 그 운명은 나한테는 친구를 잃었다는 비탄을 가져다주었지요. 정말이지 그는 얼마나 오랫동안 돌아오지 않는 것인지. 죽었는지 살았는지조차 전혀 알 길이 없다오. 아마도 그를 생각하면 노인인 라에르테스도, 생각 깊은 페넬로페도, 텔레마코스도, 모두 다 비탄과 애도에 잠겨 있겠지요. 그가 출정하던 무렵의 텔레마코스는 갓 태어난 아기였었소. 그때 오디세우스는 가족 사랑이 뜨거워 잠시 미친 척함으로써 전장에 참여하지 않으려고 했지만, 결국 가족과 헤어져 출정을 했다오."

메넬라오스의 탄식은 아버지 생각으로 비탄에 잠겨 있는 텔레마코스의 가슴에 격렬한 쓰라림을 치밀게 했다. 아버지 이야기를 듣고 있던 그의 두 뺨에서 흘러내린 눈물이 땅 위에 떨어졌다. 자줏빛 망토를 두 손으로 들어올려 눈시울을 가린 채였다. 그 모습을 바라보면서 메넬라오스는 한참 동안 망설였다. 젊은이가 아버지를 생각하게 내버려둘까, 아니면 캐물어 일의 자초지종을 알아볼까 어느 쪽이 좋을지 몰라 마음속으로 심사숙고했다.

메넬라오스가 고심을 하고 있는 때에 숲의 여신 아르테미스를 닮은 헬레네가 황금으로 장식된 아치형 천장의 내실로부터 걸어 나왔다. 그녀는 파리스와 함께 사랑의 도주를 택함으로써 트로이아 전쟁을 일

헬레네_ 단테이 게이브리얼 로세티의 작품
그리스 신화에 등장하는 절세의 미녀이다. 스파르타 왕 메넬라오스의 아내였지만, 트로이아 왕자 파리스의 유혹에 넘어가 함께 트로이아로 도주하는 바람에 그리스와 트로이아 사이에 전쟁이 벌어지게 만들었다. 트로이아 전쟁이 그리스군의 승리로 끝난 뒤 다시 메넬라오스의 아내가 되어, 함께 스파르타로 돌아왔다.

으킨 장본인이었다. 그녀 뒤를 이어 아드라스테가 헬레네를 위해 잘 꾸며진 소파를 얼른 내놓았고, 알키페는 푹신한 양털 담요를, 필로는 은으로 만든 바구니를 가져왔다. 이것들은 전부 이집트 테베에 살던 폴리보스의 아내 알칸드레가 준 것들이었다. 폴리보스는 일찍이 메넬라오스에게 은제 욕조 두 개와 한 쌍의 큰 솥, 10달란트의 황금을 선사하였고, 또한 알칸드레는 금제 실패와 바퀴가 있는 은바구니를 주었는데, 테두리는 모두 금으로 장식되어 있었다. 시녀 필로는 청자색 털실과 실패가 든 바구니를 들고 헬레네 옆에 서 있었다.

헬레네는 발 받침대가 있는 소파에 앉으며 남편에게 물었다.

"제우스께서 총애하시는 메넬라오스여, 우리 집에 오신 손님은 누구십니까? 내 감히 여쭙겠습니다만, 일찍이 이토록 오디세우스를 닮은 사람을 보지 못하였습니다. 그를 처음 본 순간 저는 졸도할 뻔했습니다. 이분은 분명 저 위대하신 오디세우스의 아들 텔레마코스일 거예요. 이분이 태어나신 지 얼마 안 되어 오디세우스가 트로이아로 떠나셨었지요. 그때가 바로 철면피 같은 저로 인해 아카이아 군사가 트로이아성에 대담한 공격을 시도하여 밀어닥쳤던 바로 그 무렵의 일이었답니다."

그녀의 말에 메넬라오스가 대답하였다.

"나도 지금 그렇게 생각하고 있었소, 부인. 그대가 말한 것처럼 과연 그분하고 꼭 같으니 말이오. 두 다리의 생김새라든가 손이라든가 눈매, 그리고 그의 이마와 덮고 있는 머리카락까지도. 게다가 방금 내가 오디세우스에 대해 추억담을 말했는데 말이오. 그분이 나 때문에 얼마나 어려움에 처해 가면서 애써 주었는가를. 그러자 이분이 자줏빛 망토로 두 눈을 가리면서 눈물을 흘리시는구려."

그 말에 네스토르의 아들 페이시스트라토스가 대답했다.

"제우스 신께서 보살피시는 무사들의 우두머리이신 메넬라오스여, 말씀하신 대로 과연 이분은 오디세우스의 아드님이십니다. 그러나 워낙 겸손한 분이라서, 보시는 바와 같이 뵙자마자 곧바로 당신 앞에서 자신에 대해 이러쿵저러쿵 이야기를 늘어놓는 것을 예의에 벗어난 짓이라고 생각하십니다. 우리는 당신의 말씀을 마치 신께서 말씀하시는 거나 다름없이 고맙게 생각하고 있습니다. 저는 당신을 만나 뵐 일을 걱정하시는 이분을 위해, 게레니아의 네스토르왕께서 딸려 보내신 사람입니다. 부디 이분을 말씀으로나 행동으로나 잘 보살펴 주시길 바랍니다. 다시 말해서 아버지가 집을 떠나고 안 계신 경우, 그 아들로서는 집안에 여러 가지로 고민이 많더라도 힘을 합쳐 도와줄 사람이 아무도 없는 경우가 있으니까요. 마찬가지로 지금 텔레마코스도 아버지께서 나가신 채 돌아오시질 않은 데다, 그를 위해 재난을 막아줄 사람조차 이타케에는 없는 형편입니다."

그 말에 금발의 메넬라오스가 말했다.

"허어, 이거 참. 그렇다면 나와 가장 친한 분의 아드님이 우리 집에 오셨군그래. 나를 위해 그 영웅적 과업을 해내셨던 분 말이오. 아닌 게 아니라 그분이 계신다면, 아르고스의 다른 누구보다도 특별히 소중하게 대접해 드리려고 늘 마음먹고 있었던 참이라오. 올림포스에 계시며 멀리까지 천둥을 울리시는 제우스 신께서, 우리가 빠른 배를 이끌고 바다를 건너 귀국하는 것을 그에게도 허락하셨다면 말이오. 그러면 이타케섬에서 모든 집안의 재산과 아드님과 부하들까지 모두 데려다가 이 아르고스에서 사시도록 하고, 성도 지어 드렸으련만. 내가 군주로 다스리고 있는 이 주위의 고을 가운데 그 하나를 내드려서 말이오. 그렇게 된다면 가끔 이곳에 오셔서 함께 지낼 수도 있었을 것이오. 그리고

텔레마코스 앞에 나타난 헬레네_ 루이 장 프랑수아 라그레네의 작품

우리 두 사람이 서로 친하게 즐기는 것을 아무도 떼어놓지 못했을 터인데. 마지막에 죽음이라는 검은 어둠이 우리를 덮어 누를 때까지 말이오. 그러나 시기심 많은 어떤 신이 그렇게 생각하지 않아서 결국 불운하게도 그분만을 돌아오지 못하게 하셨다오."

그는 온몸을 들썩이며 몹시 슬퍼하였다. 그러자 헬레네와 텔레마코스가 슬피 눈물을 흘렸고, 페이시스트라토스도 울었다. 페이시스트라토스는 새벽 여신의 아들 멤논에게 죽은 고명한 형인 안틸로코스가 생각났기 때문이다.

페이시스트라토스는 메넬라오스를 향해 말했다.

"메넬라오스 님, 제 늙으신 아버님 네스토르는 늘 당신을 세상 사람들 가운데서 가장 현명하신 분이라고 말씀하셨습니다. 자, 이제 제 말씀을 들어주십시오. 저는 이처럼 즐거운 자리에서 슬퍼하는 것은 바람직하지 못하다고 생각합니다. 곧 희망의 날이 찾아오리라 생각하기 때문입니다. 물론 저는 불운에 빠진 인생을 슬퍼하여 우는 것을 책망하는 것이 아니지만, 슬피 우는 것은 오로지 실패한 인간들에게나 해당되는 일이라고 생각합니다. 저 역시 아르고스 사람 중에서 결코 빠지지 않는 형님을 잃었습니다. 혹시

눈물을 훔치는 텔레마코스
오디세우스의 이야기가 나오자 텔레마코스가 눈물을 흘리는 장면으로, 헬레네가 이를 바라보고 있다.

텔레마코스를 위로하는 헬레네_ 신고전주의 미술의 여류 화가인 안젤리카 카우프만의 작품

아실지도 모르겠습니다만, 사람들은 달리고 싸우는 데 안틸로코스를
당할 자가 없었다고 말하더군요."

이에 메넬라오스가 대답했다.

"오, 그대는 현자, 아니 나이 많은 사람이나 할 수 있는 말을 하는구
려. 역시 훌륭한 조상의 후손답게 지혜로운 말을 해 우리를 깨우치는
구려. 제우스 신께서 네스토르께 일생 동안 영화를 승낙하셨기 때문에
여생을 평온하게 지내시는 것이오. 그뿐만 아니라 그 자손 또한 더욱
더 지혜로워지고 용기 또한 최고에 달하겠지요. 자, 우리 잠시 눈물을
거두고 비탄에서 벗어나도록 합시다. 그리고 다시 저녁식사를 하도록
하는 게 좋겠소. 남은 이야기는 내일 아침에 나와 텔레마코스가 충분
히 나눌 수 있을 거요."

이렇게 말하자 아스팔리온이 그들의 손에 다시 물을 부었다. 그는 영예도 높은 메넬라오스의 충성스러운 시종이었다. 그리하여 모두 이미 준비되어 있는 훌륭한 식사를 다시 유쾌하게 즐겼다.

이럴 즈음 제우스와 레다의 딸인 헬레네가 또 다른 묘안을 생각해 냈다. 그녀는 모두가 마시고 있는 포도주병에 고뇌를 잊게 하고 분노를 지워 버리는 약을 재빨리 넣었다. 이 약은 모든 재앙을 잊게 하는 약으로, 일단 이것이 섞인 술을 마신 사람은 누구나 그날 부모님이 세상을 떠난다 하더라도, 또는 그 눈앞에서 형제나 사랑하는 자식의 목이 청동 칼로 잘리는 것을 생생하게 본다 하더라도 두 볼에서 눈물을 떨어뜨리지 않는다는 약이다. 그토록 굉장한 효험이 있는 이 약은 이집트에서 톤의 아내 폴리담나에게서 얻었었다. 이집트의 기름진 땅에서는 신비로운 약초가 아주 많이 났던 것이다.

헬레네는 약을 탄 술을 따르게 하고는 메넬라오스에게 이렇게 말했다.

헬레네_ 이블린 드 모건의 작품
헬레네는 상심에 젖은 텔레마코스와 메넬라오스 등이 고뇌를 잊게 하기 위해 포도주에 약을 넣는데, 이 약은 양귀비에서 추출한 아편으로 추정된다.

"메넬라오스시여, 제우스께서 보살피시는 당신과 또 여기 계신 훌륭한 군주들의 자제분들에게 말씀드립니다. 이제는 고통스러운 아픔은 잊어버리고, 즐거운 시간을 가지시는 게 좋겠습니다. 물론 제우스께서는 당신의 권능으로 하실 수 있겠지만, 그러나 우리도 이곳에서 저녁 만찬을 즐기며 즐거운 이야기

폴리담나를 만나는 메넬라오스_ 시몽 부에의 작품
폴리담나는 이집트의 왕비로, 헬레네를 파로스섬으로 피신시키고 신비로운 약초를 건네주었다. 전해지는 바에 따르면 메넬라오스는 에티오피아 원정을 떠나기에 앞서 헬레네의 안전을 걱정하여, 그녀를 자신의 동료인 이집트 왕 톤에게 맡겼다. 하지만 헬레네의 아름다움에 반한 왕은 처음의 약속과는 달리 욕정을 품게 되었다. 다행히 이를 눈치챈 왕비 폴리담나는 곧바로 헬레네를 나일강 어귀의 파로스섬으로 피신시켰다.

로 마음을 위로하는 것이 좋겠습니다. 제가 이 자리에 알맞은 이야기를 해드릴게요. 저 용감무쌍한 오디세우스의 모험담이야말로 이루 말할 수도 없을 정도로 참으로 많습니다. 아, 그분은 아카이아 용사들이 트로이아 땅에서 고난을 감내할 때 몸소 실천에 옮겼던 분이었습니다. 언젠가는 이런 일이 있었지요. 그분은 일부러 보기 흉한 상처를 내고 더러운 누더기를 걸쳐 완전히 거지가 된 다음 적진으로 들어가게 되었습니다. 그러니 아카이아 함대를 탄 사람들은 어찌 이런 생각을 상상이라도 하였겠습니까? 그분이 트로이아로 버젓이 들어갔을 때, 저만이 그분의 변장을 알아챘습니다. 그분 또한 현명하게도 저를 피하여 만나지 않도록 하셨습니다. 그런데 끝내 제가 그분을 씻겨 드리게 되어 올리브기름을 몸에 바르고 옷을 어깨에 걸쳐 드릴 즈음, 절대로 오디세우스의 이름을, 적어도 그분이 빠른 배가 있는 진지에 이르기까지는 트로이아 사람들에게 발설하지 않겠다고 엄숙하게 맹세해 드렸지요. 그제야 그분은 제게 아카이아군의 모든 계획을 말씀해 주더군요. 마침내 그분은 수많은 정보를 가지고 진중으로 돌아가셨습니다."

그녀의 말에 금발의 메넬라오스가 대답했다.

"부인, 참으로 말씀 잘했소. 나도 여태껏 수많은 영웅호걸들의 지략에 관해 들어보았고 모든 곳을 두루 돌아다녀 보았지만, 오디세우스 같은 장부를 본 적이 없소. 거대한 목마를 만들어 그곳에 아르고스 장수들을 숨겨 트로이아군을 죽음의 구렁으로 몰아넣게 한 것과 같은 전투는 일찍이 보지 못했소. 그때 마침 당신은 트로이아군의 영광을 바라는 신의 인도를 받은 듯, 우리가 숨어 있는 목마를 세 번이나 뱅뱅 돌면서 아르고스 장수들의 이름을 소리 높여 불렀소. 아르고스의 여러 부인들의 음성을 그대로 흉내 내서 말이오. 그때 나와 티데우스의 아들, 그리

트로이아 목마_ 조반니 바티스타 티에폴로의 작품
트로이아 목마는 트로이아 전쟁 이야기에 나오는 한 장치이다. 나무로 만들어졌는데, 사람들이 그 안에 숨을 수 있다. 트로이아 전쟁이 길어지자 오디세우스는 지혜를 발휘하여, 거대한 목마를 만들어 놓고 철수하는 척 계략을 짠다. 그리스군이 물러가자 트로이아성에서는 거대한 목마를 성으로 들일 것인가를 놓고 의견이 엇갈리지만 결국 들이고 만다. 그리고 밤이 되어, 목마 안에 숨어 있던 그리스군이 밖으로 나와 도성을 점령한다.

고 오디세우스는 맨 가운데에 앉아 당신 목소리를 들었소. 우리 두 사람은 뛰쳐나가고 싶었으나, 오디세우스가 절대로 못하게 하였소. 혀가 자신의 의지와 상관없이 입 밖으로 나오려고 하는 안틸로코스마저 오디세우스가 힘센 손으로 입을 막자 용케 견뎌냈소. 그래서 결국 모든 아카이아군을 구하게 된 것이오.”

메넬라오스의 이야기를 듣던 텔레마코스가 입을 열어 말했다.

“스파르타의 위대한 지도자이신 메넬라오스여, 들으면 들을수록 슬픈 마음만 더할 뿐이옵니다. 그분은 그만 한 용기를 가지고도 당신 몸 하나 멸망의 구렁텅이에서 구할 수 없었던 모양입니다. 그러나 오늘은 저희도 이만 쉴까 하옵니다.”

아르고스 태생의 헬레네는 시녀들에게 분부하여 침대를 놓고 거기에 아름다운 자주색 모포를 깐 다음, 다시 시트를 깔고서 또 두툼한 모직 덮개로 덮어놓았다. 텔레마코스와 페이시스트라토스는 그곳에서 편안히 쉬었다.

다음 날 아침, 메넬라오스는 침상에서 일어나 의복을 갖춰 입고 날카로운 칼을 어깨에 멨다. 그리고 텔레마코스에게 와서 앉으며 말했다.

“텔레마코스여, 불원천리하고 바다를 건너 이곳 라케다이몬을 찾은 목적이 무엇이오? 사실대로 말해 주시오!”

이에 텔레마코스가 대답했다.

“메넬라오스시여, 제가 이곳에 온 것은 행여나 아버님 소식이라도 들을까 해서입니다. 저의 집 안엔 온통 원수들이 들끓고 있습니다. 그들은 다름 아닌 제 어머니에게 구혼하는 자들로, 날마다 가축을 수없이 잡아먹고 있습니다. 그러므로 지금 당신께 간절히 청하여, 혹시나 아버님의 불운한 마지막 소식을 들을 수 있지나 않을까 해서 부탁드리는 것입니다. 혹 어쩌면 당신의 눈으로 보셨는지, 아니면 다른 나라를 방랑하시는 분에게서 그런 이야기를 들어 알고 계시지나 않나 하고요. 정말이지 제 아버님께서는 남달리 비참한 운명을 타고 태어나셨습니다. 제발 부탁드립니다. 만약에 조금이라도 제 아버님인 용감한 오디세우스가 그 역경의 트로이아 전투 속에서 말로나 행동으로나 당신을 위해 약속하고 또 이루신 것이 있다면, 그 일을 지금 떠올려 주시고 제게 당신이 알고 계신 모든 것을 말씀해 주십시오."

텔레마코스의 말에 흥분한 메넬라오스가 대답했다.

"괘씸한 것들 같으니! 용감한 영웅의 침상에 감히 눕고자 하는 자들이 있다니! 젖도 떼지 않은 새끼를 사자 굴에다 재워 놓고 나간 암사슴처럼 미련한 일을 하는구려. 돌아온 사자한테 새끼가 잡아먹힐 것은 당연한 일 아니오? 오디세우스 또한 돌아와서 쥐도 새도 모르게 그 불한당들을 해치워 버릴 것이오. 원컨대 제우스 아버지와 아테나, 아폴론 신이시여! 그 옛날 그가 튼튼히 구축한 레스보스성에서 필로멜레이데스와 씨름을 하여 힘차게 넘어뜨렸을 때처럼, 그 불한당들을 일거에 해치워 버리게 하소서. 눈 깜짝할 사이에 그들을 무찔러서 구혼의 쓴잔을 맛보게 하소서. 내 그대가 무엇을 묻든 숨김없이 이야기하겠네. 저 바다의 노인이 이야기해

텔레마코스가 있는 부조

주던 확실한 일, 그 일을 조금이라도 덮어버리거나 숨기지 않고 그대로 전해 주겠소. 내가 이집트에서 표류할 때였소. 파도가 거센 물굽이에 파로스라는 섬이 있는데, 그곳에는 훌륭한 항구가 있었소. 사람들은 그곳에서 먹을 음식을 싣고 바다로 나가곤 한다오. 신들은 우리를 그곳에 24일간이나 억류하고 있었소. 도무지 바람이 방향을 바꾸지 않아 너른 바다 위에서만 헤맨 것이오. 만약 신들 중의 한 분이 나를 가련히 여기시어 인정을 베풀어 주시지 않았던들, 아마 식량도 모두 없어지고 사람들도 결국 지쳐 버렸을 것이오. 그 여신은 바다 노인이라고 하는 저 위세도 당당한 프로테우스의 딸인 에이도테아인데, 결국은 이 님페의 마음을 내가 움직이게 했던 것이오. 동료들로부터 혼자 멀리 떨어져 있을 때에 그편에서 먼저 나를 찾아주었소. 그럴 수밖에 없던 것이, 매일같이 우리는 섬 주변을 헤매어 돌아다니며 휜 낚싯바늘로 물고기를 낚아서 굶주린 배를 채우고 있었으니 말이오. 그 님페가 내 곁에 가까이 다가와 말했지요.

'어째서 그렇게 어리석은가요! 혹시 바보는 아니오? 아니면 일부러 고생을 사서 하려는가 보군요. 이 섬을 빠져나갈 길이 그렇게도 없단 말이오?'

그래서 내가 이렇게 대답했지요.

'내 어찌 자청하여 이곳에 머물러 있겠습니까? 저 너른 하늘을 지배하는 불사의 신들께 대항한 죄로 할 수 없이 이렇게 되었습니다. 원컨대 가르쳐 주소서. 어느 신께서 저희를 이곳에 붙들어 매셨는지요? 어떻게 하면 이 무서운 파도를 헤치고 나가 귀국의 길을 찾게 되는지 알려주소서.'

그러자 아름다운 님페는 서슴지 않고 말해 주었소.

'자, 나그네여, 내 모든 것을 말해 주리다. 여기서 불사의 바다 노인 프로테우스를 찾도록 하시오. 그분은 포세이돈의 부하이며 나를 낳은 아버지로, 거짓말은 하지 않을 거요. 만일 그대가 그분을 만나기만 하면, 틀림없이 그대에게 거친 바다를 건너갈 방도를 일러줄 것이오.'

나는 그녀에게 또 부탁을 했소.

'그 노인 신을 어떻게 하면 만날 수 있는지 가르쳐 주십시오. 자칫하면 저편에서 먼저 저를 발견하고 알아차려 피하실지도 모르니까요. 신을 즐겁게 해드린다는 것은 인간으로서는 정말 쉬운 일이 아니지요.'

이렇게 내가 말하자, 님페 중에서도 특히 거룩한 그분은 다시 친절하게 대답해 주었소.

'그런 일이라면 자세히 설명을 해드리지요. 태양이 중천에 높이 떠오를 무렵, 정확히 그때에 바닷속에서 예언자인 바다 노인이 나오실 거요. 갈바람의 숨결을 따라 거무스레한 잔물결의 물보라를 몸에 감고서 말이오. 그리하여 나오자마자 속이 텅 빈 동굴 밑바닥의 잠자리를 찾지요. 그 주위에는 바다표범들과 아름다운 바다의 딸들이 수없이 떼지어 잠을 자는데, 잿빛 물거품에서 올라올 때 내쉬는 숨결은 아주 지독한 것으로, 몹시 깊은 바닷속 냄새가 난답니다. 새벽이 오면 내가 당신을 그곳으로 데리고 가서, 당신들 각자가 있을 곳을 찾도록 하지요. 당신 편에서는 널빤지로 만든 좋은 배가 있는 곳에 가서 힘이 가장 센 사람을 셋만 골라서 데리고 오시오. 그건 그렇고, 그 바다 노인의 괴상한 행위를 모두 이야기한다면, 우선 첫째로 바다표범의 수를 계산하면서 한 바퀴 도는 일이겠지요. 그리하여 모두 완전히 세어보아 확인하고는, 이번에는 마치 양 떼를 지키는 양치기처럼 그 한복판에 드러 눕는다오. 바로 이때입니다. 여럿이 재빨리 달려들어 온 힘을 다해 그 바다 노인을 꽉 붙잡으세요. 아무리 도망치려고 발버둥 치더라도 놓치면 안 됩니다. 그야말로 각양각색으로 모습을 바꾸어 가며 도망치려고 할 테니까요. 이 땅 위에 살고 있는 모든 생물들, 그 밖에 물 또는 무섭게 타오르는 불이 되려고 하실 겁니다. 하지만 당신들은 끝까지 버티면서, 한층 더 힘을 죄어 붙잡으며 결코 놓쳐서는 안 되오. 그러면 결국 그는 처음에 보았던 모습으로 돌아온 뒤 당신께 왜 자신을 붙잡는 것이냐고 물을 것이오. 그렇게 되거든 붙잡고 있던 바다 노인을 놓아준 다음에 신들 중에 어느 분이 당신을 괴롭히는지, 또 어떻게 해야 물고기 떼가 다니는 바다로 가 귀국길에 오를 수 있는지 물어보시오.'

그녀는 이렇게 말하고는 파도치는 바닷속으로 들어가 버렸소. 그래

네레이스_ 헨리에타 레이의 작품
네레이스는 바다의 님페들을 일컫는 말인데, 에이도테아도 네레이스에 속한다. 그녀는 메넬라오스가 파로스섬에 표류하여 발이 묶였을 때 나타나, 메넬라오스에게 그녀의 아버지 프로테우스를 붙잡는다면 무사히 그곳을 빠져나갈 수 있을 것이라고 알려주었다.

서 나는 백사장에 끌어올려 놓은 배가 있는 곳으로 갔지만, 가는 도중에도 마음속은 갖가지 생각으로 얽혀 있었다오. 이윽고 배가 놓인 바닷가에 이르러 여러 사람들과 함께 식사 준비를 시작했지요. 그러는 동안에 향기로운 밤이 되었소. 그때 우리는 넓고 큰 바다의 파도가 밀리는 백사장에 누운 채 잠이 들었소.

그리하여 아침 일찍 장밋빛 손가락의 새벽 여신이 나타날 무렵에 일어나, 바다로 나아가 신들에게 계속 기도를 올렸지요. 그러고는 부하 셋을 데리고 갔어요. 무슨 일에서나 내가 가장 믿고 맡기는 이들을 말입니다. 그때 바로 그 님페가 큰 바다의 넓은 품속으로 들어가, 네 마리의 바다표범 가죽을 바닷속에서 갖다주었지요. 모두 금방 벗겨 낸 것으로, 그의 부친 프로테우스를 속이기 위해서였지요. 다시 말해서 그녀는 해변가의 모래를 파헤쳐 사람이 들어갈 수 있을 만한 구덩이를 만들고, 우리를 기다렸던 거요. 바로 그 님페 옆으로 우리가 가까이 다가가자, 우리를 구덩이 속에 차례차례 눕힌 뒤, 그 위에 바다표범 가죽을 덮어주었지요. 그때의 그 기다림은 참으로 견디기 어려운 일이었소. 그도 그럴 것이, 바닷속에 서식하는 바다표범의 지독하고 구역질 나는 악취가 우리를 괴롭혔던 것이오. 정말이지 그 어느 누구도 바닷속 괴물 곁에 눕고 싶어 할 사람은 없을 테니까요. 그러나 님페가 친절하게도 그것을 미리 막는 손쉬운 방법을 가르쳐 주었소. 우리들 코 밑에 향기로운 냄새를 가져다 대주었던 것이오. 그것이 풍기는 향기로움 때문에 바다짐승의 역겨운 냄새도 사라지고, 그래서 우리는 참을성 있게 마음을 죄면서 아침 내내 기다렸던 것이지요. 그러는 동안에 바다표범들이 바닷속에서 한데 얽혀 가며 꾸역꾸역 올라와,

해안 근처에 즐비하게 드러누웠습니다.

한낮쯤 되어서는 늙은 신도 바다에서 올라와 제법 훌륭하게 자란 바다표범들을 보자, 하나하나 보면서 그 수를 세었는데, 우선 우리를 바다 짐승의 선두로 세기 시작했지요. 짓궂은 음모가 있으리라곤 조금도 생각지 못했을 테니 수를 다 세고 나서는 누워서 잠이 들었습니다. 그때 우리는 요란하게 소리치며 몰려갔지요. 그리고 그에게 달려들어 그의 등을 우리 팔뚝으로 내리쳤다오. 바다 노인도 변신술을 쓰는 것을 결코 잊지 않았다오. 그래서 처음엔 훌륭한 수염을 기른 사자로 변하더니, 다음에는 큰 뱀이 됐다가 표범이 되었다가 커다란 멧돼지가 되기도 했답니다. 또는 흘러가는 물이나 높이 치솟은 나무로까지 변했습니다만, 우리는 조금도 굽히지 않고 참을성 있게 매달려 있었지요. 마술 부리는 것에 지친 늙은 신이 결국에는 굴복했는데, 그때 비로소 말을 붙이며 물어보더군요.

'아트레우스의 아들이여, 도대체 신들 중에서 누가 그대를 도와 이런 공작을 꾸미게 했는가? 싫어하는 나를 잠복해서까지 붙잡으라고 말이야.'

이렇게 말씀하기에 나로서도 그 말에 대답하였지요.

'바다 노인이시여, 왜 붙들려 있는지 다 아시면서 왜 그런 말씀으로 회피하려 하십니까? 나는 이토록 오랫동안 이 섬에 머물렀는데도 어떤 출구도 찾아내지 못했어요. 신들께서는 모든 일을 다 알고 계실 테니 제발 일러주십시오. 불사의 신들 중에 도대체 어떤 분이 나를 이곳에 묶어두었는지, 또 내가 어떻게 해야 물고기가 많이 다니는 바다로 갈 수 있는지요.'

이렇게 말하자 바다 노인은 이내 대답했지요.

'그대는 배에 오르기 전에 제우스나 그 외 여러 신들께 반드시 훌륭한 제물을 바치고 떠났어야 했소. 그리했다면 벌써 이 검푸른 바다를 건너 귀국했을 거요. 그러나 다시 한번 이집트 강을 지나 불사의 신들에게 제물을 올리기 전에는, 그대가 금의환향할 날은 오지 않을 거요. 지성을 드려야 비로소 신들께서 그대가 원하는 항로를 허락할 것이오.'

이 말에 나는 그만 졸도를 할 뻔했소. 그분은 나에게 또다시 그토록 험

메넬라오스와 프로테우스
메넬라오스는 에이도테아가 일러준 대로 프로테우스를 꼼짝 못 하게 결박시킨다.

난한 이집트로 다시 가라는 거였소. 하지만 나는 순순히 받아들였소.

'노인이시여, 말씀대로 하겠습니다만 솔직히 일러주소서. 우리가 트로이아를 떠날 때 헤어졌던 모든 아카이아군들은 어찌 되었는지요?'

그분은 서슴지 않고 즉시 대답하였소.

'아트레우스의 아들이여, 무엇 때문에 그런 일들을 자꾸만 물어보는가? 그대가 내 생각을 알거나 배워야 할 필요는 별로 없을 것 같은데. 게다가 만일 자세하게 듣고 모든 사정을 알게 된다면, 그대로서도 정말 오랫동안 눈물을 흘리지 않을 수 없게 될 것이오. 왜냐하면 그들 중 많은 사람이 생명을 잃었으니까. 물론 살아남은 사람들의 이야

기를 들어봤자 그대에게 결코 이로울 것이 없소. 왜냐하면 그 소식을 들으면 한동안 눈물 없이 견딜 수 없기 때문이오. 하지만 그대가 듣고 싶어 하니 내 말하리다. 아이아스는 바다 가운데 빠졌지만, 포세이돈이 그를 구해 기라이 근처 큰 바위에다 옮겨놓았소. 그러나 그가 바다의 무서운 늪을 빠져나왔다는 호언을 하여 포세이돈의 노여움을 사게 되었소. 포세이돈은 삼지창으로 기라이 바위를 두 쪽으로 갈라놓아, 그 위에 앉았던 아이아스는 바닷물을 잔뜩 들이켜고서 세상을 떠나게 되었소. 그런데 그대의 형은 그 훌륭한 배를 타고 있는 동안은 죽음의 운명을 겨우 모면하고 피할 수 있었지. 헤라 여신이 아가멤논을 보호하셨던 것이오. 하지만 그 또한 말레아 준령에 이르렀을 때, 성난 파도가 그들을 덮쳐 아이기스토스가 살고 있는 해변으로 떠밀려 갔소. 여기서 다시 신들이 바람을 다스려 미풍을 보내어 아가멤논은 고국 땅에 발을 딛게 되는 기쁨을 누리게 되었소. 이때 교활한 아이기스토스의 파수꾼이 망루에서 그만 아가멤논을 본 것이오. 그는 1년 동안 보초를 서며, 아가멤논을 죽일 기회를 호시탐탐 노리고 있었소. 파수꾼의 소식을 들은 아이기스토스는 성에서 가장 힘센 병사 20명을 골라 기습할 수 있는 곳에 매복시키고, 대규모의 연회를 베풀어 아가멤논을 환영하였소. 그리고 연회를 마치자 술에 취한 아가멤논은 도살장에서 소가 도살당하듯 죽임을 당했소. 그리고 그의 일행 또한 모두 홀에서 참살되었소.'

이 말을 들은 나는 하늘이 무너지는 듯한 슬픔을 느껴, 더 이상 살고 싶은 생각이 없었소. 내가 땅을 구르며 한없이 울자 바다의 노인이 이렇게 일렀소.

'아트레우스의 아들이여, 이제 그 눈물을 거두시오. 운다고 무슨 소용이 있겠소? 어서 빨리 고국으로 돌아가는 게 좋지 않겠소? 아직 아이기스토스가 살아 있으니 말이오. 하지만 그대보다 오레스테스가 먼저 그를 벨지도 모르오. 그러면 그대는 그의 장례식을 보게 되겠지.'

그제야 분노가 수그러들어 나는 다시 물었소.

'이제 그들의 운명을 내 알았소이다. 그러면 세 번째 장군은 누구이며 어찌 되었습니까? 혹시 망망대해에서 아직도 헤매는지, 아니면 죽었는지요?'

메넬라오스와 아가멤논
미케네의 아트레우스왕의 아들인 아가멤논은 메넬라오스의 형이다. 그는 메넬라오스의 처 헬레네가 트로이아 왕자 파리스에게 납치되자 그리스군을 결성하여, 아킬레우스와 함께 트로이아 전쟁에 나선다. 그러나 전쟁에 승리한 후 귀국하여 부인인 클리타임네스트라와 사촌 동생인 아이기스토스에게 죽임을 당한다.

그분은 곧 대답했소.

'그 사람은 이타케에 사는 라에르테스의 아들로, 님페 칼립소의 집에 강제로 감금당해 쓰라린 눈물을 흘리고 있소. 그는 배는커녕 바다 먼 길까지 와줄 벗도 없소. 그러나 제우스의 총아인 메넬라오스여, 그대는 말들이 자라는 목장의 나라 아르고스와 생사를 같이할 운명을 타고난 것이 아니오? 불사의 신들은 그대를 금발의 라다만티스가 있는 대지의 끝 엘리시온으로 보내려고 하오. 그곳은 지상의 낙원으로, 1년 내내 눈이 내리는 법이 없고 신선한 미풍이 부는 곳이오. 자, 그곳에서는 그대를 헬레네의 남편이요, 제우스의 사위로 알 것이오.'

그러고는 바닷속으로 뛰어들어 가기에, 나는 무거운 마음으로 동료들이 있는 함대로 갔소. 마침내 먼동이 트자, 우리는 먼저 함대에 돛을 달고 사공들이 뱃전에 올라 노를 저어 검푸른 파도를 헤쳐 나아갔소. 이리하여 다시 하늘이 마련한 이집트 강으로 와서는 큼직한 제물을 올렸소. 이렇게 영생의 신들의 노여움을 달랜 뒤에 그 이름이나마 영원히 사라지지 않도록 아가멤논의 묘를 쌓았소. 이렇게 모두 다 마

아가멤논의 묘
미케네 성 밖의 궁릉묘로서 아가멤논의 묘로 추정된다. 기원전 13세기 초경 건조. 절석을 쌓아 만든 첨두종형(벌집형)의 지하제실(지름 14.5m, 높이 13.2m)과 부속 묘실 및 언덕의 비탈을 파서 만든 널길로 이루어져 있으며, 미케네 시대 기술의 높은 수준을 보여주고 있다.

친 다음 귀국길에 오르니, 불사의 신들은 아주 빠른 속도로 고국으로 실어다 주었소.

자, 텔레마코스여, 그러면 며칠이라도 좋으니 내 집에서 편안히 머무르시오. 내 성심껏 말 세 필과 훌륭한 수레를 마련해 그대를 보내드리리다. 그리고 내 금잔을 내줄 테니 불멸의 신들께 술을 올리고, 우리가 함께 지낸 날들을 길이 마음에 새겨두기를 바라오.”

이에 총명한 텔레마코스가 대답했다.

“아닙니다. 아트레우스의 아드님이시여, 저를 더 이상 붙잡지 마십시오. 당신 옆에서라면 1년을 머물더라도 아쉬울 것입니다. 당신 말씀을 듣고 있으면 집은커녕 부모님도 생각나지 않을 정도로 재미있습니다. 하지만 저희 일행이 필로스에서 기다리고 있습니다. 그리고 이 선물과 말은 여기에 두소서. 당신은 너른 광야의 영주이시니, 연꽃이 수없이 피고 갈대와 밀보리가 흔하지 않습니까? 이타케에는 너른 들은커녕 목장 또한 없습니다. 그곳은 고작 염소 유목지일 뿐, 말이 달릴 길조차도 마땅치 않습니다.”

그러자 메넬라오스가 웃으며 그를 어루만지더니 큰 목소리로 말했다.

“그대가 훌륭한 혈통의 분이시라는 건 하나의 행동만으로도 알겠소. 그대의 말하는 품이 참으로 마음에 드는구려. 그런 사정이라면 다른 선물로 바꾸도록 하겠소. 뭐 간단한 일이니까요. 무슨 물건이든 당신이 원하는 것이라면, 우리 집에서 가장 값지고 귀한 것이라도 드릴 작정이니까요. 우선 정교한 금속 제품인 희석용 술동이가 있는데, 몸체는 은이고 잔 가장자리는 황금으로 장식된 것으로 헤파이스토스 신께서 손수 만드신 것이라오. 이걸 선사해 주신 분은 시돈인들의 왕 파이디모스이신데, 마침 내가 그곳에서 귀국하는 도중에 그의 성에 신세를 졌을 무렵의 일이었지요. 당신께 그걸 드리리다."

이렇게 말을 주고받는 동안 그들은 궁에 다다랐다.

한편, 오디세우스의 궁에 모여 있던 구혼자 무리들은 여전히 원반이나 창을 던지며 희희낙락했다. 그중에서도 가장 뛰어난 안티노오스와 에우리마코스가 앉아 있었다. 그 두 사람의 바로 옆으로 프로니오스의 아들 노에몬이 다가와서는 안티노오스에게 물었다.

"안티노오스여, 도대체 어떤 궁리라도 짜고 있는 건가요? 언제 텔레마코스가 모래 언덕의 섬 필로스에서 돌아오는지 아시오? 그들이 내 배를 빌려갔는데, 급히 배가 필요해서 묻는 말이오. 너른 엘리스 땅에는 열두 마리의 암말과 아직 길들여지지 않은 거센 노새들이 있다는데, 그중 한 놈을 데려다 길들이고 싶어서 그렇소."

이에 놀란 안티노오스는 곧 대답했다.

"뭐라고? 바른대로 말해 보시오. 그가 언제 떠났으며, 누구와 함께 갔는지? 혹시 장정들을 데리고 갔소, 아니면 시종을 데리고 갔소? 자, 빠짐없이 말해 주시오. 그는 그대의 배를 승낙도 없이 강제로 가져갔단 말이오? 아니면 그대가 대접하느라고 쾌히 내주었단 말이오?"

이에 노에몬이 대답했다.

"내가 기꺼이 배를 내주었소. 그들이 몹시 간청을 하는데 어찌 내주지 않을 수 있었겠소? 차마 거절할 수 없었소. 그리고 이 고장에서 가장 우수한 젊은이들이 그를 따라갔소. 그런데 배 위에 대장이 있었는데 멘토르 같기도 하고, 아니면 멘토르의 탈을 쓴 신 같기도 했소. 게

다가 이상한 점은 이미 필로스로 출발한 멘토르가 어제 새벽 이곳에 있는 것을 보았다는 것이오.”

노에몬이 말을 마치고 돌아가자, 안티노오스가 분노에 찬 목소리로 입을 열었다.

“이런, 텔레마코스가 무례하게도 여행을 떠나다니! 그래선 안 된다고 그토록 만류했는데, 우리를 무시하고 가버리다니! 게다가 남의 배를 빌려 가장 유능한 자들을 골라서 갔다고? 제우스여, 그가 인간 구실을 하기 전에 그를 멸하소서! 자, 이제 난 쾌속선 한 척과 스무 명의 사공을 뽑아, 그의 귀로를 기다리면서 파수를 보아야겠소. 내 험준한 사모스의 해협에 잠복해 있다가, 아비를 찾아 헤매다 돌아오는 그에게 비참한 최후의 맛을 보여주리다.”

안티노오스의 말에 공감한 구혼자들은 모두 오디세우스의 궁으로 향했다.

한편, 전령 메돈이 문 앞에 다다르자 페넬로페가 말을 걸었다.

“메돈아, 어찌하여 이곳에 왔는가? 저 구혼자들이 그대를 보냈는가? 아니면 신성한 오디세우스의 시녀에게 식사 준비를 하라고 하더냐? 이제 그만 시끄럽게 굴지 말고, 오늘 이 식사가 마지막 연회가 되면 얼마나 좋겠는가.”

이에 분별을 갖춘 메돈이 말했다.

“옳은 말씀입니다. 정말 그것만이 그들의 가장 큰 악덕이었더라면 얼마나 좋겠습니까? 그러나 구혼자들은 훨씬 더 큰, 가증스럽고 흉측한 죄악을 음모하고 있는 중이랍니다. 제발 제우스 신께서 그들의 계획이 실현되지 않도록 해주시기를 비는 바입니다. 그들은 텔레마코스 님이 고국으로 돌아오시면, 암살하려는 음모를 꾸미고 있습니다. 그분께서 아버님의 소식을 찾아서 신성한 필로스와 거룩한 라케다이몬으로 떠나셨는데 말입니다."

이 말을 듣자 페넬로페는 심장이 멎은 듯 힘없이 주저앉았다. 한참 동안 그녀는 말을 잊은 듯, 두 눈에는 눈물만 넘쳐흐르고 아무 말도 못하고 있더니, 얼마가 지난 다음에야 가까스로 그를 향해 겨우 대답했다.

"전령이여, 어째서 또 내 아들은 그런 데로 떠났단 말이오? 모험을 해야 할 필요가 없을 텐데 말이오. 선원들이 망망대해를 헤쳐 가는 그런 배 따위를 타고 가다니! 도대체 자신의 이름마저 이젠 세상에서 잊히게 할 작정이란 말인가?"

전령 메돈이 말했다.

"제 생각에는 어느 신께서 지시하셨거나, 아니면 스스로 마음이 우러나 가신 것 같습니다. 왕자님은 왕께서 어떻게 최후를 마치셨나 알아보기 위해서 가신 것이지요."

그는 말을 마치고 오디세우스의 궁을 빠져나갔다. 그러나 페넬로페는 많은 사람들의 시선도 아랑곳하지 않고 바닥에 주저앉아 흐느껴 울었다. 시녀들

페넬로페_ 안젤리카 카우프만의 작품
페넬로페는 텔레마코스가 오디세우스의 소식을 알기 위해 위험한 출항을 했다는 사실을 알고는 근심을 하게 된다.

도 덩달아 그녀를 에워싸고는 소리 내어 울었다. 그녀는 슬픔에 겨워 하소연을 했다.

"그대들이여, 내 말 좀 들어보게나. 올림포스의 제우스께서는 세상의 여자 중 유독 나만 미워하는구나. 아카이아 사람 중에서도 가장 탁월했던 그분, 명성이 그리스로부터 중앙 아르고스까지 떨치던, 사자처럼 용맹스럽던 내 남편을 일찍 잃었더니, 이제 또다시 사랑하던 내 아들마저 빼앗아 가서는 소식마저 듣지 못하게 하는구나. 오, 무정한 여인들이여! 어찌 한 사람도 나에게 알려주지 않았단 말이냐! 그대들은 검은 배가 떠나는 것을 알고 있었을 텐데. 내 만일 그 사실을 알았다면, 나를 죽이고 가라고 했을 텐데. 자, 누구든 가서 친정아버님께서 주신 늙은 시종 돌리오스를 불러오너라. 라에르테스 님께 자초지종을 고해야겠다. 혹시 그분께서 자기 자손을 멸하려고 꾀하는 자들에게 가서 호통을 치실지도 모르니까."

그러자 착한 유모 에우리클레이아가 말했다

"왕비님이시여, 제 목숨을 거두소서. 저는 그분께서 시키시는 대로 빵이며 맛있는 술을 드렸습니다. 그러나 적어도 왕비님께서 스스로 그분의 떠남을 알게 되시기 전까지는 절대로 누설치 말라고 저에게 맹세를 시키셨습니다. 그러니 어서 목욕을 하시고 옷을 갈아입으신 뒤, 독수리의 군주이신 제우스의 따님 아테나께 축원을 하옵소서. 그래야만 여신께서 그분을 죽음에서 구해 주실 테니까요."

이렇게 그녀는 왕비를 위로하여 울음을 그치게 했다. 왕비는 목욕을 하고 새 옷을 갈아입은 뒤, 바구니에 보리를 넣고 아테나 여신에게 빌었다.

"방패를 주관하시는 제우스의 따님이시여, 아뢰옵니다! 오디세우스가 일찍이 소와 양의 살진 다리를 여신께 올린 것을 기억하신다면, 원컨대 내 자식을 구해 주옵소서. 사악한 철면피, 구혼자들로부터 그를 보호해 주소서."

그녀가 빌며 흐느껴 울자 여신이 귀를 기울였다.

구혼자들은 어두운 홀에서 시끄럽게 떠들어 대는가 하면, 어느 무례한 젊은이는 이런 소리도 했다.

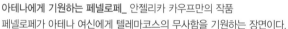

아테나에게 기원하는 페넬로페_ 안젤리카 카우프만의 작품
페넬로페가 아테나 여신에게 텔레마코스의 무사함을 기원하는 장면이다.

"구혼자를 많이 가진 왕비께선 정말 아드님의 사잣밥이 익어가는 줄도 모르고 결혼 준비에 바쁘신 모양이야."

그 말을 들은 안티노오스가 한마디 던졌다.

"그런 불손한 말들은 삼갑시다. 누가 엿듣고는 집안에 일러바치지 않도록 말이오. 자, 일어나서 비밀리에 우리의 계획을 달성합시다. 모두 합의한 바 아니오?"

그렇게 말한 다음 날래고 용맹스러운 용사 20명을 골랐다. 그는 용사들과 함께 해안으로 달려가 배를 바다에 띄운 다음, 돛과 노를 달고 돛을 높이 올렸다. 그리고 거만을 떠는 시종들이 날라온 무기를 실은 뒤 밤이 오기를 기다렸다.

한편 신중한 페넬로페는 장성한 아들의 목숨에 관해 생각하느라 식음조차 거르고 있었다. 사냥꾼이 몰려와 교묘하게 망을 치고 가두어 놓으면 아무리 동물 중의 왕인 사자라 하더라도 꼼짝 못 하듯이, 그녀는 깊은 번민에 빠져 울다가 스르르 깊은 잠 속으로 빠져 버렸다. 그러자 빛나는 눈의 아테나 여신은 묘책을 생각해 냈다. 여신은 페넬로페의 친동생인 이프티메, 즉 페라이에 사는 에우멜로스의 아내와 비슷한 형상을 만든 다음 그녀를 오디세우스의 집으로 보내 페넬로페를 위로하게 한 것이다.

그녀는 빗장의 가죽끈을 타고 침실로 들어가 페넬로페에게 말했다.

"페넬로페 언니, 슬퍼하지 마세요. 태평성대의 여러 신들조차 그대의 아들이 돌아오기를 기다려, 그대의 근심을 덜어주려고 애쓰고 있답니다. 하물며 신들께서 그의 결백을 인정하시는데 무엇을 주저하겠어요?"

그러자 아주 달콤한 꿈속에서 헤매던 페넬로페가 꿈의 문을 열고 대답했다.

"아우여, 어디서 오셨는가? 아마도 먼 곳에 살기에 이제야 서로 보는 것이겠지요. 이러한 상황인데도 정녕 슬퍼하지 않아도 된다는 말이오? 나는 전에 사자와 같은 남편을 잃었어요. 게다가 그것도 모자라 이번엔 내 사랑하는 아들을 멀리 타국으로 보냈지요. 그 아이를 생각하면 가슴이 찢어질 지경이라오. 혹시 타국에서 무슨 변고를 당하지나 않았을까 떨리고 두렵지요. 게다가 저 간악한 구혼자들이 흉계를 꾸미며, 그가 고국에 돌아오면 죽이려고 하고 있으니 말이오."

그러자 아테나가 보낸 그녀는 대답했다.

"두려워하지 말고 용기를 내세요. 대단한 수호자가 함께 떠나셨으니, 결코 그토록 가슴을 죌 것까지는 없겠지요. 그 어느 누구라 할지라도 곁에 함께 계셔 주기를 빌고 싶은 분이신 아테나 여신, 그분이란 말이에요. 그런 분께서 보살피고 계시는데 걱정할 것이 없어요. 게다가 그대가 슬퍼하는 것을 여신께서는 불쌍하게 여기시고, 지금도 나를 이곳으로 보내셨단 말이오. 일의 자초지종을 이야기해 주라고 말이지요."

사려 깊은 페넬로페가 말했다.

"그대가 진정 신이고 신의 목소리를 들었다면, 원컨대 저 불운한 사람의 소식을 들려주소. 그가 살아 있는지, 아니면 이미 죽어 저승사자가 되었는지 말이에요."

그 말에 그림자와 같은 그녀가 대답하였다.

"오디세우스에 대해서는 자세하게 말할 수 없답니다. 그가 살아 있는지, 죽었는지를. 바람과 같은 허황된 소문을 전하는 것은 좋지 못한 일이니까요."

이렇게 말하고는 그녀는 빗장 사이로 돌풍을 타고 사라져 버렸다. 이윽고 페넬로페는 몹시 기뻐하며 잠에서 깨어났다.

그동안 구혼자들은 배 위에서 텔레마코스를 죽일 무서운 음모를 계획하고 있었다. 바다 한가운데에는 이타케와 험악한 사모스의 중간에 놓인 아스테리스라는 조그만 섬이 있었다. 아카이아 사람들은 이곳 작은 만에 배를 정박시킨 다음, 매복하여 텔레마코스를 기다리고 있었다.

메넬라오스와 헬레네

메넬라오스는 아트레우스와 아에로페 사이에 태어난 아들로서 아가멤논의 동생이었다. 헬레네가 아름다운 처녀로 성장하자 그리스 전역에서 많은 구혼자가 몰려왔다. 스파르타의 왕 틴다레오스는 이들 중 하나를 사위로 뽑으면 남겨진 구혼자들이 다툴까 봐 사위를 뽑는 것을 주저하고 있었다.

그러자 오디세우스는 '틴다레오스가 고른 사위가 싸움에 말려들면 구혼자들이 모두 그의 편을 들겠다'고 미리 맹세를 하도록 꾀를 냈다. 구혼자들이 맹세를 마치자 틴다레오스는 메넬라오스를 택했다.

틴다레오스가 죽고 왕자인 카스토르와 폴리데우케스도 일찍 죽자, 헬레네의 남편 메넬라오스가 스파르타의 왕좌에 올랐다. 헬레네는 메넬라오스와의 사이에서 딸 헤르미오네를 잉태하였다.

헬레네는 파리스와 사랑에 빠졌다고도 하고, 다른 설에 따르면 파리스를 사랑하지 않았으나 억지로 납치되었다고도 한다. 메넬라오스는 헬레네의 구혼자들에게 맹세를 지켜달라고 요구했다. 메넬라오스의 형 아가멤논을 중심으로 거대한 그리스군이 결성되고, 이에 대항해 트로이아에도 동맹군이 모였다. 이것이 트로이아 전쟁이다. 전쟁이 그리스군의 승리로 끝난 후, 메넬라오스는 헬레네를 죽일 계획이었으나 그녀의 아름다움에 재차 감동해, 결국 함께 스파르타로 돌아왔다.

◀ 헬레네 흉상

제 5 부

오디세우스의 표류

칼립소에게 붙잡히다

　새벽의 여신 에오스는 인간 남편 티토노스와의 잠자리에서 일어나, 신들과 인간들에게 빛을 비추었다.

　그러자 올림포스의 신들은 집회를 가졌다. 신들 가운데는 천둥을 울리는 제우스가 앉아 있었다.

　칼립소 님페에게 억류되어 있는 오디세우스를 염려하며 아테나가 먼저 입을 열었다.

　"오, 제우스 아버지시여, 그리고 그 밖에 영원히 존재하시는 축복받은 신들이여! 앞으로는 어느 왕을 불문하고 그들을 인자하거나 점잖게 만들려고 하지 마옵소서. 저 훌륭한 왕 오디세우스를 생각해 보십시오. 그들의 군주로서 자애로운 아버지처럼 나라를 다스렸건만, 이제 와선 누구 한 사람도 그를 생각하는 이가 없는 걸요. 그런데 지금 그본인은 어느 섬에서 지독한 고난을 슬퍼하고 있지요. 님페 칼립소에게 포로가 되었습니다. 그에게는 섬을 빠져나갈 배 한 척이 없고, 귀국을

에오스와 티토노스 신화_ 루이 장 프랑수아 라그르네 1세의 작품

티토노스는 트로이아의 왕 라오메돈의 아들이며, 프리아모스의 형제이다. 새벽의 여신 에오스가 이 미소년을 사랑하여 아이티오페스로 데리고 가서 에마티온과 멤논을 낳았다. 에오스는 제우스에게 청하여 티토노스를 불사의 몸으로 만들었으나, 불로(늙지 않는 것)의 몸으로 만들어 주는 것을 깜빡 잊었다. 티토노스는 완전히 쭈글쭈글한 늙은이가 되어버린 것이다. 티토노스의 꼴을 더 이상 보고 싶지 않았던 여신은 그를 궁전의 구석방에 가두고 청동 문을 잠가 버렸다. 티토노스는 점점 더 쪼그라들더니, 어린아이처럼 작아져서 다시 요람에 눕는 신세가 되었다. 방 안에서 계속 울음소리가 들려서 에오스가 문을 열어 보니, 티토노스는 간 곳이 없고 매미가 한 마리 벽에 붙어 "에오스! 에오스!" 하며 울고 있었다. 제우스가 그를 불쌍히 여겨 매미로 바꾸어 놓았던 것이다. 또 다른 설에 따르면, 여신이 껍질만 남은 티토노스를 더 이상 두고 볼 수가 없어 매미로 만들어 버렸다고도 한다.

도와줄 친구 하나 없습니다. 설상가상으로 지금은 부친의 소식을 알아보기 위해 신성한 필로스와 거룩한 라케다이몬으로 떠났던 그의 사랑하는 아들 텔레마코스가 고향으로 돌아올 때 그를 암살하려고 구혼자들이 노리고 있습니다."

아테나 여신의 호소와 같은 말에 구름을 다스리는 제우스가 대답했다.

"얘야, 그게 무슨 소리냐? 네가 이 계책을 꾸민 장본인이 아니더냐? 오디세우스가 집으로 돌아가 일대 복수극을 펴게끔 하는 것 말이다. 그리고 텔레마코스의 경우도 네 재주와 능력으로 안전하게 귀향시키면 되지 않느냐? 구혼자들이 아무 성과도 얻지 못한 채 되돌아가게 말이다."

이렇게 대답하고는 사랑하는 아들 헤르메스를 향해 말했다.

"헤르메스야, 네가 그 문제의 님페 칼립소를 찾아내, 오디세우스를 귀환시키려 하는 우리 신들의 뜻을 확실하게 전해 주어야겠다. 다만 신이나 사람들의 도움 없이 오디세우스 혼자 힘으로 돌아가도록 말이다. 그는 많은 나무로 엮은 뗏목을 타고 온갖 고난을 겪은 뒤, 스무 날 만에 비옥한 스케리아 땅에 닿게 될 것이다. 그곳에는 신들의 친족인 파이아케스족이 살고 있는데, 그들은 오디세우스를 마치 신처럼 환대한 뒤, 배에 태워 고국으로 보내줄 것이다. 게다가 트로이아에서 얻었던 전리품보다도 더 많은 청동이며 금이며 의복 등을 가득 실어서 말이다. 그는 고국 땅에 돌아갈 운명을 지니고 있느니라."

이렇게 말하자, 거인 아르고스를 죽인 전령의 신 헤르메스는 그 길로 날아올라 바람과 같이 재빠르게 날아갔다. 그는 피에리아 산맥을

넘어 하늘 높이 날다가 수면 위로 곧
장 미끄러져 갔다. 적막한 바다 그 깊
은 곳에서 물고기를 잡으려고 날개깃
을 물보라에 적시는 갈매기처럼 헤르
메스는 끝없이 일렁이는 파도를 타고
날아갔다.

전령의 신 헤르메스

이윽고 멀리 바라보이는 오기기아
섬에 이르자 헤르메스는 푸른 바다 위
에서 육지로 오르더니, 님페가 살고 있
는 커다란 동굴까지는 걸어서 갔다. 동굴 안에는 마침 아름다운 자태
의 칼립소 님페가 있었다. 벽난로에서는 커다란 불길이 한참 타오르고
있어서, 삼나무와 향나무 장작이 타는 향기가 온 섬 안에 가득 넘치고
있었다. 그 안에서는 님페 칼립소가 아름다운 목소리로 노래를 부르며
베를 짜고 있었다.

헤르메스는 황홀한 마음으로 사방을 둘러본 다음, 동굴 안으로 들어
갔다. 그러자 님페 칼립소는 단번에 그의 정체를 알아보았다. 비록 오
랜만에 만났을망정 신끼리는 결코 낯이 설지 않기 때문이다. 그러나
주변 어디에도 오디세우스의 모습은 보이지 않았다. 그는 해변에 앉
아 슬픔으로 가슴을 졸이며, 망망대해 너머의 고국을 그리워하고 있
었다. 칼립소는 눈부시게 화려한 의자에 헤르메스를 앉히며 그가 찾아
온 까닭을 물었다.

"황금 지팡이를 가지신 헤르메스 님께서 어인 일로 행차를 다 하셨습
니까? 나에겐 거룩하고도 귀중한 분이시지만, 지금까지는 그다지 자주

오시지도 않으셨는데, 여기에 오신 뜻이 무엇인지 어서 말씀해 주십시오. 제가 할 수 있는 일이고 또한 해야 할 일이라면 기꺼이 따르겠습니다. 다만 그 전에 먼저 저를 따라오십시오. 헤르메스 님께 환영의 뜻이나 표하게 해주십시오."

칼립소는 말을 마치자마자 신성한 음식과 신들이 마시는 넥타르를 대접했다. 헤르메스는 님페 칼립소의 성찬을 마다하지 않고 흔쾌히 먹고 마신 다음 천천히 입을 열었다.

"그대는 불사의 여신으로서 내가 찾아온 까닭을 물으시는군. 좋아요, 사실을 말씀드리겠습니다. 난 위대한 주신 제우스의 명령을 받고 왔습니다. 그게 아니라면 이처럼 멀고먼 바다를 일부러 건너올 리가 없었겠죠. 게다가 이곳은 신들에게 황소 제물을 골라 바칠 인간들이 사는

칼립소 앞에 나타난 헤르메스

곳도 아니잖습니까! 그러나 천상의 제왕 제우스께서 전령인 나를 이곳에 보낸 것은, 다른 누구보다 더없이 불운만이 따라다니는 저 불쌍한 사나이를 그대 곁에서 놓아주라는 명령이십니다. 그들은 프리아모스성을 두고 9년 동안이나 전쟁을 하여 10년 만에 성을 함락시키고는 귀국길에 올랐던 자들이었건만, 돌아가는 길에 아테나 여신께 죄를 지었지요. 그 때문에 강한 바람을 만나 큰 파도에 부딪히게 되었습니다. 이때 공로가 많은 용사들은 거의 죽고 말았

습니다만, 오디세우스만은 바람과 파도가 이 섬으로 날라다 주었소. 제우스께서는 그대에게 명하시기를, 오디세우스를 빠른 시간 안에 이 섬에서 떠나보내도록 하라시는 분부였소. 그에게 주어진 운명은 외지에서 객사하는 것이 아니고, 자신의 고국에서 동포들을 만나도록 정해졌다고 합니다."

헤르메스의 말에 칼립소는 몸을 부르르 떨며 위엄 있게 말했다.

"참으로 무정하신 분들이군요. 그대 올림포스 신들께선 질투할 상대도 못 되는데 유별나게 질투를 하시고, 사랑하는 사내를 남편으로 맞아 동침하는 여신마저 시기하시다니! 이를테면 장밋빛 손가락의 새벽의 여신이 저 사냥꾼 오리온을 데리고 계실 무렵에도, 안락하게 세상을 지내시는 신들께서는 줄곧 시기만 하셨지요. 끝내는 아르테미스의 화살에 죽게 만들었지요. 그뿐만 아니라 대지의 여신 데메테르가 이아시온과 사랑에 빠져 경작지 위에서 세 번이나 관계를 맺자 제우스께서는 번쩍이는 번갯불을 날려 이아시온을 죽여 버리시기도 했지요. 그것도 모자라 이제 신들께서는 또다시 내가 인간과 함께 지내는 것을 시기하고 계시는군요. 나는 제우스께서 번개를 던져 그의 배를 바다 한가운데에 난파시켰을 때 그를 구해 주었습니다. 그는 동료들을 모두 잃고 표류하다가 이곳까지 떠밀려 왔지요.

칼립소 조각상 ▶

그런 그를 나는 사랑하고 돌보았을 뿐만 아니라, 평생 죽지도 않고 늙지도 않는 사람으로 만들어 주겠다고 약속했습니다. 그런데 제우스께서 그를 귀환시키라는 명령을 내리셨다고요? 아, 그렇다면 할 수 없지요. 제우스의 명령을 피할 수는 없으니까요. 그러나 그를 서둘러 망망대해로 팽개쳐 버릴 수는 없습니다. 왜냐하면 내게는 노 저을 배는커녕 길동무할 사람도 없으니까요. 그러니 조금만 시간을 주면 그에게 솔직히 이야기를 한 다음 무사히 귀국할 수 있도록 하지요."

칼립소의 말에 아르고스를 죽인 신 헤르메스는 말했다.

"그럼, 제우스의 노여움을 명심해서라도 그대가 말한 대로 그를 곧바로 보내도록 하시오."

헤르메스가 떠나자마자 칼립소는 오디세우스를 찾았다. 오디세우스는 고국으로 돌아가기를 애타게 열망하며, 마치 돌이 된 것처럼 해변에 앉아 있었다. 그의 마음은 이미 칼립소에게서 떠나 있었다. 칼립소는 그 옆에 다가가서 말했다.

"불행한 분이군요. 제발 이제 그만 울고 그만 슬퍼하세요. 이 섬에서 더 이상 당신의 귀중한 인생을 낭비하지 않아도 된답니다. 왜냐하면 이제 곧 내가 정성을 다하여 당신이 돌아갈 수 있도록 도와줄 테니까요. 그러니 빨리 시작하도록 해요. 자, 큰 나무를 배의 재료로 자르고, 청동 도끼로 큰 뗏목을 만드세요. 그동안 나는 음식과 물, 그리고 술과 의복

◀ **칼립소에게 나타난 헤르메스_** 제라르 드 레레스의 작품
헤르메스는 제우스의 명령을 받고 칼립소에게 나타나, 오디세우스를 놓아줄 것을 요구한다. 그림에서는 신의 신분인 헤르메스와 칼립소가 서로를 알아보는 반면, 인간인 오디세우스는 헤르메스를 보지 못하고 있다. 투구를 쓰고 창을 든 어린아이는 오디세우스와 칼립소 사이에서 태어난 나우시토오스이다.

을 준비해 놓겠습니다. 만일 이것이 나보다도 뛰어나신 신들의 뜻이라면 말입니다."

이렇게 말하자, 참을성 있고 존엄한 오디세우스도 몸을 부르르 떨었다. 그리고 칼립소를 향해 위엄 있게 말했다.

"그대여, 이건 당신이 무언가 다른 뜻을 품으신 게 분명하오. 돌려보낸다는 말과는 전혀 다른 또 하나의 수를 말입니다. 뗏목을 타고 저토록 험난한 파도를 헤쳐 건너가라뇨? 저 바닷길은 장비를 다 갖춘 빠른 배일지라도, 아니 그 배가 제우스의 미풍을 받으며 간다 해도 감히 건너갈 수 없는 길입니다. 오, 여신이여, 황송하오나 나를 괴롭힐 계책이 아니라는 확신을 주시지 않는다면, 내 그대의 뜻을 거역할지언정 뗏목은 절대로 만들지 않겠습니다."

그의 말에 칼립소는 미소를 지으며 그를 어루만졌다.

"당신은 참으로 신중한 분이군요. 당신 생각이 정 그렇다면 아래로는 땅, 위로는 하늘, 그리고 영광의 신들을 증인 삼아 맹세하겠습니다. 내 진정으로 그대를 괴롭힐 어떠한 계책도 품지 않았다는 걸 말입니다. 내 마음속은 따뜻한 피가 흐르는 그대를 하염없이 동정하고 있답니다."

칼립소_ 얀 스티카의 작품
티탄족인 아틀라스의 딸이다. 전설의 섬 오기기아에 살았는데, 트로이아 전쟁이 끝난 뒤 배를 타고 귀향 길에 오른 오디세우스가 강풍을 만나 표류하다가 홀로 이 섬에 도착하였다. 칼립소는 오디세우스를 사랑하여, 고향으로 돌아가고 싶어 하는 그를 7년 동안이나 놓아주지 않았다.

오디세우스와 칼립소_ 아르놀트 뵈클린의 작품
칼립소는 오디세우스를 사랑했지만 제우스의 명령으로 어쩔 수 없이 그를 보내기로 결심한다.

그들은 이별을 앞둔 연인처럼 한 몸이 되어 사랑을 나누었다. 그리고 칼립소가 앞장서자 오디세우스는 급히 그 뒤를 따랐다. 마침내 널찍한 동굴에 이르자 오디세우스는 헤르메스가 앉았던 의자에 앉았다. 이어 하녀들이 고기를 비롯하여 먹고 마실 것을 내왔다. 그들은 한참 동안 마음껏 먹고 마셨다. 마침내 칼립소가 입을 열었다.

"제우스의 후예이며 라에르테스의 지혜로운 아드님이신 오디세우스여, 정녕 나를 버리고 고국으로 떠날 생각이신가요? 좋습니다. 아무튼 기분 좋게 떠나시도록 하세요. 그러나 만일 당신이 고국 땅에 당도하기까지 얼마나 많은 고난을 겪어야 하는가를 조금이라도 짐작이나 할 수 있다면, 아마 틀림없이 여기 이대로 나와 함께 머물고자 할 텐데! 이 집에서 불사의 몸이 되어 나와 더불어 오래도록 살려고 하련만! 그대 부인을 만나고 싶어 애태우며, 언제까지나 그분을 그리워한다 하더라도 말입니다. 그러나 틀림없는 자신을 가지고 말하지만, 그분보다 내가 못하지는 않을 거예요. 용모라든지 몸매까지도. 왜냐하면 결국은 죽어야 할 인간이 용모나 그 우아함으로 우리 님페들과 겨룬다는 것은 있을 수 없는 일이니까요."

그 말에 지혜로운 오디세우스는 대답했다.

"여신님, 제발 그런 일로 나에게 노여움을 가지지 마십시오. 정숙한 페넬로페가 그 자태에서나 몸매에서나 당신보다 훨씬 못하다는 것을 나도 잘 압니다. 왜냐하면 그녀는 죽어야 할 인간의 몸이지만, 당신은 늙지도 죽지도 않는 신이 아니십니까? 그럼에도 불구하고 나는 언제나 집으로 간다는 것과 귀향의 행복한 날만을 바라고 원하고 있습니다. 또다시 신들 중 어느 분께서 내가 탄 배를 부숴 버리신다 하더라도, 고난을 견딜 마음을 굳게 가지고 참아가겠습니다. 이미 이제까지 풍파 속에서도, 전쟁터에서도 너무나 많은 고난을 헤쳐 왔으니까요."

칼립소 섬의 오디세우스_ 디틀레우 블룬크의 작품

칼립소 동굴의 오디세우스_ 피테르 브뤼헐의 아들인 얀 브뤼헐의 작품
칼립소와 오디세우스가 사랑을 나누는 장면이다.

　그러는 동안에 해가 저물어 어둠이 찾아왔다. 두 사람은 동굴 안으로
들어가 부둥켜안고, 격정적인 사랑의 밤을 보냈다. 그리고 아침이 되자
오디세우스는 외투와 튜닉을 차려입었다. 또한 칼립소는 찬란히 빛나
는 은빛 겉옷을 입고 황금 허리띠를 두른 다음 머리에는 베일을 썼다.
　그리고 그에게 손잡이가 올리브나무로 되어 있는 청동 양날 도끼를
준 다음, 섬 끝의 해변으로 안내했다. 거기에는 물에 잘 떠서 뗏목을
만들기에 좋은 나무들이 자라고 있었다. 오리나무와 미루나무, 소나무
들이 하늘에 닿을 듯이 쭉쭉 뻗어 있었다. 그녀는 그곳으로 안내한 뒤
곧장 동굴로 돌아갔다.

오디세우스와 칼립소_ 뉴웰 컨버스 와이어스의 작품

그곳에 혼자 남은 오디세우스가 나무들을 자르기 시작하자 그 일은 매우 빨리 진행되었다. 그래서 모두 20그루의 나무를 잘라놓고, 청동 도끼로 가지를 치고 솜씨 좋게 깎아서 먹줄로 똑바르게 균형을 잘 잡아놓았다. 그동안 칼립소가 가져다준 연장으로 나무에 구멍을 뚫고 서로 맞물린 다음, 나무못을 박아 고정시켰다. 마치 목공예에 능한 목수처럼 오디세우스는 널찍한 뗏목을 훌륭하게 만들어 냈다. 그러는 동안 칼립소가 돛을 만들기 위한 커다란 천 조각을 가져와서 오디세우스는 돛 역시 훌륭하게 만들어 냈다. 모든 것이 준비되자 굴림대를 사용해서 그 뗏목을 빛나는 바다로 끌어내렸다.

오디세우스와 칼립소_ 윌리엄 러셀 플린트의 작품
칼립소가 오디세우스를 떠나보내는 장면이다.

이 모든 작업은 불과 4일 만에 끝났다. 5일째가 되던 날, 칼립소는 오디세우스를 손수 목욕시킨 다음 화려하고 향기로운 옷을 입혀 미련 없이 떠나보냈다. 게다가 진한 포도주며 물과 음식이 들어 있는 부대를 가득 실어주는 것도 잊지 않았다. 오디세우스는 기쁨에 젖어, 아주 능란하고도 침착하게 키를 다루며 거친 바다를 향해 나아갔다. 그는 플레이아데스 성단과 늦게까지 떠 있는 큰곰자리를 보느라고 꼬박 밤을 지새웠다. 오리온을 감시하고 있는 큰곰자리는 대양 속에 지지 않으므로, 칼립소가 항상 이 별을 왼쪽에 두고 항해하라고 당부하였기 때문이다.

오디세우스는 무려 17일 동안 항해를 계속했다. 마침내 18일째 되던 날, 안개 자욱한 바다에서 파이아키아의 산들이 그의 앞에 어슴푸레하게 나타났다. 그러나 에티오피아에서 돌아오던 지진의 신 포세이돈이 이런 상황을 주시하고 있었다. 바다 위를 달려가는 오디세우스의 뗏목을 발견한 포세이돈은 분노가 북받쳐 올라, 머리를 흔들며 혼자 중얼거렸다.

"아니, 이게 무슨 일이람! 이건 신들이 분명 오디세우스에 대한 자신들의 결정을 번복했음에 틀림없구나. 내가 에티오피아에 가 있는 동안에 말이야. 게다가 벌써 파이아키아에 가까이 다가서고 있다니, 이곳은 그가 고난의 큰 올가미에서 벗어나기로 정해져 있는 곳인데. 하지만 벌써 여기서 끝난다면 안 되지."

이렇게 말하고는 두 손에 삼지창을 집어 들고 구름을 모으며 바다를 마구 휘저어 놓았다. 그리고 모든 방향의 바람과 대양을 모두 함께 덮어버리자, 천상에서 밤이 생겨났다. 그리하여 동풍과 남풍은 물론이고 무시무시하게 불어대는 서풍과 높은 하늘에서 생겨나는 북풍을 동반

포세이돈_ 월터 크레인의 작품

포세이돈은 자신이 에티오피아에 가 있는 동안 오디세우스가 칼립소에게서 풀려나 그의 마지막 고난지인 파이아키아에 다다르자, 분노하여 해일을 일으킨다.

하여 함께 몰아치니 큰 파도가 일어났다. 이때에 제법 용감한 오디세우스도 두 다리에 맥이 빠져 후들거리고, 소중한 심장도 마구 터질 것만 같았다. 그는 절망에 빠져 마음으로 되새겼다.

"아, 참으로 딱하구나. 바로 눈앞에 육지를 두고도 가지 못하다니. 과연 칼립소의 말대로, 고국으로 돌아가기 전에 바다에서 고난을 당하는 모양이다. 제우스께서는 어찌하여 구름을 몰아 하늘을 덮고 온갖 광풍을 날리신단 말인가. 오, 이제 신들이 나를 버리셨구나. 트로이아의 너른 땅에서 쓰러진 그리스군사들이야말로 나보다 세 배나 행복한 사람들 아닌가. 아니, 네 배나 더 영예로운 삶이지. 트로이아 대군이 펠레우스의 아들의 시체를 빼앗으려고 내게 청동 창을 던졌을 때 죽었더라면, 차라리 좋았을 텐데! 그렇다면 장대한 장례식이 치러졌을뿐더러 아카이아 사람들은 내 이름을 드높이 칭송했겠지. 그러나 나는 지금 하찮게 객사할 운명인가 보구나."

오디세우스 앞에 나타난 이노_ 프리드리히 프렐러의 작품

그의 하소연 같은 넋두리에도 아랑곳하지 않고 거친 파도는 뗏목을 삼키려는 듯 계속 휘몰아쳤다. 마침내 그는 뗏목에서 떠밀려 그토록 세게 쥐고 있던 키를 놓쳐버렸다. 그와 동시에 돛대가 부러지더니 눈 깜짝할 사이에 바닷속으로 가라앉아 버렸다. 물속으로 한없이 휘말려 들어가던 그는 거센 물결을 거슬러 물 위로 떠오르기가 쉽지 않았다. 칼립소가 입혀 준 옷들이 젖어 무거웠기 때문이다. 그럼에도 그는 안간힘을 다하여 겨우 물 위로 떠올랐다. 그는 바닷물을 토해 내며 숨을 고르다가, 겨우 뗏목을 찾아내 올라앉은 다음 죽음의 운명을 피하고자 했다. 하지만 집채 같은 파도는 여전히 뗏목을 사정없이 몰아쳐 절체절명의 위기로 몰아넣었다.

그러나 이때 발목이 예쁜, 카드모스의 딸 이노가 이 광경을 목격했다. 그녀는 일찍이 인간의 목소리를 지닌 레우코테아였으나, 지금은 신

이노

이노는 테바이의 건설자 카드모스왕과 하르모니아 사이에서 태어난 딸이다. 디오니소스의 어머니 세멜레, 아가우에 등과 자매지간이고, 남자 형제 폴리도로스는 오이디푸스의 직계 조상이다. 그녀는 오르코메노스의 왕 아타마스의 두 번째 아내로, 전처의 자식들을 미워하여 죽이려 하다가 남편의 미움을 사 쫓겨나고 자식들도 잃는다. 어린 디오니소스를 맡아서 기르다가 헤라 여신의 미움을 사서 실성하여 제 손으로 자식을 죽였다고도 한다. 죽어서 파도치는 바다에 이는 하얀 물보라의 여신 레우코테아가 되었다.

들의 존경을 받는 님페가 되어 바닷속에서 살고 있었다. 이노는 오디세우스가 허둥지둥 떠돌아다니는 것을 불쌍히 여겨, 갈매기로 변신하여 바다 위를 날아 오디세우스를 향해 말했다.

"불운한 분이여, 대지를 흔들어 대시는 포세이돈 님이 당신에게 화를 내어 고초를 겪게 합니까? 그러나 포세이돈은 결코 그대를 죽음에 이르게 하지는 못할 것입니다. 자, 지혜가 부족한 이여, 내 말을 들으시오. 그 옷들을 벗어버리고 뗏목을 놓고, 헤엄을 쳐 파이아키아 기슭으로 올라가도록 힘써 보시오. 그 방법만이 당신이 살 수 있는 길이오. 이 스카프를 그대에게 주리다. 이것은 불사의 것으로, 그대의 목에 감으면 어떠한 참화도 죽음도 두렵지 않을 것이오. 그리고 육지에 오르거든 즉시 이 스카프를 검푸른 바다로 던지시오."

님페 이노가 그에게 스카프를 준 다음 깊은 물속으로 들어가자, 또다시 파도가 몰아쳤다. 의지가 강인한 오디세우스는 곰곰이 생각하면서 혼잣말로 중얼거렸다.

"오, 내 처량한 신세여! 뗏목을 버리라니, 또 어느 신께서 나에게 새로운 올가미를 씌우려는 것인가? 내 이제 절대로 듣지 않으리라.

오디세우스와 포세이돈_ 뉴웰 컨버스 와이어스의 작품

이 뗏목만이 거친 바다에서 나를 지켜줄 거야. 그러나 만약에 파도가 뗏목을 산산조각 낸다면 그때는 헤엄을 치도록 하자. 이 이상 더 좋은 방책은 생각할 수 없으니 말이다."

오디세우스가 이렇게 생각할 즈음, 대지를 뒤흔드는 포세이돈이 또다시 뗏목을 삼키려는 파도를 불러일으켰다. 이어 파도에 강타된 뗏목은 산산조각으로 흩어지고 말았다. 그제야 오디세우스는 통나무 하나를 부여안고 마치 말을 탄 것처럼 걸터앉았다. 그리고 칼립소가 준 옷을 벗고, 이노가 준 스카프를 목에 감고는 통나무에 의지해 헤엄을 치기 시작했다.

이 모습을 본 포세이돈이 머리를 흔들며 혼잣말로 중얼거렸다.

"고생 좀 실컷 하고 나서야 인간 세상으로 귀환하리라. 그래야 네 스스로 고난을 가볍게 여기지는 않겠지."

포세이돈은 일렁이는 파도 속에서 흰 물거품 같은 준마를 채찍질하며, 그의 유명한 거처인 아이가이로 돌아갔다.

한편, 아테나 여신은 또 다른 계획을 세웠다. 모든 바람을 묶고는 북풍인 보레아스만을 불게 하여, 오디세우스로 하여금 파이아키아 대지로 찾아가게 했다. 이렇게 이틀 밤낮을 거센 파도와 싸운 오디세우스는 거의 초주검 상태였다. 하지만 사흘째 되는 날, 머리칼이 아름다운 새벽의 여신 에오스가 광명을 가져오자 바람이 멈추고 바다도 잠잠해졌다. 통나무 하나에 의지하고 있던 오디세우스가 고개를 쳐들자 그의 눈앞에 바로 육지가 보였다. 이는 마치 병상에 누운 아버지가 신들의 도움을 받아 되살아나는 것을 보는 자식들의 마음과도 같았다. 오디세우스는 육지를 보고는 죽을힘을 다해 헤엄을 쳤다.

그러나 그가 기슭에 거의 다다랐을 때, 요란한 소리가 들려왔다. 거센 파도가 바위에 부딪히며 내는 소리였다. 그곳에는 온통 바위와 암초로 이루어진 절벽이 펼쳐져 있었다. 오디세우스는 그만 기진맥진하여 스스로 한탄하였다.

"오, 이 무슨 기구한 운명이란 말인가. 죽을힘을 다해서 헤엄쳐 왔건만 사방이 층암절벽이로구나. 이곳의 거센 파도에 자칫 휩쓸리면 내 몸은 날카로운 바위에 부딪혀 결딴나겠구나. 아, 지진의 신 포세이돈이 얼마나 화나 있단 말인가."

이렇게 그가 생각하고 있는 동안에 거친 물결은 어느새 그를 험한 바위 기슭에 데려다주었다. 만일 아테나가 그의 마음속에 집중력을 불어넣지 않았더라면 그의 살갗은 찢겨지고, 뼈는 부러져 버렸을지도 모른다. 그는 두 손을 뻗쳐서 바위를 붙잡은 채, 큰 파도가 지나갈 때까지 안간힘을 쓰면서 바위에 매달렸던 것이다. 이렇게 해서 그 파도를 운 좋게 피하자, 그다음에는 또 되돌아오는 파도가 밀어닥쳐서 먼바다로 그를 끌어갔다. 마치 낙지를 잡을 때 빨판에 많은 모래가 달라붙듯이, 그의 억센 팔에서 살점이 떨어져 바위에 붙으면 물결이 밀려와 치는 것이었다. 만일 아테나 여신이 그에게 밝은 지혜를 주지 않았더라면 그는 그때에 모든 걸 포기하고 죽었을 것이다. 그는 해변으로 밀려서 부서지는 파도의 바깥으로 뚫고 나와, 육지를 바라보면서 곧장 헤엄쳐 갔다. 그리하여 잔잔히 흐르는 강어귀에 다다랐을 때, 그는 안도의 한숨을 내쉬었다. 그곳에는 바위도 없거니와 평탄하여 바람을 피할 만한 곳도 있었다. 오디세우스는 얼른 마음속으로 빌었다.

'신이시여, 제발 저를 굽어살피소서. 저는 포세이돈의 노여움을 피하여 이곳까지 왔습니다. 불사의 신들께서도 표류하는 인간은 멀리하지 않는다 하였습니다. 이제 오랜 고난과 역경을 거쳐 이곳까지 왔사오니, 저를 불쌍히 여기시어 제 소원을 들어주소서.'

이 말을 들은 하신(河神)이 곧바로 물결을 잠재워, 그가 강어귀까지 무사히 갈 수 있도록 하였다. 어귀에 다다른 그는 팔다리가 축 늘어진 채 정신마저 혼곤한 상태였다. 물에 퉁퉁 불은 몸은 물먹은 솜처럼 무거웠고, 입과 코에서는 짠물이 쏟아져 나왔다. 그는 숨조차 제대로 쉴 수가 없었다. 드디어 가까스로 한숨을 돌린 그는 이노가 주었던 스카프를 풀어 흐르는 물에 내던졌다.

오디세우스는 마침내 갈대밭에 누워, 곡식을 키우는 대지에 입을 맞추었다. 그러고는 숲속으로 들어가 사방이 확 트인 물가를 골랐다. 그곳에는 올리브나무 덤불들이 우거져 있었다. 이 숲은 바다에서 불어오는 습기 찬 바람의 기세에도 끄떡없고, 태양도 역시 그 이글거리는 빛의 화살을 던질 수 없으며, 비도 밑에까지 뚫고 들어가 적시지는 못했다. 그만큼 서로가 가지를 꽉 얽어 댄 채 무성하게 자라 있었다. 그 밑으로 오디세우스는 들어갔다. 그리고 손으로 낙엽을 긁어모아 잠자리를 널찍하게 만들었다. 떨어진 잎더미가 무척 많았던 것이다. 그건 두 사람, 아니 세 사람의 남자라도, 겨울철에 몹시 추위가 심한 때에라도 몸을 누이기에 충분할 정도였다. 참을성 있는 오디세우스는 그걸 보고 기뻐하며 그 한복판에 몸을 누이고는, 몸 위에 낙엽을 잔뜩 끌어 덮었다. 마치 사람들이 불씨를 거무스름한 잿속에 묻어두듯이, 오디세우스는 낙엽 속에 드러누웠다. 그러자 아테나는 그가 쓰라린 고통에서 벗어나 회복할 수 있도록 그에게 잠을 쏟아부어 주었다.

나우시카 왕녀를 만나다

　피로에 지친 오디세우스가 깨어날 줄 모르는 깊은 잠에 빠져든 동안 아테나 여신은 파이아키아의 도시를 찾아갔다. 이들은 원래 확 트인 고원에서 살았는데, 이웃에는 몹시 교만하고 거친 외눈박이 거인인 키클로페스족이 살고 있었다. 그래서 신과 같은 나우시토오스는 백성들을 이끌고 그들을 피해 스케리아 땅에 자리를 잡았다. 그리고 그곳에 성을 구축한 다음, 집이나 사원을 짓고 밭을 나누어 가졌다. 그런데 그 나우시토오스는 이미 피할 수 없는 죽음의 운명을 따라 눈을 감았고, 알키노오스가 왕이 되어 나라를 다스렸다. 빛나는 눈의 여신 아테나는 오디세우스의 귀환을 돕기 위해 그의 궁으로 찾아간 것이다. 아름답게 꾸민 침실에 들어서자 불사의 여신처럼 매우 아름다운, 알키노오스의 딸 나우시카가 자고 있었다. 그리고 문설주 양편에는 역시 미모의 두 시녀가 자고 있었다.

　아테나 여신은 슬며시 나우시카의 머리맡에 다가가 말을 걸었다. 여신은 이미 유명한 뱃사람 디마스의 딸로 변신한 뒤였다. 왜냐하면 디마스의 딸은 나우시카와 동갑으로 친할 뿐만 아니라, 아테나의 마음에도 꼭 들었기 때문이다. 이윽고 아테나 여신은 입을 열었다.

"나우시카여, 그대의 어머님은 어찌 그리 무심하신가요? 혼기에 찬 나이가 되었거늘, 어찌 몸치장은커녕 이처럼 고운 옷들을 손질도 하지 않은 채 내팽개쳐 두시나요? 아름다운 옷을 입고 몸을 단장하는 것은 아주 좋은 평판을 듣게 되는 것이랍니다. 자, 우리 날이 밝는 대로 빨래를 하러 가죠. 그러면 아버님과 어머님께서도 흔쾌히 여기실 거예요. 이제 처녀 시절도 그리 오래 남지는 않았으니까요. 이미 오래전부터 온 나라 안의 우수한 젊은이들이 당신을 아내로 맞아들이기를 고대하고 있는걸요. 빨래터는 여기서 꽤 먼 곳에 있으므로, 빨래할 옷을 수레에 싣고 가야 해요."

아테나 여신이 이렇게 말하고 나서 올림포스로 돌아가자, 곧 새벽의 여신이 장밋빛 손가락을 내밀어 나우시카를 깨웠다. 그녀는 지난밤 꿈이 너무나 신기해, 곧장 내전으로 달려가 부모님을 만났다. 어머니는 시종과 함께 진홍색 무늬의 비단을 짜

나우시카
스케리아섬에 사는 파이아케스족의 공주이다. 오디세우스가 스케리아섬으로 표류해 왔을 때, 그를 정성껏 보살펴 준다.

고 있었다. 그리고 아버지는 파이아키아 귀족들의 초청을 받아들여 왕자들과 함께 밖으로 나가는 중이었다. 그녀가 아버지 알키노오스왕에게 다가가 말했다.

"아버님, 죄송하지만 튼튼하고 좋은 수레 하나만 내주세요. 냇가로 나가서 빨래를 해야 하니까요. 아버님께서도 회의에 참석하러 가실 때 깨끗한 옷을 입으셔야 하고, 또한 결혼한 두 오라버니를 제외하고도 아직 미혼인 세 오라버니들도 무도회에 갈 때마다 깨끗한 옷을 찾기 때문이에요."

이렇게 말한 까닭은 자신의 결혼에 대해 아버지한테 말하는 것이 부끄럽고 쑥스러웠기 때문이었다. 그러나 왕은 이미 모든 것을 짐작하고 대답했다.

"애야, 노새든 무엇이든 네가 원하는 대로 내어주마. 그리고 가장 튼튼하고 좋은 수레를 가져가거라."

이렇게 말하고 시종들에게 분부를 하자 그들은 분부대로 문 밖에 바퀴도 튼튼한 수레를 준비하더니, 그곳으로 노새를 끌어내어 멍에를 매어놓았다. 그러자 소녀는 궁전 안에서 호화찬란한 옷들을 날라다가, 깨끗이 손질한 짐수레 위에 올려놓았다. 어머니가 바구니 속에 공주가 좋아하는 가지각색의 맛있는 음식을 담고, 포도주를 염소가죽 주머니에 따라 넣자, 소녀는 짐수레 위에 올라탔다. 어머니는 또 공주와 시녀들이 목욕하고 나서 살갗에 바르라고 황금 병에 올리브기름도 넣어주었다. 소녀가 채찍과 윤기 도는 가죽 고삐를 손에 잡고 노새를 달리게 하자, 노새들은 발굽 소리를 내며 부지런히 길을 달려 옷가지와 공주를 실어갔는데, 혼자가 아니고 시녀들도 함께 따라갔다.

빨래를 하는 나우시카와 시녀들이 새겨진 그리스 도자기

그들은 깨끗한 물이 흐르는 강가에 다다랐다. 그곳에는 언제나 물이 마르지 않는 빨래터가 있어서 더러운 옷을 빨기에는 안성맞춤이었다. 그들은 노새의 고삐를 풀어 꿀맛 같은 풀을 뜯어 먹게 했다. 그러고는 물가에서 옷들을 다투어 빨기 시작했다. 그런 다음 깨끗이 빤 옷들은 언덕에 한 줄로 널고, 목욕을 한 뒤 바람 부는 언덕에서 점심을 먹으며 빨래가 마르기를 기다렸다. 그사이에 그녀와 시녀들은 숄을 풀어 던지는 공놀이를 하였다. 하얗고 가느다란 팔의 나우시카도 시녀들과 함께 어울렸다. 이 모습이 너무나 아름다워, 마치 활의 명수 아르테미스가 에리만토스산을 따라 내려가 멧돼지와 재빠른 사슴을 사냥하며 님페들과 어울려 놀 때의 모습과 똑같았다.

이윽고 빨래가 다 마르자 나우시카는 수레를 노새에 맨 뒤 옷들을 정리하여 곧 떠나려고 했다. 이때 빛나는 눈의 여신 아테나가 오디세우스를 깨웠다. 왜냐하면 어여쁜 처녀가 파이아키아의 성까지 그를 데려가도록 하기 위해서였다. 아테나의 계획에 따라 나우시카가 시녀에게 던진 공이 그만 깊이 감도는 물굽이로 들어가 버렸다. 그러자 모두들 날카롭게 소리를 질렀다. 그 소리에 오디세우스는 잠에서 깼다.

'오, 내가 과연 인간 세상에 왔는가? 저들은 거칠고 야만스럽고 무례한 자들인가, 아니면 낯선 사람에게 친절하고 신을 두려워하는 자들인가? 설마 아름다운 님페들은 아니겠지! 아무튼 처녀들의 목소리가 요란도 하구나. 자, 일어나서 알아내야겠다.'

이 상황에 놓인 오디세우스의 처지를 독자 여러분도 상상해 보기를 바란다. 그는 난파를 당한 끝에 바로 몇 시간 전에 바다로부터 도피하여 완전히 벌거숭이가 되어 있었다. 자다가 깨어 보니 수풀 사이로 젊

나우시카 앞에 나선 오디세우스_ 야콥 요르단스의 작품
오디세우스가 잎이 많이 달린 나뭇가지로 겨우 몸을 가리고 나우시카 앞에 나타나자 시녀들이 놀라 도망가려고 하지만, 나우시카는 오디세우스가 범상한 인물이 아니라고 판단하여 그와 소통을 한다.

은 처녀들이, 그것도 미천한 농가의 딸들이 아닌 잘 차려입은 처녀들의 모습이 눈에 들어온 것이다. 구원을 청할 마음은 간절하였으나, 벌거숭이인 몸으로 감히 어떻게 그녀들 앞으로 나설 수 있겠는가? 이때야말로 그의 수호신인 아테나가 나설 기회였다. 아테나는 지금껏 오디세우스가 위기에 처했을 때 그를 버린 일이 없었다.

오디세우스는 잎이 많이 달린 나뭇가지를 꺾어서 몸을 가리고, 숲에서 걸어 나왔다. 처녀들은 그를 보자 사방으로 도망쳤으나, 나우시카만은 예외였다. 왜냐하면 아테나가 그녀를 도와 용기와 분별력을 부여했기 때문이었다. 오디세우스는 공손한 태도로 멀리 서서 자기의 비참한 사정을 말했다.

"여왕인지 여신인지 모르겠습니다만, 먹을 것과 입을 옷을 좀 주실 수 있으신가요?"

공주는 곧 도와드리겠다고 대답했고, 아버지에게 이 사실을 말씀드리면 분명히 환대할 것이라고 덧붙였다.

그녀는 도망친 시녀들을 불러 경박한 행동을 꾸짖은 뒤, 파이아키아인은 두려워한 적이 없다는 사실을 상기시켰다. 그녀는 시녀들에게 말하기를, 이분은 제우스의 나라로부터 온 불행한 나그네이니 정중히 대접해야 한다고 하였다.

◀ 오디세우스와 나우시카가 새겨져 있는 도자기

오디세우스에게 옷을 건네는 나우시카_ 살바토르 로사의 작품
나우시카는 오빠들의 옷을 오디세우스에게 건네준다.

그녀는 시녀들에게 먹을 것과 옷을 가지고 오라고 분부했다. 마차 속
에는 남자 형제들의 옷이 몇 벌 있었다. 그 뒤 오디세우스는 외떨어진
곳으로 가서 몸을 씻고 옷을 입었다.

오디세우스와 나우시카 행렬_ 발렌틴 세로프의 작품

오디세우스는 식사를 마치자 원기를 회복하였고, 아테나 여신은 그의 넓은 가슴과 남성적인 이마 위로 우아한 미를 불어넣어 주었다. 공주는 그를 보고 감탄하여, 시녀들에게 자기는 신에게 이와 같은 남편을 보내달라고 기도하였노라고 말했다.

그녀는 오디세우스에게 시내로 가자고 말하며, 들길로 가는 동안만 자기들 일행을 따라오고, 시내로 접어들면 자기들과 떨어져 와달라고 부탁했다. 그 까닭은 무지한 백성들이 그를 보고 이러쿵저러쿵 입방아를 찧게 되는 것이 두려웠기 때문이다. 그런 일이 없도록 시내에 인접한 숲 가까이에서 발을 멈추라고 일렀다. 그곳에는 왕의 농장과 정원이 있었다.

나우시카 일행을 따라가는 오디세우스_ 하인리히 게르트너의 작품
오디세우스는 나우시카 일행을 따라가지만, 도성 근처에서 떨어져 혼자서 성으로 들어간다.

그곳에서 기다리고 있다가 일행들이 시내로 들어가면 뒤에 눈치껏 따라오라고 했다. 그리고 누구든지 만나는 사람에게 부탁하면 왕궁까지 안내하여 줄 것이라고 했다. 오디세우스는 이 말에 따랐다. 그리고 잠시 기다린 뒤 시내를 향하여 걷기 시작했다. 시내에 접근했을 때, 물동이를 들고 물을 길러 오는 젊은 처녀를 만났다. 그녀는 바로 변장한 아테나 여신이었다.

오디세우스는 그녀에게 인사를 하고, 알키노오스왕의 궁전으로 안내해 주기를 청했다. 처녀로 변신한 아테나는 그러겠노라 공손히 대답했다. 궁전은 그녀의 부친의 집 근처에 있다는 것이었다. 여신의 안내를 받으면서, 그리고 아테나가 쏟아낸 안개에 몸이 가려 사람들 눈에 띄지 않은 채 오디세우스는 분주한 군중 사이를 걸어갔다. 그리고 그들의 배와 항구, 영웅들의 집회장인 공회당, 성벽 등을 보고 감탄했다. 마침내 궁전에 이르렀을 때, 여신은 그에게 그 나라와 장차 만날 왕과 백성들에 관한 예비지식을 주고 헤어졌다.

오디세우스는 궁전 뜰 안으로 들어가기 전에 서서 주위를 살펴보았다. 그 화려함이 그를 놀라게 했다. 쇠로 된 벽이 입구로부터 집 안까지 이어져 있었고, 집의 문은 금으로 되어 있었다. 문기둥은 은으로 되어 있었는데, 군데군데 금장식이 박혀 있었다. 문의 양편에는 여러 마리의 맹견이 금과 은으로 조각되어 있었고, 마치 입구를 지키는 것같이 늘어서 있었다. 벽을 따라 의자가 쭉 놓여 있었는데, 그 위에는 파이아키아 처녀들이 손으로 짠 훌륭한 직물이 덮여 있었다. 금으로 만든 우아한 청년상들은 손에 횃불을 들고 장내를 밝히고 있었다. 50명이나 되는 시녀들이 가사에 골몰하고 있었는데, 곡식을 빻고 있는 사람도 있었고, 베틀에서 직물을 짜고 있는 사람도 있었다. 파이아키아의 여자들은 그 나라의 남자들이 배를 다루는 데서 다른 나라 사람들보다 뛰어난 것과 마찬가지로, 가사에서는 다른 어느 나라 여인들보다 뛰어났다.

궁정 밖에는 4에이커나 되는 넓은 정원이 있었는데, 거기에는 석류나무, 배나무, 사과나무, 무화과나무, 올리브나무 등 많은 나무들이 높이 솟아 있었다. 겨울의 추위나 여름의 폭염에도 나무는 계속 자라났다. 한 나무가 열매를 맺으면 다른 나무는 싹이 터, 계속하여 번갈아 앞을 다투듯 자라났다. 포도원도 풍작이었다. 한편에서는 꽃이 피었거나 익은 포도송이가 달린 나무가 있는가 하면, 다른 곳에서는 포도 수

확자가 발로 포도즙을 짜는 기구를 틀고 있었다. 정원의 가장자리에는 잘 가꾸어진 각종 빛깔의 꽃들이 일 년 내내 피어 있었다. 정원 한가운데에 있는 두 개의 샘에서는 물이 솟아오르고 있었다. 그중 한 샘의 물은 궁전 안마당으로 흘러들어, 시민들은 그곳으로부터 필요한 물을 얻을 수 있었다.

오디세우스는 감탄하면서 이 광경을 바라보고 있었으나, 자신은 그들의 눈에 띄지 않았다. 그것은 아테나가 그의 주위에 뿌린 안개가 아직 가시지 않았기 때문이었다. 한참 구경을 한 뒤에 그는 빠른 걸음걸이로 홀로 들어갔다. 홀에서는 대신과 원로 들이 모여서 헤르메스에게 제주를 따르고 있었다. 헤르메스에 대한 예배가 만찬 후에 행해지고 있었던 것이다. 바로 그때 아테나는 안개를 흐트러뜨려 오디세우스의 자태가 장로들 눈앞에 나타나게 했다.

그는 왕후가 앉아 있는 곳으로 나아가 그녀의 발밑에 무릎을 꿇고, 고국으로 돌아갈 수 있도록 은총과 원조를 간청했다. 그리고 나서 물러서서, 탄원자의 예절에 따라 난롯가에 가서 앉았다. 잠시 동안 아무도 말을 하는 사람이 없었다. 마침내 한 연로한 원로가 왕을 향해 입을 열었다.

◀ 물을 길어 나르는 여인들_ 그리스 도자기 그림

파이아키아의 왕비 아레테 앞에 무릎을 꿇은 오디세우스_ 요한 아우구스트 말름스트룀의 작품
오디세우스는 나우시카 공주의 어머니이자 알키노오스의 부인인 아레테 왕비에게 무릎을 꿇고, 고
국으로 돌아갈 수 있도록 도움을 달라고 간청한다.

"우리의 호의를 바라고 있는 손을 탄원자의 자세로 기다리게 하는
것은 예의가 아닙니다. 그를 우리들 사이에 앉도록 하고, 식사와 술을
대접하십시오."

이 말을 듣자, 왕은 일어서서 오디세우스에게 악수를 청하고 그를 안
내하였다. 왕은 자기의 아들에게 자리를 양보케 하고 그 자리에 그를
앉게 했다. 이윽고 식사와 술이 나오자, 오디세우스는 그것을 먹고 원
기를 회복했다. 왕은 족장과 원로 들을 물러가게 하고는 내일 오디세우

스의 신병 문제 처리를 위해 회의를 소집하겠노라고 했다.

모두들 물러가고 오디세우스가 왕과 왕비와 같이 남아 있을 때, 왕비는 그가 입고 있는 옷이 자기의 시녀들과 자신이 만든 것임을 알아채고는 물었다.

"손님이시여, 감히 한마디 여쭙겠습니다. 그대는 누구시며 어디서 오셨습니까? 그리고 이 옷은 누가 주었나요? 바다를 표류하다가 이곳까지 오셨다고 말씀하지 않았던가요?"

그녀의 물음에 오디세우스가 대답했다.

"왕비님이시여, 어찌 나의 괴로움을 일일이 말씀드릴 수가 있겠습니까? 신들께서는 나에게 너무나 큰 고통을 주셨답니다. 그러나 물으시니 말씀드리겠습니다. 바다 멀리 오기기아라는 섬에는 아틀라스의 딸 칼립소가 살고 있습니다. 그녀는 머리를 곱게 땋은 여신으로, 신께서 그 여신에게 나를 보내신 것입니다. 제우스께서 일으키신 천둥번개에 나는 혼자 간신히 살아남아, 난파된 배를 붙잡고 9일 동안이나 표류하였습니다. 그런데 10일째 되는 날, 바로 나를 여신 칼립소가 사는 오기기아섬 근처로 보내시더군요. 나를 구한 여신은 갖은 정성과 보살핌으로 나에게 부족한 것 없이 해주었습니다. 하지만 그곳에 7년 동안이나 붙잡혀 있는데도 내 마음은 전혀 움직이지 않았습니다. 칼립소가 준 옷을 눈물로 적신 적이 한두 번이 아니었지요. 그러던 중 8년째 되던 해였습니다. 제우스께서 분부하셨는지, 아니면 스스로 마음이 변했는지는 모르지만 마침내 가라고 허락했습니다. 그러고는 잘 만든 뗏목에 빵이며 맛있는 술, 넉넉한 곡식을 실어준 다음 의복을 입히고 포근하고 부드러운 바람을 불어 나를 보내 주었습니다. 마침내 나는 18일 만에 당신 나라에 오게 되었습니다. 나는 벌거숭이 몸으로 숲속에 들어가, 낙엽 속에 몸을 묻고 정신없이 잠을 잤습니다. 그 이튿날까지 잠에 곯아떨어진 것이지요. 그리고 해가 떨어질 무렵, 공주님의 시녀들이 모래 위에서 즐기며 노는 소리에 깨었습니다. 일행과 함께 계시는 공주님은 마치 여신과도 같았습니다. 그래서 나는 공주님께 간절히 매달렸지요. 공주님께서는 이해를 해주시면서도, 한편으론 나를 꺼려하시더군요. 하지만 충분한 음식과 붉은 술을 내주었고, 목욕을 시킨 다음 이 옷까지 입도록 내주셨습니다. 이렇게 모든 것을 숨김없이 말씀드릴 수밖에 없어서 죄송하기 그지없습니다."

이 말을 들은 알키노오스왕은 언짢은 기색으로 말했다.

"손님께서 그토록 간청을 하셨는데도 그 애가 그대를 안내하지 않은 것은 내 딸이 행동을 잘못한 거요."

왕의 말에 오디세우스가 대답했다.

"왕이시여, 부디 죄 없는 공주님을 책망하지 마십시오. 사실은 나더러 따라오라고 말씀하셨습니다. 하지만 나를 보시면 폐하의 심중이 어지러우실까 봐 내가 망설인 것입니다. 땅 위를 걷는 인간이란 의심이 많은 법이니까요."

알키노오스가 다시 말했다.

"그대여, 결코 그만한 일로 내 마음이 무턱대고 화를 내는 건 아닙니다. 무슨 일에서나 정도를 아는 것이 상책이니까요. 참으로 아버지 신이신 제우스 님이나 아테나 여신이나 또 아폴론께서도 당신만큼 훌륭한 분, 그리고 나와 꼭 같은 생각을 가지신 분, 그만한 분을 내 딸의 남편이 되게 해주시면 좋으련만! 그대가 원한다면 집과 재산을 드리리다.

설령 그대 마음이 움직이지 않는다 해도 절대로 그대를 붙잡지는 않으리다. 이는 신들의 아버지이신 제우스를 거스르는 일이니까. 자, 언제든지 원하기만 하면 안내해 드리겠소. 오늘은 편히 누워 잠을 청하시오. 사공으로 하여금 그대의 고국까지 안내해 드리도록 할 테니. 그대가 원하는 곳이라면, 비록 금발의 라다만티스와 함께 가이아의 아들 티티오스를 방문할 때 보았던 에우보이아보다 더 먼 곳이라 하더라도 개의치 않겠소. 사공들은 하루 만에 거기까지도 갔다 왔는데 지치지 않았으니까. 아마 그대는 우리 배의 성능이 얼마나 좋은지, 또 이 고장 청년들이 항해를 얼마나 잘하는지를 짐작할 수 있을 것이오."

오디세우스는 왕의 약속에 기쁜 마음을 억누를 길이 없었다. 그는 제우스에게 거듭 절을 올렸다. 그리고 오랜만에 폭신한 융단 위의 침대에서 단잠을 이루었다.

파이아키아의 장사들과 힘을 겨루다

　장밋빛 손가락의 여신이 동녘을 물들이며 나타났을 때, 오디세우스는 모처럼 편안한 잠자리에서 일어났다. 알키노오스가 먼저 앞장서서 오디세우스를 항구 옆에 있는, 파이아키아의 회의장으로 인도해 윤이 나는 돌 위에 앉혔다.

　한편 아테나 여신은 총명한 알키노오스의 전령으로 변신하여, 이 사람 저 사람을 찾아다니며 오디세우스의 귀환을 알릴 방법을 꽤했다.

　"파이아키아의 명장과 고관 들이여, 회의장으로 가시지요. 어저께 알키노오스궁에 찾아온, 신과 같은 모습의 그에 관해 알고자 한다면 그곳으로 가 보시지요."

　이처럼 여신이 그들의 흥미를 북돋웠으므로 회의장은 삽시간에 사람들로 가득 찼다. 그들은 라에르테스의 현명한 아들 오디세우스를 황홀하게 바라보았다. 아테나 여신이 그의 머리와 어깨에 고상하고 늠름한 기운을 불어넣었기 때문이다. 그리하여 온 파이아키아 사람들이 그에게 호감을 갖게 되었다.

사람들이 모여들자 알키노오스왕이 입을 열었다.

"자, 이제부터 내가 말하려는 것을 똑똑히 들으시오. 여기 앉아 계신 손님이 누구신지 나도 잘 모릅니다. 그러나 표류하다가 내 집까지 오신 분이니, 그가 원하는 곳까지 호송해 드립시다. 그러니 어서 검게 칠한 새로운 배와 노를 저을 가장 우수한 청년 52명을 골라 봅시다. 그리고 내 집에서 손님 접대를 위한 파티를 열 것이니 모두 빠짐없이 참석하여 자리를 빛내 줄 것이며, 특히 신성한 음유시인 데모도코스도 오게 하시오. 신께서 그에게 뛰어난 재주를 주셨으니, 와서 우리의 흥을 돋우게 합시다."

그가 이렇게 큰 소리로 말하고 앞장서자 홀을 가진 영주들이 뒤따랐고, 전령은 신성한 음유시인을 부르러 갔다. 한편 52명의 젊은이들이 뽑혀서 명령대로 황량한 바닷가로 향했다. 배가 놓인 바닷가에 이르자 그들은 검게 칠한 배들을 바닷물 깊은 곳까지 끌어내리고, 돛대와 돛을 검은 배 안에 실은 다음, 노를 가죽 끈으로 튼튼히 매어놓았다. 모든 것을 정해진 대로 하여 모래사장에서 훨씬 떨어진 바다 위에 배를 띄워 정박시켜 놓고, 다시 알키노오스의 궁으로 향했다. 알키노오스궁은 현관과 정원, 그리고 방마다 남녀노소를 불문하고 사람들로 가득 들어차 있었다. 알키노오스왕은 열두 마리의 양과 여덟 마리의 돼지, 뒤뚱거리는 두 필의 소를 잡기로 하였다. 그들은 서둘러 가죽을 벗기고 칼질을 하여 유쾌한 연회를 베풀었다. 이때 음유시인 데모도코스가 도착했다. 그는 뮤즈의 지극한 사랑을 받아, 시력을 잃은 대신 아름다운 목소리를 받았던 것이다. 데모도코스는 연회장 한가운데에

알키노오스 궁전에서의 연회_ 얀 스티카의 작품
음유시인 데모도코스가 트로이아 전쟁 영웅들의 무용담을 노래하는 장면이다.

놓인, 은도금을 한 고급 의자에 앉아 소리가 청아한 하프를 켜며 영웅
호걸의 노래를 부르기 시작했다.

> 그는 무사이의 사랑을 받았으나
> 무사이는 그에게 좋은 것과
> 나쁜 것을 함께 주었다네.
> 그의 시력을 빼앗은 대신
> 천상의 노래를 선물했다네.

그는 노래 제목으로 그리스군이 트로이아의 성안에 들어갈 때 책략으로 사용한 목마를 선택했다. 아폴론이 그에게 영감을 주어 그는 그 중대한 시기의 여러 두려운 일과 공적을 감동적으로 노래 불렀다. 듣는 이들은 모두 즐거워하였지만, 오직 한 사람 오디세우스만은 노래를 듣고 눈물을 흘렸다. 그러나 그는 자신의 우는 모습을 파이아키아 인들에게 보이고 싶지 않아 눈물을 닦고, 손잡이가 둘 달린 잔을 들고 신들에게 술을 부었다. 분위기가 절정에 이르자 알키노오스왕은 사람들에게 말했다.

알키노오스 궁전에서의 연회_ 프란체스코 하예츠의 작품
음유시인 데모도코스가 트로이아 전쟁 영웅들의 무용담을 노래하자 오디세우스가 눈물을 훔치는 장면이다.

고대 그리스의 레슬링
그리스 · 로마 시대에 접어들 무렵 레슬링은 고액의 상품을 걸어 이에 눈독 들인 직업 선수들이 등장하였고, 경기 내용도 다양하고 거칠게 변질되어 버렸다.

"이 자리의 명장과 고관 들이여, 이제 즐길 만큼 즐겼으니 시합을 하는 게 어떻겠소? 우리들이 권투나 레슬링, 멀리뛰기, 달리기에서 얼마나 우수한가를 손님께서 귀국하여 전하게 합시다."

경기는 맨 먼저 달리기부터 시작되었다. 사람들은 모두 한 덩어리가 되어 벌판에 뽀얀 먼지를 일으키면서 나는 듯이 달려갔다. 그중에서도 인품이 뛰어난 알키노오스의 아들 클리토네오스가 단연코 빨리 달려 우승을 하였다. 다음에는 레슬링 경기를 했는데, 에우리알로스가 으뜸이었다. 그리고 멀리뛰기에는 암피알로스, 원반 던지기에는 엘라트레우스, 권투에는 라오다마스가 우승을 차지했다. 마침내 경기를 마치자 알키노오스의 아들 라오다마스가 입을 열었다.

"자, 우리 손님께서는 체격이 아주 좋으신데, 어떤 경기에 능하신지 한번 여쭈어 봅시다."

이에 대해 에우리알로스가 맞장구를 쳤다.

"자, 라오다마스의 말이 옳습니다. 이제 그분과 시합을 겨뤄 보는 건 어떻겠소?"

그러자 라오다마스가 광장 한가운데로 나오며 오디세우스를 향해 말했다.

"손님께선 나와 함께 겨뤄 보지 않겠습니까? 인간이 살아가면서 몸으로 이기는 것보다 더한 영광은 없지요. 자, 나오셔서 근심을 털어 버리고 나와 겨루시지요. 이제 타고 가실 배와 사공도 대기하고 있으니 말입니다."

그의 말을 듣고 오디세우스가 대답했다.

"라오다마스시여, 어째서 이런 요구를 하셔서 나를 농락하십니까? 슬픔으로 가득한 자가 무슨 경기를 하겠습니까?"

이에 에우리알로스가 그에게 짐짓 시비를 걸고 나섰다.

"오, 이제 보니 손님께서는 많은 사람들처럼 경기에 능하신 것 같지는 않군요. 혹시 손님께서 해상의 두목이라 재화나 많이 고국으로 운송할 생각만 하시는 건 아닌가요?"

그러자 오디세우스는 매섭게 그를 노려보며 말했다.

"그대는 너무 심한 말을 하는구려. 물론 신들께서 모든 인간에게 뛰어난 재주를 내려 준 것은 아니지요. 외모가 남보다 부족하다 해도 말솜씨에 월계관을 씌워 주셨다면, 만인들이 그를 우러러보며 신처럼 숭배하지 않겠소? 반면에 불사의 신처럼 용모가 빼어나다 해도 지혜가 없는 경우도 있소. 하지만 그대도 서투른 말로나마 내 마음을 울려 주긴 하였소이다. 그대의 무례한 말처럼 내가 경기에 그리 미숙한 것은 아니오. 나도 한때는 이름을 날렸었지만, 지금은 내 처지가 처참하고도 불쌍하구려. 진저리가 날 만큼 많은 전쟁과 고초를 겪어왔지만, 내 경기에 참여하리다."

오디세우스는 말을 마친 다음 외투를 걸친 채로 자리에서 벌떡 일어나, 파이아키아인들이 엄두도 내지 못할 만큼 커다란 원반을 집어들었다. 그리고 한번 가늠을 해 보더니 냅다 내던졌다. 그러자 파이아

원반 던지기에 나서는 오디세우스
오디세우스는 원반을 가장 멀리 던져 파이아키아인들을 놀라게 한다.

키아인들은 원반에 맞을까 봐 모두 땅에 납작 엎드렸다. 원반은 그의 손에서 가볍게 내달아, 표시한 거리를 훨씬 넘어 날아갔다. 이때 아테나 여신이 인간으로 변신하여 장소를 일러주었다.

"손님이여, 손님이 던진 원반이 멀리 떨어졌다는 것은 맹인도 알 수 있을 것이오. 아마 파이아키아에는 이만큼 던질 사람은 없을 테니 한동안 안심하셔도 좋을 것이오."

이 말을 들은 오디세우스는 자기의 편이 있음을 알고 매우 기뻐했다. 그는 용기백배하여 사람들에게 말했다.

"자, 누구든 원하신다면 나와 겨뤄 봅시다. 권투든 레슬링이든 달리기든 어느 것이라도 상관없소. 그대들이 날 부추겼으니 한번 겨뤄 봅시다."

연회장은 침묵으로 뒤덮였다. 잠시 후 알키노오스왕이 입을 열었다.

"손님이시여, 지각이 있는 자라면 감히 그대를 모욕하지 못했을 것이오. 모쪼록 그대의 훌륭한 솜씨를 발휘하시어 고국으로 돌아가실 때, 오늘의 무용담을 전하시면 어떻겠소? 또한 제우스께서 우리 조상 대대로 물려주신 행적을 말씀해 주시고 말이오. 우리는 완벽한 권투 선수도, 레슬링 선수도 아니오. 다만 빨리 달리기나 하고 배를 타는 데 능숙하다 뿐이지요. 그리고 우리가 좋아하는 것은 연회와 노래, 무용, 그리고 다양한 의상과 목욕, 따뜻한 수면이지요. 자, 파이아키아의 최고 무용수들이여, 일어나 흥을 돋울지어다. 그래야 손님께서 우리가 항해술에 얼마나 능하고 달리기와 무용, 음악에 우수한가를 고국으로 돌아가 동포에게 전해 주시리라. 데모도코스여, 어서 아름다운 하프를 켤지어다."

데모도코스
알키노오스가 다스리던 스케리아섬에 살았으며 장님이었다. 뮤즈들이 앞을 보지 못하는 그의 결점을 보충해 주기 위하여 음유시인의 재능을 주었다고 한다.

신과도 같은 알키노오스의 말이 떨어지자 시종이 국왕의 성에서 하프를 가져오려고 일어섰다. 그들은 경기를 할 때면 무슨 일이든 순조롭게 진행될 수 있도록 처리하는 것이 습관인 사람들이었다. 그래서 땅바닥을 평평하게 만들고, 경기장을 춤추기에 맞도록 아담하게 다졌다.

음유시인 데모도코스의 노래_ 장 밥티스트 오귀스트 를루아르의 작품
데모도코스는 그리스 신화의 최대 로맨스 사건인 아프로디테와 아레스의 사랑을 노래함으로써 파이아키아 사람들에게 즐거움을 선사한다.

데모도코스가 한가운데로 나아가 하프를 켜기 시작했다. 그를 둘러싸고 선남선녀들이 스텝을 밟으며 능숙하게 춤을 추었다. 오디세우스는 그들의 경쾌한 스텝을 보고 황홀한 마음이 되었다.

음유시인이 하프 선율에 맞추어 저 유명한 아레스와 아름다운 왕관을 쓴 아프로디테의 사랑에 대한 노래를 부르기 시작했다.

헤파이스토스에게 아프로디테의 불륜을 고자질하는 헬리오스_ 디에고 벨라스케스의 작품

태양신인 헬리오스 또는 아폴론은 하늘 높이서 일을 하기 때문에 지상의 모든 것을 내려다볼 수 있었다. 그는 지상 은밀한 곳에서 아프로디테와 아레스가 불륜의 정사를 나누는 것을 목격하고, 이를 대장간의 신 헤파이스토스에게 일러바친다.

 아레스는 아프로디테에게 많은 선물을 주고 헤파이스토스의 침실을 더럽혔다. 그들의 밀회를 엿본 헬리오스는 이 사실을 대장간의 신 헤파이스토스에게 알렸다. 이 불미스러운 소식을 접하게 된 헤파이스토스는 대장간으로 가서 이 둘을 꼼짝 못하게 매어 놓을 큰 모루와 족쇄를 만들었다. 그리고 교묘한 그물을 만들어, 자신이 아끼는 침대 다리 주위와 서까래에 올가미를 쳐놓았다. 거미줄처럼 가늘게 쳐놓아서 신도 속을 만큼 교묘했다. 이렇게 만반의 준비를 마친 그는 자신이 가장 좋아하는 렘노스로 가는 척했다. 그러자 전쟁의 신 아레스는 헤파이스토스가 자리를 비운 줄 알고는 미와 사랑의 여신 아프로디테의

아프로디테와 아레스_ 루이 장 프랑수아 라그르네의 작품
대장간의 신 헤파이스토스 몰래 정을 통하는 아프로디테와 아레스.

사랑을 애타게 요구하였다.

"사랑스러운 분이여, 이제 헤파이스토스도 없으니 어서 침대로 갑시다. 그리고 우리의 뜨거운 열정을 불태웁시다. 그대의 절름발이 남편 헤파이스토스는 지금쯤 렘노스의 야만인 신티에스족을 만나고 있을 것이오."

그의 말을 기쁘게 받아들인 아프로디테가 옷을 벗고 침대에 누우려는 순간, 그만 두 신은 헤파이스토스가 설치해 둔 올가미에 걸려 꼼짝할 수가 없었다. 그때 숨어서 이를 지켜보던 헤파이스토스가 그들에게로 다가왔다.

"제우스 아버지와 불멸의 신들이시여, 여기 이 가련하고도 황당한

아프로디테와 아레스의 굴욕_ 요아킴 브테바엘의 작품
헤파이스토스는 아프로디테와 아레스의 불륜 현장을 여러 신들에게 공개하여 웃음거리로 만든다.

모습을 보시옵소서. 미의 여신인 아프로디테가 내 불구를 구실로 나를 모욕한 것도 부족해, 이제는 아레스에게 사랑을 바치고 있습니다. 그는 절름발이인 나와는 달리 수족이 멀쩡하고 잘생겼기 때문이지요. 오, 차라리 태어나지 않았으면 좋았으련만! 자, 이리 오셔서 내 침대에서 불륜의 사랑을 속삭이는 이들을 보십시오. 하지만 아무리 뜨거운 사랑일지라도 끝은 있는 법, 그들은 곧 싫증을 느끼겠지요. 그러나 불행히도 올가미는 풀리지 않을 겁니다. 이 철없는 여신의 버릇을 고치기 위해 만들었기 때문입니다."

그의 말을 들은 여러 신들이 청동 홀로 모여들었다. 지진의 신 포세이돈도 왔고, 행운을 갖다주는 신 헤르메스도 왔으며, 활을 멀리 쏘는 아폴론 신도 왔다.

그러나 여신들은 부끄러운 생각에 모두 집에 남아 있었다. 복을 내리는 남자 신들이 대문 앞에 멈추어 섰는데, 이 꾀에 능숙한 헤파이스토스의 교묘한 사슬을 바라보자 그칠 줄 모르는 웃음소리가 그 신들 사이에서 터져 나왔다. 그러고는 서로 옆에 있는 이와 얼굴을 마주 보면서 이렇게 소곤거렸다.

아프로디테와 아레스의 굴욕_ 요아킴 브테바엘의 연작 작품

아프로디테와 아레스의 굴욕_ 요아킴 브테바엘의 연작 작품

"못된 짓은 오래가지를 못하는 것이군요. 느림보가 오히려 걸음이 빠른 이를 따라잡지요. 여기서도 헤파이스토스는 느리기는 하지만, 아레스를 붙잡고 말았거든요. 아레스는 올림포스를 지배하는 신들 중에서 가장 걸음이 빠른 남자 신인데도 말이지요. 한편은 절름발이지만 교묘한 수단을 썼단 말이에요. 게다가 몰래 정을 통한 벌금도 물어야겠지요."

이렇게 신들은 서로 이야기하는 것이었다. 그리고 아폴론이 헤르메스를 보고 말했다.

"헤르메스여, 무엇을 그리 골몰하게 바라보는가? 그대는 진정 저런 상황에서도 부끄럽지 않겠는가?"

그러자 그 말에 전령의 신인 헤르메스는 대답했다.

"제발 그랬으면 좋겠습니다. 절망 따위는 지금의 세 배 정도 칭칭 휘감는다 해도 상관없겠소. 그리고 그대들 남자 신과 심지어 여자 신들이 모두 구경거리로 삼는다 해도, 나로서는 황금의 아프로디테와 몸을 섞는다면 어떤 수치라도 견딜 것이오."

이렇게 말하자 불사의 신들 사이에서는 큰 웃음이 터져 나왔다. 그러나 포세이돈만은 그 웃음에 휩쓸리지 않고, 늘 일하기로 유명한 헤파이스토스에게 아레스 신을 풀어주고 용서해 주기를 권했다. 그리고 그를 향해 위엄 있게 말했다.

"풀어주게나. 내가 그대한테 약속할 테니까. 그대가 요구하는 대로 저자가 불사의 신들 앞에서 마땅한 보상금을 그대에게 깨끗이 치르게 할 테니까."

그 말에 헤파이스토스가 말했다.

파포스 샘에서 목욕하는 아프로디테_ 프랑수아 부셰의 작품
미와 사랑의 여신 아프로디테는 파포스 샘에서 목욕하여 다시 처녀성을 찾았다고 한다.

"그토록 간곡하게 말씀하시니, 차마 당신의 청을 거절할 수가 없소
이다."

이렇게 말하자 힘찬 헤파이스토스는 그 사슬을 풀어주었다. 두 신
은 참으로 튼튼하던 그 사슬에서 풀려 나오자 곧바로 날아올라 아레
스는 트라키아를 향해 달려갔고, 미와 사랑의 여신 아프로디테는 키
프로스섬의 파포스로 향했다. 여신이 당도한 파포스 샘은 처녀성을 복
원시키는 영험한 샘으로, 여신은 그곳에서 목욕하여 다시 새로운 처
녀성을 복원하였다.

이것이 데모도코스가 부른 노래의 줄거리였다. 오디세우스와 파이
아키아인들은 이를 듣고 매우 즐거워하였다. 잠시 후 알키노오스는

할리오스와 라오다마스에게 춤을 추라고 명하였다. 춤 솜씨에서는 이들을 능가할 자가 없었기 때문이다. 이에 그들은 재주꾼인 폴리보스가 특별히 만들어 준 자색 공을 들고 놀이를 하며 우아하게 춤을 추었다. 그리고 다른 젊은이들은 거기에 소리 높여 장단을 맞추었다. 이때 오디세우스가 입을 열었다.

"알키노오스왕이시여, 당신께서 말씀하신 대로 참으로 훌륭한 춤 솜씨입니다. 보고 있자니 그저 놀라울 뿐입니다."

그의 말에 흡족해진 알키노오스는 노의 명수인 파이아키아인들에게 말했다.

"이 자리의 명장과 고관 들이여, 이분은 참으로 현명하신 분인 것

파이아키아인들의 춤_ 윌리엄 러셀 플린트의 작품
알키노오스는 오디세우스가 범상치 않은 인물이라 여겨 연회를 베풀어 그를 위로한다.

같소. 자, 우리 이분께 선물을 드리기로 합시다. 각자 깨끗한 망토와 튜닉, 그리고 순금 달란트를 손님께 드린 다음 식사를 하도록 합시다. 또한 에우리알로스가 불경한 언사를 했으니, 사과의 말과 선물을 드리기로 합시다."

이때 에우리알로스가 알키노오스에게 말했다.

"왕이시여, 말씀대로 따르겠나이다. 은자루에 상아를 갈아 만든 칼집에 든 순 청동제 단검을 손님께 드리겠습니다. 아마 이분에게 매우 훌륭한 선물이 될 것입니다."

그러고는 은자루가 달린 단검을 오디세우스에게 건네며 말했다.

"손님이시여, 섭섭하게 들으셨다면 부디 용서하십시오. 신이시여, 이분을 부디 고국으로 무사히 돌려보내 사랑하는 가족을 만나게 하소서."

그러자 오디세우스는 대답했다.

"고맙습니다. 신이시여, 이분께 행운을 내려주소서. 겸손하신 사과의 말씀뿐만 아니라 이렇게 훌륭한 선물까지 주시니, 정말 고맙습니다. 절대로 섭섭하게 생각하지 않을 것입니다."

이렇게 말하면서 은자루가 박힌 검을 두 어깨에 둘러메었다. 그러는 동안 해도 저물고, 그의 손에는 갖가지 훌륭한 선물이 밀어닥쳤다. 시종들이 그 선물들을 알키노오스 궁전으로 날라 왔다. 그리고 알키노오스의 거룩한 아들들이 그 훌륭한 선물들을 예의바른 어머니 곁에 맡겨 놓았다. 그러자 알키노오스왕이 왕비인 아레테에게 일렀다.

"부인, 가장 좋은 상자에 깨끗한 망토와 튜닉을 손수 넣으시오. 그리고 큰 솥에 불을 지펴 물을 데우도록 하시오. 손님께서 목욕을 하신 뒤에 파이아키아 귀족들의 선물을 보기로 합시다. 나 또한 내가 아끼던 금잔을 선사하리다. 그러면 신들께 제주를 올릴 때마다 내 생각을 하게 될 것이오."

아레테는 그의 말에 따라 시녀에게 명한 뒤, 화려한 상자를 가져와 파이아키아인들이 선사한 물건들을 집어넣었다. 그리고 손수 망토와 화려한 튜닉을 넣으며, 옥구슬 굴러가는 듯한 소리로 말했다.

"자, 뚜껑을 닫으시고 단단히 잠그세요. 가시는 도중에 잃어버릴지도 모르니까요."

오디세우스는 이 말을 듣자, 바로 뚜껑을 덮고 단단히 매듭을 지었다. 그리고는 시녀가 준비해 둔 따뜻한 목욕물을 바라보았다. 왜냐하면 머리가 탐스러운 칼립소의 집을 떠나온 뒤로 그는 이제까지 이토록 사치스러운 대접을 받아본 일이 없었기 때문이다.

시녀들은 그를 목욕시키고 올리브기름을 몸에 발라 주고는, 아름다운 망토와 속옷을 입혀 주었다. 목욕을 끝내자 그는 술잔치가 벌어지고 있는 회랑으로 걸음을 옮겼다. 그때 지붕을 튼튼하게 떠받치고 있는 기둥 뒤에서 아름다운 공주 나우시카가 그를 기다리고 있었다. 그녀는 오디세우스를 바라보며, 둘만의 공간이 있을 장소인 기둥 뒤로 자리를 옮겼다.

아레테의 조각상
그리스 신화에 등장하는 현명하고 관대한 왕비이다. 그녀의 남편 알키노오스왕이 다스리는 파이아키아인들의 섬에 오디세우스가 도착했을 때 도움을 주어, 그가 무사히 귀향할 수 있게 해주었다. 호메로스는 《오디세이아》에서 그녀를 모든 사람들에게 존경받는 여인으로 묘사하였다.

먼저 나우시카 공주가 입을 열었다.

"안녕히 가세요. 고향에 가시거든 가끔 저를 추억해 주세요, 맨 먼저요. 우선 저에게 생명을 되찾으신 빚을 지고 계시니까요."

그 말에 참을성 있는 오디세우스가 대답했다.

"나우시카, 마음이 너그러운 알키노오스왕의 따님이시여, 이제는 정말로 기원한답니다. 헤라 여신의 배우자이시며 천둥을 울리시는 제우스께서 저에게 고향에 돌아갈 좋은 기회를 만나게 해달라고 말입니다. 그리고 그곳 고향에 돌아간 다음에도 나는 당신에게 언제까지나 신과 같이 경배할 것입니다. 당신은 내 생명의 은인이십니다."

그들은 누가 먼저라고 할 것 없이 포옹을 하고 긴 입맞춤을 하였다. 그들에게는 아쉬운 시간이었으나 자리로 돌아올 수밖에 없었다.

오디세우스는 연회장으로 가서 알키노오스왕 곁의 팔걸이의자에 걸터앉았다. 그때 사람들은 이미 잘라놓은 고기를 각자에게 나누어 주고, 포도주를 섞는 참이었다. 또 시종은 으뜸가는 가인을 데리고 왔다. 그는 백성들이 소중히 여기는 음유시인 데모도코스였다. 그를 잔치에 모여 있는

나우시카_ 프레데릭 레이튼의 작품
나우시카는 오디세우스를 흠모하였으나 그들의 사랑은 이루어지지 않았다. 오디세우스는 칼립소에게 7년간이나 붙잡혀 허송세월을 보냈기 때문에 나우시카와의 관계를 조심하였다. 하지만 훗날 나우시카는 오디세우스의 아들 텔레마코스와 결혼하여 자식을 낳는다.

사람들 가운데 앉히고 높다란 기둥에 의자를 기대 놓았다. 마침 그 때 시종을 향해 오디세우스가 자기 몫의 등심살 한 조각을 자르면서 말했다.

"시종이여, 자. 이 살점을 가져다 데모도코스한테 드시라고 해요. 고생은 겪었지만 저분한테 인사를 하고 싶소. 참말이지 이 땅 위에 살고 있는 모든 인간들 중에서도, 가인은 당연히 명예와 존경을 받아 마땅하오. 그 까닭은 예술의 신이 그들에게 노래의 길을 가르치시며 가인 여러분을 감싸 보호해 주고 계시기 때문이오."

데모도코스는 오디세우스가 건네준 고기를 받아들고는 마음속으로 기뻐하였다. 그는 오랜만에 포식을 할 수 있었다. 이때 다시 오디세우스가 말을 했다.

"데모도코스여, 정말이지 많고 많은 사람들 중에서도 특히 당신을 나는 찬미합니다. 제우스의 따님이신 아테나 여신께서 당신을 가르쳤습니까? 아니면 아폴론 신께서 가르쳤습니까? 특히 조리 있게 아카이아 사람들의 내력을 노래하시니 말이오. 그들의 소행, 그들의 짊어진 운명, 그리고 아카이아 사람들이 겪어온 고난을 하나도 빠짐없이, 마치 그 자리에 당신이 함께 있었던 것처럼 말이오. 이제는 다른 주제로 옮겨, 목마를 만들던 구절을 불러주시오. 에페이오스가 아테나 여신의 도움으로 목마를 만들자, 오디세우스가 꾀를 써서 그 안에 무사들을 가득 숨기고 트로이아 성채로 몰고 갔으며, 그들이 일리오스를 공략했던 것이오. 만약에 실제로 그 내력을 빈틈없는 사연으로 올바르게 이야기해 준다면, 지금 당장이라도 모든 사람들에게 말해 주겠소. 과연 신께서 진심으로 당신에게 신성한 노래의 힘을 내려주셨다고."

노래하는 데모도코스
데모도코스는 오디세우스의 요청에 따라, 트로이아 전쟁의 백미라 할 수 있는 '트로이아 목마'에 대하여 노래한다.

이렇게 말을 마치자 데모도코스는 신의 영감을 얻어 노래를 불렀다. 바로 그리스군사 대부분이 막사에 불을 놓은 다음 놋자리가 보기 좋게 갖추어진 배들을 타고 출범했다는 그 대목부터 시작했다. 한편에서는 이미 오디세우스를 비롯하여 무사들이 그 목마 속에 숨어서 성벽 안으로 들어갔기 때문이다. 이렇게 그리스 군대가 떠나가고 목마만 남자 트로이아 사람들이 그것을 둘러싸고 앉아 이러쿵저러쿵 왁자지껄 떠들고 있었다. 그들의 의견은 세 갈래로 나누어져 있었다. 우선 첫째로는 속이 빈 목마의 배를 무자비한 청동 칼로 갈라 보느냐, 아니면 절벽 꼭대기로 끌고 가 바위 위에서 던져 버리느냐, 또 아니면 이대로 거대한 제물로 신들의 마음을 위로해 드릴 것이냐 하는 것이었다. 그때에는 결국 세 번째 방법으로 결정되는 운명에 놓여 있었다. 이를테면 이 성은 커다란 목마를 성안에 있게 함으로써 멸망하는 운명에 놓여 있었던 것이다. 바로 그 목마 속에 그리스 용사들이 트로이아 사람들에게 살육과 죽음의 운명을 가져다주기 위해 들어앉아 있었던 것이다.

그 다음으로 음유시인은 아카이아 사람의 아들들이 계속 목마에서 나와 일리오스 도성을 함락시켰던 내용을 노래로 불러나갔다. 노래에 따르자면, 목마 속의 용사들은 야밤에 몰래 나와서 모두 각각 미리 생각해 두었던 장소로 가서 높고 험준한 성을 무찔러 나갔다. 그동안에 오디세우스는 데이포보스의 집을 향해 걸음을 서둘렀는데, 그 모습은 마치 군신 아레스와 같았다. 더구나 신과도 같은 메넬라오스와 함께 거기서 말할 수 없이 격심한 싸움을 감행함으로써, 마음이 넓은 아테나 여신의 힘을 빌려 승리를 할 수 있었다는 것이었다.

이런 줄거리를 세상에 이름 높은 가인이 노래로 불러나갔다. 한편, 노래에 심취하던 오디세우스의 눈썹 밑에서 눈물이 흘러내려 두 볼을 적시고 있었다. 이때에 다른 사람들은 그가 눈물을 흘리는 것을 알아채지 못했지만, 알키노오스 한 사람만은 바로 그의 옆에 앉아 있었기 때문에 그런 낌새를 알아차리고 침통하게 신음하는 소리를 귀 기울여 들었던 것이다. 그래서 그 즉시로 사람들을 향해 말했다.

"똑똑히 들어주시오. 데모도코스한테는 이제 높은 소리로 울리는 하프를 그만두게 하오. 왜냐하면 저 노래가 누구한테나 즐거운 것이라고는 할 수 없으니…… 우리가 만찬을 시작하고 신성한 가인이 노

트로이아 목마를 형상화한 부조

눈물을 훔치는 오디세우스_ 프란체스코 하예츠의 작품
음유시인 데모도코스의 '트로이아 목마' 노래에 오디세우스는 눈물을 보이고 만다. 이를 눈치챈 알키노오스왕은 그가 트로이아 전쟁 영웅 중 하나라고 여겨 그의 내력을 묻기 시작한다.

래를 시작한 뒤로 줄곧 이 손님께서는 애처로운 비탄에 빠져 있었소. 아무래도 무척 심한 슬픔이 가슴에 꽉 차 있는 모양이오. 그러니 이제 노래는 그만두는 게 좋겠소. 모두 함께 즐겁게 지낼 수 있도록. 주인 측도 손님께서도 그렇게 하는 편이 훨씬 좋을 것 같소. 그리고 그대여, 내 그대를 형제로 생각하고 한마디만 물으니 숨김없이 말해 주시오. 그대의 고국에서 가족이나 이웃이 부르는 이름은 무엇이오? 아무리 천하고 높은 사람일지라도 이름 없는 사람은 없는 법이니, 부모님이 지어준 이름이 있을 것 아니오? 그대가 어느 나라, 어느 곳, 어느 성에서 오셨는지 말해 주셔야 그대를 모시고 갈 배가 방향을 알지 않겠소? 우리 배는 다른 흔한 배들과 달리, 키잡이가 있는 게 아니라 모두 사공들이 알아서 한다오. 도시와 모든 기름진 땅을 알고, 또 안개와 구름에 싸여도 파선되거나 침몰되지 않고 참으로 빠르게 바다를 건넌다오. 그러나 일찍이 선친인 나우시토오스께서 이런 말을 하신 적이 있소. 우리가 호송하는 것을 포세이돈이 몹시 시기하고 있다고 말이오. 또한 언젠가는 우리 배가 안개 낀 바다를 건너 호송하고 돌아갈 때 포세이돈 신께서 파도를 일으켜 우리를 덮을지도 모른다고 하셨소. 그러니 이젠 그대가 표류한 곳과, 그대가 본 아름다운 도시들과 사람들에 대해 말해 주시오. 혹시 거칠고 못된 사람들이었소? 아니면 상냥하고 친절한 사람들이었소? 그리고 어째서 아르고스 사람들의 행적과 트로이아의 운명을 듣고 그렇게 슬피 우는 거요? 인간이 싸우는 것은 모두가 신의 뜻 아니오? 아마도 내가 보기에는 아주 가까운 사람, 혹시 아들이나 사위가 트로이아 땅에서 전사한 건 아니오? 아니면 진실하고 막역한 친구를 잃은 건 아닌지. 이해심이 있는 친구야말로 형제보다 못하지 않은 법이니 말이오.”

슬픔에 젖은 오디세우스의 조각상 ▶

칼립소와 나우시카

오디세우스는 현모양처인 페넬로페를 두고 트로이아 전쟁에 나서게 된다. 그는 전쟁에서 혁혁한 전공을 세운 데다 마침내 거대한 목마를 고안하여 승리를 쟁취한 후 귀국길에 오른다. 그러나 그의 귀국은 고난의 연속이었다. 강풍을 만나 표류하다가 전설의 섬 오기기아의 님페 칼립소를 만나게 된다. 칼립소는 오디세우스를 사랑하여, 고향으로 돌아가고 싶어 하는 그를 7년 동안이나 놓아주지 않았다. 오디세우스에게 영원한 삶과 재물과 권력을 주겠다고 하였으나, 집으로 향하는 그의 마음을 돌리지 못하였다.

마침내 그를 가엾게 여긴 아테나 여신이 그를 칼립소의 섬에서 탈출시키는데, 포세이돈이 다시 풍랑을 보내 그를 표류하게 한다.

이때 오디세우스는 전설상의 해양 부족인 파이아케스족이 사는 땅 스케리아섬에 흘러드는데, 이때 나우시카를 만나게 된다.

나우시카는 오디세우스에게 호감을 가지지만, 두 사람의 사랑은 이루어지지 않는다. 아리스토텔레스에 따르면, 나중에 나우시카는 오디세우스의 아들 텔레마코스와 결혼하고 두 아들을 낳았다고 한다.

페늘롱의 《텔레마코스의 모험》에서 칼립소는 아버지를 찾아나선 텔레마코스가 자신의 섬에 찾아오자 그를 극진히 대접하고, 텔레마코스는 칼립소의 시녀 에우카리스와 사랑하는 사이가 된다.

칼립소_ 윌리엄 해밀턴의 작품
아버지를 찾아나선 텔레마코스와 그의 스승 멘토르를 반기는 칼립소.

제 6 부

오디세우스의 모험

식인 거인족 키클로페스

알키노오스왕의 말에 오디세우스가 대답했다.

"모든 사람들 중에서도 가장 뛰어난 분이여, 이같이 특출한 가인의 낭송은 참으로 듣기가 좋습니다. 그 목청은 신들에 못지않은가 합니다. 나로서는 환락이 온 나라에 넘쳐흐르고 향연에 참석한 모든 사람들이 저 노랫소리에 황홀해하면서 질서 있게 자리에 앉아 있을 때, 그런 상태보다 더 복되고 고마운 일은 없다고 생각합니다.

그러나 당신이 나의 슬픈 사연을 듣고 싶어 하시니, 무엇부터 말씀드려야 할지 모르겠습니다. 신들은 내게 너무나 가혹한 운명을 주셨지요. 자, 우선 내 이름부터 말씀드리겠습니다. 여러분과 서로 이름이나 알고 있어야, 후일 내가 불운에서 벗어나면 여러분을 대접할 수 있을 테니까요. 나는 라에르테스의 아들 오디세우스입니다. 그리고 산림이 울창한 네리톤산과 많은 섬들, 둘리키온과 사메, 자킨토스섬들로 둘러싸인 이타케에서 살고 있습니다. 이타케섬이야말로 서편으로 가장 멀리 나지막하게 누워있고, 다른 섬들은 해가 뜨는 동쪽에 접해 있지요. 인간이 자기 고국보다 더 좋아하는 곳은 없는 것 같습니다.

사실 아름다운 여신 칼립소가 나를 동굴에 가둔 뒤 나와 함께 살고 싶어 했습니다. 아이아이아의 간악한 키르케 역시 나를 남편으로 삼아 자기 집에 잡아두려고 했지요. 하지만 모두 내 마음을 돌리지는 못했습니다. 아무리 호화스러운 집에서 산다고 해도 고국산천, 부모형제만큼 좋지는 못했습니다.

그럼 이제부터 재난에 가득 찼던 내 귀국 여행에 대해 이야기하지요. 그것은 트로이아를 떠날 때부터 제우스께서 내게로 보내주신 것입니다. 나는 키코네스족의 나라인 이스마로스를 함락시켜 그곳의 백성들을 복종시켰습니다. 또한 부녀자와 많은 전리품도 모두들 부족함이 없이 나눠 가졌지요. 하지만 앞으로 전진할 것을 명하였건만, 동료들은 괘씸하게도 이를 따르지 않았습니다. 정신없이 술타령을 벌이면서, 수많은 양들과 뒤뚱거리는 암소들을 마구 포획했습니다.

그동안 키코네스족은 이웃 종족들에게 원정을 부탁했는데, 그 수가 엄청나고 말을 타거나 땅에서 싸움을 하는 데 매우 능숙한 종족들이었습니다. 마치 봄날 아침에 꽃이 피듯이 그들은 이른 아침부터 몰려들었습니다.

이미 우리는 수적으로 그들에게 절대 열세였습니다. 그리고 태양이 짐승을 잠재울 무렵, 드디어 우리는 키코네스족의 공격을 피해 구사일생으로 도망쳐 나왔습니다. 우리는 배

▶ 고난과 역경을 상징하는 오디세우스 조각상

를 몰아 나갔지요. 친한 전우들이 죽었기에 가슴이 아프기는 했습니다만, 죽음을 면한 것을 기쁘게 여기면서요. 또 양 끝이 휘어진 배들은 불쌍한 전우들의 이름을 일일이 세 번씩 소리 높여 불러보기 전에는 앞으로 나아가지 않았답니다. 그들은 키코네스족의 칼에 맞아 그곳 들판에서 죽은 사람들이었지요.

그런데 이번에는 우리 함선들을 향해 뭉게구름을 부르시는 제우스 신께서 심한 북풍을 일으켰습니다. 무시무시한 돌풍과 더불어, 넓은 땅과 태양도 다 함께 구름으로 덮을 만큼 하늘로부터 어둠이 쏟아져 내려왔습니다. 그로부터 우리 함선들은 뱃머리를 파도에 파묻은 채 끌

키코네스족과의 싸움
키코네스족은 그리스 북부 트라케의 키코니아에 살던 사람들로, 인도−유럽어 계통의 트라키아인의 한 부족이다. 고향으로 돌아가던 오디세우스가 부하들과 함께 트라케 남부 해안에 상륙하여, 키코네스인들이 살던 이스마라산 인근의 이스마로스를 점령하고 약탈을 저질렀다.

려갔습니다. 우리는 어쩔 수 없이 돛을 모두 내릴 수밖에 없었습니다. 그러고는 재빨리 노에 매달려 배를 육지로 저어갔습니다. 3일째 되던 날, 새벽의 여신이 장밋빛의 손가락을 내밀자 우리는 다시 돛대를 세운 뒤 흰 돛을 달아 올렸습니다. 그러나 말레아곶을 도는 순간 북풍이 몰아쳐, 다시 고국을 눈앞에 두고 표류하게 된 것입니다.

그때부터 9일 동안 망망대해에서 풍랑에 시달리다가 10일째 되던 날, 로토스(양귀비의 씨를 일컬음)를 먹는 나라에 상륙했지요. 우리는 기슭에 올라 점심을 먹은 후, 이곳에 사는 종족의 형편을 염탐하기 위해 전령을 포함해 세 명을 뽑았습니다.

그 종족을 염탐하러 간 우리 동료들은 그들에게 발각되어 붙잡혔지요. 하지만 그들은 동료들을 죽이지 않고 대신 로토스를 맛보라며 주었습니다. 그런데 꿀맛처럼 달콤한 이 로토스를 먹으면, 집에 돌아가려는 마음은 사라지고 그저 그곳에 눌러앉아 로토스만 먹고 싶어지게

로토파고이에 도착하는 오디세우스 일행_ 로버트 던칸의 작품

로토파고이에 도착하는 오디세우스 일행
로토파고이족은 채식 부족으로, 로토스 열매를 먹으며 살았다고 한다. 오디세우스 일행은 9일 동안 표류하다가 10일째 되는 날에야 로토파고이족의 나라에 상륙할 수 있었다. 로토파고이족은 오디세우스 일행을 환대하며, 자신들이 먹는 로토스 열매를 건네주었다. 로토스 열매는 꿀처럼 달콤했는데, 그것을 먹은 사람들 가운데 일부는 고향으로 돌아가겠다는 생각을 잊고 로토파고이족과 함께 살려고 했다. 이에 놀란 오디세우스는 가지 않겠다고 하는 이들을 억지로 배로 끌고 와서 묶고는 서둘러 그곳을 떠났다고 한다.

된다는 것을 알게 되었습니다. 어쩔 수 없이 나는 동료들을 끌고 와 배에다 묶어 놓았습니다. 그러는 한편, 다른 충성스러운 동료들을 격려해서 재빨리 빠른 배에 태웠지요. 또다시 누가 자칫 로토스를 먹고 고향으로 돌아갈 것을 잊어버릴까 봐 겁이 났던 것입니다. 우리는 급히 배를 타고 노를 저어 잿빛 바다로 나아갔습니다.

그리하여 우리는 자만심이 강한 키클로페스족이 사는 땅에 상륙했습니다. 그곳에서는 애써 씨를 뿌리거나 땅을 갈지 않아도 온갖 것들이 자라고 있었습니다. 높은 산등성이의 동굴에 가족 단위로 살고 있던 그들은 일정한 관습도 없이 살고 있었습니다. 아니, 다른 사람들에게는 관심도 없었습니다.

키클로페스 항구로부터 비탈진 섬이 포구 둘레를 끼고 길게 뻗어 있었지요. 사람들이 전혀 살지 않는 무인도였으나, 야생 염소가 수없이 살고 있었습니다. 그곳은 배를 정박시키기 좋은 포구가 있어 구태여 밧줄로 매어둘 필요가 없고, 닻을 던지거나 뱃머리로부터 밧줄을 비끄러매지 않아도 될 정도로 좋은 환경이었습니다. 게다가 포구 위쪽으로는 맑은 우물이 있었는데, 그 주위에는 키 큰 미루나무들이 둘러서 있었습니다. 우리는 어느 신인가의 인도에 따라 칠흑 같은 밤에 그곳에 도착했습니다. 달빛도 없고 안개가 가득 내린 밤에 배가 기슭에

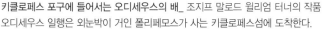

키클로페스 포구에 들어서는 오디세우스의 배_ 조지프 말로드 윌리엄 터너의 작품
오디세우스 일행은 외눈박이 거인 폴리페모스가 사는 키클로페스섬에 도착한다.

닿자 우리는 바닷가에 내린 후에 그곳에서 잠을 잤지요.

장밋빛 새벽의 여신이 빛을 밝히자 우리는 모두 일어나 섬 안을 샅샅이 살펴보았습니다. 이때 제우스의 따님인 아르테미스 여신의 도움으로 우리는 활과 긴 창을 들고 세 패로 나누어 산양을 잡기 시작했습니다.

우리 배가 모두 열두 척이었는데, 배마다 산양을 여덟 마리씩 나눠 가지고 내 배에는 열 마리나 주어질 정도로 많은 산양을 잡았습니다. 그리하여 우리는 해가 질 때까지 고기와 술을 마음껏 먹었습니다. 우리가 키코네스성을 함락했을 때 술을 병마다 가득 채웠기 때문에, 배에는 아직도 술이 남아 있었던 것입니다. 우리는 키클로페스 섬을 건너다보았습니다. 그곳에서는 연기도 나고, 사람의 소리도 들리고 양과 염소의 소리도 들렸습니다.

다음 날 아침이 밝아올 때, 나는 사람들을 모은 후 모두에게 이렇게 제의했지요.

'내 훌륭한 동지들이여, 나는 일행과 함께 저 섬사람들에 대하여 알아보고 오겠소. 과연 그들은 어떠한 사람들인지, 거만하고 사나운지, 아니면 친절하고 신을 공경하는 마음이 있는지를 말이오.'

나와 동료들이 키클로페스 섬에 가까이 다가가자, 월계수로 지붕을 얹은 동굴이 보였습니다. 그곳에는 많은 산양 떼가 있었는데, 주위로는 키 큰 소나무와 잎이 무성한 느티나무가 높게 둘러쳐져 있었고, 커다란 돌들이 경계를 이루었습니다. 그리고 몸집이 아주 큰 사나이가 누워 자고 있었습니다. 보아하니 다른 사람들과 사귐이 없이 양치기로 혼자 사는 것처럼 보였습니다. 참으로 그는 우리 인간이 아닌 불가사의한 괴물로 보였는데, 마치 뚝 떨어져 있는 높은 산처럼 보였습니다. 이때 나는 특별히 힘이 센 12명을 뽑아 함께 떠났는데, 염소가죽 자루에 달콤한 포도주를 가득 담은 걸 가지고 갔지요. 우리가 동굴로 들어갔을 때에는 이미 그는 밖에서 양 떼를 돌보고 있었습니다. 그래서 동굴 내부를 샅샅이 살펴볼 수 있었습니다.

동굴 속에는 치즈와 우유를 넣은 통과 주발, 우리마다 새끼 양과 새끼 염소 등이 질서정연하게 가득 들어 있었습니다. 얼마 안 있어 동굴의 주인 폴리페모스가 큰 나뭇짐을 지고 돌아와 그것을 동굴 입구에 내려놓았습니다. 그는 젖을 짜기 위해 양과 염소를 동굴 안으로 몰아넣고, 그 안으로 들어오자 황소 스무 마리의 힘으로도 끌 수 없는 큰 바위를 동굴 입구에 끌어다 놓고는 앉아서 양젖을 짰습니다. 젖의 일부분은 치즈를 만들기 위하여 저장하고, 나머지는 식사 때 먹기 위하여 그대로 두었습니다. 그리고 둥근 눈으로 사방을 둘러보다가 낯선 사람들이 눈에 띄자, 큰 소리로 '너희는 누구며 어디서 왔느냐?'고 물었습니다.

나는 아주 공손한 태도로 폴리페모스에게 말했습니다.

'우리들은 그리스인인데, 최근 트로이아를 정복하여 빛나는 공을 세우고 대원정에서 귀국하는 길입니다. 식량이 필요하니 도와주십시오.'

폴리페모스_ 귀스타브 모로의 작품
그리스 신화에 나오는 외눈박이 거인족 키클로페스 중 한 명이다. 오디세우스는 항해 도중에 이 괴물이 살고 있던 섬을 찾았는데, 그만 그의 동굴에 갇히고 만다.

폴리페모스_ 줄리오 로마노의 작품

폴리페모스는 아무 대답도 하지 않고 한쪽 손을 내밀어서 내 부하
두 사람을 붙잡아 동굴의 벽을 향하여 내던져 머리를 박살냈습니다.
그러고는 그들의 시신을 남김없이 먹어치우고 나서 동굴 바닥에 누워
깊은 잠이 들었습니다.

나는 이 기회를 놓치지 않고 그가 잠자고 있는 동안에 칼로 찌를까
도 생각했으나, 그렇게 하면 도리어 우리 모두의 멸망을 초래하는 결
과가 되리라고 판단했습니다. 왜냐하면 거인이 동굴 입구에 갖다 놓
은 바위를 우리들의 힘으로는 도저히 움직일 수 없었고, 따라서 우리
들이 영원히 동굴 속에 갇히고 마는 결과를 초래하게 될지도 모르기
때문이었습니다.

다음 날 아침에도 거인은 두 사람의 그리스인을 붙잡고서 전날과 마
찬가지로 한 점의 살도 남기지 않고 다 먹어치웠습니다. 그리고 나서

입구에 있는 바위를 열고서 전과 같이 양 떼를 몰고 밖으로 나간 후, 다시 바위를 움직여 입구를 막았습니다. 그가 나가자 나는 피살된 부하들의 원수를 갚고, 남은 부하들과 함께 도망칠 방도를 강구하였습니다. 나는 부하들로 하여금 큰 나무 막대기를 준비하게 했습니다. 우리는 키클롭스가 지팡이를 만들기 위해 베어온 막대기를 동굴 속에서 발견했습니다. 우리는 그 끝을 뾰족하게 깎아서 불에 바짝 말린 다음, 동굴 바닥에 있는 짚 밑에다 감추어 두었습니다. 그리고 가장 용감한 사람 네 명을 선발하고, 나는 다섯 번째로 그들에게 가담했습니다.

저녁때가 되자 키클롭스가 돌아와서 전과 같이 바위를 굴려 동굴 입구를 열고, 양 떼를 안으로 몰아넣었습니다. 그리고 전과 같이 젖을 짜고 여러 준비를 한 후에 다시 내 부하 중 두 사람을 붙잡고서 머리를

오디세우스와 폴리페모스
오디세우스가 폴리페모스에게 술을 권하는 장면으로, 폼페이의 모자이크 벽화 그림이다.

박살내어 그것으로 저녁식사를 했습니다. 그가 식사를 마치자, 나는 그에게 접근하여 술을 한 사발 따라 주면서 말했습니다.

'키클롭스여, 이것은 술입니다. 인간의 고기를 먹은 뒤에 마시면 좋습니다.'

거인은 그것을 받아 마셨습니다. 그리고 대단히 좋다고 하며 더 달라고 했습니다. 내가 더 따라 주었더니, 거인은 아주 기뻐하며, 은총을 베풀어 나를 제일 나중에 잡아먹겠다고 하며 나의 이름을 물었습니다.

'나의 이름은 우티스라고 합니다.'

나는 내 이름을 밝히는 대신에 아무도 아니라는 뜻의 우티스라고 대답했습니다. 저녁 식사가 끝나자 거인은 자리에 누워 잠이 들었습니다. 나는 선발된 네 사람의 부하와 더불어 막대기 끝을 불 속에 넣어 벌겋게 달군 뒤, 그것을 거인의 애꾸눈에 바로 겨누어 눈구멍에 깊이 박고는 목수가 나사를 돌리듯이 빙빙 돌렸습니다.

거인은 동굴이 떠나갈 듯한 비명을 질렀습니다. 나는 내 부하들과 함께 재빨리 몸을 피해 동굴의 한쪽 구석에 숨었습니다. 거인은 울부짖으며, 그로부터 멀리 떨어진 동굴에 살고 있는 키클롭스들을 소리 높이 불렀습니다. 그들은 그의 부르짖음을 듣고 동굴 주위에 모여, 무슨 고통 때문에 이와 같이 떠들며 잠도 못 자게 하느냐고 물었습니다. 그는 대답했습니다.

'오, 친구들이여, 나는 죽네! 우티스가 나를 괴롭힌다.' 하며 울부짖었습니다. 그러자 그들은 대답했습니다.

'아무도 그대를 괴롭히지 않는다면 그것은 제우스의 짓이므로, 그

폴리페모스의 외눈을 찌르는 오디세우스_ 펠레그리노 티발디의 작품
오디세우스는 폴리페모스가 술에 취해 잠들자 동료들과 함께 준비해 둔 뾰족한 나무로 거인의 하나뿐인 눈을 찌르고 만다.

대는 참지 않으면 안 된다.'

이렇게 말하면서 그들은 신음하는 그를 남겨놓고 물러갔습니다. 내 이름을 '우티스'라고 했던 계략이 이렇게 성공했던 것이지요.

다음 날 아침, 키클롭스는 양 떼를 목장으로 내보내기 위하여 바위를 굴렸으나, 양이 나가는 것을 확인하기 위해서 동굴의 입구에 서 있었습니다.

그래서 나와 내 부하들은 양 떼에 섞여 도망할 수가 없었습니다. 그러나 나는 부하들로 하여금 동굴 바닥에 있던 버들가지로 마구를 만

눈먼 폴리페모스와 오디세우스 일행_ 야콥 요르단스의 작품
오디세우스의 일행들이 양의 배 밑으로 탈출하려는 장면이다.

들게 했습니다. 그리고 세 마리의 양을 한 조로 하여 이에 그 마구를
채워 나란히 걸어가게 했습니다.

　세 마리 가운데 중간 것에 그리스인들이 한 사람씩 매달리고, 양편
에 있는 양들은 이를 보호했습니다.

　양이 지나갈 때마다 거인은 그 등과 옆구리를 만져 보았으나, 배를
만져 볼 생각은 하지 못했습니다. 이리하여 부하들은 모두 무사히 통
과했고, 마지막으로 내가 통과했습니다. 동굴에서 몇 발자국 떨어진
거리에 왔을 때, 나와 부하들은 양에서 몸을 풀고 많은 양 떼를 몰고
해안을 내려와 배 있는 곳으로 돌아왔습니다. 그리고 급히 서둘러서
양을 배에다 싣고 해안을 떠났습니다. 안전한 거리에 왔을 때 내가 부
르짖었습니다.

동굴을 탈출하는 오디세우스_ 크리스토퍼 빌헬름 에케르스베르크의 작품
눈이 먼 폴리페모스는 동굴 앞을 가로막고 양들만 나갈 통로를 만들었지만, 오디세우스와 동료들
은 양의 배 밑에 붙어 빠져나간다.

'키클롭스야, 신들이 네 잔악한 행위에 대해 보복할 것이다. 네가 수치스러운 맹인이 된 것은 오디세우스가 벌인 일인 줄 알아라.'

이 말을 듣자 키클롭스는 산등성이에 돌출한 바위를 잡더니, 그것을 뽑아내어 공중으로 높이 들어 올려서 온 힘을 다하여 소리 나는 곳을 향해 던졌습니다. 그 거대한 바위는 아슬아슬하게 함대를 비켜서 떨어졌습니다.

큰 바위가 바닷속으로 갑자기 떨어지는 바람에, 배가 해안으로 밀려 들어가 자칫하면 모래톱에 걸릴 뻔했습니다. 우리가 해안으로부터 가까스로 벗어난 후, 나는 또다시 큰 소리로 거인을 부르려고 했으나, 부하들이 이를 말렸습니다. 그러나 나는 키클롭스에게 그가 던진 바위를 우리가 무사히 피했다는 사실을 알리고 싶어 못 견딜 지경이었습니다. 나는 전보다 더 안전한 거리에 도달하자 다시 소리를 쳤습니다.

'키클롭스야, 아무리 힘이 세다고 해도 하나뿐인 눈을 잃고 무엇을

오디세우스의 배에 돌을 던지는 폴리페모스_ 아르놀트 뵈클린의 작품
분노한 폴리페모스가 오디세우스의 배를 향해 커다란 바위를 던지려 한다.

돌을 던지는 폴리페모스_ 안니발레 카라치의 작품

하겠느냐. 죽은 동료들을 생각하면 너를 죽여 없애야 마땅하겠으나 차마 기회를 잡지 못했다. 그저 네 목숨이 붙어 있는 걸 다행으로 알아라.'

비로소 우리는 동료들이 애태우며 기다리고 있는 섬에 도착했습니다. 우리는 우묵한 배에서 키클롭스의 양들을 끌어내어 골고루 나누어 가졌습니다. 그러나 내 몫의 숫양만은 동료들이 특별히 골라내어, 나는 그 넓적다리를 태워 제우스 신께 바쳤습니다. 이렇게 우리는 해가 질 때까지 하루 종일 고기와 맛있는 술을 마음껏 먹고 마시며 즐겼습니다. 그러고는 해가 서산으로 저물 무렵, 우리는 해변에 누워 잠을 청했습니다. 이윽고 장밋빛 새벽의 여신이 손가락을 내밀 무렵이 되어서야 나는 동료들을 깨워 배에 올라 닻줄을 올리게 하였습니다. 우리는 배를 띄워, 각각 제자리에 앉아 파도를 헤치며 노를 저어 바다를 헤쳐 나아갔습니다. 우리만이라도 죽음에서 벗어난 것을 즐거워했지만, 사랑하는 동료들을 잃은 마음의 상처는 어찌 잊을 수 있겠습니까.

아이올로스와 키르케

그다음에 우리가 찾아간 곳은 아이올리아섬이었습니다. 그곳에는 히포테스의 아들로 영생의 신들에게 사랑을 받는 아이올로스가 살고 있었습니다. 그는 불사의 신들과 친하게 지내는 이였습니다. 그곳 역시 바다에 떠 있는 섬이라, 섬 주위로는 난공불락의 청동 성벽과 깎아지른 듯한 절벽이 위용을 자랑하고 있었습니다. 아이올로스에게는 열두 명의 자식이 있었는데 그 가운데 여섯은 아들, 여섯은 딸이었습니다. 그런데 왕은 자신의 딸들을 아들들에게 아내로 맞아들이게 했으므로, 그들은 언제나 친애하는 아버지와 정다운 어머니 곁에 있으면서 끊임없는 향연으로 나날

◀ 아이올로스

그리스 신화에 나오는 아이올리아섬의 왕이자 바람의 지배자이다. 그는 인간의 몸으로 태어났지만, 제우스의 총애를 받아 바람을 지배하는 신의 반열에 올랐다.

을 보내고 있었습니다. 수없이 많은 맛난 음식이 그들 곁에 놓여 있었고, 고기 굽는 연기는 성안에 가득 찼으며, 잔치의 떠들썩한 소리는 그칠 줄 몰랐습니다. 밤이 되면 잘 만들어진 침상에 두꺼운 천으로 싸여 사랑하는 아내 곁에서 잠을 잤지요. 그런 분들이 사는 도시와 훌륭한 성에 우리는 이르렀던 것이지요.

우리는 이곳에서 한 달 동안 극진한 대접을 받았습니다. 아이올로스는 나에게 트로이아와 그리스인들의 항해, 아카이아인들의 귀환에 대해 물었습니다. 나는 그의 물음에 성심껏 답변해 주었습니다. 그리고 내가 그에게 무사히 귀국할 수 있도록 도움을 바랐습니다. 왜냐하면 그는 제우스 신께 모든 바람의 지배권을 위탁받고 있었기 때문에, 바람의 방출이나 보류를 마음대로 조절할 수 있는 힘을 가졌으니까요. 그는 내 요청을 거절하지 않고 친절하게도 그 방법을 알려주었습니다.

그는 나에게 9년이 된 소의 가죽으로 만든 자루를 주었는데, 그 안에 거세게 몰아치는 바람을 넣어놓았습니다. 그리고 잔잔한 서풍만이 불게 하여 우리 배가 순항하도록 배려를 했습니다. 그로부터 9일 동안, 우리는 평온한 바다에서 순풍에 돛을 달고 질주했습니다. 10일째 되는 날 우리는 멀리 아른거리는 고국 땅을 보았습니다. 그동안 나는 자지 않고 키 옆에 있었는데, 긴장이 풀렸는지 마침내 지쳐서 잠이 들었습니다. 그러나 내가 잠을 자고 있는 동안 동료들은 그 신비스러운 자루에 대해 이야기를 나누었습니다.

'여보게들, 오디세우스만 횡재를 했군. 사람들이 그를 얼마나 부러워하겠는가. 그만이 아이올로스왕으로부터 저 자루를 받았으니 말일세. 저 자루 속에는 분명 값나가는 보물이 있을 것이야.'

오디세우스에게 바람 주머니를 주는 아이올로스_ 이삭 모이용의 작품
무사히 항해할 수 있도록 아이올로스왕이 오디세우스에게 바람 주머니를 주는 장면이다.

그들은 그 자루 속에는 친절한 아이올로스 왕이 자기들의 함장에게 선사한 보물이 들어 있을 것이라는 결론을 내렸습니다. 그리고 자기들도 다소 나누어 가지려고 자루의 끈을 풀었습니다. 그러자마자 바로 바람이 모두 튀어나왔습니다. 그동안 잔잔했던 바다의 물결은 포악한 광풍으로 인해 거친 파도를 일으켜, 배를 해안에서 자꾸만 멀어지게 하는 것이었습니다. 잠에서 깨어난 나는 차라리 물속으로 몸을 던져버리고 싶었습니다. 하지만 나는 다시 마음을 굳게 먹고 머리를 감싼 채 배에 누웠습니다. 무서운 폭풍은 그치지 않고 휘몰아쳐, 함선들을 우리가 출항한 아이올리아섬으로 되돌려 보냈습니다.

이윽고 해변에 다다른 우리는 배에서 내려 식사를 했습니다. 그리고 나는 한 명의 전령과 동료를 데리고 아이올로스의 궁으로 향했습니다. 우리가 안으로 들어가 입구의 기둥에 기대어 앉자 그들은 깜짝 놀라며 물었습니다.

'오디세우스 님, 이게 어떻게 된 일이지요? 대관절 무슨 악령이 당신을 덮쳤단 말인가요? 우리는 당신이 원하는 곳이면 어디든 갈 수 있도록 온 성의를 다해 보내드렸는데 말이오.'

그들의 말에 나로서도 마음속으로 거북했습니다. 하지만 그들을 향해 말했지요.

'괘씸한 내 동료들과 심술궂은 잠이 나를 불행에 빠뜨린 것이랍니다.

격랑에 휩싸인 오디세우스 배_ 허버트 제임스 드레이퍼의 작품
아이올로스의 바람 주머니에 많은 보물이 있다고 의심을 품은 선원들은 오디세우스가 잠든 사이에 그 주머니를 열게 된다. 그러자 바람이 일어나 배가 격랑에 휩쓸리고 만다.

그러니 염치없지만 우리를 구해 주소서. 당신에게는 충분한 힘이 있지 않습니까?'

이렇게 나는 부드러운 말투로 부탁했습니다만, 그들은 아무 말도 없이 그저 듣고 있을 뿐이었습니다. 그러는 중에 아이올로스왕이 대답했습니다.

'어서 빨리 이 섬에서 물러가도록 하라. 이제 보니 당신들은 가장 치욕스러운 족속이구려. 영광의 신들에게 멸시받는 자를 도와주거나 길을 안내할 이유가 내겐 없소이다.'

그리하여 우리는 궁에서 쫓겨나고 말았습니다. 그래서 거기서부터 다시 무거운 마음을 안고 배를 몰아갔지요. 우리의 어리석음 때문인지 순풍도 불어오지 않았고, 그저 속수무책인 채로 6일 동안을 밤낮없이 항해를 계속했지요. 7일째 되던 날, 라이스트리고네스족의 험악한 성채인 텔레필로스에 닿았습니다. 거기는 목동들이 서로 번갈아 가며 양 떼를 모는 곳이었습니다. 우리는 검은 배를 포구 맨 끝에 정박한 뒤, 바위에다 닻줄을 단단히 결박했습니다. 하지만 그곳에는 사람이나 짐승도 보이지 않고, 다만 연기가 뭉게뭉게 하늘로 올라가는 것만이 보였습니다. 그래서 나는 동료 두 명과 전령으로 한 명을 더 뽑아, 세 명의 정찰대를 보냈습니다.

정찰대는 성 바로 앞에서 물을 긷고 있는 처녀를 만났는데, 그 처녀는 라이스트리고네스족의 왕 안티파테스의 발랄한 딸이었습니다. 그녀는 아르타키아의 맑은 샘으로 물을 길러 온 것입니다. 저희 정찰대는 그녀에게 '이 땅의 왕은 누구이며, 백성은 어떤 사람이냐?'고 물었습니다. 그러자 그녀는 곧 자기 아버지의 성채를 가리켰습니다. 세 사람은 그 훌륭한 궁전으로 들어가 왕비를 만났는데, 쳐다보니 산봉우리처럼 거대한 몸집에 놀라고 말았습니다. 왕비는 회의장으로 달려가 남편인 안티파테스를 불러왔습니다. 그는 거기서 우리 일행을 몰살시킬 음모를 꾸몄던 것입니다. 그는 우리에게 음식을 제공한다고 속이고, 방심하고 있는 사이에 동료 한 명을 붙잡아 식탁에 올리고 말았습니다. 다른 두 사람은 기겁하여 재빨리 도망쳐 배로 달려왔습니다. 그러자 그는 온 성이 떠나가도록 고함을 질러댔습니다. 고함 소리에 용감한 라이스트리고네스족들이 곳곳에서 모여들었는데, 그 수는 이루 헤아릴 수가 없었습니다. 또한 그들은 절벽에서 사람의 무게만 한 바위를 우리를 향해 던졌습니다.

갑자기 배가 산산조각 나며 동료들의 비명 소리가 울려 퍼졌습니다.

오디세우스의 배를 공격하는 라이스트리고네스족
오디세우스의 일행들이 라이스트리고네스족으로부터 공격을 당하는 벽화 그림이다.

라이스트리고네스족의 공격_ 얀 스티카의 작품
라이스트리고네스족의 공격을 받고 오디세우스의 많은 동료들이 죽은 데다 배도 파손되어, 오디세우스가 탄 한 척의 배만이 탈출하였다.

그런데도 그들은 고기를 작살로 찌르듯이 소름 끼치는 살육을 멈추지 않았습니다. 그들이 깊은 포구 안에서 동료들을 죽이려 하고 있는 동안에, 나는 날카로운 검을 옆구리에서 빼어 들고 그것으로 검은 뱃머리에 매인 밧줄을 끊어 버렸습니다. 그러고는 곧 우리 동료들을 재촉하여, 어떻게든 이 재난에서 빠져나가기 위해 있는 힘을 다해 노를 저으라고 명령했지요. 그래서 모두 죽음이 무서워서 열심히 노를 저었으므로, 내 배가 위로부터 덮쳐 오는 바위를 피해 가까스로 앞바다까지 나왔을 때엔 안도의 숨을 내쉬었지요. 그러나 다른 배들은 모두 하나같이 그대로 침몰하고 말았습니다.

우리가 많은 동료들을 잃어 가슴 아파하며 다다른 곳은 아이아이

오디세우스의 투구
오디세우스 특유의 투구인데, 이마 위로
둘러진 둥근 돌기는 멧돼지의 이빨이다.

아섬이었습니다. 이곳에는 올린 머리도 아름다운 키르케가 살고 있었는데, 그녀는 사람의 목소리로 말하는 무서운 여신으로, 못된 마음을 가슴에 품은 아이에테스의 친누이지요. 이 두 신은 인간에게 빛을 주는 태양신 헬리오스를 아버지로, 대양신인 오케아노스의 딸 페르세를 어머니로 하여 태어난 것입니다.

우리는 이 섬의 포구 은밀한 곳을 찾아 배를 숨겨두고 뭍으로 나와, 이틀 낮 이틀 밤을 피곤과 고민으로 가슴을 썩이면서 누워 있었습니다. 마침내 3일째 되던 날 새벽, 나는 창과 날카로운 칼을 들고 서둘러 배에서 나와 산으로 올라갔습니다. 산으로 올라가 아래를 내려다보니, 빽빽한 수풀로 둘러싸인 키르케의 집에서 연기가 오르는 것이었습니다. 그때 나는 어떻게 할 것인지 곰곰이 생각했습니다. 아무래도 우선 배로 가서 동료들을 시켜 연기의 정체를 알아보는 것이 낫다고 생각하며 배로 돌아가려는데, 어느 신께서 나를 동정하셨는지 커다란 사슴 한 마리를 보내셨습니다. 나는 청동 창으로 사슴을 포획하여 어깨에 둘러메고 배로 향했습니다. 그 사슴은 어찌나 크고 무거웠던지, 도중에 쉬었다가 들 정도였지요. 나는 배에 도착해 동료들에게 말했지요.

'동지들이여, 아무리 힘들더라도 마지막 날이 오기 전에 하데스궁으로 갈 수는 없네. 자, 배에 음식과 마실 것이 남아 있는 한 그것을 먹고 힘을 내세나.'

키르케_ 장 쥘 바댕의 작품
태양신 헬리오스와 오케아노스의 딸인 페르세 사이에서 태어난 딸로, 마법에 능한 님페이다.

동료들은 커다란 사슴을 보자 환호성을 지르며, 서둘러 식사 준비를 했습니다. 그리고 해가 떨어질 때까지 술과 고기로 배를 채웠습니다.

이윽고 다음 날 새벽이 되자 나는 동료들을 모아놓고 말했습니다.

'동지들이여, 우리는 이곳이 어디인지 도무지 모르겠소. 어디가 동쪽이고 어디가 서쪽인지 분간이 되지 않소. 무슨 좋은 방법이 없는지 한번 생각해 봅시다. 어제 아침 험준한 산에 올라가 이 섬을 내려다보니 섬이 나지막하게 누워 있는데, 그 중간쯤에서 빽빽한 수풀과 나무 사이로 연기가 피어오르고 있었소.'

내 말을 들은 동료들의 얼굴이 하얗게 변했습니다. 생각만 해도 몸서리쳐지는 안티파테스의 행위와 거만한 키클롭스의 만행이 떠올랐기 때문인데, 모두 눈물을 뚝뚝 흘리면서 슬퍼하는 것이었습니다. 그러나 이렇게 울고불고해도 소용이 없는 노릇이라, 나는 단단히 무장한 일행을 두 편으로로 갈라 각기 책임자를 정했습니다. 그리고 한 편은 내가 인솔했고, 다른 편은 신과 같은 에우릴로코스가 맡았습니다. 두 편중에 연기의 정체를 밝히러 나갈 정찰대를 뽑기 위해 우리는 청동 투구 속에 든 제비를 뽑았는데, 에우릴로코스 편이 뽑혔습니다. 에우릴로코스는 동료들을 이끌고, 운이 나는 돌로 세운 널찍한 키르케의 집을 찾아냈습니다. 그 집 주위로는 온통 산짐승인 늑대며 사자 들이 돌아다녔는데, 그녀가 마약으로 길들여 놓아 동료들에게 긴 꼬리를 흔들며 아양을 떨었습니다. 마치 주인이 식사를 하고 나올 때 주인의 비위를 맞추고자 달려드는 개처럼, 강한 발톱을 숨긴 늑대나 사자도 낯선 사람들을 둘러싸고 아양을 떨었습니다. 놀란 그들은 간신히 두려움을 참고 지켜보았습니다.

마침 그때 아름다운 키르케가 베를 짜고 있었는데, 여신들의 수공예품이 대개 그러하듯이 아름답고 고상하기가 이루 말할 수 없을 만큼 훌륭했습니다. 또 한편으로는 사내들의 마음을 울릴 것 같은 고운 목소리로 노래를 부르는 것이었습니다. 그들 중 맨 먼저 말을 꺼낸 사람은 무사의 우두머리인 폴리테스였는데, 동료들 중에서도 내가 특별히 아끼고 신뢰하고 있던 유능한 사나이였습니다.

'이것 봐, 동지들. 집 안에서 여신과 같은 여인이 커다란 베틀 앞을 왔다 갔다 하면서 고운 목소리로 노래를 부르고 있네. 그 소리가 이 마루 전체에 울려오는데, 그녀를 만나 말을 걸어보세.'

이렇게 그가 말하자 모두 소리를 높여 그녀를 불렀습니다. 그랬더니 그녀는 바로 나와서, 빛나는 쌍여닫이문을 밀어 열고는 반갑게 그

키르케_ 라이트 바커의 작품
키르케 주위에 있는 늑대와 사자 들이 마치 강아지처럼 그녀를 따르고 있다.

들을 불러들였습니다. 그와 동시에 그들은 아무 생각 없이 그녀를 따라 들어갔습니다. 다만 에우릴로코스는 조심스레 남아서 지켜보기로 했습니다. 그녀는 모두를 집 안으로 데리고 들어가서 소파와 팔걸이 의자에 앉게 하고는 모두에게 치즈와 보릿가루와 노란 벌꿀을 향긋한 포도주에 타서 내놓았습니다. 그런데 그 음식물에는 야릇하고 무서운 마약이 섞여 있었던 것입니다. 그것을 탄 이유는 동료들이 고향 생각을 모두 잊어버리게 하려는 것이었습니다. 동료들이 잔을 돌려 술을 마시자마자 그녀는 회심의 미소를 지으며 갑자기 마술 지팡이를 거침없이 그들의 머리에 내리치니, 동료들은 점차 돼지로 변하는 것이었

키르케와 오디세우스의 일행들_ 지오반니 바티스타 트로티의 작품
키르케가 오디세우스의 동료들을 돼지로 만드는 장면이다.

습니다. 너무나 갑작스럽게 변한 모습에 그들이 소리쳤지만, 나오는 소리는 돼지 멱 따는 소리였습니다.

이 모습을 본 에우릴로코스는 기겁하여 우리가 있는 곳으로 정신없이 달려왔습니다. 그는 얼마나 놀랐던지 눈물만 흘리고 아무런 말도 할 수 없었습니다. 우리가 이상히 여겨 계속 묻자, 간신히 동료들이 당한 액운을 전했습니다.

그의 말을 들은 나는 어깨에다 은도금을 한 큰 칼을 멘 뒤 그가 온 길을 되돌아가자고 했습니다. 그러자 그는 나의 무릎을 휘어잡고 엎드려 애원하는 것이었습니다.

'오, 제우스께서 아끼시는 분이여, 나는 여기에 있겠나이다. 지금 그대가 가 봤자 돌아오지 못할 뿐만 아니라 동료 또한 데려오지 못할 테니, 우리 그냥 빨리 달아납시다. 어서 이 무서운 악운으로부터 벗어나야 합니다.'

나는 그의 만류를 뿌리치며 말했습니다.

'에우릴로코스여, 그대는 여기에 남아 식사라도 하고 진정하시오. 나는 가지 않고는 못 견디겠소.'

이렇게 말하고 배 옆을 떠나 섬 안쪽으로 갔습니다. 그런데 차츰 앞으로 나아가 신성한 숲의 나지막한 곳, 키르케의 커다란 집에 가려는 참에 황금의 지팡이를 지닌 헤르메스가 나를 향해 다가왔습니다. 그는 코밑에 수염이 쭈뼛거리며 나기 시작하는 청년의 모습을 하고 있었지요. 그는 내 손을 잡더니 이렇게 말하는 것이었습니다.

'어허, 이번에는 또 어디로 가시는가? 운이 나쁜 당신이 더구나 혼자서 언덕길을 오르고 계시다니, 이곳 지리에 어두우면서도. 당신 부하들은 돼지 모습으로 바뀌어 저기 저 키르케의 돼지우리에 갇혀 있다네. 옳거니, 그들을 구출하러 이리로 오셨군 그래. 하지만 당신 혼자만 해도 돌아오기는 아주 힘들어. 당신도 틀림없이 다른 사람들과 마찬가지로 이곳에 남아 있게 될 거야. 하지만 내 말을 들어요. 재난에서 당신을 구해 내고 무사히 지켜 드리도록 하지. 자, 이 효험이 큰 약초를 가지고 키르케의 집으로 가게. 그 힘이 재앙의 날을 막아줄 것이니까. 그럼 키르케의 요술에 대해 모두 말해 드리지. 우선 여러 가지 물건을 섞은 즙을 만들어 줄 걸세. 그 음식물에는 마법의 약도 섞어 넣을 거야. 하지만 그렇게 한다 해도 당신에게는 마술을 걸 수 없겠지. 왜냐하면 이 효험이 큰 약초가 그렇게는 못 하게 할 것이니까. 이 걸 받게. 그리고 자세히 가르쳐 드리지. 키르케가 당신을 향해 긴 지팡

오디세우스와 헤르메스가 있는 풍경_ 프리드리히 프렐러의 작품
오디세우스 앞에 나타난 헤르메스는 키르케를 제압할 방법을 알려준다.

키르케_ 프란츠 폰 슈투크의 작품
오디세우스에게 잔을 주려는 키르케의 요염한 모습이다.

이를 들고 덤벼들거든, 그때를 놓치지 말고 날카로운 검을 허리에서 빼어 들고 키르케한테 덮치는 거야. 죽여 버리겠다는 듯이 서슬 푸르게 말이야. 그러면 그녀는 당신한테 겁을 먹고 자기 침대로 이끌 걸세. 그때에 당신은 여신과 같이 자는 것을 결코 거절하면 안 되네. 그녀가 동료들을 마술에서 풀어주고, 당신한테도 대접을 잘하게 하기 위해서지. 그러나 그러자면 그녀에게 신들에 대한 중대한 맹세를 하도록 우선 요구해야 하네. 당신한테 몹쓸 재앙을 결코 꾸미지 말 것, 당신의 몸에서 무기마저 빼앗은 벌거숭이로 만들고 나서, 쓸개 빠지고 남자답지 못한 사람으로 만들어 버리려는 생각을 품지 않도록 할 것을 말이야.'

아르고스의 정복자인 헤르메스가 이렇게 말하면서 땅에서 뜯은 풀을 나에게 주었습니다. 신들이 몰리라고 부르는 그 풀은 뿌리가 검고 꽃이 우윳빛처럼 희었습니다. 그러나 인간의 손으로는 캘 수 없고, 오로지 신만이 캘 수 있는 것입니다.

헤르메스가 수풀이 우거진 섬을 지나 올림포스로 향한 뒤, 나는 키르케의 집으로 향했습니다. 나는 불안한 마음을 억누르고 발걸음을 옮겼지요. 그리고 아름다운 머리를 가진 여신의 안뜰에 서서 큰 소리

오디세우스와 헤르메스_ 프리드리히 프렐러의 작품
헤르메스가 오디세우스에게 몰리라는 풀을 주는 장면이다.

로 부르자, 키르케는 내 소리를 듣고 문을 열어주었지요. 매우 괴로
운 마음으로 뒤를 따라가 보니, 그녀는 나를 안으로 안내하여 은으로
장식한 팔걸이의자에 앉혔습니다. 그러고는 황금 술잔에 혼합한 음료
를 내왔어요. 나는 아무런 생각이 없는 척하며 음료를 마셨지요. 그
러자 키르케는 흡족한 미소를 지으며, 지팡이로 나를 마구 치면서 나
를 보고 말했습니다.

'자, 너도 돼지우리로 가서 다른 동료들과 함께 자도록 하려무나.'

이렇게 말할 때에 나는 날카로운 칼을 허리에서 빼어 들고, 키르케
를 향해 펄쩍 덤벼들었답니다. 죽여 버리겠다는 듯이 서슬 푸르게요.
그랬더니 여신이 비명을 지르면서, 단검 밑으로 빠져나와 내 무릎에
매달렸습니다. 그러고는 겁먹은 소리로 눈물을 흘리며 말했습니다.

오디세우스를 맞는 키르케_ 존 윌리엄 워터하우스의 작품
잔을 들어 오디세우스를 맞는 키르케와 그녀의 뒤쪽 거울에 비치는 오디세우스.

오디세우스 앞에 무릎을 꿇은 키르케_ 야콥 요르단스의 작품
오디세우스가 키르케의 마법을 무용지물로 만들고 그녀를 위협하는 장면을 묘사하였다.

　'당신은 이름이 무엇이며, 어디에서 오셨나요? 당신 고국은 어디며, 부모님은 어디에 계신가요? 이 약초를 마셨는데도 조금도 마술에 걸리시지 않으니, 그저 놀라울 따름입니다. 다른 분은 이 요사스러운 약의 작용을 받지 않고는 배기지 못하니까요. 오, 당신은 틀림없이 오디세우스 그분이로군요. 여러 가지 꾀를 잘 알고 계신 바로 그분. 황금 지팡이를 가진 아르고스를 죽인 신께서, 그분이 조만간에 올 것이라고 늘 나한테 말씀하셨지요. 트로이아로부터 검은 칠을 한 빠른 배를 타고 귀국하는 도중에 들를 것이라고 했지요. 어쨌든 간에 이젠 칼을 칼집에 도로 꽂으세요. 그리고 내 침대에 올라 나를 가지세요. 사랑과 잠 속에서 서로 믿는 법을 교감해야 하니까요.'

그녀는 이렇게 말하고 풍만하고 대리석 같은 미끈한 몸매를 드러내었습니다. 그렇지만 나는 그녀를 향해 이렇게 대답해 주었지요.

'아니 키르케 님, 어째서 새삼스레 당신에게 친절하라고 요구하시는 거지요? 내 동료들을 당신 댁에서 돼지로 변신시켜 놓고서, 게다가 나에게마저 이런 야릇한 꾀를 꾸미고서는 그런 말을 하다니요. 침실로 가서 당신 침대에 오르라니요. 그것도 나를 알몸이 되게 한 다음, 돼지로 만들려는 속셈이 아닙니까? 나는 그대가 나를 해칠 의사가 없다는 것을 신께 맹세하지 않는 한 당신의 침대로 가지 않겠습니다.'

그녀는 곧 내 뜻을 받아들여, 굳은 맹세를 신께 올렸습니다. 그제야 나는 아름다운 키르케의 침실로 들었습니다. 그러는 동안 네 명의 시녀들은 바삐 시중을 들었습니다. 그녀들은 아름다운 자태를 뽐내고 있었는데 모두 푸른 바다로 흘러가는 성스러운 강이나 숲속, 우물가에서 태어났습니다. 한 시녀가 의자에 화려한 자색 담요를 씌우고 그 위에 면을 깔자 다음 시녀가 다디단 꿀 포도주를 황금 잔에 따라 놓았고, 또 다른 시녀가 물을 길어다가 커다란

오디세우스와 키르케_ 바르톨로메우스 슈프랑거의 작품
키르케는 인간인 오디세우스의 침착함과 무용에 반하여
그를 남편으로 삼고자 한다.

오디세우스와 키르케_ 얀 스티카의 작품
오디세우스는 헤르메스의 분부대로 키르케의 유혹을 거절하지 않고 그녀와 동침을 한다.

가마솥에 붓고는 불을 지펴 데웠습니다. 그러고는 물의 온도를 맞춘 뒤 내 머리와 어깨로 물을 부으며 나의 온몸에 붙은 피로를 씻어냈습니다. 마침내 나는 그녀가 누워 있는 침대로 들었습니다. 그녀는 요 부답지 않게 뺨을 붉히면서도 도발적으로 나를 받아들였습니다. 나는 트로이아의 전사답게 용맹하게 여신을 유린하여 정복해 나갔습니다. 그리고 그녀는 다음 날 새벽이 올 때까지 격정의 몸을 떨며 밤을

오디세우스를 유혹하는 키르케_ 안젤리카 카우프만의 작품

보냈습니다.

장밋빛 새벽의 여신이 밤의 장막을 거두자 나는 그녀의 침대에서 일어났습니다. 키르케는 격한 정사로 인해선지 숨을 고르며 내 품 안에 안겨 있었습니다. 나는 슬그머니 일어나 침실을 나왔습니다. 그러자 시녀들이 준비해 둔 식탁에는 빵과 진수성찬이 차려져 있었습니다. 그렇지만 나로서는 도무지 먹을 기분이 나지 않았습니다. 내가 음식을 들지 않고 몹시 괴로워하자, 침실에서 나온 키르케가 다가와 순종적인 어투로 물었습니다.

'오디세우스시여, 어째서 아무것도 드시지 않고 벙어리처럼 앉아 계시나요? 내가 무슨 딴짓을 할까 의심하고 계신 것인가요? 하지만 나는 굳은 맹세로 그대의 여자가 되었어요.'

그녀의 말에 나는 대답을 했습니다.

'키르케시여, 올바른 정신을 가진 자라면 동료들이 돼지우리 속에서 괴로워할 텐데 어찌 혼자만 먹고 마실 수 있겠습니까? 진정으로 나를 위한다면 내 동료들을 마법에서 풀어주시오.'

나의 말을 들은 키르케는 마술 지팡이를 들고 밖으로 나가더니, 돼지로 변해 있는 동료들을 돼지우리 밖으로 끌어냈습니다. 그녀는 동료들 사이를 지나가며 또 다른 마약을 발라 주었습니다. 그러자 그들은 마약으로 인해 생긴 돼지털이 모두 빠지고 다시 인간으로 돌아왔습니다. 그들은 나를 알아보고 손을 잡으며 눈물을 흘렸습니다. 여신까지도 동정을 느꼈는지 이렇게 말했습니다.

'오디세우스 님, 우선 배를 뭍으로 끌어올리십시오. 그리고 당신의 충성스러운 동지들을 데리고 돌아오십시오.'

그녀의 말에 내 마음도 움직여, 동료들이 기다리는 해안으로 돌아갔습니다. 그들은 나를 만나자, 마치 어미 소가 하루 종일 밖에 나가 풀을 뜯다가 외양간에 돌아왔을 때 송아지들이 달려들듯이 반갑게 몰려들어 우는 것이었습니다. 그들은 감격에 젖어 입을 열었습니다.

'오, 제우스께서 내려주신 분이여! 이렇게 무사히 오시다니, 우리가 얼마나 당신을 기다렸는지 모릅니다. 자, 그러면 나머지 동료들은 어떻게 되었나요?'

나는 그들의 흥분을 자제시키며 말했습니다.

'자, 우선 배를 해안에 정박시킨 뒤 우리 짐과 모든 선구 들을 동굴에 넣어둡시다. 그리고 서둘러 나와 함께 키르케의 집으로 가서 동료들을 만납시다. 그곳에는 먹고 마실 것이 넘쳐난다오.'

오디세우스와 돼지로 변한 동료들 ▶

그들은 선선히 나를 따라나섰지만, 에우릴로코스만은 혼자 남아 동료들을 만류시켰습니다.

'여러분, 어디로 가겠다는 말이오? 어째서 자네들은 그 같은 재앙 속으로 자청해서 가겠다는 거야. 그녀는 자네들을 돼지나 늑대 아니면 사자 같은 걸로 만들어 버릴 것이고, 그러면 우리는 그녀의 커다란 집을 지키는 동물이 되어야 하네. 그대들은 벌써 키클롭스에게 당한 일이 기억나지 않소? 그때 오디세우스의 말을 듣고 그놈의 동굴에 남아 있다가 동료들이 희생되지 않았느냐 말이오.'

그러자 가장 가까운 사이였던 그를 예리한 칼로 땅에 고꾸라뜨릴 마음이 일었습니다. 그러나 동료들이 사방에서 나를 말렸습니다.

'제우스께서 아끼시는 분이여, 만일 그대가 허락한다면 이 사람만은 여기 머물며 배를 지키도록 하지요. 그리고 우리는 어서 빨리 키르케의 집으로 갑시다.'

그러나 동료들이 배에서 나오자 에우릴로코스도 나의 비난이 두려웠기 때문에 우리를 따라나섰습니다.

우리가 키르케의 집에 도착했을 때는 동료들이 즐겁게 식사를 하고 있었습니다. 그러다가 동료들은 우리를 보자 얼싸안고 울음을 터뜨렸습니다. 키르케도 우리 일행을 따뜻하게 맞아 주며 정성을 다해 모두 목욕시키고 올리브기름을 발라준 뒤, 두꺼운 망토와 튜닉을 입혀 주었습니다.

이윽고 키르케가 내 옆으로 와서 말했습니다.

'지략이 뛰어난 오디세우스여, 이제 그만 눈물을 거두시오. 나도 그대들이 바다와 육지에서 온갖 풍파를 겪었다는 것을 잘 알고 있소. 자,

와서 술이나 들면서 마음을 가라앉히며, 고향을 떠나올 때의 마음으로 돌아갑시다. 그대는 너무나 지쳐, 유쾌한 시간 한번 가져보지 못한 것 아니오?'

이 말에 내 마음도 어느 정도 풀렸습니다. 그리하여 우리는 날이면 날마다 고기와 맛있는 술로 보냈습니다. 이렇게 해가 바뀌고 세월이 흘러 1년이 지나갔습니다.

어느 날 충실한 동료들이 나에게 말했습니다.

'오디세우스여, 그대가 살아서 고국으로 돌아갈 운이라면, 지금이 가장 좋은 때인 것 같소.'

그 말을 듣자 내 마음에도 동요가 일어났습니다. 나는 키르케의 화려한 침실로 가서 그녀의 무릎에 엎드려 간청했습니다.

키르케의 연회_ 얀 반 비레르트의 작품
오디세우스는 그의 동료들과 함께 키르케의 환대 속에서 고국으로 돌아갈 생각을 하지 않고, 술과 향락에 젖은 세월을 보낸다.

'키르케시여, 이젠 당신께서 나와 한 약속을 지키셔야지요. 나를 보내주시기로 한 약속 말입니다. 나도 간절히 원할 뿐만 아니라, 동료들도 틈이 나는 대로 애원하는 바람에 이젠 지쳐 나가떨어질 지경입니다.'

나의 말에 그녀는 놀랍도록 순순히 내 뜻을 받아들였어요. 나중에 안 사실이지만, 그때 그녀는 내 아이(텔레고노스)를 임신하고 있었습니다. 그녀는 내가 걱정되어 이렇게 말했습니다.

'오, 지혜로운 오디세우스시여, 그대의 마음이 그렇다면 굳이 여기에 머무를 필요가 없소. 그러나 무서운 하데스궁으로 가서 예언자 테이레시아스에게 충고를 구하시오. 테이레시아스는 꿋꿋한 의지를 지닌 맹인 예언자로, 비록 몸은 죽었지만 명부의 여왕 페르세포네의 은총을 받아 모든 것을 알고 있다오.'

그녀의 말을 듣고 나는 그만 가슴이 메어졌습니다. 그래서 그녀를 부둥켜안고 흐느껴 울었습니다. 왜냐하면 하데스궁은 죽은 자들만 가는 명부로, 나는 더 이상 햇빛을 볼 수 없다고 생각했기 때문입니다. 마침내 눈물을 그치고 키르케에게 물었습니다.

'오, 키르케여, 누가 나를 그곳까지 안내한답니까? 아직 아무도 하데스궁으로 항해한 자가 없지 않습니까?'

그러자 그녀는 나의 머릿결을 쓰다듬으며 말했습니다.

◀ 키르케 조각상
키르케는 오디세우스가 하데스궁에 무사히 갈 수 있는 마법을 알려준다.

'오디세우스여, 안내할 사람에 대해서는 걱정하지 마세요. 배에 돛대를 세우고 흰 돛을 활짝 펴놓고 앉아 있으면, 북풍이 불어 그곳으로 인도할 거예요. 배로 세상 끝의 큰 강물인 오케아노스를 건너고 나면, 그곳이 풀도 무성한 페르세포네 강변과 동산이 있는 곳이랍니다. 키 큰 갯버들과 열매가 뚝뚝 떨어지는 버드나무가 우거져 있지요. 깊은 소용돌이가 굽이치는 그곳 오케아노스강 가에 배를 대놓고 혼자 하데스궁으로 가세요. 그곳 아케론으로 피리플레게톤과 스틱스의 지류인 코키토스가 흘러 들어가고 있어요. 두 물줄기가 합류하는 곳에 도착하면 먼저 사방 한 팔 길이의 구덩이를 파고, 그 주위에 있는 모든 고인들에게 술을 부어 올리세요. 처음엔 꿀을 섞어 부은 뒤, 두 번째는 다디단 포도주로, 세 번째로는 물로, 그리고 그 위에 하얀 보릿가루를 뿌리세요. 또한 죽어 무력한 고인들 머리에 정성껏 기도를 올리고 이렇게 언약하세요.

이타케로 돌아가면 궁에다 장작더미 위에 가장 좋은 암송아지를 올리고, 테이레시아스를 위해서는 따로 점 없는 검은 양 중에서 가장 훌륭한 놈을 골라 올리겠다고요. 이렇게 명성 높은 고인들에게 기도한 다음,

하데스 ▶

하데스는 크로노스와 레아의 아들로 제우스, 포세이돈과는 형제 간이다. 그들은 크로노스와 그 일족을 정복한 후 제우스는 하늘, 포세이돈은 바다, 하데스는 명계(저승)의 지배권을 차지하였다. 하데스는 데메테르의 딸 페르세포네를 아내로 삼았다. 그가 지배하는 사자의 나라는 지하에 있다고 생각되며, 그 경계에는 스틱스 또는 아케론이라는 강이 있어 나룻배 사공 카론이 죽은 자를 건네준다고 한다. 키르케는 오디세우스에게 죽은 자들만이 갈 수 있는 명계에 다녀오라고 한다.

키르케_ 조지 롬니의 작품
눈이 부실 정도의 외모를 지닌 키르케는 인간을 동물로 바꾸는 마법으로 유명하다. 하지만 오디세우스를 만나 마녀의 이미지를 벗고 그를 사랑하게 되었다. 키르케는 '독수리'를 의미한다.

숫양 한 마리와 검은 암양 한 마리를 어두운 죽음의 골짜기인 에레보스 쪽으로 머리를 향하여 올리되 그대는 돌아서서 강기슭을 바라보도록 하세요. 그러면 고인이 된 영혼들이 많이 몰려올 거예요. 그런 다음 그대 동료들을 불러, 양의 가죽을 벗겨 불로 그슬린 다음 무서운 페르세포네 등의 신들에게 올리도록 하세요. 그동안 그대는 죽어 무력한 고인들이 피 가까이 접근하지 못하도록 하면서 테이레시아스의 말을 기다리도록 하세요. 그러면 그가 다가와, 비로소 그대에게 돌아갈 길이며 망망대해를 건너갈 방법 등 귀로에 대해 말해 줄 거예요.'

이렇게 밤을 새워 이야기하는 동안 금관을 쓴 아침 신이 손가락을 펼치며 나타났습니다. 그녀는 나에게 망토와 튜닉 등의 의복을 손수 입혀 주었고, 그녀 자신도 아주 빛나는 망토와 번쩍이는 금띠를 두르고 머리에는 베일을 썼는데 매우 우아했습니다. 나는 내실을 오가며 다정한 말로 동료들을 깨워 일으켰습니다.

'자, 이제 그만들 일어나시오. 이제 이곳을 떠나야 할 시간이 되었소. 키르케 그녀가 우리의 귀국을 허락하였소.'

오디세우스를 하데스의 명계로 보내는 키르케_ 프레더릭 스튜어트 처치의 작품
오디세우스가 무사히 명계에 다녀오도록 주문을 부리는 장면이다.

　이렇게 내가 말하자, 우리 중 가장 나이 어린 엘페노르라는 청년은 매우 심약했는데, 홀로 술에 취해 지붕에 누워 있다가 사다리를 타고 내려와야 된다는 걸 잊고는 그만 뛰어내렸지요. 그리하여 그의 목뼈가 부러지고 그 혼령은 저승으로 가고 말았습니다. 나는 아이아이아 섬을 떠나면서 동료들에게 말했습니다.

　'그대들은 우리가 지금 그리운 고국으로 간다고 생각할 거요. 그러나 키르케는 우리가 무서운 페르세포네가 있는 하데스궁으로 가서 테이레시아스의 영혼에게 충고를 구해야 된다고 하였소.'

　그러자 그들은 그 자리에 주저앉아 대성통곡을 하며 머리를 쥐어뜯었습니다. 이렇게 눈물을 흘리며 처량하게 바다로 나아가는데, 키르케가 소리도 없이 와서 숫양과 검은 암양을 검은 배에 매달아 주고 가볍게 빠져나갔습니다.

키르케의 또 다른 이야기

키르케는 마법사인 동시에 약사이기도 했다. 그녀가 만든 약은 못 고치는 병이 없다는 평판이 있었다. 그래서 이런 소문을 듣고 그라우코스라는 남자가 키르케를 찾아왔다.

그는 뜻하지 않게 물의 요정의 유혹에 이끌려 인어가 되었는데, 우연히 물가에서 만난 스킬라라는 소녀를 보고 첫눈에 반했다. 하지만 사랑을 고백하기 위해 나타난 그라우코스의 모습에 놀란 소녀는 이내 도망치고 말았다. 그래서 그라우코스는 스킬라도 인어가 되면 자신을 이해해 줄 것이며, 키르케라면 사람이 인어로 변할 수 있는 약쯤은 쉽게 만들 수 있을 것이라고 생각했던 것이다. 하지만 그라우코스를 대하는 키르케의 태도는 매우 냉랭했다.

"도망가는 여자를 굳이 붙잡을 필요가 있을까요? 당신 정도의 남자라면 분명 연모하는 여인이 있을 것입니다. 스킬라를 잊어버리고 새로운 연인을 찾아보시지요."

라우코스를 연모하는 여인, 그것은 바로 키르케 자신이었다. 자신이 연모하는 상대가 사랑의 열매를 맺기 위해 도움을 청하러 찾아오자 이렇게 은근히 암시했던 것이다. 하지만 그라우코스는 키르케의 마음을 알아차리지 못했다. 키르케는 몹시 화를 내며 그를 내쫓은 다음, 혼자 구슬프게 울었다. 그러고는 약을 만들어 그에게 건네주었다. 하지만 이 약은 인어가 아닌 추악한 바다의 괴물로 변하게 하는 약이었다.

이런 사실을 모르는 그라우코스는 기쁜 마음으로 연인에게 달려가 스킬라의 몸에 약을 끼얹었다. 그러자 끔찍한 일이 일어났다. 스킬라는 마치 몇 종류의 동물이 합쳐진 듯한 기괴한 형상의 괴물로 변해 버렸던 것이다.

그라우코스와 스킬라_ 루벤스의 작품
스킬라가 키르케의 약에 의해 괴물로 변해 가는 장면

제 7 부

명계로 간 오디세우스

하데스궁을 방문하다

검은 배가 나아감에 따라 순풍이 계속 불어왔습니다. 인간의 언어를 쓰는 여신, 아름답게 머리를 땋은 키르케는 검은 배 뒤쪽에서 고마운 동지나 다름없는 순풍을 돛에 잔뜩 보내주었습니다. 우리는 하루 종일 바람이 부는 대로 항해를 했습니다. 마침내 해가 지자 드디어 세상의 끝, 깊이 흐르는 오케아노스에 닿았습니다.

여기에는 킴메리오이족의 나라와 도성이 있는데, 안개와 구름에 싸여 태양조차 내리쬐지 않는 곳이었습니다. 우리는 키르케가 말한 대로 배를 기슭에 대놓고 양을 내려놓은 다음, 오케아노스 물굽이를 따라 걸었습니다.

그런 다음 나는 사방 한 팔 길이의 구덩이를 판 뒤 주위의 모든 고인들에게 술을 부었습니다. 우선 꿀을 섞고, 그다음엔 다디단 포도주와 물을 부었습니다. 그러고는 하얀 보릿가루를 뿌리며 힘없는 고인들 머리에 정성껏 기도를 올렸습니다. 그리고 이타케에 돌아가면 궁에다 장작더미 위에 새끼를 밴 적이 없는 가장 훌륭한 암송아지를 올리고, 테이레시아스를 위해서는 따로 점 없는 검은 양 중에서 가장 좋은 놈을 골라 올리겠다고 맹세하였습니다. 이렇게 내가 영혼들에게 기도와 맹세를 한 뒤, 양을 잡아 구덩

제물로 바쳐지는 흰 숫양_ 프란시스코 데 수르바란의 작품
오디세우스는 양을 잡아, 고인들의 망령이 모이게 한다.

이에 넣고 목을 쳤습니다. 그리하여 검은 피가 쏟아져 나오자 이 세상을 떠난 고인들의 망령이 저승 세계의 밑바닥으로부터 나와 모여들었습니다.

새색시들과 총각들, 몹시 고생을 거듭한 노인과 안타깝게 처녀로 죽은 혼령, 청동 창에 찔려 죽은 많은 군인들과 참살된 수많은 혼령들이 이상한 소리를 지르며 구덩이로 모여들었습니다. 나는 심한 공포가 엄습해 왔지만, 동료들에게 양의 껍질을 벗기어 불에 그슬리도록 한 뒤 거대한 하데스와 무서운 페르세포네 등의 신들에게 기도를 올리도록 했습니다. 그리고 칼을 뽑아 들고 앉아, 죽어 무력한 고인들이 피 가까이 접근하지 못하도록 하며 테이레시아스의 망령을 기다렸습니다.

그러자 맨 먼저 온 것은 우리의 동료였던 엘페노르였습니다. 우리가 미처 매장도 못 한 채 키르케의 집에 그의 시신을 그대로 두고 왔기 때문입니다. 나는 그를 보자 울음이 복받쳐 떨리는 목소리로 말했습니다.

'엘페노르여, 어떻게 이 어두운 암흑 속으로 왔는가? 내 검은 배보다도 먼저 도착했구려.'

이렇게 내가 말하자, 그는 탄식하며 대답했습니다.

'나를 파멸에 빠뜨린 것은 신이 내리신 사나운 운명과 무서운 포도주입니다. 키르케의 집 지붕 위에 누워 있다가 그만 떨어져 이곳까지 오고 말았습니다. 지금 여기 있지는 않지만, 당신이 뒤에 남겨두고 온 부인과 당신을 길러주신 아버지, 그리고 당신 아들 텔레마코스의 이름을 빌려 부탁하노니, 저를 지금처럼 그대로 두지 마소서. 행여 저로 인해 당신에게 신의 노여움이 미칠까 두렵습니다. 저를 무장한 채로 화장하여 훗날 검푸른 바닷가에 이 불운한 사람의 무덤을 만들어 주소서. 그런 다음 무덤 앞에는 제 생전에 동료들과 함께 저었던 노를 꽂아주소서.'

이렇게 말했으므로 나도 그 말에 대답했습니다.

'불행한 친구여, 소원대로 해주겠소.'

이렇게 엘페노르의 혼령과 슬픈 말을 주고받는 동안에도 나는 여전히 고인들이 피에 접근하지 못하도록 꼼짝 않고 자리를 지켰습니다. 그때 돌아가신 내 어머니, 위대한 아우톨리코스의 따님이신 안티클레이아의 영혼이 왔습니다.

◀ 엘페노르를 만나는 오디세우스

엘페노르는 오디세우스가 고향인 이타케로 돌아갈 때 동행한 부하들 가운데 가장 젊은 사람이다. 호메로스의 《오디세이아》에 따르면, 오디세우스 일행은 귀향길에 마녀 키르케가 사는 아이아이아섬에 닿아 1년을 머문 뒤에 떠나게 되었다. 엘페노르는 전날 밤에 동료들과 떨어져 홀로 지붕 위에서 술을 마시고 잠이 들었다가, 고향으로 돌아가게 되어 들뜬 동료들이 떠드는 소리에 놀라 깨어났다. 그는 자신이 지붕 위에서 잠든 사실을 잊고 평소처럼 일어나 걷다가, 아래로 떨어져 목이 부러진 채 죽었다.

명계에서의 오디세우스_ 요하네스 스트라다누스의 작품
오디세우스가 양의 목을 따자, 그 피를 마시기 위해 망령들이 모여드는 장면이다.

내가 그분과 이별했을 때는 성스러운 일리오스로 떠날 때였습니다. 그분을 뵙자 슬픔이 복받쳤습니다. 그러나 눈물을 흘리는 가운데에도 테이레시아스의 말을 듣기 전에는 피에 가까이 오지 못하게 하였습니다. 이윽고 테바이의 테이레시아스가 황금 왕홀을 든 채 도착해 나에게 말했습니다.

'지략이 뛰어나신 오디세우스여, 적막이 흐르는 이곳 죽음의 나라에까지 나를 찾아온 이유가 무엇인가? 먼저 구덩이에서 비켜서시게. 양의 피를 마신 뒤 그대가 알고 싶은 걸 말해 주겠네.'

내가 은장식이 있는 칼을 칼집에 집어넣고 비켜서자, 그 유명한 맹인 예언자는 검은 피를 마신 뒤 입을 열었습니다.

'위대한 오디세우스여, 그대는 꿈같은 귀국의 날을 물으려고 내게 왔구려. 하지만 자기의 사랑하는 아들을 눈멀게 한 그대에게 아직도

테이레시아스_ 요한 하인리히 퓌슬리의 작품
명계의 예언자 테이레시아스가 오디세우스 앞에 나타나는 장면이다.

화를 풀지 못하는 포세이돈으로부터 빠져나오리라고는 생각지 않소. 그러나 고난을 겪다 보면 귀향할 날도 있을 것이오. 만일 그대와 동료들이 정신만 차린다면, 머지않아 검푸른 망망대해를 헤치고 트리나키아 섬에 다다를 것이오. 그곳에서는 선견지명이 있는 헬리오스의 소며 양들이 풀을 뜯어먹고 있소. 만일 그대가 이 가축들을 해치지 않는다면, 비록 고난을 겪을지언정 이타케에 가게 될 것이오. 그러나 만일 그것들을 괴롭힌다면, 그대는 물론이고 동료들까지 무사하지 못할 것이오. 혹시 그대만은 운이 좋아 피할지도 모르나, 그 대신 고국에 있는 그대의 집에도 비극이 미칠 것이오. 그대의 아내에게 구혼한 무리들이 그대의 재산을 탕진할 것인데, 그대가 돌아가 복수를 할 것이오. 하지만 그대의 집에서 그들을 참살한 다음에는 다시 길을 떠나, 바다도 모르고 소금에 절인 음식도 먹지 않는 사람들이 사는 곳에 이를 때까지 계속 노를 저어 갈 것이오. 그들은 붉은 칠을 한 배도 모를 뿐 아니라 배의 날개 역할을 하는 노조차 모르는 사람들이오. 그때 한 행인이 그대의 빛나는 어깨에 까부르는 부채를 지녔다

오디세우스와 테이레시아스_ 알레산드로 알로리의 작품
테이레시아스가 오디세우스에게 예언을 들려주는 장면이다.

고 말하거든, 노를 즉시 땅에 꽂고 포세이돈에게 숫양과 황소 백 마리의 제물을 차려, 하늘을 다스리는 불사의 신들에게 각기 제사를 올리도록 하시오. 그러면 무사히 여생을 마칠 수 있고, 그대 종족들은 그대 주위에서 행복하게 살 것이오.'

이렇게 말하기에 나도 그 말에 대답했습니다.

'위대한 예언자 테이레시아스여, 이 모든 것이 신께서 제게 주시는 운명인가 봅니다. 그러나 이것만은 숨김없이 알려주소서. 조금 전에 저는 돌아가신 어머니의 영혼을 뵈었습니다. 어머니는 아무 말 없이 앉아 자식의 얼굴을 보려고도, 말을 걸려고도 하지 않으셨습니다. 어떻게 해야 다시 저를 알아보실 수 있는지 말씀해 주십시오.'

이렇게 말하자 그는 바로 나를 향해 대답했습니다.

'이 세상을 떠난 영혼이 피에 접근하도록 그대가 내버려 둔다면, 그대 어머니는 그대에게 진실을 말할 것이오. 하지만 피에 접근하지 못하게 막는다면, 그대 어머니는 그대를 알아보지 못할 것이오.'

이렇게 말하더니 그 예언자는 하데스 궁으로 돌아가 버렸습니다.

오디세우스 앞에 모여든 망령들_ 얀 스티카의 작품
양의 피를 마시러 모여든 망령들 속에 그의 어머니 안티클레이아도 끼어 있었다.

예언자의 말에 따라 나는 어머니의 영혼이 검은 피를 마실 때까지 그대로 그 자리에 굳게 버티고 서 있었지요. 그러자 어머니는 곧 나를 알아보고 슬피 울며 말했습니다.

'사랑하는 아들아, 살아 있는 네가 어떻게 이 죽음의 땅으로 왔단 말이냐? 너는 트로이아로부터 아직도 이타케에 가지 못하고, 집에 있는 아내도 만나 보지 못한 것이냐?'

이렇게 말했으므로 나도 그 말에 대답했습니다.

'어머님, 부득이한 일로 테바이 사람 테이레시아스의 영혼으로부터 충고를 듣기 위해 여기 왔답니다. 아직 풍랑과 싸우느라, 유명한 아가멤논왕을 따라 트로이아군과 싸우기 위해 원정 간 날부터 지금까지 그리운 고국에 발도 들여놓지 못했습니다. 어머님, 저에게 솔직히 말씀해 주십시오. 도대체 어떤 죽음의 운명이 어머님의 생명을 앗아갔습니까? 혹시 긴 병환 때문이었나요? 아니면 화살을 쏘아대는 아르테미스 여신께서 그 우아한 화살을 보내시어 죽게 하신 겁니까? 또 아버님과 아들과 아내에 대한 이야기도 들려주십시오.'

이렇게 말하자 어머님은 바로 대답하셨습니다.

'네 아내는 성에서 꿋꿋하게 버티고 있기는 하지만, 늘 눈물로 세월을 보내고 있단다. 그리고 너의 훌륭한 왕위는 아직 아무한테도 빼앗기지는 않았단다. 또한 텔레마코스는 가까스로 자신을 지탱하며 살고 있지만, 네 부친은 오직 네가 무사히 돌아오기만을 기다리며 들에서 살고 계신단다. 그리고 나는 아들을 기다리는 슬픔으로 말미암아 말라 죽은 것이란다.'

오디세우스와 안티클레이아_ 얀 스티카의 작품
오디세우스가 자신의 어머니 안티클레이아의 망령과 헤어지는 장면이다.

나는 돌아가신 어머니의 영혼을 세 번이나 껴안으려 했지만 번번이 실패하고 말았습니다. 그래서 나는 어머님을 향해 절망에 잠긴 목소리로 외쳤습니다.

'어머님, 어째서 이렇게 내가 열심히 잡으려는데 기다려 주시지 않습니까? 저승길에서나마 그리운 두 팔로 얼싸안고, 어머님과 함께 가슴이 찢어지는 슬픔을 나누어 보고 싶을 뿐인데 어찌 그리 가십니까. 그렇다면 이것은 거룩한 페르세포네 님이

나를 더욱더 비탄에 젖어들게 하려고 보내신 단순한 환상에 지나지 않는 것인가요?'

이렇게 말씀드리자 어머님은 이내 대답하셨습니다.

'오, 불쌍한 내 아들아! 이제 보니 네가 세상에서 가장 불행하구나! 제우스의 따님 페르세포네께서 방해하시는 게 아니라, 이곳에서는 인간과 왕래할 수 없단다. 생명이 육체를 떠나면 영혼은 꿈처럼 날아가 배회하는 것이란다. 자, 단단히 마음을 먹고 어서 이곳을 빠져나가거라. 그리고 내가 한 말을 명심하여 네 아내에게도 전해 주렴.'

이렇게 서로 말을 주고받는데, 지하 세계의 여왕 페르세포네가 보낸 여인들이 몰려들었습니다. 그들은 위대한 자들의 딸이나 아내였는데, 검은 피를 둘러싸고 모여들었습니다. 나는 어떻게 하면 그들에게 물어볼 수 있을까 궁리하다가, 가장 좋은 방법이 떠올랐습니다. 바로 긴 칼을 허리에서 뽑아 들고 모두 다 같이 피를 마시지 못하게 하는 것이었지요. 그래서 그들은 한 사람씩 차례차례로 와서는 내가 묻는 말에 각기 자기의 혈통을 밝혔지요.

맨 처음 나는 귀족의 자손인 티로를 보았습니다. 그녀의 이야기로는 거룩한 살모네우스의 딸이며, 아이올로스

티로_ 피에르 올리버 조셉 쿠먼스의 작품 엘리스의 왕 살모네우스와 알키디케 사이에 태어난 딸이다. 아버지 살모네우스는 아내 알키디케가 죽은 후에 시데라와 재혼을 하는데, 티로는 계모인 시데라에게 온갖 학대를 받는다. 티로는 강의 신 에니페우스를 짝사랑하지만, 포세이돈에 의해 쌍둥이 아들을 낳게 된다.

의 아들인 크레테우스의 아내였다고 합니다. 그녀는 거룩한 에니페우스강의 신을 사모했는데, 이 강은 모든 강들 중에서도 으뜸으로 아름다운 강이었기 때문이지요. 그래서 이 에니페우스의 아름다운 강기슭을 가끔 찾아가 목욕을 하였는데, 그녀의 아름다운 모습을 본 포세이돈은 강의 신 에니페우스의 모습으로 변신하여 그녀 곁에 나타났지요. 포세이돈은 그녀가 처녀로서의 띠를 풀었을 때 잠들게 하고는 사랑의 행위를 거침없이 달성했지요.

그리고 그녀가 정신을 차렸을 때, 포세이돈은 그녀의 손을 꼭 잡고

티로와 에니페우스로 변신한 포세이돈_ 야콥 드 게인 2세의 작품
티로는 포세이돈과의 관계로 펠리아스와 넬레우스를 낳는다.

이름을 불러 말하였지요.

'여인이여, 우리의 사랑을 기뻐하거라! 돌고 도는 세월로 1년이 가면 그대는 눈부신 아기를 낳게 되리라. 신인 나와의 인연이란 결코 헛된 것이 아니니까. 그대는 그 어린것을 보살펴라. 지금은 집에 돌아가 남에게 절대 말하지 말고, 이름도 밝히지 말도록 하라. 나야말로 큰 땅을 뒤흔드는 지진의 신 포세이돈이다.'

이렇게 말하고 신은 파도가 일렁이는 바다로 들어가 버렸습니다. 한편, 티로는 잉태한 다음 펠리아스와 넬레우스를 낳았는데, 둘 다 제왕의 싹처럼 자라났습니다. 펠리아스 쪽은 넓디넓은 고장 이올코스에 살며 많은 양을 가졌고, 넬레우스는 모래사장이 계속되는 필로스에서 살았습니다. 또 여성들 사이에서 여왕으로 군림한 티로는 크레테우스에게서 다른 아이들을 낳았는데 바로 아이손과 페레스, 그리고 마차를 몰기 좋아하는 아미타온이 그들입니다.

그다음에는 아소포스강의 신의 딸인 안티오페를 만났는데, 그녀의 아름다움에 반한 제우스가 사티로스로 변신하여 잠자는 그녀를 겁탈했고, 그녀는 암피온과 제토스 등 두 아들을 낳았다고 했습니다.

또한 나는 제우스와 관계하여 사자의 용맹함을 지닌 헤라클레스를 낳은, 암피트리온의 아내인 알크메네를 보았습니다. 헤라클레스는 오만한 크레온의 딸인 메가라를 아내로 맞아들였습니다. 그리고 오이디푸스의 어머니인 아름다운 이오카스테를 보았습니다.

이 여인은 아무것도 모르고서 자기 아들을 남편으로 맞아들여 관계를 갖는 어처구니없는 행동을 했답니다. 그 아들 오이디푸스는 자기 아버지를 살해하고 어머니와 결혼한 자로서, 신들은 얼마 안 가서 그

제우스와 안티오페_ 장 시몽 베르텔레미의 작품
들에서 잠든 안티오페의 아름다움에 반한 제우스가 목신인 사티로스로 변신하여 겁탈을 하려는 장
면으로. 안티오페는 제우스와 관계하여 제토스와 암피온을 낳는다.

사실을 사람들 사이에 널리 알려주었습니다. 그에게 가혹한 벌을 꾸몄
던 거지요. 그래서 그는 괴로운 회한으로 고통받으며 테바이 사람들을
다스려 나갔던 것이지요. 하지만 이오카스테는 높은 천장에다 목을 맨
뒤 모든 고통을 자식에게 남기고 떠난 셈이지요.

그리고 한때 미모가 빼어나, 넬레우스가 헤아릴 수 없는 예물을 주
고 결혼한 아름다운 클로리스를 보았습니다. 이 여인은 이아소스의 아
들인 암피온의 막내딸이었는데, 일찍이 넬레우스가 수많은 혼수품을
보냄으로써 뜻을 이루었지요. 그녀는 필로스의 왕비가 되어 영광스러
운 자식들, 네스토르와 크로미오스, 페리클리메노스, 그리고 모든 남

오이디푸스 신화_ 알렉상드르 카바넬의 작품

왕비 이오카스테와의 사이에서 자식이 없는 것을 고민하던 라이오스왕은 도움을 얻고자 신전을 찾아갔다. 그러나 사제는 만일 왕비가 아들을 낳는다면 그 아이가 장차 아버지의 몰락을 가져올 것이라는 불길한 신탁만을 전할 뿐이었다. 얼마 뒤 이오카스테는 임신을 하였고 아들을 낳았다. 걱정에 휩싸인 왕은 아들을 죽이기로 결심했다. 그는 아이의 발목을 가죽 끈으로 묶어 못질을 하고는 양치기들의 우두머리를 시켜 산에 갖다 버리라고 명령했다. 그러나 마음 약한 양치기는 갓난아기를 죽이지 못하고 코린토스에서 온 다른 양치기들에게 넘겨주었다. 코린토스의 양치기들은 아이를 자신들의 왕인 폴리보스에게 데려갔고, 그는 아이를 양자로 삼기로 결심하였다. 발견 당시 아이의 발이 상처로 인해 너무나 부풀어 올라 있었기 때문에, 폴리보스와 그의 아내 메로페는 아이에게 고대 그리스어로 '퉁퉁 부은 발'이라는 뜻의 오이디푸스라는 이름을 붙여 주었다고 한다. 코린토스의 왕자로 성장한 오이디푸스는 델포이 신전을 찾아갔다가, 자신이 아버지를 죽이고 어머니와 결혼할 것이라는 신탁을 듣게 되었다. 폴리보스를 자신의 친아버지로 알고 있던 오이디푸스는 가혹한 운명을 피하고자 코린토스를 떠났다. 그러던 어느 날 테바이로 가는 좁은 길목에서 그는 라이오스 일행과 마주쳤고, 누가 먼저 지나갈 것인가를 두고 시비가 붙었다. 오이디푸스는 라이오스 왕의 시종 하나가 자신의 말을 죽이는 것을 보고 분노해 그들 모두를 죽이고 말았다. 이후 테바이의 왕위에 오른 오이디푸스는 과부가 된 이오카스테 왕비를 어머니인 줄도 모르고 아내로 삼아 자식들까지 낳았다. 그러자 테바이에는 원인 모를 전염병이 돌기 시작했다. 오이디푸스는 걱정스러운 마음에 신전을 찾았고, 라이오스왕의 죽음에 관한 진실을 밝혀야만 역병이 그칠 것이라는 신탁을 전해 들었다. 그는 사건을 파헤치던 중 자신이 저지른 일을 알게 되었다. 충격과 고통 속에서 오이디푸스는 스스로 두 눈을 뽑았고, 왕비도 자살했다.

성들이 구혼할 정도로 경
탄할 미모를 지닌 페로를
낳았습니다.

그다음 나는 틴다레오
스에게 굳세고 용감한 두
아들을 낳아준 레다를 보
았습니다. 두 아들인 군
마의 명수 카스토르와 권
투 선수 폴리데우케스는
기름진 땅을 장악하고 있
었습니다. 지하에서까지

레다와 백조_ 미켈란젤로의 작품
레다는 스파르타 왕 틴다레오스의 아내이다. 백조로 변신한 제우스
에게 유혹되어 임신한 뒤 낳은 알에서 미녀 헬레네와 디오스쿠로이
형제가 태어났다. 헬레네는 트로이아 전쟁을 부른 장본인이 되었다.

도 그들은 제우스의 은총을 받고 있었습니다. 하루는 죽고 하루는 사
는 식으로 말입니다. 그들은 신과 동등한 영예를 분배받은 것입니다.

또 나는 알로에우스의 아내인 이피메데이아를 보았습니다. 그녀는
포세이돈과의 사이에서 신과 같은 오토스와 유명한 에피알테스를 낳
았지만 둘 다 단명했지요. 그들은 일찍이 가장 키가 큰 오리온 다음으
로 키가 크고 잘생겼다고 합니다.

그 뒤로 파이드라와 프로크리스, 마술사 미노스의 딸인 미모의 아리
아드네를 보았습니다. 이 여인은 예전에 테세우스가 크레타섬에서 존
엄한 아테네 마을의 언덕으로 데려오려 했으나 뜻을 이루지 못했었지
요. 그러기 전에 아르테미스 여신이 바다로 둘러싸인 낙소스섬에서 디
오니소스 입회하에 죽여 버렸습니다.

그리고 마이라와 클리메네, 사랑하는 남편의 생명을 황금과 바꾼 가

증스러운 에리필레를 보았습니다. 이처럼 많은 사람들을 일일이 열거하자면, 밤을 새워도 다 모자랄 것입니다. 이젠 동료들을 찾아가야 할 시간이 됐습니다. 나의 호송은 오로지 당신과 신들에게 달려 있습니다."

마침내 오디세우스가 장황한 말을 마치자 홀 전체가 마술에 걸린 것처럼 잠잠하였다. 그런 가운데 알키노오스왕의 아내인 흰 팔의 아레테 왕비가 입을 열었다.

"파이아키아 시민들이여, 당신들은 이분을 어떻게 보십니까? 생김 생김이며 훤칠한 키, 또 가슴속에 간직한 지혜를. 이분은 또한 나를 찾

에리필레_ 요한 하인리히 퓌슬리의 작품
테바이의 예언자 암피아라오스의 아내이다. 적장인 폴리네이케스가 그녀에게 하르모니아의 목걸이를 주면서, 남편인 암피아라오스를 전쟁에 참여하라고 꼬드긴다. 그리고 암피아라오스는 전사하고 만다. 10년이 지난 뒤, 폴리네이케스의 아들 테르산드로스는 다시 테바이를 공격하고자 하였다. 그는 알크마이온을 끌어들이기 위해서, 아버지와 똑같은 방법으로 에리필레에게 하르모니아의 결혼 예복을 주고 매수하였다. 에리필레가 전쟁에 나가라고 권하자, 알크마이온은 델포이에 가서 신탁을 청했다 그 응답은 아버지의 적을 물리치고 어머니를 벌하라는 것이었다. 결국 에리필레는 아들의 손에 죽었다.

아오신 손님이지만 영광은 그대들에게 돌아갈 터이므로, 우리 이분에게 아낌없이 선물을 합시다. 신의 은총으로 그대들의 집에는 많은 보물이 있으니까요."

그러자 그들 중 가장 나이가 많은 에케네오스 공이 말했다.

"동지들이여, 참으로 왕비님의 말씀이 지당하신 것 같습니다. 우리 모두 그렇게 하십시다. 알키노오스께서도 반드시 그렇게 생각하리라 믿소."

그 말에 이번에는 알키노오스가 소리 높여 말했다.

"과연 그렇군. 지금 한 그 말은 진정 옳소. 자, 그러면 손님을 보낼 준비를 합시다."

그 말에 지혜 많은 오디세우스가 대답하였다.

"알키노오스왕이시여, 모든 사람 중에서도 특별히 뛰어나신 이여, 만일 훌륭한 선물들을 마련하고 호송할 준비를 하는 데 시간이 필요하시다면 어찌 1년인들 못 기다리겠습니까? 나로서는 선물을 잔뜩 가지고 금의환향하는 것이 훨씬 낫겠지요. 아마 사람들은 그러한 나를 보고 모두 경의를 표할 것입니다."

그 말에 이번에는 알키노오스가 소리 높여 말했다.

"아니, 오디세우스여! 우리가 당신을 볼 때, 적당하게 수다를 떨어 남을 속이려는 사기꾼이라고 결코 생각하지 않소. 사실 이 검고 큰 땅은 누구도 그 출처를 알 수 없는 거짓말을 엮어대는 그런 인간들을 숱하게 많이 기르고 있지요. 그러나 그대는 모든 아르고스 사람들의 풍파와 그대 자신의 비극을 마치 음유시인이 노래하듯이 하였소이다. 자, 그럼 아직 잘 시간이 아니니, 내게 그 놀랄 만한 업적들을 이야기해 주시오.

이런 이야기라면 밤이 새더라도 내 거리낄 것이 없겠소이다. 그대는 그대와 함께 트로이아로 가서 최후를 마친 동료들을 보았소?"

지혜가 뛰어난 오디세우스가 말했다.

"고귀하신 왕이시여, 이야기를 할 시간과 잠을 잘 시간은 따로 있는 법입니다. 그러나 그렇게도 듣고 싶으시다면, 동료들의 고난과 그 후에 일어난 비극들을 말씀드리겠습니다. 그들은 무서운 트로이아 전쟁에서는 벗어났으나, 한 간사한 여인의 간계로 인해 죽었습니다.

그 후 신성한 페르세포네 여왕이 여인들의 영혼을 흩어지게 하자, 아트레우스의 아들 아가멤논의 영혼이 고뇌에 찬 모습으로 찾아왔습

명계의 상상도_ 얀 브뤼헐의 작품
명계는 죽은 자들이 가는 저승으로, 그리스 신화에서는 땅속 깊은 곳에 있다고 한다.

니다. 그 주위에 모인 다른 영혼들은 그와 함께 아이기스토스 저택에서 죽임을 당한 사람들이었습니다. 그리고 아가멤논은 곧바로 나를 알아보고는 큰 소리로 울면서 눈물을 하염없이 흘렸습니다. 그리고 손을 내밀려고 몹시 애를 쓰며 내 팔에 의지하려고 했지요. 그러나 이미 그는 몸의 힘이 없어졌으며, 네 팔다리의 관절에 남아 있던 기력도 아주 잃고 말았습니다. 나는 그 모양을 보자 눈물이 앞을 가리고 마음에 측은함을 느꼈습니다. 그래서 그를 향해 높은 소리로 말을 걸었습니다.

'참으로 명예로운 아트레우스의 아들이자 그리스 연합군의 총사령관인 아가멤논이시여, 어떻게 이곳에서 만날 수 있답니까? 포세이돈이 무서운 역풍을 몰아 당신 배를 파선시켰습니까? 아니면 육지에서 괴한에게 당하셨습니까? 그것도 아니면 도시와 여인을 정복하고자 싸우다 쓰러지셨습니까?'

내가 이렇게 말하자 그가 곧 대답했습니다.

'오, 지략이 뛰어난 오디세우스여, 포세이돈이 나를 죽인 것도 아니고, 육지에서 괴한이 나를 죽인 것도 아니요. 아이기스토스가 저주받은 내 아내와 음모하여 나를 이 지경으로 만들어 놓았소. 나를 자기 집에 불러 연회를 베풀고 소를 베듯이 나를 잡은 것이오. 이처럼 내 동료들도 마치 송곳니 번쩍이는 돼지가 살해되듯이 참살되었단 말이오. 아마 이보다 더 끔찍한 광경은 눈 뜨고 보지 못했을 것이오. 진수성찬을 차려놓은 식탁 주위가 우리의 피로 얼마나 낭자했는지! 그중에서도 가장 처참한 것은 간악한 내 아내인 클리타임네스트라가 바로 내 옆에 있던 트로이아의 공주 카산드라를 죽였을 때요. 나는 그녀의 비명을 듣고 그 칼을 잡으려고 팔을 들려 했으나, 그냥 팔이 땅에 떨어지는 거였소.

그러나 그 무도한 여인은 등을 돌려 외면한 채 죽어가는 내 눈을 감겨주려고도, 입을 다물게 해주려고도 하지 않았소. 그 여자는 그런 못된 짓을, 바로 자기 남편을 살해할 모략을 꾸미고 있었던 것이오. 정말이지 나로서는 집에 돌아가면 아이들과 온 가족이 모여서 나를 기쁘게 맞아줄 줄 알았소. 그런데 그녀는 난데없이 못된 생각을 가지고, 자신에게나 또 후세에 태어날 상냥한 여성들에게 치욕을 남겼던 것이오.'

이렇게 말했으므로 나도 답을 했습니다.

'오, 슬프구나. 애당초 발단부터 그녀들 때문이었소. 헬레네와 클리타임네스트라는 친자매 사이로, 헬레네 때문에 우리의 숱한 군사들이 죽었습니다. 그런데 이번에는 클리타임네스트라가 멀리 계신 당신에게 간사한 꾀를 꾸몄던 것이군요.'

내가 이렇게 말하자 그도 나에게 대답하였습니다.

'그러니 이후로 당신도 결코 여성에게 친절해서는 안 돼요. 그리고 충분히 알고 있는 일이라도 모두 털어놓아서는 안 된단 말이오. 다시

◀ 카산드라를 죽이는 클리타임네스트라
트로이아의 마지막 왕 프리아모스와 헤카베의 딸이었던 카산드라는 아폴론이 구애하자, 사랑을 받아들이는 조건으로 예언 능력을 달라고 한다. 그러나 카산드라가 예언 능력만 받고서 약속을 지키지 않자 성난 아폴론은 아무도 그녀의 예언을 믿지 않는 형벌을 내린다. 결국 트로이아 전쟁에서 패한 후 그녀는 아가멤논의 전리품이 되고 결국 아가멤논의 부인인 클리타임네스트라에게 무참한 최후를 맞는다.

클리타임네스트라의 죽음_ 샤를 오귀스트 반 덴 베르게의 작품
오레스테스는 아버지 아가멤논을 살해한 클리타임네스트라에게 복수를 한다.

말해 어느 정도는 말하더라도 중요한 것은 숨겨야 한다는 거외다. 하지만 오디세우스여, 당신은 아내 때문에 죽음에 이르는 일은 없을 것이오. 그녀는 비록 헬레네와 클리타임네스트라와 사촌지간이지만, 매우 현명하고 충분한 분별을 가슴에 가졌으니까요. 이카리오스의 딸로서 생각이 깊은 페넬로페이잖소. 우리가 트로이아로 원정을 떠났을 무렵 그녀는 아직 참으로 앳된 새색시였지. 게다가 어린 젖먹이가 하나 가슴에 매달려 있었는데, 그도 이제는 어엿한 어른이 되었을 거요. 그대는 머지않아 훌륭하게 자란 아들과 포옹할 것이오. 그런데 내 아내는 아들을 보여주기는커녕 도리어 앞질러 나를 죽여 없애 버렸지요. 그런데 말이오, 당신에게 충고를 하나 하겠는데, 고향에 닿게 되면 공공연히 항구로 들어가지 마시오. 몰래 숨어들란 말이오. 여자란 결코 믿을 게 못 되니까. 그러면 내 아들 문제로 되돌아가서 이 점을 좀 더 똑똑히 말해 주구려. 혹시 내 아들 오레스테스가 아직도 살아 있다는 소문을 들은 적이 있는지, 혹은 어딘가 오르코메노스나 모래사장이 잇따라 있는 필로스, 아니면 널찍한 스파르타의 메넬라오스한테 가 있는지 말이오.'

그가 이렇게 말했으므로 나도 그 말에 대답하였습니다.

'아가멤논 대왕이시여, 왜 나에게 그런 일을 캐물으려 합니까? 나는 아무것도 모르고 있습니다.'

이렇게 슬픈 이야기가 오고 가는 동안에 펠레우스의 아들인 아킬레우스의 영혼과 파트로클로스의 영혼, 명예로운 안틸로코스의 영혼이 왔습니다. 발이 빠른 아킬레우스는 나를 알아보고 한탄을 하였습니다.

'지략이 뛰어난 오디세우스여, 그대는 어찌하여 감각도 없는 영혼의 세계인 이곳 하데스 궁에 오셨소?'

아킬레우스의 말에 나도 대답했지요.

'여신의 아들이자 아카이아인들 중에서 가장 용맹하신 아킬레우스여, 나는 이곳에 테이레시아스 예언자로부터 신탁을 듣기 위해 왔습니다. 험준한 이타케섬으로 가자면 어떻게 가야 좋을지 말입니다. 아킬레우스여, 아마 그대보다

아킬레우스 조각상 ▶

행복한 자는 없을 것이오. 그대가 살아 있을 때부터 우리는 그대를 신과 같이 존경해 왔소. 그리고 지금은 저승에서 고인들의 위대한 왕이 되셨으니, 죽음을 슬퍼할 이유가 뭐 있겠소?'

내가 이렇게 말하자 그는 바로 대답을 했습니다.

'오디세우스여, 내가 죽었다고 위안의 말을 하지 마시오. 인간 세계를 떠나온 고인들의 왕이 되기보다는 차라리 거지가 될지언정 인간세상에서 살고 싶소이다. 자, 이제 그런 말은 하지 말고, 내 귀한 아들과 아버님이신 고귀한 펠레우스의 소식을 들려주오. 그리고 아직도 미르미돈 사람들의 존경을 받고 계시는지 궁금하다오. 나는 한때 트로이아 최강의 적장인 헥토르를 베어 그리스군을 구한 적이 있었소. 아! 그때처럼 단 한 시간만이라도 아버님의 집으로 돌아갈 수만 있다면, 아버님을 경멸하는 무리들을 혼내 줄 수 있을 텐데.'

아킬레우스의 말에 나는 대답했습니다.

'고귀하신 펠레우스 님에 대해서는 아무 소식을 듣지 못했습니다. 그러나 사랑하는 아들인 친애하는 네오프톨레모스에 대해서는 사실대로 말씀드리지요. 스키로스에서 그를 배에 태워 단단히 무장한 아카이아

납치당하는 폴릭세네
네오프톨레모스가 자신의 아버지 아킬레우스를 죽음에 이르게 한 트로이아의 공주 폴릭세네를 납치하는 장면을 묘사한 조각상으로, 이탈리아 피렌체 시뇨리아 광장 베키오 궁전 외곽에 설치되어 있다.

사람들에게 데려온 적이 있습니다. 우리가 트로이아 도성에 대해 회의를 할 때에는 언제나 먼저 의견을 말했고, 더구나 그가 한 말은 틀림없었지요. 다만 신과 같은 네스토르와 나만이 그를 능가할 수 있을 정도였으니까요. 한편, 트로이아 벌판에서 벌어진 전장에서 그의 용기는 누구에게도 뒤지지 않았고 언제나 앞장서서 으뜸을 보여주었지요. 그리고 많은 적군을 무찔렀는데, 그중에서도 가장 출중했던 자를 당신의 아들이 처치했단 말이오. 또한 그는 아가멤논 다음으로 외모가 빼어났지요. 그리고 우리 그리스군의 정예 투사들이 에페이오스가

프리아모스왕을 죽이는 네오프톨레모스_ 질 조제프 르페브르의 작품
아킬레우스의 아들 네오프톨레모스는 아버지처럼 용맹하여, 트로이아의 프리아모스왕을 죽이기에 이른다.

만든 목마에 들어갔을 때 다른 장수들과 고관들은 모두 눈물을 닦아내고 사시나무 떨듯 떨었지만, 아드님만은 얼굴빛 하나 변하지 않고 눈물조차 흘리지 않았습니다. 그뿐만 아니라 그는 나에게 계속 목마에서 나가게 해 달라고 간청했지요. 그러면 날카로운 칼과 무거운 청동 창을 휘둘러 트로이아군을 전멸케 하겠노라고. 마침내 그는 우리가 그 견고한 도성을 점령했을 때 전리품을 한몫 챙긴 뒤 아무런 상처도 없이 출범했지요. 상처 하나 없는 몸으로 말입니다.'

자기 아들에 대한 나의 찬사에 아킬레우스는 몹시 기뻐하며, 초원을 활보하여 사라져 갔습니다. 그러는 동안에 이승에서 떠났던 다른 영혼들이 근심스러운 듯 모여 서서는 제각기 자기들의 가족에 대한 소식을 물었습니다. 다만 텔라몬의 아들 아이아스의 영혼만이 아킬레우스의 갑주를 놓고 벌였던 승부 때문인지 저 멀리 떨어져 있었습니다.

그 승부란 아킬레우스가 죽자 그의 갑주를 누구에게 주느냐를 둘러싸고 배 안에서 실랑이가 벌어졌을 때, 내가 그를 이겼던 사건이었습니다. 그 갑주를 상품으로 내놓은 것은 아킬레우스의 어머니 테티스 여신이었고, 판정을 내린 건 트로이아의 처녀들과 아테나 여신이었

도자기에 새겨진 아킬레우스와 아이아스

지요. 그런데 이 승부에서 내가 이기지 않았더라면 좋았을 것을 하고 후회했지만 이미 늦은 후랍니다. 왜냐하면 그 갑주로 인해 아이아스는 모욕을 느

자결하는 아이아스

아이아스는 트로이아 전쟁에서 아킬레우스 다음가는 용사로 인정을 받았으나, 아킬레우스가 죽은 후 그의 유품인 무구(武具)를 둘러싸고 오디세우스와 겨루었다가 패하였다. 그는 분한 나머지 머리가 돌아 양 떼를 그리스군으로 착각하여 모두 베어 죽인 뒤, 제정신이 들자 전리품인 헥토르의 칼로 자살하였다.

껴는지 그만 자살하고 말았으니까요. 그는 용모로나 용맹으로나 이름 높은 펠레우스의 아들을 빼놓고는 다른 어떤 장수들보다 뛰어났던 무사였으니 이해 못 할 일도 아닙니다. 그래서 내가 먼저 그에게 말했습니다.

'유명한 텔라몬의 아들 아이아스여, 아직도 그 저주받은 갑주 때문에 일어난 분노를 버리지 못했습니까? 신들께서 그것을 주었기 때문에 그리스군에게 얼마나 큰 화가 미쳤던가요. 우리 모두는 그대의 죽음을 놓고 슬픔을 누르지 못하고 있습니다. 아킬레우스의 생명과 똑같이 그대를 아까워하였지요. 그것은 제우스 신 말고는 누구를 탓하겠습니까? 신께서는 아카이아 용사를 이상하게도 미워하여 그대의 운

명까지도 망쳐 놓았소이다. 그러니 노여움은 이제 풀고, 이리 가까이 와서 내 말 좀 들으시오.'

그러나 그는 대답도 없이, 죽어 사라진 다른 영혼들을 따라 에레보스로 가버렸습니다. 그가 좀 더 머물러 있었더라면, 어쨌든 내가 먼저 말을 걸었을지도 모릅니다. 그보다도 내 가슴에는 이 세상을 떠난 영혼들을 만나고 싶은 생각이 간절했습니다. 그런데 마침 그때 미노스의 모습을 보았던 것이지요. 그는 제우스의 훌륭한 아들로서, 황금 왕홀을 손에 들고 앉아 영혼들을 심판하고 있었습니다.

다음으로 나는 거대한 오리온이 아름다운 산에서 야생동물들을 수선화가 핀 꽃밭으로 데리고 가는 것을 보았습니다. 그의 손에는 결코 부러뜨릴 수 없는 청동으로 만든 곤봉이 들려 있었지요. 그다음으로 태초의 여신 가이아의 유명한 아들 티티오스를 만났습니다. 몸집이

거인 오리온_ 니콜라 푸생의 작품
포세이돈과 에우리알레의 아들로서 바닷속을 걸을 수 있는 힘이 있었는데, 키가 엄청나게 큰 탓에 바다에 들어가도 바닷물이 어깨밖에 닿지 않았다고 한다.

9에이커나 되는 그는 편평한 땅에 누워 있었습니다. 그런데 두 마리의 독수리가 양편에서 주둥이를 그의 몸속에다 넣고 간을 쪼아 먹고 있었는데도 그는 새를 쫓지 못했습니다. 제우스의 총애를 받는 부인 레토가 피토로 갈 때 그녀를 납치하려 했던 벌을 받고 있었기 때문입니다. 그리고 탄탈로스가 호수에서 무서운 시련을 당하는 것을 목격했습니다. 그의 턱밑까지 물이 차 있었으나 물을 마시지 못하고 있었습니다. 왜냐하면 물을 마시려고 머리를 숙이면 물이 말끔히 없어져, 발밑에 시커먼 땅만이 보이는 것이었습니다.

그다음 나는 양 어깨로 큰 바위를 짊어지고 언덕을 올라가는 시시포스를 보았습니다. 바위를 산꼭대기 위로 밀어 올리려고 안간힘을 쓰는 그의 노력이 절정에 이르렀을 때, 다시 바위는 산 아래로 굴러 떨어졌지요. 그리고 나는 거대한 헤라클레스를 보았습니다. 그는 영생의 신들과 더불어 즐기는가 하면, 제우스와 헤라 사이에서 태어난 청춘의 여신 헤베를 아내로 맞았습니다. 그에게 목숨을 잃은 여러 영혼들이 그를 에워싸고 불평을 늘어놓는 것이 마치 까마귀 떼 소리처럼 일었습니다. 헤라클레스는 활을 꺼내 금방이라도 쏠 것처럼 두리번거렸습니다. 가슴을 둘러싸고 있는 훌륭한 장식의 문장에는 곰이며 멧돼지, 눈이 번쩍이는 사자 등 여러 마리의 동물들과 전쟁과 살육에 대한 장식들이 새겨져 있었습니다. 헤라클레스는 나를 알아보고는 다음과 같은 말을 했습니다.

'제우스의 후손인 지혜로운 오디세우스여, 자네도 나처럼 액운의 운명에 끌려 다니는 모양이구려. 내가 태양빛 밑에서 늘 짊어지고 있던 그런 운명 말일세. 나는 크로노스의 아들인 제우스의 아들이었지만,

티티오스_ 티치아노의 작품

티티오스는 헤라의 꼬임에 넘어가 델포이로 가는 레토를 겁탈하려 하다가, 레토가 낳은 남매 아폴론과 아르테미스에게 살해당하였다. 일설에는 이때 제우스도 티티오스를 응징하기 위하여 벼락을 내리쳤다고 한다. 티티오스에 대한 처벌은 죽은 뒤에도 계속되었다. 호메로스의 《오디세이아》에 따르면, 저승을 방문한 오디세우스가 만난 여러 망령 가운데 티티오스도 등장한다. 호메로스는 티티오스를 가이아의 아들이라고 하였으며, 9에이커의 땅을 덮는 커다란 몸집의 거인으로 묘사하였다. 티티오스는 프로메테우스처럼 두 손이 묶인 채 두 마리의 독수리에게 끊임없이 간을 쪼여 먹히는 형벌을 당하였다고 한다.

헤라클레스_ 프란시스코 데 수르바란의 작품
헤라클레스가 명계의 수문장이자 머리 셋 달린 케르베로스를 제압하는 장면이다.

끝없는 고난을 겪어왔다네. 왜냐하면 나보다 천한 인간에게 굴복당하고 있었으니 말일세. 더구나 그놈이 나한테 12가지 고역인 까다로운 일을 수없이 명령했거든. 그리하여 언젠가 그놈이 나를 저승으로 보내면서 머리 셋 달린 개를 데려오라고 그랬지. 왜냐하면 그보다도 어려운 일은 또 없다고 생각했던 거야. 그 개는 저승 문턱을 지키는 개로 내가 그곳에서 끌고 바깥 세계로 데려갔는데, 헤르메스와 빛나는 눈의 아테나 여신이 나를 따라와 주셨던 걸세.'

이렇게 말을 마치자 그는 다시 저승 깊숙한 곳으로 들어가 버렸지

고르곤 세 자매 중 메두사의 머리_ 루벤스의 작품
그리스 신화에 등장하는 흉측한 모습의 세 자매로 머리카락은 뱀이며, 멧돼지의 어금니를 지녔다.
눈을 마주치면 누구든 온몸이 굳어져 돌로 변하게 하는 능력을 지녔다고 전해진다.

만, 나는 그 자리에 그대로 꼼짝 않고 서 있었습니다. 혹시라도 테세우
스나 페이리토오스, 그리고 신들의 아들들을 만나보고 싶었기 때문입
니다. 하지만 갑자기 수만의 영혼들이 떼를 지어 끔찍한 소리를 지르
며 몰려드는 것 같았습니다. 혹여 페르세포네가 그 무서운 괴물 고르
곤의 머리라도 보낸다면 하는 섬뜩한 생각에 나는 쏜살같이 배로 달려
올 수밖에 없었습니다. 그리고 나를 눈 빠지게 기다리고 있던 동료들
을 재촉하여 닻줄을 감고, 순풍이 부는 대로 그곳을 빠져나왔습니다.

그리스 신화의 '명계'

명계라 함은 일반적으로 영혼이 이제 막 떠나 머무르는 장소, 곧 죽음의 영역인 내세를 가리키며 대부분의 종교와 신화에서 나타나는 개념이다. 세계 표면의 아래 또는 깊은 지하 영역으로 간주된다.

그리스 신화에서는 하데스, 카론, 탄탈로스, 시시포스의 신화 등과 연관되어 명계가 화제로 등장하는데, 명부를 관장하는 신은 하데스이다. 그리스 신화의 명계는 깊은 땅속 세계를 뜻하는데, 이를 '타르타로스'라고도 한다. 지상에서 타르타로스까지의 깊이는 하늘과 땅 간의 거리와 맞먹는다고 한다(구체적으로는 위에서 아래로 놋쇠 철침나무를 9일 밤낮 동안 계속 떨어뜨려 10일째에 아래에 도착하는 거리). 제우스의 노여움을 산 티탄족, 탄탈로스, 시시포스, 익시온 등과 같이 신을 모독하거나 반역한 인간들도 이곳에 떨어졌다고 한다.

안개가 자욱해 신들조차 기피하는 공간으로 묘사된다. 포세이돈이 청동의 문을 만들었고 그 주위는 청동의 벽으로 덮여 있기 때문에, 누구도 도망갈 수 없다. 만일 인간이 이 문 안에 들어왔다면, 일 년을 걸려도 바닥에 도착할 수 없다. 오히려 신들조차 두려워할 정도의 뜨거운 폭풍에 날려져 버린다.

명계와 지상의 경계에는 스틱스강이 흐른다. 스틱스는 명계를 아홉 번 휘감는데, 플레기아스가 이 강을 지키면서 망자를 강의 이편으로 보내주는 역할을 하고 있다. 그리스의 신들은 맹세를 할 때 스틱스강에 대고 맹세를 하고, 제우스라 하더라도 이 맹세를 거역해서는 안 된다. 그것은 산 자와 죽은 자의 경계를 가진 강인 만큼 큰 의미를 부여하고 있기 때문인 것으로 추측된다.

타르타로스로 추락하는 티탄_ 코르넬리스 반 하를렘의 작품

제 8 부

오디세우스의 분투

세이렌과 스킬라

우리는 오케아노스강을 지나 대양을 항해하여, 키르케가 살고 있는 아이아이아섬에 도착하였습니다. 우리는 힘을 내어 배를 바닷가로 끌어올린 후, 모두 모래 언덕 위로 올라가 새벽의 여신이 날을 밝힐 때까지 눈을 붙였습니다. 이윽고 동이 트자 나는 동료들을 키르케의 집으로 보내 엘페노르의 시신을 가져오도록 하여, 쓰라린 가슴으로 그의 장례를 치렀지요. 시신이 불타고 그의 무구도 다 타버렸을 즈음, 무덤을 올려 쌓고 봉분 위에 노를 끌어다가 세웠습니다.

일을 마치자 키르케가 곧장 채비를 하고 찾아왔던 것이지요. 여신은 시녀들을 시켜 양식과 많은 고기, 새빨갛게 반짝이는 포도주를 날라 왔더군요.

'당신들은 지독한 사람들이군요. 산목숨을 가지고 하데스의 궁전으로 내려가다니! 다른 사람들이 한 번 보는 죽음을 그대들은 두 번 보는구려. 자, 이리 와서 해가 질 때까지 술이나 드세요. 해가 뜨면 다시

오디세우스와 키르케_ 바르톨로메우스 슈프랑거의 작품

떠나야 할 테니. 내 그대들이 어떠한 난관에 부닥치더라도 피해 없이 갈 수 있도록 길을 알려드리지요.'

이렇게 말하여 또다시 우리 마음을 설득하였던 것이었습니다. 그리하여 우리는 해가 질 때까지 온종일 그곳에 앉아 못 다 먹을 만큼 많은 고기와 달콤한 포도주로 향연을 계속했습니다. 그러나 해가 지고 어둠이 몰려오자 동료들은 술에 취한 채 모두 배의 닻줄 옆에 누워서 잠이 들었습니다. 키르케는 이때를 기다렸던 것처럼 내 손을 잡아끌더니, 멀찌감치 떨어진 모래 구덩이에 준비해 둔 자리를 깔고 누웠지요. 나 또한 저승의 영혼들과의 끔찍했던 기억을 지우고자 향긋한 여신의 몸을 탐닉했습니다.

한바탕 폭풍우와 같은 정사가 펼쳐지고 나서 키르케는 이렇게 말했습니다.

'이제부터 내가 하는 말을 당신도 똑똑히 들어주세요. 만약에 잊어버린다면 신께서 당신한테 생각나게 해주시겠지요. 우선 첫째로 당신은 세이렌을 만나게 될 것이에요. 그 님페들은 모든 사람들을 마술로 속여 넘긴답니다. 그 누구든 자기들에게 접근해 온 사람들을 말입니다. 그래서 어느 사람이든 영문도 모르고 가까이 가서 세이렌의 소리를 듣기만 하면, 이미 그 사람은 고향에 돌아가 자기 아내와 어린 자식들을 볼 수가 없지요. 왜냐하면 세이렌들이 부르는 노랫소리 때문에 넋이 나가 버렸으니까요. 풀밭에 앉아 있는 그들 둘레에는 썩어가는 사람들의 뼈가 가득 찼는데, 그 꼴이 되고 말 거예요. 그러니 그 옆을 빠져서 나가야 합니다. 동료들 귀에는 꿀처럼 달콤한 밀랍을 연하게 이겨 발라야 합니다. 당신 이외에는 누구도 그 노래를 듣지 못하게

세이렌_ 존 윌리엄 워터하우스의 작품
세이렌은 매우 아름답지만 치명적인 마력을 가진 님페이다.

해두어야 합니다. 그러나 당신이 듣고 싶다면 들어도 좋아요. 다만 그 경우에는 모든 사람들에게 명령하여, 돛대 기둥에 당신의 몸을 밧줄로 결박하여야 합니다. 혹시 당신이 동료에게 밧줄을 풀어달라고 애원한다면 그럴수록 더욱 죄어달라고 미리 이야기하세요.

그리고 그곳을 통과하면 두 길이 나올 거예요. 한쪽 길은 툭 튀어나온 암초들이 있는데, 영광의 신들은 이곳을 떠도는 바위들이라고 부르지요. 그곳은 날짐승도 빠져나갈 수 없어요. 암브로시아를 제우스께 운반해 가는 비둘기조차 빠져나갈 수 없어요. 이 무서운 암초가 통행세로 그들 중에서 한 마리씩을 잡아가므로 제우스도 한 마리씩 더 보내고 있는 실정이랍니다.

따라서 인간의 배가 이곳을 통과하려면 무서운 파도에 휘말릴 것이에요. 지금까지 통과한 배는 오로지 이아손 원정대의 아르고 한 척뿐이었어요. 그것도 이아손을 사랑하는 헤라가 보내 주지 않았더라면 불가능했을 거예요.

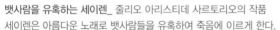

뱃사람을 유혹하는 세이렌_ 줄리오 아리스티데 사르토리오의 작품
세이렌은 아름다운 노래로 뱃사람들을 유혹하여 죽음에 이르게 한다.

이아손 원정대_ 로렌조 코스타의 작품

이아손은 아버지 아이손이 빼앗겼던 왕권을 되찾기 위해, 이올코스의 왕 펠리아스의 요구에 따라 아르고호 원정대를 결성하였다. 그리하여 카립디스를 무사히 건너, 잠들지 않는 용이 지키는 콜키스의 황금 양털을 가져왔다.

 다른 바닷길에는 암초가 두 개 있는데, 그중 하나는 뾰족한 끝이 하늘로 치솟아 검은 구름이 걷히는 날이 하루도 없답니다. 바위도 깎아 놓은 것처럼 반들반들하고 뾰족하기 때문에, 설사 팔다리가 스무 개라 해도 기어오르거나 내려갈 수가 없습니다. 그리고 절벽 중간에 에레보스로 향하는 어두운 동굴이 있는데, 이곳이 바로 당신이 배를 몰고 갈 곳이에요. 이곳에는 스킬라가 무서운 고함을 지르며 살고 있는데, 그 소리는 마치 갓 낳은 새끼 이리가 짖어대는 것 같지요. 간사하고 악독한 괴물이기 때문에 그 모습을 보고 좋아할 사람은 하나도 없어요. 신께서 만나보더라도 말입니다. 그 괴물은 보기에도 흉한 모습의 12개의 다리를 가지고 있고, 게다가 뱀처럼 길게 솟아난 6개의 목에는 개의 형상을 한 무서운 머리가 붙어 있습니다. 또한 이빨이 세 줄로 빈틈없이 나 있고, 그것이 검은 죽음의 빛을 내고 있지요. 이 괴물은 몸 아래 부분을 굴 속에 숨긴 채 목만 그 무서운 동굴에서 빼내고 바위 주변을 헤매면서 먹이를 찾습니다. 물표범이나 물개 또는 보다 더 큰 먹이가 없나 하고 찾고 있습니다. 크게 울부짖는, 포세이돈의 아내 암피트리테가 이런 바다짐승을 수없이 키우고 있으니까요. 그래서 그쪽으로는 뱃사람들이 배를 타고서 무사히 빠져나간 일이라고

암피트리테_ 위그 타라발의 작품
'바다의 정령'으로, 바다의 주관자인 포세이돈의 아내이다.

는 한 번도 없으며, 그럴 자신감을 가진 이도 없답니다. 말하자면 스킬라가 검푸른 뱃머리를 가진 배에서 닥치는 대로 뱃사람의 머리를 낚아채기 때문이지요.

다른 한쪽에 있는 바위는, 당신이 보시겠지만 퍽 낮은 것입니다. 그리고 두 바위 사이의 거리는 화살을 쏘아 맞출 수 있을 정도로 가깝지요. 그 바위에는 큰 무화과나무가 있고, 그 아래로 성스러운 바다의 괴물 카립디스가 하루에

세 번 시키면 물을 무섭게 뿜어냈다가 다시 그것을 빨아들이고 있습니다. 그녀가 물을 빨아들이고 있을 때에는 절대로 그곳에 가서는 안 됩니다. 그렇게 되면 넓고 큰 땅을 뒤흔든다는 신조차 당신을 화근에서 구해 내지는 못할 것입니다. 그러니 도리어 스킬라가 있는 바위에 배를 접근시켜, 그 옆을 재빨리 빠져나가야 합니다. 왜냐하면 그편이 훨씬 수월하니까요. 스킬라의 여섯 머리에 여섯 동료들을 잃고 안타까워하는 편이 카립디스의 소용돌이에 한꺼번에 모든 동지를 잃기보다는 나으니까요.'

이렇게 말하기에 내가 대답했습니다.

'여신이여, 그 무서운 카립디스를 피할 방법은 정말 없습니까? 그리고 동료들이 죽게 될 경우 복수할 방법은 없는지요?'

나의 말에 키르케는 화난 말투로 대답했습니다.

'분별없는 분이여, 아직도 당신은 전쟁과 복수에 관심이 있으세요? 설마 불사의 신들에게까지도 순종치 않으려는 건 아니겠지요? 그녀는 속세의 인간이 아니라 무시무시하고 감히 싸워 볼 수도 없는, 불사의 신이지요.

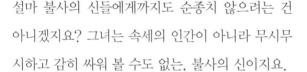

스킬라 ▶
호메로스의 《오디세이아》에 카립디스와 함께 오디세우스의 항로를 방해하는 바다 괴물로 등장한다. 다리가 열 둘이고 치열이 각각 세 줄이며 머리가 여섯 개로서 추악하기 이를 데 없는 모습이다.

그러니 그녀와 대항하는 방법은 도주만이 최선이에요.'

나는 여신의 화를 가라앉히기 위해 다시 한 번 그녀를 끌어안았습니다.

'여신이여, 내가 경솔했소.'

여신은 그제야 화를 거두고 부드러운 목소리로 말을 이어나갔습니다.

'만일 당신이 스킬라와 일전을 겨루고자 배를 멈춘다면, 당신뿐만 아니라 동료 모두가 죽게 될 거예요. 그러니 전속력을 내어 스킬라의 어머니, 인간에게 해악을 주는 그녀를 낳은 크라타이이스를 계속 부르며 통과하세요. 그러면 그녀가 다음 장소로 가게 해줄 거예요. 그 다음에는 태양신의 암소들과 양들이 풀을 뜯고 있는 트라나키아섬에 도착할 거예요. 그곳에는 각각 50마리씩 일곱 무리의 소 떼와 양 떼가 있는데, 이 가축들은 죽지도 않고, 새끼를 낳지도 못하지요. 이 가축들의 목자는 아름다운 머리의 님페들인 파에투사와 람페티에인데, 신성한 네아이라가 그들을 태양신 헬리오스에게 낳아주었소. 네아이라는 그들을 낳아 기를 때, 그들을 멀리 트라나키아섬으로 보내 거기서 살게 한 것이죠. 만일 당신이 이 가축들에게 손을 대지 않는다면, 이타케까지 갈 수 있어요. 그러나 만약 당신이 가축을 건드렸다가는 당신뿐만 아니라 동료들도 무사하지 못할 거예요. 만일 당신이 죽음의 구렁텅이에서 벗어났다고 하더라도, 당신이 아끼던 동료들은 죽음을 면치 못할 거란 말이에요.'

이렇게 여신과 이야기를 하는 동안 황금 의자에 앉은 새벽의 여신이 찾아왔습니다. 그러자 참으로 우아한 여신 키르케는 섬 안으로 가

버렸습니다. 나는 반대로 배가 있는 곳에 가서 동지들을 모아 배에 타
도록 했습니다. 배에 타자 닻줄을 풀도록 일러두고 곧바로 모두 놋자
리에 앉았습니다. 그러자 올린 머리도 아름답고 사람의 목소리를 내
는 무서운 여신 키르케는 검게 칠한 배 뒤쪽에서 고맙게도 순풍을 돛
폭 가득히 보내 주었습니다. 그래서 우리는 돛에 달린 밧줄을 배 여기
저기에 배치해 놓고 쉬었습니다. 순조로운 항해를 계속할 즈음 나는
마침내 동료들에게 고백했습니다.

'동지들이여, 신성한 여신 키르케가 나에게 한 예언을 말해 주겠소.
먼저 그녀는 불가사의한 세이렌족의 노래와 꽃동산을 피하라고 했소.
그리고 나 혼자만 그 소리를 들으라고 했소. 그러니 나를 돛대에 똑바
로 묶어 밧줄로 조이도록 하시오. 만약 내가 풀어달라고 애원하거든
더욱더 세게 결박을 지어 꼼짝 못 하도록 하시오.'

이렇게 동료들을 향
해 부탁을 하는 사이 어
느새 배는 세이렌족이
사는 섬에 다가가게 되
었습니다. 그곳은 물결
소리도 나지 않는 고요
한 바다와 같았습니다.
나는 키르케가 알려준
대로, 동료들에게 밀랍
의 귀마개로 귀를 막도
록 했습니다. 동료들은

돛대에 결박된 오디세우스
오디세우스가 세이렌들의 유혹을 피하려고 동료들에게 부탁해 돛대에
묶인 모습을 묘사한 모자이크 벽화이다.

오디세우스를 유혹하는 세이렌_ 레옹 아돌프 오귀스트 벨리의 작품

나를 돛대의 기둥 아래에 튼튼한 동아줄로 꼼짝 못 할 정도로 결박했습니다. 그리고 전속력을 내어 배를 저어나가는 그때에 아름다운 노랫소리가 내 귀에 들리는 것이었습니다.

'자, 가까이 오세요. 평판이 높은 오디세우스여, 아카이아 기사의 꽃이여, 당신의 배를 보내 주세요. 그리고 저희들의 노래를 들어주세요. 저희들의 입에서 달콤하게 울려 퍼지는 노래를 듣지 않고서는 그 누구든 검은 배를 타고 이곳을 통과한 사람은 없어요. 우리의 노래를 들으면 즐겁고 유익한 정보를 얻을 것이오. 넓은 트로이아에서 아르고

오디세우스와 세이렌_ 존 윌리엄 워터하우스의 작품
세이렌은 바다 한가운데에 솟아 있는 작은 섬이나 암초에서 산다고 전해지는 바다의 요정이다. 초창기에는 머리만 인간 여성이고 몸통 전체는 새의 모습을 하고 있다고 여겨졌는데, 점차 상반신은 손에 악기를 들고 있는 아름다운 여성으로, 허리 이하는 새의 형상으로 묘사되었다. 세이렌이 새의 몸을 가지게 된 연유에 대해서는 여러 신화들이 전해 오는데, 그중에서도 페르세포네의 납치 이야기가 가장 유명하다. 그에 따르면 세이렌은 본래 데메테르의 딸인 페르세포네의 시녀였다. 어느 날 페르세포네가 저승의 신 하데스에게 납치되자 데메테르 여신은 자신의 딸을 되찾기 위해 세이렌에게 새의 몸을 주고, 페르세포네가 끌려간 곳을 수색하게 했다. 그러나 결국 세이렌은 임무를 완수하지 못한 채 전설의 섬 안테모사에 정착하여 살게 되었다고 한다.

스 군대나 트로이아군대가 신들의 뜻에 따라 어려움을 당했던 사건을 모두 알고 있어요. 저희들은 모르는 일이 없으니까요.'

이와 같은 내용의 아름다운 선율에 나도 마음이 움직여 동료들에게 눈짓으로 결박을 풀어달라고 명령했지만, 그들은 몸을 구부리고 노를 젓기만 했습니다. 또한 페리메데스와 에우릴로코스는 더욱 세게 나를 졸라맸습니다. 그러자 세이렌 님페들은 배 가까이 나타나 노래를 불렀습니다. 우리는 안간힘을 다하여 노를 저어 그녀들을 따돌릴 수 있었습니다. 충실한 동료들은 그녀들의 노랫소리가 더이상 들리지 않게 된 후에도 노를 더 저어 마침내 안전한 곳에 이르자 나의 결박을 풀어

오디세우스를 유혹하는 세이렌_ 윌리엄 에티의 작품
세이렌은 뱃사람들을 아름다운 노래로 유혹하여 잡아먹는 사악한 님페로, 많은 그림에서는 인어를 연상시키는 아름다운 모습으로 그려지고 있다.

주었고, 나는 그들의 귀마개를 귀에서 꺼내 주었습니다.

우리가 그 섬을 벗어나자마자 나는 높은 파도가 포효하며 크게 일렁이는 것을 보았습니다. 더 빨리 노를 저어 빠져나가야 하는데도 동료들이 그만 겁에 질려 노를 놓치자 배가 멈추고 말았습니다. 그것을 본 나는 배 안을 왔다 갔다 하면서, 동료들의 곁에 다가가 부드러운 말투로 말했습니다.

'여보게 동지들, 우리는 여태껏 온갖 일들을 겪어왔어. 사실 이번 재난은 키클롭스가 그 강력한 힘으로 우리를 동굴에 가두었을 때보다 크다고 할 수가 없네. 그때도 우리는 지혜를 짜서 위기를 모면하였소. 자, 그러니 그대들은 자리에 앉아 노를 저어주시오. 혹시 제우스께서 이 난관을 벗어나 죽음을 피할 길을 열어주실지 누가 알겠소? 그리고 키잡이여, 그대는 배의 키를 잡는 만큼 저기 보이는 안개와 파도의 바깥쪽으로 배를 돌려 빼내야 하는 걸세.

다음은 뾰족한 바위 옆을 잘 따라가야 해. 자칫 방심하여 그 바위 옆 뱃길을 놓치지 않게 정신을 집중하시오.'

그러나 나는 그 피할 수 없는 스킬라에 대해서는 말하지 않았습니다. 이윽고 좁은 해협을 항해할 때 스킬라가 보였습니다. 또한 한편에서는 거대한 카립디스가 땅의

오디세우스 일행을 공격하는 스킬라

오디세우스와 스킬라_ 요한 하인리히 퓌슬리의 작품
오디세우스의 일행 몇이 스킬라에게 잡혀먹는 사이 남은 일행들은 재빠르게 탈출한다.

검은 모래가 드러날 정도로 소용돌이를 치고 있었습니다. 그 소용돌이는 물을 토해 낼 때에는 많은 불을 지핀 솥처럼 물거품을 마구 뿜어 내면서, 양쪽 암초 봉우리 꼭대기까지 높이 물보라를 일으키며 날려 올리는 것이었습니다. 우리는 그녀의 눈에 띄어 파멸을 당할까 봐 공포에 떨었습니다.

한편 스킬라는 우묵한 배에서 가장 건장한 동료 여섯 명을 순식간에 잡아채 갔습니다. 그들은 손발이 허공에 매달려 비명을 지르며 마지막으로 절규하듯 내 이름을 불렀습니다. 마치 뾰족이 튀어나온 바위에서 어부가 긴 낚싯대를 바닷속에 던지면 물고기가 낚여 버둥거리며 올라오듯이, 나의 동료들도 절벽 꼭대기를 향해 몸부림치며 올라갔습니다.

오디세우스의 일행이 스킬라의 공격과 카립디스의 소용돌이 사이에서 사투를 벌이는 판화 작품

이때를 놓치지 않고 나는 동료들을 독려하여 배를 저어나가게 했습니다. 이리하여 이들 암초를 통과하여 무서운 카립디스와 스킬라를 피해 나가자, 얼마 안 가서 이번에는 태양신의 섬에 이르렀습니다. 그곳에는 이마가 넓은 훌륭한 소 떼나 양 떼가 많이 있었습니다. 검은 칠을 한 배에 타고 아직 바다 위에 떠 있었는데도, 마침 외양간으로 돌아가는 소들의 울음소리와 양들의 우는 소리가 들려왔습니다. 그러자 키르케와 저

헬리오스 부조
헬리오스는 천체가 의인화된 신이므로, 새벽녘에 동방의 대양 오케아노스에서 솟아올라 하늘을 가로질러서 저녁에는 서쪽의 대양으로 가라앉아 새벽녘까지 동쪽으로 이동한다고 여겨졌다. 로도스섬의 주신으로 떠받들어졌고, 섬 자체가 헬리오스의 소유물로 여겨졌다. 그 후 아폴론도 헬리오스와 동일시되었다.

승에서 만난 테이레시아스 예언자의 경고가 문득 떠올랐습니다. 그래서 나는 슬픔을 억누르고 동료들에게 말했습니다.

'자, 곤경에 처해 있는 동지들이여, 내 테이레시아스와 키르케의 예언을 말하겠소. 그들은 지상의 낙원 태양신의 섬을 피하라고 누차 경고했소. 피하지 않으면 매우 처참한 재앙이 닥친다고 말이오. 자, 그러니 속력을 높여 저 섬을 통과합시다.'

나의 말을 들은 동료들은 매우 실망했습니다. 그때 에우릴로코스가 곧바로 나에게 대항하듯 말을 했습니다.

'오디세우스여, 그대는 참으로 쇠로 만든 사람인가 보오. 피로와 슬

품에 지친 동료들이 육지를 밟지도 못하게 하다니! 우리는 바다가 아닌 섬에서 한 끼라도 해결하고 싶소. 그런데도 그대는 망망대해에서 밤새도록 헤매라 하시는군요. 또한 어두운 한밤중에는 배를 해치는 바람이 여러 방향에서 세차게 불어올 거예요. 험난한 파멸을 비켜가려면 어느 쪽으로 피해야 합니까? 만일 갑자기 폭풍이 불어오면 어떻게 해야 합니까? 그러니 캄캄한 밤의 권유에 따라 섬에 상륙해 빠른 배 옆에서 저녁 준비도 하고 그대로 한밤을 묵은 뒤, 아침 일찍 배를 타고 넓은 바다로 떠나도록 합시다.'

이렇게 그가 말하자 다른 동료들도 모두 그의 말에 찬성하였습니다. 이때 나는 신께서 무슨 재앙을 꾸미고 있다는 것을 확실히 깨달았습니다. 그래서 그에게 소리 높여 말했습니다.

'에우릴로코스여, 나는 혼자이니 그대들이 나를 강요할 수도 있을 것이네. 하지만 그대들은 모두 굳은 맹세를 나한테 해야 돼. 만약 우리가 많은 소 떼나 양 떼를 발견하더라도 절대로 잡아먹으려는 생각은 하지 말아야 하네.'

내가 이렇게 말하자, 동료들은 내가 명령한 대로 곧 맹세를 하였습니다. 그래서 서약을 끝낸 우리는 넓은 포구로 들어서서 달콤한 샘물 근처에 배를 정박시키고 내려, 저녁 준비를 했습니다. 그리고 우리는 밤이 깊도록 스킬라에게 죽임을 당한 동료들을 생각하면서 슬피 울었습니다. 모두가 잠이 든 삼경 무렵에 제우스께서 무서운 폭풍우를 쏟아부으셨습니다. 우리는 새벽이 되어서야 배를 뭍으로 끌어올리고 단단하게 정박시켰습니다. 나는 그때에도 동료들에게 당부를 했습니다.

'우리 배에는 아직 많은 음식과 술이 있으니 절대로 소와 양을 건드

려서는 안 되오.'

나의 당부를 그들은 받아들였습니다. 하지만 한 달 동안 끊임없이 남풍이 불어왔고, 다른 바람은 불지 않아 바다에 배를 띄울 수 없게 되었습니다. 동료들은 곡식과 술이 남아 있는 동안에는 소를 가까이 하지 않았습니다. 그러나 양식이 바닥을 드러내자 우리는 낚시를 하며 물고기를 잡아먹기도 하고, 들판에 익은 열매들을 따 먹기도 했습니다. 한편 나는 고국으로 돌아가는 길을 알려달라고 신들께 빌기 위해, 동료들과 떨어져 바람이 불지 않는 곳을 찾아가 기도를 드렸지요. 그때 그만 신들이 나에게 잠을 쏟아부었습니다. 그동안 에우릴로코스는 동료들과 함께 음모를 꾸미고 있었습니다.

'배고픔에 처한 동지들이여, 내 이야기를 잘 들어보길 바라오. 죽음이란 것은 아무리 비참한 인간에게도 무서운 것임에는 틀림없소. 그 중에서도 굶어서 황천에 가는 것이 가장 처참한 죽음이오. 자, 태양신의 소들 중에서 가장 좋은 소를 골라 불사의 신들께 제사를 지내도록 합시다. 그리고 우리가 이타케로 돌아가면 태양신 헬리오스의 신전을 보기 좋게 지은 뒤 근사한 제물을 마음껏 올리도록 합시다. 그러나 만일 소를 잡았다는 이유로 태양신이 노해 우리를 멸하고자 한다면, 망망대해를 밤낮으로 헤매다가 죽느니보다는 차라리 출렁거리는 저 물결에 우리 생명을 던져 버리는 편이 나을 것이오.'

이와 같이 에우릴로코스가 말하자 다른 동료들도 이에 찬성했고, 곧 태양신의 소 떼 중에서도 좋은 놈을 가까운 곳에서 몰고 왔습니다. 그리고 소를 둘러싸고 느티나무 잎을 따내면서 신들에게 축원을 올렸습니다. 이렇게 축원을 올린 그들은 소의 목을 자른 뒤 가죽을 벗기고 넓적다리를 잘라 불 위에 얹었습니다. 제주도 없어 물로 대신하고, 불 위에다 내장을 그슬렸습니다.

마침 그때쯤 되어 잠에서 깨어난 나는 해안의 배 있는 곳으로 향했습니다. 그런데 고기 굽는 고소한 냄새가 내 코를 찔렀습니다. 나는 신음하면서 불사의 신들에게 절규하듯 항의했습니다.

'제우스와 불사의 신들이여, 어찌하여 저에게 그토록 끝없는 잠을 내리셨나이까? 제가 잠에 빠진 동안 동료들은 무서운 일을 저지르고 있나이다.'

헬리오스의 소들를 잡는 에우릴로코스와 일행들_ 안 스티카의 작품
오디세우스가 잠을 자는 사이 그의 일행들이 소를 잡는 장면이다.

헬리오스의 소들을 강탈하는 오디세우스의 동료들_ 펠레그리노 티발디의 작품
오디세우스는 일행들에게 키르케의 예언을 이야기하며, 헬리오스의 소들을 잡지 말 것을 신신당부
했다. 그러나 그가 잠이 들자 배가 고픈 에우릴로코스는 동료들을 부추겨 헬리오스의 신성한 소들
을 잡아먹게 했다가 신의 노여움을 사서 다른 병사들과 함께 죽음을 맞았다.

한편, 긴 예복 차림의 람페티에는 태양신 헬리오스에게 찾아가 우
리가 신의 소를 잡은 사실을 알렸습니다. 그러자 헬리오스는 화가 치
밀어 곧 영생의 신들에게 아뢰었습니다.

'제우스 주신이여, 그리고 영원히 행복하게 계시는 모든 신들이여,
라에르테스의 아들 오디세우스의 동지들을 처벌해 주십시오. 그들은

무례하게도 내가 아끼던 소를 잡아먹었습니다. 만일 그들이 소의 대가를 충분하게 지불치 않는다면 나는 하데스궁으로 가서 빛을 비추겠습니다.'

이 말에 구름을 지배하는 제우스 주신은 대답하셨습니다.

'태양신이여, 제발 그대는 불사의 신들 사이에서 빛나 주게. 그리고 내 곧 번쩍이는 번개로 그들의 빠른 배를 쳐서 산산조각을 내리라.'

이와 같은 내막은 머리 모양도 아름다운 칼립소에게서 들었는데, 그녀의 이야기로는 전령의 신인 헤르메스에게서 전해 들었다는 것입니다. 그래서 나는 배가 있는 바닷가에 내려가서 여기저기 한 사람 한 사람 옆으로 가까이 가서 책망을 했습니다만, 이제는 어쩔 도리가 없었습니다. 이미 소는 죽어 버렸으니까요. 그 뒤 얼마 안 가서 신들께서

오디세우스의 분노 _ 프리드리히 프렐러의 작품
잠이 깬 오디세우스가 헬리오스의 소들을 잡아먹는 일행들에게 분노하는 장면이다.

는 그들에게 불길한 징조를 나타내기 시작했습니다. 소의 껍질이 기어다니는가 하면, 꼬치에 꽂은 쇠고기가 소리를 내고 불에 구운 쇠고기도 소처럼 울기 시작했습니다.

그로부터 6일간 나의 충실한 동지들은 태양신의 소 떼 중에서 가장 좋은 놈을 몰고 와서는 죽여 식량으로 했습니다. 7일째가 되자 그때까지 돌풍과 같이 미친 듯 불던 바람이 잠잠해졌으므로, 우리는 재빨리 배를 타고 넓은 바다로 나가 돛대를 세워 그 위에 돛을 달았습니다. 그런데 섬에서 완전히 멀어져 육지라고는 전혀 보이지 않고 다만 넓은 하늘과 바다만이 보일 때, 제우스 신께서 선창이 빈 배 위에 검은 구름을 세우셨는데, 그 구름 때문에 아래가 어두워지기 시작했습니다. 그 뒤부터는 배가 빨리 달릴 수가 없었습니다. 갑자기 거센 소리를 내며 갈바람이 몰아쳤고 심한 돌풍까지 불어왔으니, 거친 바람 때문에 돛대의 앞줄이 둘이나 끊어지고 말았습니다. 돛대는 뒤로 넘어가기 시작하고 밧줄도 모두 선창 속으로 힘없이 떨어지고, 또한 그 돛대가 배고물대에 있었던 노잡이의 머리에 맞아서 두개골을 산산이 부수어 놓았습니다. 그래서 그는 해녀처럼 갑판에서 바다로 떨어져, 용감했던 그 영혼이 육신을 떠나고 말았습니다. 제우스 신은 천둥소리와 동시에 배에 벼락을 떨어뜨렸으니, 제우스의 벼락에 맞은 배는 빙그르르 돌면서 유황불 냄새로 가득 찼고, 동료들은 배에서 떨어져 물새 떼처럼 검은 배 주변과 물결에 휩쓸려 갔습니다. 드디어 큰 파도가 용골로부터 판자를 흩어놓았고, 쇠가죽으로 만든 뒷버팀줄을 끊어놓았습니다. 나는 용골과 돛대를 함께 묶은 후 그 위에 앉아 태풍을 견디었습니다.

그런데 무섭게 몰아치던 서풍이 잦아지는가 싶더니 갑자기 남풍이 불었습니다. 나는 다시 그 무서운 카립디스에게로 가는가 싶어 괴로 웠습니다. 마침내 밤새 표류하던 나는 날이 밝아서야 스킬라의 바위와 카립디스가 있는 곳에 이르렀다는 걸 알았습니다.

카립디스가 바닷물을 모조리 삼켜 버리자 나는 암초에 솟은 무화과 나무로 올라가 박쥐처럼 매달렸습니다. 그러나 자꾸 발이 미끄러져 나무로 기어오를 수가 없었습니다. 크고 거대한 나무는 카립디스를 덮고 있었습니다. 나는 카립디스가 다시 돛대와 용골을 토해 낼 때까지 매달려 있었습니다. 한참 만에 기다리던 것이 나왔습니다. 저녁 무렵,

카립디스와 스킬라 16세기 이탈리아 벽화 그림_ 알레산드로 알로리의 작품

오디세우스와 카립디스_ 얀 스티카의 작품
카립디스는그리스 신화에 나오는 바다 괴물이다. 하루에 세 번
바닷물을 들이마셨다가 토해 내는데, 그 힘이 너무 강해 근처
를 지나는 배는 어김없이 난파당했다. 오디세우스, 아르고호
원정대, 아이네이아스 등의 모험에 등장하여 위력을 과시했다.

돛대와 용골을 묶은 재목이 비로소 카립디스 밖으로 나왔습니다. 나는 재목 한가운데로 뛰어내린 다음, 손으로 저어 갔습니다. 불행 중 다행히도 인간과 신 들의 아버지께서는 내가 스킬라를 더 이상 보지 않게 해 주셨습니다.

그로부터 9일 동안 나는 물결에 휩쓸려 갔고, 열흘째가 되는 날 밤에 신들께서는 오기기아섬 근처로 인도했습니다. 거기에는 인간의 말을 하는 무서운 여신, 머리를 땋은 칼립소가 살고 있었습니다. 칼립소는 나를 맞아 친절히 대접해 주었습니다. 그리고 그곳에서 겪은 일들은 이미 말씀드린 바 있습니다. 이제 그 이야기를 다시 되풀이하여 한다는 것은 말하는 이나 듣는 이나 별 재미가 없을 터이니, 그만 마치겠습니다."

◀오디세우스와 칼립소_ 안젤리카 카우프만의 작품
칼립소는 신비의 섬 오기기아에 사는 바다의 님페이다. 트로이아 전쟁을 마치고 귀향하는 도중
에 풍랑을 만나 표류하게 된 오디세우스를 사랑하여, 그를 여러 해 동안 자신의 섬인 오기기아
에 붙잡아 둔다.

세이렌 신화

세이렌은 여성의 유혹 내지는 속임수를 상징하는데, 이는 선박이 섬에 가까이 다가올 때 아름다운 노랫소리로 선원들을 유혹하여 바다에 뛰어들게 함으로써 죽음을 초래하는 힘을 지니고 있다는 데에서 유래한다. 그녀들이 특히 암초와 여울목이 많은 곳에서 거주하는 이유도 노래로 유인한 선박들이 난파당하기 쉬운 장소이기 때문이다.

세이렌의 노래는 저항할 수 없을 정도로 매혹적이어서 수많은 남성들이 목숨을 바치지 않으면 안 되었다. 그러나 세이렌은 목적을 달성하는 데 두 번이나 실패했다.

오디세우스는 세이렌의 유혹을 이겨내기 위하여 부하들에게 자신의 몸을 돛대에 결박하고 어떤 일이 있어도 자신의 결박을 풀지 말라고 했다. 세이렌의 고혹적인 노랫소리가 들려오자 오디세우스는 결박을 풀려고 몸부림쳤다. 그러나 귀마개를 쓴 부하들은 명령에 순종하여 그를 더욱 단단히 결박하였다. 결국 선박의 항해는 계속되었고 노랫소리는 점점 약해져서 마침내 세이렌의 유혹으로부터 무사히 벗어나 섬을 지나갈 수 있었다.

선원을 유혹하는 세이렌_ 프레더릭 레이턴의 작품

이에 세이렌들은 모욕감을 느껴 단체로 자살했다고 한다.

또한 뛰어난 음악가이자 시인인 오르페우스가 황금 양털을 찾기 위해 아르고라는 선박을 타고 항해하던 도중에 세이렌의 노래를 듣게 되었는데, 오르페우스가 세이렌보다 더 아름다운 노래를 불러 맞대응하자 이에 모욕감을 느낀 세이렌이 바다에 몸을 던져 바위가 되어버렸다고 한다. 누군가 자신의 유혹에 넘어오지 않으면 자살하는 것이 원칙이었기 때문이다.

제 9 부

오디세우스의 귀환

오디세우스, 이타케로 돌아오다

오디세우스가 말을 마치자 사람들은 모두 그의 이야기에 매혹되어 쥐죽은 듯 조용해졌고, 어두운 궁전 안은 마술의 힘으로 휩싸이는 듯하였다. 이번에는 알키노오스가 그에게 소리 높여 말했다.

"오디세우스여, 그대가 이제까지는 여러 가지 고난을 겪어왔지만 앞으로 다시는 유랑하는 일 없이 고향으로 돌아가리라 생각합니다. 그리고 여러분에게 내 부탁할 것이 있소. 여러분께서 가져온 선물은 번쩍거리는 금제 상자 속에 이미 넣어놓았소. 자, 이제 손님에게 큰 솥과 큰 냄비를 드리도록 합시다."

알키노오스왕의 말을 들은 사람들은 모두 기뻐하며 집으로 돌아갔다. 그리고 새벽이 오자 다시 청동 솥을 가지고 서둘러 배로 왔다. 알키노오스왕도 손수 배까지 와서 선물을 긴 의자 밑에 넣어주었다. 오디세우스는 빛나는 태양을 향해 머리를 돌렸다. 얼마나 고대했던 귀국이던가! 마치 농부가 온종일 밭에서 일한 후에 노을 지는 하늘을 몹시도 반가워하듯이, 그는 일몰을 기다렸다.

그러면서 그는 알키노오스왕과 노의 명수인 파이아키아 사람들에게 말했다.

"빼어난 통치자 알키노오스왕과 훌륭하신 여러분은 지금 나를 무사하게 보내주시려고 신들께 제물을 바치고 전송해 주십니다. 왕이시여, 신의 가호가 깃들길 바라옵니다. 또한 여기 계신 분들과 부인들, 자녀들에게도 기쁨을 내리시어 불행이 가까이 오지 않게 하소서!"

이렇게 그가 말하자, 가장 적절한 인사를 그가 했다고 사람들은 모두 기뻐하며 오디세우스를 호송할 것을 주장했다. 그러자 알키누스왕이 시종에게 말했다.

"폰토누스여, 술을 걸러 여기 계신 모든 분들에게 따라라. 제우스 아버지께 기도를 올린 뒤 손님을 보내 드릴 것이다."

이렇게 말하자, 폰투누스는 마음을 즐겁게 하는 좋은 술을 물과 섞

아레테 왕비에게 작별하는 오디세우스

어서 모든 사람들에게 골고루 부었다. 그리고 모두 제자리에서 넓은 하늘을 지배하는 신들에게 신주를 바쳤다. 다음은 오디세우스가 일어나면서 아레테 왕비의 손에 두 귀 달린 술잔을 놓고 그녀에게 소리 높여 말했다.

"왕비님이시여, 당신께 행운이 깃들기를 빕니다. 이제 나는 이곳을 떠나지만 당신은 이 궁전에서 아드님과 이 나라 백성들과 또 그 누구보다도 알키누스 왕과 즐겁게 지내주십시오."

이런 가운데 아레테 왕비는 오디세우스가 타고 갈 배에 여종을 시켜 폭이 넓은 깨끗한 옷감과 속옷 들을 들려 보내고, 튼튼하게 만들어진 함과 곡식과 빨간 포도주를 보냈다. 그리고 널따란 배 판자 사이에 오디세우스가 눈을 뜨지 않고 잠들 수 있도록 뱃고물 쪽에 두터운 모포를 깔아 주었다. 오디세우스가 배에 타고 아무 말도 하지 않고 눕자, 배웅 나온 선원들도 각기 익숙하게 놋자리에 천천히 줄지어 앉으면서 구멍 뚫린 바위에서 줄을 풀었다.

마침 그들이 몸을 뒤로 젖히면서 노로 바닷물을 저어 나갈 때, 달콤한 잠이 오디세우스의 눈 위에 떨어져 죽음에 가까운 꿈속으로 몰고 갔다. 그리하여 마치 들판 위에서 마차의 암말들이 모두 발맞추어 가죽 채찍을 맞으면서 달리기 시작하여 높이 발굽을 차올리고 재빨리 갈 길을 재촉하듯이, 뱃머리는 높이 치솟고 배꼬리에는 출렁이는 바다의 물길이 미친 듯 으르렁거리면서, 배는 아무런 위험도 없이 줄기차게 달려 나아갔다. 매와 같은 솔개도 날짐승 중에서는 날쌘 새라고 하는데, 그들도 따라갈 수 없을 만큼 재빠르게 그 배는 바다 물결을 가르면서, 신과도 같은 슬기로운 꾀를 가진 무사를 싣고 나아갔다.

마침내 샛별이 떠오를 무렵 그들은 이타케의 한 포구에 도착했다. 그곳은 해신의 이름을 딴 포르키스라는 곳이었다. 이곳에는 두 곳이 있는데, 포구를 향해 안쪽으로 비스듬히 경사를 이루고 있어서 닻줄을 내리지 않아도 배를 멈출 수 있었다. 또한 이 포구 어귀에는 물의 님페 나이아스가 쓰는 쾌적한 동굴이 있었는데, 주위로 올리브 나무가 우거져 있었다. 동굴 속에는 돌로 만든 희석용 술동이나 두 귀 달린 술병이 많이 있고, 또 거기에는 꿀벌들이 집을 만들고 있다. 그리고 돌로 만든 긴 베틀이 놓여 있으며, 여기에서 님페들이 엷은 빛의 자색 옷감을 짜고 있는데, 이것들은 보기에도 경탄할 만한 물건들이라고 한다. 또한 그곳에는 샘물이 늘 흐르고 있다. 이 동굴에는 두 개의 입구가 있어서 그 하나는 북쪽을 향해 있고 사람이 들어

나이아스_ 카를 반 루의 작품
그리스 신화에 나오는 물의 님페이다. 이들은 다른 님페들과 마찬가지로 신의 영역에 속하면서도 영원한 존재는 아니며, 단지 아주 긴 생명을 지닌 존재들이다.

갈 수 있지만, 다른 하나는 남쪽을 향하고 있으며 신들만 들어가는 입구로서, 사람들은 그곳으로 들어갈 수 없고 신만의 통로로 되어 있다.

이윽고 선체의 반쯤이 육지에 얹혔다. 선원들은 배에서 깊은 잠에 든 오디세우스를 깨우지 않고 들어 올려 모래 위에 눕혔다. 그런 다음 위대한 아테나의 은총으로 파이아키아 사람들이 보낸 선물들을 꺼내 모래사장에 쌓아두었다.

한편, 오디세우스를 괴롭혀 오던 지진의 신 포세이돈이 제우스에게 투덜댔다.

"제우스시여, 나는 이제 하찮은 파이아키아 사람들에게서 존경을 받지 못하였으므로 신계에서도 위엄을 잃었습니다. 오디세우스가 숱한 고난을 겪은 후에야 귀국하게 될 것이라고 말한 것은 일찍이 당신께서 언약하고 허락을 내린 것입니다. 그런데도 이 사람들은 그가 자는 동안에 이타케 땅에 내려놓았습니다. 더욱이 황금과 청동, 금은 등 수많은 보화를 주면서 말입니다."

이에 신들의 주신인 제우스가 말했다.

"넓고 큰 땅을 뒤흔드는 신이여, 그대는 무슨 말을 하는 것인가. 절대로 다른 신들이 그대를 업신여기지 않을 걸세. 더욱이 나이도 많고 성품도 바른 그대에게 무례한 짓을 하기는 어려울 거야. 그러나 인간들 중에서 누군가가 완력이나 권력을 믿고 그대에게 경의를 표하지 않는다면, 언제든지 보복하는 일은 그대에게 허용하네. 그대가 바라듯, 그대 마음에 맞도록 하는 것이 좋을 걸세."

그러자 이번에는 포세이돈이 대답했다.

"검은 구름의 신이여, 나는 항상 당신을 존경해 왔습니다. 그러나 곧 분부대로 지금 파이아키아 사람들의 배를 공격하여 귀로를 막고, 앞으로는 나그네를 호송하는 습관을 갖지 못하도록 거대한 산으로 그들의 도시를 덮어 버리겠나이다."

이에 구름을 지배하는 제우스가 대답했다.

"친애하는 신이여, 그것이 최선의 방법일 것 같소. 그러면 사람들이 배가 돌아오는 것을 바라볼 수 있게 될 때, 배를 돌로 변하게 하시오. 그대가 그렇게 하면 그 도시를 거대한 산으로 둘러싸는 셈이 될 테니까."

이 말을 들은 포세이돈은 스케리아로 먼저 가서 기다렸으며, 배가 속력을 내어 가까이 다가오자 배를 돌로 만들어 버렸다. 그러고는 그곳을 떠났다. 그러자 긴 노를 젓는 파이아키아 사람들은 서로 쳐다보며 수군거렸다.

"어느 신이 고국으로 돌아오는 배를 멈추게 했단 말인가?"

그들은 이러한 일이 왜 일어났는지 몰랐다. 그러자 알키노오스왕이 모두에게 큰 소리로 말했다.

"옛날에 선왕께서 하신 말씀이 이루어질 조짐이구려. 우리가 손님

포세이돈의 분노_ 루벤스의 작품
포세이돈은 오디세우스가 그의 고국인 이타케로 돌아가자 불만을 품어, 그를 태운 파이아키아 배를 향해 보복을 한다.

들을 안전하게 호송하기 때문에 포세이돈이 시기를 하여 우리의 화려한 배를 쳐부수고 우리 도시를 거대한 산으로 덮어버리게 한다고 하시더니, 이제야 그날이 오고 말았도다. 자, 모두들 귀를 기울여 내 말을 들으시오. 이제부터는 우리 도시에 누가 오든 절대로 호송하지 맙시다. 그리고 포세이돈에게 열두 필의 황소를 제물로 올려 화를 풀어봅시다. 혹시 그렇게 하면, 우리를 불쌍히 여기시어 우리 도시를 더이상 괴롭히지 않으실지도 모르니."

이러한 사연으로 파이아키아 사람들은 포세이돈 신에게 기도를 올렸다.

한편 오디세우스는 고향 땅에서 잠을 깼으나, 너무 오랫동안 자기 나라에서 떠나 있었고 여신이 주변에 안개를 끼게 하였기 때문에 알아볼 수가 없었다. 그것은 제우스의 딸 아테나가 한 일이며, 다른 사람들이 그를 알아보지 못하도록 만들고 그에게 필요한 모든 것을 일러주기 위해서였다. 오디세우스는 벌떡 일어나 먼 바다를 바라보며 신음을 한 뒤, 무릎을 치며 통탄했다.

"아, 슬프도다! 나는 지금 어디에 와 있는가? 이 고장 사람들은 어떠한 사람들인가? 내가 가져온 이 보화를 어디에 둘 것인가? 차라리 다른 강대한 왕을 찾아갔더라면 나의 귀국을 도와주었을지도 모를 텐데. 이 물건들을 어디에다 두어야 할지 모르겠구나. 나를 양지 바른 이타케로 데려다준다고 철석같이 약속을 해놓고 이행치 않다니, 파이아키아의 왕과 고관들은 고약한 인간들이로구나. 하소연하는 사람을 보호하는 제우스 신이여, 저버린 약속을 두고 바라노니, 그들에게 벌을 내려 주십시오. 자, 그러면 내 물건이나 조사해 보자. 혹시 그들이 돌아갈 때 배에 싣고 가지나 않았는지."

그는 아름다운 큰 솥이며 냄비, 금, 화려한 의복 들을 세어 보았으나 모두 그대로였다. 그러나 그는 고향을 그리워하며, 물결이 출렁이는 바닷가를 거닐면서 비탄에 잠겨 슬퍼했다. 그러자 그 바로 옆으로 아테나 여신이 젊은 목자의 모습으로 나타났다. 오디세우스는 기쁨에 넘쳐 앞으로 나아가 그에게 말을 걸었다.

"반가운 분이여, 당신은 이 땅에 와서 처음 만나는 분입니다. 자, 내 그대에게 무릎을 꿇고 바라오니 내 재산과 생명을 구해 주시오. 그리고 여기가 어디이며 어떤 사람들이 살고 있는지 사실대로 말해 주면 고맙겠습니다."

그러자 빛나는 눈을 가진 아테나 여신이 입을 열었다.

"낯선 분이여, 당신은 아무것도 모르는 것을 보니 먼 곳에서 방금 온 분이군요. 여기는 사람들에게 널리 알려진 곳이랍니다. 이곳에서는 곡식과 포도주가 많이 나고, 사시사철 비가 내려 항상 깨끗한 이슬이 맺히지요. 온갖 산림이 울창해 소와 염소를 치기에 좋고, 곳곳에 마르지 않는 샘도 솟아나지요. 손님께서도 아마 트로이아까지 퍼져 있는 이타케의 명성을 들어 알고 있으리라 생각합니다."

여신의 말을 들은 오디세우스는 뛸 듯이 기뻐했다. 그러나 그는 영리한 사람답게 자신의 본심을 숨기고 이야기했다.

"이타케라면 바다 멀리 크레타 땅에서도 들은 적이 있소이다. 나는 이도메네우스의 사랑하는 아들이자 발이 빠른 오르실로코스를 죽인 후 그곳에서 도망쳐 나왔지요. 그는 내가 온갖 풍파를 겪어내고 얻은 트로이아의 전리품을 빼앗고자 했습니다. 왜냐하면 내가 트로이아에서 그가 바라던 대로 그의 아버지를 호의적으로 대하지 않았기 때문이지요. 나는 동료 한 명과 함께 매복해 있다가 그를 청동 창으로 베어버렸지요. 이렇게 그를 죽인 다음 나는 곧 오만한 페니키아 사람들에게 내 전리품을 주면서 신성한 엘리스로 데려다 달라고 부탁했습니다. 그러나 공교롭게도 강한 바람으로 인해 표류하다가 밤이 되어서야 이곳에 닿았습니다. 그러나 내가 피로한 나머지 쏟아지는 단잠을 억누르지 못하자 그들은 내 물건들을 내가 누워 있는 모래사장 옆에 부려놓았습니다. 그러고는 아름다운 페니키아로 떠나 버려서 나는 가슴에 상처를 입은 채 혼자 남게 되었습니다."

그의 말을 가만히 듣고 있던 아테나 여신은 미소를 지으며 그를 어루만지더니, 갑자기 눈부시게 아름다운 여인으로 변하여 말했다.

"지략이 뛰어난 그대는 진심으로 그리워하는 고국에 와서도 그 익숙한 거짓말을 그만두지 못하는구려. 그러나 이제 그런 이야기는 그만두기로 합시다. 둘 다 허위에 능란하니 말이오. 지혜와 책략으로 말할 것 같으면 그대는 인간 중에서 제일인자요, 나는 모든 신들 중에서 명성을 얻고 있는 터요. 그래, 그대는 제우스의 딸 아테나를 모른단 말이오? 항상 그대 곁을 보호해 주고, 파이아키아의 모든 사람들로부터 사랑을 받게 한 것도 바로 나였소. 또한 지금도 나는 그대와 연극을 꾸미고, 파이아키아 사람들이 주었던 물건들을 감출 작정이오. 이제부터 마음을 굳게 먹으시오. 그대에게는 아직도 수많은 일들이 남았기 때문이오. 남녀노소를 불문하고 누구에게든 그대가 돌아온 사실을 알리지 마시오. 오직 침묵으로 고통을 참고 모든 사람들의 멸시를 감수하시오."

그러자 풍부한 지혜를 가진 오디세우스가 대답하였다.

"여신이시여, 인간으로서 제아무리 현명할지라도 갖은 변신을 꾀하시는 여신을 알아뵙기는 참으로 어렵습니다. 아카이아의 자손으로 태어나 트로이아에서 전쟁을 하는 동안 여신께서 저에게 친절히 대해 주신 것을 모르는 자 없습니다. 그러나 우리가 프리아모스의 강대한 도시를 점령한 후 신께서 아카이아 사람들을 뿔뿔이 흩어놓은 이래 당신을 뵈온 적이 없습니다. 저는 신들이 불운한 경지로부터 저를 건져 주시는 그날까지 천신만고 헤매고만 있었습니다. 파이아키아 사람들의 기름진 땅으로 당신께서 인도하시어 저를 위로해 주시던 그날까지도 고행은 계속되었습니다. 이제 당신의 아버님 이름을 빌려 간청하옵니다. 제 생각으로는 아마 이 장소가 섬 모양이 뚜렷한 이타케가 아니고, 어딘가 다른 땅에서 방황하고 있는 것 같습니다. 그것을 당신이 놀려주기 위해서 그렇게 말씀하신 거지요. 제 마음을 혼돈시키려고 말입니다. 정말 제가 그리던 고향 땅에 닿았는지 말씀해 주십시오."

이에 빛나는 눈빛의 여신 아테나가 말했다.

"누구든 방랑하다가 고국에 돌아오면 기꺼이 아내와 자식들을 보기 위해 서둘러 집으로 향하거

오디세우스와 아테나_ 얀 스티카의 작품
아테나 여신은 오디세우스 앞에 나타나 조언을 한다.

오디세우스와 아테나_ 얀 스티카의 작품
오디세우스가 그의 고국인 이타케 땅에 입을 맞추는
장면이다.

늘, 그대는 아예 그들을 찾으려고도 물으려고도 하지 않는구려. 나는 그대가 동료들을 모두 잃고서라도 고국에 돌아오리라는 것을 믿어 의심치 않았소. 그리고 사랑하는 아들을 눈멀게 하여 화가 난 포세이돈과 다툴 의사가 추호도 없소. 자, 이리로 오시오. 내 이타케의 자연을 보여주리다. 이곳은 포르키스 포구이며, 위쪽으로 올리브나무가 있소. 그리고 바로 그 옆에 나이아스라 불리는 님페들이 사는 깨끗한 동굴이 있소. 이쪽을 보시오. 이곳은 그대가 항상 님페들에게 많은 소를 제물로 올리던 곳이오. 그리고 여기는 온통 숲으로 둘러싸인 네리톤이오."

여신이 이렇게 말하고는 안개를 거두자 사방이 확연하게 드러났다. 그러자 오디세우스는 기쁨에 복받친 나머지 고국 땅에 엎드려 입을 맞추었다. 그리고는 곧 손을 들어 님페들에게 기도를 올렸다.

"냇가의 님페들이여, 제우스의 딸들인 당신들과 다시 만나리라는 생각도 못했습니다. 제발 지금은 저의 지극한 기원을 받아주십시오. 그리고 제물도 올려 드리겠습니다. 만일 전리품을 운반하시는 제우스의 따님께서 제 삶과 제 사랑하는 자식을 지켜주신다면, 먼저 제 선물을 받아주소서."

그의 말을 들은 아테나가 말했다.

"그런 일은 당신이 걱정하지 않아도 돼요. 그것보다 지금 곧 보물들을 그 큰 동굴 속에 숨겨 둡시다. 그리고 최선의 대책을 강구해 봅시다."

그러고는 여신은 어두컴컴한 동굴로 가서 숨길 장소를 찾았고, 오디세우스는 금과 변치 않는 청동, 잘 만들어진 의복 등 파이아키아 사람들이 선물해 준 보물들을 감추었다. 그리고 방패의 여신인 아테나는 동굴 입구를 돌로 가렸다. 그런 다음 그들은 신성한 올리브나무 옆에 앉아 교만한 구혼자들을 처치할 방법을 의논하였는데, 먼저 빛나는 눈빛의 여신 아테나가 말했다.

"오디세우스여, 어떻게 하면 염치도 없는 구혼자들을 처치할까 궁

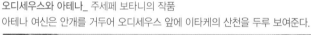

오디세우스와 아테나_ 주세페 보타니의 작품
아테나 여신은 안개를 거두어 오디세우스 앞에 이타케의 산천을 두루 보여준다.

리해 봐요. 그들은 3년 동안 당신의 성에서 뻔뻔스럽게 행패를 부렸어요. 여신과 다름없는 모습의 당신 부인에게 결혼 선물을 주면서 구혼을 했답니다. 당신 부인은 당신의 귀국을 고대하고 늘 비탄에 젖으면서도 모든 사나이들에게 희망의 말을 건네며 약속을 했으나, 마음속으로는 다른 기원을 언제나 하고 있었어요."

이에 지혜가 풍부한 오디세우스가 대답했다.

"진실로 여신께서 모든 것을 숨김없이 알려주시지 않았더라면, 저도 아가멤논이 당한 것처럼 제 집에서 참변을 당했을지도 모릅니다. 자, 제가 그들에게 어떻게 복수를 해야 되는지 그 묘안을 알려주십시오. 우리가 트로이아의 왕관을 벗기던 그때와 같이 제 가슴속에 용기를 넣어주소서. 저는 여신께서 제 옆에 서 계시기만 하다면, 300명이 덤벼든다 해도 두렵지 않습니다."

이에 눈빛이 빛나는 여신 아테나가 대답했다.

"나는 당신 곁에서 힘껏 도와줄 거예요. 당신이 어려운 일을 당할 때 절대로 당신을 잊지 않을 거예요. 그래서 당신의 집 재산을 탕진하는 그 무리들, 구혼하는 남자들 모두 반드시 피와 머릿골을 뿌리며 넓은 땅바닥을 물들일 겁니다. 그러면 이제 어

오디세우스와 아테나_ 그리스 도자기에 나타난 그림

떤 사람도 당신을 몰라보도록 만들어 드리지요. 그대의 아름다운 피부를 주름지게 하고, 머리는 금발을 없애며, 사람들이 보기만 해도 메스꺼워지는 누더기를 입혀 드리겠소. 또한 전에 그토록 아름다웠던 그대의 눈을 흉하게 만들어 구혼자들과 그대의 아내, 그리고 아들조차 알아보지 못하게 하겠소. 그러면 우선 그대는 돼지를 키우는 에우마이오스에게 가시오. 그는 그대뿐만 아니라 그대의 아들과 정숙한 페넬로페에게 충성을 다하고 있소. 그는 아레투사 샘터 근처에서 돼지들에게 풀을 먹이고 있을 거요. 그를 만나 모든 것을 물어보시오. 그동안 나는 아름다운 여인의 나라 스파르타로 가서 그대의 사랑하는 아들 텔레마코스를 불러오리다. 그는 지금 혹시 그대가 아직 살아 있을까 싶어, 소식이라도 들을까 하여 라케다이몬에 있는 메넬라오스에게 가 있소."

이에 지혜가 많은 오디세우스는 대답하였다.

"아니, 어찌 모든 것을 알고 계시면서도 그 아이에게 말씀해 주지 않으셨습니까? 그 아이 역시 망망대해에서 표류하며 갖은 고난을 겪고, 집에 있는 구혼자들이 가산을 없애 버린다면 어떻게 한단 말입니까?"

이에 빛나는 눈빛의 여신 아테나가 말했다.

"절대로 그 아이 일은 걱정하지 말아요. 내가 보냈으니까. 그 땅에 가서 훌륭한 명예를 얻도록

◀ 투구를 벗은 아테나 여신상

오디세우스와 아테나_ 주세페 보타니의 작품
아테나 여신은 지팡이로 오디세우스를 건드려 노인의 모습으로 변신시킨다.

했어요. 그리고 아무런 사고도 없이 편안하게 아트레우스의 아들 메넬라오스의 집에서 태산 같은 선물도 받고 지낼 것이오. 사실 구혼자들의 무리들이 그가 검은 배를 타고 고향에 돌아오기 전에 그를 죽이려고 설치면서 기다리고 있지만, 그것은 헛된 일이 될 것이오. 그 전에 당신네 집 양식을 먹어치우는 구혼자들을 남김없이 혼내 줄 날도 멀지 않았소.”

아테나는 말을 마친 뒤 지팡이로 오디세우스를 건드려, 보기 흉한 몰골의 노인으로 변신시켰다. 그러고 나서 여신은 오디세우스와 헤어져, 텔레마코스를 데려오기 위해 라케다이몬으로 떠났다.

오디세우스, 에우마이오스를 만나다

오디세우스는 포구에서부터 험하고 거친 산길을 지나, 아테나 여신의 말에 따라 돼지치기 에우마이오스를 찾아갔다. 오디세우스는 안뜰에 앉아 있는 돼지치기 에우마이오스를 발견했다. 그는 오디세우스의 시종들 가운데 가장 충실한 시종으로 성심껏 살림을 관리하였다.

안뜰은 매우 높고 앞이 확 트여서 멀리까지 내다보였다. 이곳은 돼지치기 에우마이오스가 그의 주인이 떠나간 후 왕비와 늙은 라에르테스 몰래 직접 지은 곳이었다. 돌을 파내고 가시 많은 관목으로 덮어 씌웠으며, 뜰 밖으로는 참나무 말뚝을 촘촘히 박은 뒤 서로 바싹 붙여서 12개의 우리를 만들었다. 돼지우리 안에는 새끼를 밴 암돼지 50마리씩 넣어 놓았고, 수돼지는 밖에다 내놓고 길렀는데 그 수는 훨씬 적었다. 교만한 구혼자들이 살진 수돼지들만 골라 향연을 베풀었기 때문이다. 그래도 남아 있는 수돼지가 360마리나 되었다. 그것들 옆에는 그가 키우는 야수 같은 개 네 마리가 지키고 있었다. 개들은 오디세우스를 보고는 거칠게 짖으며 달려들었다. 오디세우스는 지팡이를 땅에 떨어뜨리며 그 자리에 주저앉았다. 이때 에우마이오스가 달려 나와 개들을 말리지 않았더라면 하마터면 그곳에서 끔찍한 꼴을 당했을 것이었다.

비로소 에우마이오스가 말을 했다.

"노인장, 이놈의 개들이 하마터면 당신을 물어뜯을 뻔했구려. 영명하신 주인 생각으로 슬픔에 잠긴 가운데에도 다른 사람들을 먹이기 위해 돼지를 치고 있습니다. 아마도 그분은 말도 통하지 않는 이국 땅을 헤매며 고초를 겪고 계실 텐데……. 자, 안으로 들어가서 음식을 드시지요. 그리고 어디서 오셨으며 어떤 풍파를 겪으셨는지 말씀해 주시지요."

그는 두껍게 깐 나뭇잎 위에 침구로 사용하는, 털 많은 산양가죽을 널찍이 푹신하게 깔아 노인으로 변신한 오디세우스를 앉혔다. 오디세우스는 그의 환대에 매우 기뻐하며 말했다.

"오, 제우스와 불사의 모든 신들이시여, 그의 소원을 들어주소서. 그는 진심으로 나를 맞아 주었나이다."

그러자 에우마이오스가 대답했다.

"노인장, 비록 당신보다 더 천한 사람일지라도 업신여겨서는 안 되지요. 나그네는 모두 제우스가 보살피시는 것 아닙니까?

오디세우스와 에우마이오스가 새겨진 그리스 도자기 ▶

에우마이오스

오디세우스의 충성스러운 하인이다. 호메로스는 《오디세이아》에서 에우마이오스를 매우 충직한 인물로 묘사하였다. 오디세우스는 트로이아 전쟁에 출정하여 20년이 지나도록 돌아오지 않았으나, 에우마이오스는 주인이 없는 동안에도 오디세우스의 재산인 돼지를 잘 돌보았다.

저희 주인께서도 아가멤논의 복수를 하고자 트로이아 전쟁에 참전하셨는데, 지금은 소식조차 모르는 상황에 놓였습니다.”

이렇게 말하고 재빨리 겉옷을 띠로 질끈 졸라매고서는 돼지우리를 향해 나갔다. 거기에는 돼지들이 갇혀 있었는데, 그 우리에서 두 마리를 끌고 나와 모두 도살했다. 그리고 털을 불로 태운 다음 고기를 썰어 여러 꼬챙이를 가지고 와서, 아직 뜨끈뜨끈한 것을 꼬챙이째 오디세우스 앞에 바쳤다. 거기에 흰 보릿가루를 뿌리고 또 담쟁이 무늬가 새겨진 나무 대접에 달콤한 포도주 진국을 물로 섞어서는, 자신도 오디세우스 앞에 앉아서 먹기를 권하면서 말했다.

“노인장, 젖내 나는 돼지고기나마 사양치 마시고 드소서. 저 구혼자들은 살진 돼지만 인정사정없이 잡아먹는답니다. 비록 이방의 해안을 습격하여 전리품을 배에 가득 싣고 가는 적일지라도 신의 분노를 두려워하지 않을 수 없을 텐데, 이 사람들은 무슨 배짱으로 이렇게 오만 방자하게 구는지 모르겠습니다. 날이면 날마다 그들이 도살하는 돼지 며 양, 염소가 몇 마리인지 헤아릴 수조차 없습니다. 그 귀한 포도주 도 마구 퍼마시고 있습니다. 실로 그분의 재산은 엄청나, 검은 대륙이 나 이타케를 통틀어도 따를 자가 없지요. 어림잡아 보면, 대륙에 암소 무리와 양 떼가 열둘, 돼지 떼와 염소 떼 등이 그 정도인데, 구혼자들 은 날마다 한 마리씩 가장 살진 놈으로 갖다 바치라고 하지요. 나 역 시 가장 나은 놈을 골라 꼬박꼬박 갖다 바치고 있답니다."

오디세우스는 음식을 먹으면서 그의 말을 묵묵히 듣고 있었다. 그 러면서도 속으로는 분노의 마음이 일었다. 에우마이오스가 큰 술잔에 포도주를 가득 채우자 그것을 받아 들고는 그를 향해 물었다.

"아, 참으로 친절한 양반, 누가 당신의 주인이오? 그 재산으로 당신 을 사들인 분은? 그분이 아가멤논의 복수를 위해 목숨을 바쳤다고 했 지요? 말해 보시오."

그러자 에우마이오스가 말했다.

"노인장, 이 고장으로 그분의 소식을 가져온 유랑자는 많았지만, 아직 그분의 부인이나 사랑하는 아드님의 신임 을 얻지 못했습니다. 유랑자들은 그저 잠이 나 자고 허무맹랑한 소리나 늘어놓지요. 그 러나 왕비께서 마다하지 않으시고 친절히 대접하시는 까닭은 객지에 남편을 보냈기

노인으로 변신한 오디세우스가 새겨진 고대 주화 ▶

때문이랍니다. 아마 노인장 역시 입을 의복을 받기만 하면, 있는 말 없는 말 잘도 꾸며내 이야기할 것입니다. 하지만 그분은 이미 혼백만 남아 유족이나 나에게 근심만 남기셨습니다. 내가 어느 고장을 가본들 그분과 같이 점잖은 분을 다시 또 만나 뵐 수 있겠습니까? 비록 나를 낳아서 기른 부모를 다시 찾아간다 해도 그렇지는 못할 것이외다. 부모보다 더 그리운 분, 그분은 오디세우스왕이십니다."

오디세우스는 감정을 다스리며 그에게 말했다.

"아, 친절한 양반! 참으로 당신은 남의 말일랑 받아들이지 않고, 이젠 그분이 돌아오시지 않는다고 믿는구려. 그러나 내 맹세코 오디세우스 님은 돌아오십니다. 그분께서 틀림없이 돌아오는 날에는 나에게 꼭 사례를 하셔야 하오. 좋은 의복으로 말이오. 하지만 그 전에는 내아무리 궁해도 받지 않으리다. 기갈에 쫓겨 거짓말을 하는 자는 지옥에 떨어지기 때문이오. 자, 모든 신들 중에서 으뜸이신 제우스께 맹세하지요. 이 달이 지나고 새 달이 되면, 그분은 집으로 돌아와 구혼자들에게 복수를 할 거요."

그의 장담에 에우마이오스가 대답했다.

"노인장, 이 좋은 소식에 대한 사례를 할 형편도 못 되지만, 오디세우스께서는 집에 돌아오시지 않을 거요. 그러니 조용히 마시면서 다른 이야기나 하시지요. 위대하신 오디세우스왕만 생각하면 내 가슴이 찢어질 듯 아프다오. 하지만 내 소원대로 오디세우스 님이 돌아오신다면 정말 좋겠소. 나는 그분의 아드님 일로도 매우 슬프답니다. 나는 왕자님이 그의 부친 못지않게 두각을 나타내리라 생각했지요. 그런데 신의 짓인지, 인간의 짓인지 그의 예지력을 망쳐 놓아 그는 찾지도 못하는 아버지의 행방을 찾아 이곳을 떠났습니다. 그리고 지금 무례한 구혼자들이 매복해서 그가 돌아오기만을 기다리고 있답니다. 그건 그렇고, 노인장이여, 당신이 겪은 고난이나 말해 보시오."

그를 향해 오디세우스는 말했다.

"나의 모든 것을 솔직히 이야기하리다. 나는 출신부터 말하자면 크레타섬의 유복한 지주의 아들이었지. 그런데 나 말고도 많은 아들들이 큰 저택에서 자라났다오. 그러나 나는 첩의 소생이었소. 하지만 힐라코스의 아들 카스토르께서는 나를 적자들과 다름없이 대해 주셨다오. 당시 아버지는 크레타인들로부터 신과 같은 추앙을 받았지요. 하지만 그분이 죽음의 운명을 맞자, 그의 거만한 정실 아들들은 재산을 분배하고자 제비를 뽑았지요. 그 결과 나는 가장 작은 몫으로 집을 한 채 물려받았기에 아내를 맞아들였지요. 땅을 많이 소유한 지주의 딸이었지요. 아마 아내의 아버지는 건강한 체격과 전쟁을 두려워하지 않는 내 용기를 보고 딸을 준 모양입니다. 그때는 정말로 정예의 복병을 뽑게 되면 언제나 선두에 서게 되었고, 강철 같은 내 정신은 어떠한 죽음도 두려워하지 않았습니다. 나는 전쟁의 선두에 나서서 어느 놈이고 잡히기만 하면 가차 없이 베었습니다. 그래서 아카이아 사람들이 트로이아에 도착하기 전에 아홉 번이나 함대와 병사 들의 지휘자로서 타국을 정벌하여 많은 재산을 노획했습니다. 그리하여 나는 크레타 사람들로부터 존경을 받게 되었습니다. 그러나 제우스 신께서 나에게 일리오스로 배를 인도하라고 하셨습니다. 거기서 나는 9년 동안 전쟁을 했으며, 10년째 되던 해에 겨우 프리아모스의 도시를 점령하고 귀국의 길에 올랐습니다. 그런데 전능하신 제우스께서 나에게 가혹한 운명을 지워 주셨습니다. 겨우 한 달 동안만 나는 자식들과 아내, 그리고 재산에 대한 기쁨을 맛본 것입니다. 그리고 그 후 계속 배 위에서만 살았지요.

트로이아 전투 장면을 묘사한 부조
그리스 연합군과 트로이아군의 전쟁은 마침내 오디세우스의 계략 덕분에 그리스군의 승리로 돌아간다.

나는 동료들과 함께 이집트로 항해하고자 했습니다. 9척의 배가 준비되자 갑자기 힘이 솟구친 나는 충실한 동료들과 함께 6일 동안 향연을 베풀고, 많은 제물을 준비하여 신에게 바쳤습니다. 그리고 7일째 되던 날, 우리는 온화한 북풍에 돛을 달고 크레타 평야를 출항하여 아무런 피해 없이 무사히 갈 수 있었습니다. 이렇게 해서 5일 만에 유유히 흐르는 이집트 강에 이르러, 강어귀에 양쪽이 흰 배를 매었지요. 그리고 나는 충성스러운 동료들에게 명령하여 그대로 배 옆에 머물러 배를 지키게 하는 한편, 정찰대를 보내어 각지를 정찰하고 오도록 명령했지요. 그러나 그들은 혈기 닿는 대로 오만한 생각에 몸을 내맡겨, 바로 이집트 사람들이 훌륭하게 가꾸어 놓은 밭을 마구 짓밟아 놓았다오. 그리고 여자와 어린아이 들을 잡아오고 남자는 살해했는데, 그 요란한 소문은 곧 그들의 도성에까지 알려졌다오. 그래서 그 마을 사람들은 그 소리를 듣고 날이 새자마자 우우 몰려와, 온 평원은 보병과 기병, 청동의 번쩍임으로 가득 찼지요. 그러나 우레를 울리는 제우스께서 우리 동료들의 가슴속에 비참한 패망의 마음을 심어놓아 아무도 적 앞

항해하는 배가 새겨져 있는 고대 부조

에 나가 싸우려는 자가 없었지요. 사방에서 재앙이 우리를 덮쳐온 것이지요. 적들은 이때를 놓치지 않고 우리의 많은 용사들을 베거나, 아니면 생존자들을 끌고 가서 노역을 시켰지요. 그때 나는 차라리 그곳에서 죽었으면 하고 바랐습니다. 왜냐하면 불행이 잇따라 닥쳐왔기 때문입니다. 나는 곧 튼튼한 투구를 벗고 방패와 창을 내던지고 왕의 전차로 달려가 무릎에 입을 맞추었습니다. 왕은 그러한 내가 불쌍했는지 전차에 태웠습니다. 그러나 아직도 많은 무사들은 나를 찌르고자 호시탐탐 노리고 있었습니다.

그곳에서 그대로 7년 동안이나 머무르면서 많은 재물들을 그러모았습니다. 그러나 8년째 되던 해, 행악을 일삼는 페니키아 사람이 왔습니다. 그는 아주 욕심이 많은 사람으로 이미 많은 사람들에게 비행을 저지른 자였습니다. 그가 교묘한 수단으로 나를 페니키아까지 끌고 가 나는 그곳에서 1년 동안 살았습니다.

해가 바뀌자, 그는 나를 짐과 함께 호송하는 척하면서 리비아로 가는 배에 태웠습니다. 그의 속셈은 리비아에다 나를 팔아 막대한 돈을 벌려는 것이었습니다. 나는 강제로 배에 올랐으나, 왠지 불길한 느낌이 들었습니다. 배는 북풍을 받아 크레타로 향했지만, 제우스께서 뇌성벽력을 내리치시니 배는 온통 유황 연기로 가득했습니다. 모두들 급류 속에 휘말려 갔으나 제우스께서 나로 하여금 검은 배의 돛대를 잡게 하여, 나는 천만다행으로 위험에서 벗어날 수 있었습니다. 나는 돛대를 잡고 간신히 무서운 바람을 견뎌냈습니다. 이렇게 9일을 견디다가 10일째 되던 밤, 나는 테스프로티아 땅에 다다랐습니다. 그곳은 영웅 페이돈왕이 있는 곳으로, 테스프로티아의 왕자가 나

고대 그리스 선박
오디세우스는 에우마이오스에게 자신의 항해에 대해 거짓 이야기를 들려준다.

를 구해 준 것입니다. 이곳에서 나는 오디세우스의 소식을 들었습니다. 테스프로티아 왕의 말에 의하면, 고향 땅으로 돌아가는 오디세우스를 손님으로 융숭하게 대접했다는 겁니다.

그리고 오디세우스에게 얻은 보배로운 선물들을 보여주었습니다. 그것들은 왕실에 쌓아놓았는데, 어찌나 많은지 아마 10대손까지는 부유하게 누릴 수 있겠더군요. 왕은 오디세우스가 고국 이타케로 바로 돌아가야 할 것인지, 아니면 몰래 돌아가야 할 것인지, 제우스의 계시를 들으러 잎이 무성한 참나무 숲으로 떠났다고 했습니다. 그러나 나는 오디세우스를 보지 못하고 그곳을 떠나야 했습니다. 테스프로티아의 배가 곡창 지대인 둘리키온으로 떠나기 때문이었습니다. 왕은 그들에게 성의를 다해 나를 아카스토스왕에게 안내하라고 일렀습니다. 그러나 그들은 항해 도중에 음모를 꾸며, 나를 노예로 팔 궁리를 했습

니다. 그들은 내 튜닉과 망토를 벗긴 후, 지금 입고 있는 이 누더기를 입혔습니다. 그리고 저녁 무렵 이곳 이타케에 이르자 그들은 나를 결박해 놓고 저녁을 먹으러 갔습니다.

그러나 신들이 결박을 풀어주어, 나는 누더기를 머리에 뒤집어쓴 채 잎이 무성한 숲속으로 들어가 몸을 웅크리고 누웠습니다. 그때 저녁을 먹고 돌아온 그들은 나를 찾을 수가 없자 그대로 우묵한 배를 타고 돌아갔습니다. 나는 신들의 도움으로 그곳을 벗어났고, 착하신 그대의 농장까지 오게 된 것입니다.”

오디세우스의 말을 들은 에우마이오스가 대답하였다.

“아, 참으로 불운한 손님이시군요. 영감님의 이야기를 들으니, 얼마나 많은 고생을 하며 방랑을 하셨는지 짐작이 가오. 하지만 오디세우스에 관한 얘기는 전혀 감명을 주지 못했습니다. 당신 같은 양반이 왜 거짓말을 해야 하오? 나도 우리 주인이 신들의 미움을 받아온 것을 알고 있습니다. 물론 트로이아 적진에서 죽은 것도 아니요, 전우의 품안에서 최후를 마친 것도 아니지요. 그랬다면 모든 아카이아군들이 그분의 묘지를 마련했을 뿐만 아니라, 그 아드님도 굉장한 영광을 얻었겠지요. 그러나 불운하게도 파도에 휩쓸려 불귀의 객이 된 것입니다. 나는 이곳에서 살면서 왕비님인 페넬로페께서 부르시지 않는 한, 결코 도성에는 가지 않지요. 모두들 소식을 가져온 사람에게 자세히 캐물으면서 어떤 사람은 멀리 떠난 왕을 기억하며 슬퍼하고, 또 어떤 사람은 그 댁의 음식을 먹어치우지요. 그러나 나는 한 아이톨리아인의 얘기에 속은 다음부터는 더 이상 묻지 않습니다. 그는 사람을 죽이고 여러 나라를 이리저리 방랑한 끝에 우리 집으로 찾아왔던 것인데,

얼빠진 내가 그를 제법 친절하게 돌보아 주었다오. 그랬더니 그가 말하기를, 크레타에서 오디세우스가 이도메네우스와 함께 폭풍에 파손된 배를 고치고 있는 것을 보았다고 했습니다. 또한 여름이나 초가을이면 많은 재물을 가지고 동료들과 함께 돌아오시게 될 거라고 하였소. 아, 노인이여! 나에게 위안의 말을 하지 마십시오. 그런다고 내가 당신을 존경하거나 사랑하지는 않을 테니 말입니다. 단지 나는 나그네의 신이신 제우스를 경외하고 당신이 너무나 딱해 돕는 것뿐이오."

이에 지혜 많은 오디세우스가 말했다.

"그대는 좀처럼 사람을 믿지 못하는 마음을 품고 있구려! 그러면 우리 올림포스를 다스리는 열두 신을 증인으로 삼아 맹세합시다. 만일 그대 주인이 돌아오신다면, 나에게 망토와 튜닉 등 의복을 주어 둘리키온으로 가게 해주시오. 그러나 주인이 오시지 않는다면, 그대 큰 바위 위에서 나를 아래로 떠밀어 다른 거지들이 다시는 속이지 못하도록 하시지요."

오디세우스의 말에 에우마이오스가 대답했다.

"노인이시여, 만일 당신을 내 집의 손님으로서 대접하고, 다시 당신의 생명을 빼앗는 것이

◀ 베를 짜는 페넬로페_ 얀 반 데어 스트라트의 작품. 피렌체 베키오 궁전 내의 프레스코화. 오디세우스의 아내이자 이타케의 왕비인 페넬로페는 오디세우스가 돌아오지 않자 무례한 구혼자들의 구혼 독촉에도 베를 짜며 견뎌낸다.

영예와 행복을 영원히 누리는 길이라면 내 그렇게 하리다. 그러나 지금은 저녁을 먹을 시간입니다. 곧 내 동료들과 함께 집에서 맛있게 식사하신 뒤 확인해도 늦지 않습니다."

이렇게 두 사람이 서로 이야기를 나누고 있었을 때, 돼지치기 사나이들이 방목 중이던 돼지를 몰고 들어왔다. 돼지를 우리에 몰아넣자, 여기저기서 꿀꿀거리는 소리가 들려왔다. 그러자 에우마이오스는 그의 동료들에게 말했다.

"가장 튼실한 돼지를 잡아 먼 곳에서 오신 손님을 대접합시다. 또한 우리도 돼지를 치느라 고생을 했으니 마음 놓고 한번 먹어봅시다."

그가 청동 도끼로 장작을 쪼개자, 다른 사람들이 5년 된 아주 튼실한 수퇘지를 잡아다가 불 옆에 놓았다. 에우마이오스는 먼저 송곳니가 번쩍이는 수퇘지의 머리털을 잘라 불에 태우고, 오디세우스의 귀국을 모든 신들에게 빌었다. 그런 다음 똑바로 서서 참나무 몽둥이로 돼지를 쳤다. 그러자 다른 사람들이 나서서 목을 자르고 털을 그슬렸다. 돼지치기는 팔다리에서 날고기를 발라내어 장작불 위에 올려놓고 보릿가루를 뿌려 불에 굽는가 하면, 나머지는 잘게 썰어 꼬챙이에 꿰어 잘 구운 다음 쟁반에 담았다. 그런 다음 손을 놀려 일곱 몫으로 나누었다. 하나는 님페들과 헤르메스에게 기도를 올릴 때 놓고, 나머지는 각각 분배했다. 오디세우스에게는 존경하는 의미에서 넓적한 등심살을 올려놓았다. 그러자 에우마이오스를 향해 오디세우스가 말했다.

"에우마이오스여, 나한테서 받는 것과 같이 부디 당신이 제우스로부터도 호감을 받는 분이 되시기를 바랍니다."

그 말에 돼지치기 에우마이오스는 이렇게 대답했다.

"내놓은 것을 많이 잡수시오. 무척이나 색다른 손님이시군. 그것으로 즐거워한다면 좋겠소. 사람이 마음속으로 소원하는 일에 대해서도 신께서 해주시는 일도 있고, 안 해주시는 일도 있다오. 다시 말해 무슨 일이나 신께서는 모두 하실 수 있단 말이오."

그는 말을 마치고 영생의 신들에게 가장 좋은 부위를 구워 올린 뒤, 포도주를 오디세우스에게 권한 다음 자리에 앉았다. 그들은 유쾌히 식사를 한 뒤 자기 처소로 쉬러 갔다.

그리하여 밤이 되었는데, 달이 없어 몹시 어두운 밤이었다. 밤새도록 제우스가 비를 내리었고, 게다가 서풍도 끊임없이 습기를 몰아 왔다. 그들 사이에서 오디세우스는 돼지치기 에우마이오스의 마음을 떠보려고 이렇게 말했다.

오디세우스와 에우마이오스_ 얀 스티카의 작품
에우마이오스가 노인으로 변신한 오디세우스를 대접하는 장면

"자, 에우마이오스와 여러분, 잠깐 내 말을 들어보시지요. 나는 감히 술의 힘을 빌려 말하겠습니다. 술이란 아주 엄숙한 사람조차도 노래하게 하고 춤추게 하며, 또 하지 않아도 될 말까지 하게 하는 마력을 가지고 있지요. 아무튼 내 조금도 숨기지 않고

말하리다. 아, 우리가 복병을 정렬하여 트로이아 시로 잠입해 들어갔을 때처럼 내가 젊고 기운이 팔팔하면 좋으련만! 나는 오디세우스와 메넬라오스에 이어 세 번째 서열이었습니다. 우리가 성벽 근처에 이르러 풀밭이며 습지에 엎드려 있을 때였습니다. 살을 에는 듯한 북풍이 몰아치면서 하늘에서는 찬 눈이 내렸고, 방패 주위로는 얼음이 돋았습니다. 외투와 튜닉을 입고 있던 다른 사람들은 편안히 잘 수 있었습니다. 그러나 나는 어리석게도 외투를 벗어놓은 채 방패와 화려한 가죽 무릎 덮개만 가지고 갔습니다. 삼경이 되어 별들도 보이지 않았을 때, 나는 바로 옆에 있는 오디세우스에게 말했습니다.

방패를 이불 삼는 오디세우스_ 얀 스티카의 작품
오디세우스는 외투와 튜닉을 챙기지 못한 병사를 위해 지혜를 발휘하여 해결한다.

'라에르테스의 아드님이시여, 외투가 없고 보니 정말 못 견디겠습니다. 신께서 튜닉만 입도록 꾀어 넘어간 것입니다.'

그러자 그분은 무슨 생각을 하셨는지 조용히 말씀하셨습니다.

'다른 사람들이 듣지 않도록 조용히 하시오.'

그러고는 조금 큰 목소리로 말했습니다.

'자, 동지들! 이곳은 배

에서 너무 멀리 떨어진 곳이오. 그래서 말인데, 배에 있는 아가멤논에게 증원 부대를 보내 달라고 요청하면 좋겠소.'

그러자 안드라이몬의 아들 토아스가 얼른 일어나더니, 자줏빛 외투를 벗어 던지며 배로 달려가더군요. 그리하여 나는 그 옷을 기꺼이 입고 잠이 들었습니다. 아, 그때처럼 내가 젊고 기운이 팔팔했으면! 그렇다면 돼지치기의 한 사람이 우정에서나 훌륭한 전사에 대한 예의에서라도 내게 외투를 줄 텐데. 그러나 내 이처럼 남루한 의복을 입었기 때문에 모두들 비웃는단 말이오."

그러자 에우마이오스가 말했다.

"노인장이시여, 말씀 잘 들었습니다. 지금 말씀이 조금도 귀에 거슬리거나 무익한 것은 아닙니다. 오늘 밤은 필요하신 게 있다면 옷이든 무엇이든 조금도 부족함이 없이 드리지요. 그러나 내일 아침에는 전에 입고 오셨던 것을 다시 입고 가셔야 합니다. 우리도 한 벌씩밖에는 여벌이 없기 때문입니다. 하지만 오디세우스의 아드님만 오시면 외투와 튜닉뿐만 아니라, 또한 가시고 싶은 곳으로 보내 드릴 것입니다."

에우마이오스는 이렇게 말하고는 얼른 일어나 바로 불 옆에 오디세우스를 위한 잠자리를 깔아주고, 그 위에 양가죽과 염소가죽을 펴주었다. 오디세우스는 거기에 몸을 뉘었다. 이윽고 오디세우스는 잠이 들었고, 젊은이들도 잠이 들었다. 그러나 에우마이오스는 그곳에서 자는 것이 내키지 않았으므로 예리한 창을 들고 우묵한 바위 밑, 송곳니가 번쩍거리는 돼지우리로 가서 누웠다. 오디세우스는 주인이 없는 동안에도 돼지치기가 그토록 정성껏 관리하는 데 대해 내심 기뻐했다.

텔레마코스의 귀향

    한편, 아테나 여신은 오디세우스의 아들에게 빨리 귀국할 것을 재촉하기 위해서 라케다이몬으로 떠났다. 그리하여 텔레마코스와 네스토르의 아들이 이름 높은 메넬라오스의 성관 홀에서 잠자고 있는 것을 보았다. 아닌 게 아니라 네스토르의 아들은 깊은 잠에 빠져 있었지만, 텔레마코스는 아버지에 대한 근심 때문에 눈을 말똥거리고 있었다. 그때 바로 빛나는 눈의 아테나가 그의 옆으로 가서 말했다.

    "텔레마코스여, 집을 떠나 이처럼 다른 나라 땅을 돌아다니다니! 게다가 집안 살림도 버려 둔 채, 또 너의 성에다 저 기고만장한 구혼자들을 내버려 둔 채 말이야. 자, 이제 집으로 돌아가 어머니를 만나도록 하시오. 이미 외할아버지와 외삼촌들이 어머니에게 에우리마코스와 재혼할 것을 권하고 있으니 말이다. 그 사나이가 다른 구혼자들보다도 더 나은 인물이지. 그러나 어머니로 하여금 재산을 가져가게 하지 마시오. 여자의 마음이 어떤 것인지는 그대도 잘 알 것이다. 그래서 죽은 남편이나 전자식에 대해서는 전혀 생각지도 않을 뿐만 아니라, 입에 담지도 않는 법이오. 그러니 그대가 가장 신임할 만한 시녀에게 모든 재산을 관리시키고, 신이 그대에게 훌륭한 신부를 보내는 날까지 기다리시오. 또 하나 얘기할 게 있소. 구혼자들 중에서 가장 힘센 자들이 험한 사모스와 이타케 사이의 바다에서 그대를 암살할 목적으로 숨어 기다리고 있소. 물론 나는 그것이 이루어지리라고 생각지 않소. 머지않아 대지는 그대 가산을 탕진한 구혼자 몇 명을 집어삼킬 것이오. 그때까지 그대는 튼튼한 배로 밤낮을 가리지 말고 항해를 계속하시오. 그러면 그대를 지켜온 신이 순풍을 보내줄 것이오. 그리하여 이타케 해안 가까이 도착하면 배와 동료들만 성으로 보내고, 그대는 돼지치기 에우마이오스를 찾아가시오. 그리고 그대의 어머니 페넬로

텔레마코스 앞에 나타난 아테나 여신

페에게 그대가 무사하다는 것을 알리도록 하시오."

아테나 여신은 말을 마치고 올림포스로 돌아갔다. 텔레마코스는 자리에서 일어나 네스토르의 아들을 깨웠다.

"어서 일어나시오. 우리는 서둘러 길을 떠나야 할 것이오."

그러자 페이시스트라토스가 말했다.

"텔레마코스여, 이 밤중에 어디를 간단 말입니까? 곧 날이 밝을 것이니, 메넬라오스왕께서 선물을 수레에 싣고 흔쾌히 보내 줄 때까지 기다립시다. 왜냐하면 손님으로 폐를 끼친 사람은 친절을 베풀어 준 주인을 언제까지나 잊지 않고 생각하는 법이니까."

메넬라오스궁의 텔레마코스_ 알렉상드르 클레망의 작품.
앙투안 부아조의 그림을 기초로 알렉상드르 클레망이 동판으로 제작하였다.

이런 사이 황금의 손가락을 가진 새벽의 여신이 나타났다. 그러자 머리를 땋은 헬레네 옆에서 자던 메넬라오스왕이 일어나 텔레마코스 앞에 나타났다. 커다란 망토를 걸친 텔레마코스는 얼른 메넬라오스 옆에 섰다.

"백성들의 지도자이신 메넬라오스왕이시여, 저를 고국으로 돌아가게 해주소서. 고국이 몹시 그립습니다."

메넬라오스궁의 텔레마코스

그의 말을 들은 메넬라오스는 입을 열었다.

"텔레마코스여, 그렇게 간절히 가고 싶어 하는 자네를 결코 이곳에 오래 머물게 하지 않겠네. 하지만 내 곧 선물을 마련할 때까지만 기다려 주시오. 그리고 시녀에게 성찬을 짓도록 일러놓았으니, 그대 출발하기 전에 들고 간다면 영광이겠소. 또한 그대가 헬라스와 중앙 아르고스를 통과한다면, 나도 함께 동행하리다. 그러면 아무도 우리를 빈손으로 보내진 않을 것이오. 화려한 청동 세발솥이며 냄비, 한 쌍의 노새, 황금으로 만든 신주 잔 등을 우리에게 선물할 것이오."

그의 말을 들은 텔레마코스가 대답했다.

"왕이시여, 저는 곧장 고국으로 가겠습니다. 떠나올 때 가사를 돌볼 사람을 미처 정하지 못했기 때문이지요. 아버지를 찾아다닌다 해도 제 목숨을 잃거나, 값진 가산을 탕진하고 싶지는 않습니다.”

메넬라오스는 그 말을 듣자, 즉시 자기 부인과 시녀들한테 명령해서 식사를 준비시켰다. 그리고 보에토오스의 아들 에테오네우스에게 불을 지펴 고기를 굽게 하고는 헬레네와 아들 메가펜테스와 함께 광으로 향했다. 재물을 쌓아놓은 곳에 다다른 메넬라오스는 두 개의 손잡이가 달린 잔을 들고 메가펜테스에게는 은술병을 들도록 시켰다. 한편 헬레네는 손수 수를 놓아 만든 예복을 맨 밑에서 골라 가져왔는데, 그것은 별처럼 아름답게 반짝였다. 그들은 텔레마코스 앞에 선물들을 놓으며 말했다.

“텔레마코스여, 내 집에 있는 기념품 중에서 가장 아름답고 가치 있는 것을 드리지요. 이것은 내가 귀국길에 시돈의 왕 파이디모스한테 받은 은술잔으로 금 테두리가 둘러쳐진 것인데, 헤파이스토스의 작품이오.”

이렇게 말하며 메넬라오스는 두 귀가 달린 술잔을 텔레마코스의 손에 건네주었다. 그러자 용맹한 메가펜테스는 눈부신 은제 희석용 술동이를 날라다가 그의 앞에 놓았다. 또 아프로디테의 미모를 가진 헬레네는 두 손으로 옷가지를 받쳐 들고 옆에 서서 그의 이름을 불러 말했다.

“텔레마코스 왕자님이시여, 저도 선물로 이걸 드립니다. 이 선물은 아름다운 그대의 혼례식 때 신부에게 입혀 주세요.”

텔레마코스는 몹시 기쁜 마음으로 선물들을 받았다. 그리고 그들이 안락의자에 앉자 시녀가 화려한 금 항아리에다 물을 가져와 붓고 손을 씻게 하였다. 옆에는 잘 닦은 탁자를 펴놓았다. 그곳에 빵 등을 날라다 한 옆에 놓고, 그 밖에도 손님에 대한 인사로 갖가지 요리 접시를 먼저 마련된 것부터 곁들여 냈다. 또한 보에토오스의 아들이 고기를 잘라 나르고, 메가펜테스는 포도주를 따랐다. 텔레마코스와 페이시스트라토스는 실컷 먹고 마신 뒤 수레에 올랐다. 그러자 메넬라오스가 따라 나와, 신들에게 제주를 부으며 이렇게 말했다.

"잘 가시오, 젊은 용사들이여. 우리 아카이아 사람들이 트로이아에서 전쟁을 치르는 동안 아버지처럼 자상하게 대해 주신 네스토르께도 안부를 전해 주시구려."

이에 텔레마코스가 대답했다.

"분부 받들어 그렇게 하지요. 그리고 이타케로 돌아가 아버님을 뵙게 되어, 오늘의 이 친절과 값비싼 선물에 대해 아뢸 수 있으면 얼마나 좋을까요!"

그가 말하는 동안 독수리 한 마리가 날아와 큰 거위를 잡아채 갔다. 그러자 사람들이 모두 함성을 지르며 따라갔지만, 독수리는 공중회전을 하더니 오른쪽 하늘로 사라졌다. 이에 페이시스트라토스가 메넬라오스에게 물었다.

"스파르타의 영웅이신 메넬라오스왕이시여, 이게 무슨 징조입니까?"

그의 질문을 들은 메넬라오스가 골똘히 생각하자, 긴 예복 차림의 헬레네가 대신 말했다.

"집 안의 저 거위를 독수리가 채간 것은 오디세우스께서 오랜 유랑 끝에 돌아오시어 구혼자들에게 복수를 한다는 신의 계시입니다. 어쩌면 그분은 벌써 돌아와 있는지도 모르지요."

텔레마코스와 페이시스트라토스_ 조반니 바티스타 티에폴로의 작품
텔레마코스와 페이시스트라토스는 부모님의 인연으로 각별한 우정을 서로 나누게 된다.

이에 텔레마코스가 대답했다.

"올림포스의 주신인 제우스 신께서 제발 그 말씀대로 이루어 주시길! 그러면 나는 귀국해서도 왕비님을 신처럼 우러르겠습니다."

그가 말을 마친 뒤 두 마리의 말에 채찍을 가하자 말들은 도성을 지나 빠르게 들판을 향해 달렸다.

하루 종일 말들은 멍에를 흔들며 앞을 향해 달렸다. 이윽고 황혼이 찾아오자 그들은 파라이에 도착해, 디오클레스의 집에서 하룻밤을 묵었다.

그리고 새벽이 오자 그들은 다시 말을 몰아 필로스의 험준한 성으로 향했다. 그곳에 도착한 텔레마코스가 먼저 네스토르의 아들에게 말했다.

"친구여, 내 부탁 하나 하겠네. 우리는 아버지들의 우정으로 이미 친구를 선언한 사이가 아닌가? 더욱이 우리는 나이가 같은 동갑에다 같이 여행한 사이니, 우리의 우정도 더욱 돈독해졌네. 친구여, 여기서부터는 내 배로 떠나겠으니 먼저 들어가게나. 네스토르왕께서 굳이 만류하시면 지체되니까, 나는 곧장 이타케로 가야겠네."

이렇게 말하자, 네스토르의 아들은 신중히 생각해 보았지만 텔레마코스의 말이 최선의 방법이었다. 페이시스트라토스는 말을 해안에 있는 배에다 댄 뒤, 메넬라오스에게 받은 선물들을 배에 실었다.

"내가 집에 도착하기 전에 서둘러 배에 오르게. 만일 그대가 그냥 간다는 것을 아버지께서 아시면 분명 만류하실 것일세."

네스토르의 아들은 말을 마치자 갈기가 탐스러운 말을 타고 궁을 향해 몰았다. 한편 텔레마코스는 동료들을 불러 말했다.

"자, 동지들, 선구를 갖추어 바로 떠나세나."

그의 명을 받은 동료들은 배에 오른 뒤 노를 걸었다. 이렇게 서두르는 가운데서도 아테나 여신에게 제물을 올리는 걸 잊지 않았다. 그때 사람을 살해하고 아르고스로부터 도망쳐 온 한 예언자가 그에게 다가왔다. 그는 일찍이 아주 부유한 필로스인 멜람푸스의 자손으로서 1년 동안이나 넬레우스를 피해 고국을 떠나 있었다. 왜냐하면 넬레우스에게 복수하여 그 딸을 자기 아우의 아내로 삼았기 때문이다.

바로 그 테오클리메노스가 텔레마코스 옆으로 다가왔던 것이다. 때마침 텔레마코스는 빠른 배 옆에서 기도를 드리고 제주를 올리는 참이었는데, 그를 향해 간절히 말했다.

"그대여, 당신이 올리는 제물과 신, 그리고 그대의 생명과 동료들의 생명을 걸고 묻노니, 그대는 누구의 자손이고 어디서 왔으며 또한 그대의 고국은 어디요?"

이에 텔레마코스가 대답했다.

"처음 뵙는 분이시여, 그렇게 물으니 솔직히 대답하리다. 나는 이타케의 사람이며, 아버님 성함은 오디세우스라고 합니다. 그분은 지금 행방이 묘연하여, 혹시라도 소식을 들을까 싶어 온 것이오."

그 말에 신이나 다름없는 테오클리메노스가 애원하였다.

"나 역시 내 종족을 살해하고 고향을 도망쳐 나왔다오. 그 뒤로 나는 추방자의 신세가 되어 이곳저곳 유랑하고 있는 중이오. 자, 부탁하노니 그들에게 잡히지 않도록 나를 배에 좀 태워 주시구려."

이 말에 영리한 텔레마코스가 말했다.

"그렇게 하시지요. 그리고 이타케에 무사히 도착하는 대로 그대를

텔레마코스와 테오클리메노스_ 얀 스티카의 작품
테오클리메노스는 아르고스의 예언자이다. 그는 살인죄를 저지르고 도피 생활을 하던 중 필로스에서 오디세우스의 아들 텔레마코스를 만나 함께 이타케로 가서, 오디세우스의 귀향과 구혼자들에게 닥칠 재앙을 예언하였다.

환영해 드리리다."

텔레마코스는 이렇게 말한 뒤, 그의 청동 창을 받아 둥근 배의 갑판 위에 놓았다. 그리고 자신의 옆에 테오클리메노스를 앉혔다. 동료들은 닻줄을 풀고 소나무 돛대를 올린 뒤 그것을 밧줄로 단단히 동여맸다. 그리고 쇠가죽으로 꼰 끈으로 흰 돛을 올리자, 아테나 여신이 순풍을 불어주어 배를 빠른 속도로 나아가게 했다. 그리하여 아름다운 강이 흐르는 칼키스를 지나 페아이에 가까이 다다르자, 어둠이 깔리기 시작했다. 그들은 계속해서 노를 저어 에페이아 사람들이 다스리는 신성한 엘리스를 지나갔다. 텔레마코스는 과연 자신이 죽음을 면할 수 있을 것인가에 관해 곰곰이 생각하며 고국으로 향했다.

한편, 오디세우스는 선량한 돼지치기와 식사를 마친 뒤 그들을 시험해 보고 싶었다.

"에우마이오스 님과 여러분들께 한마디 여쭙겠습니다. 내가 여기 계속 머물면 여러분들께 폐를 끼치게 되니, 날이 밝는 대로 다시 구걸을 하러 시내로 가야겠습니다. 그러니 그곳으로 가는 길을 좀 일러주시지요. 그래서 존엄한 오디세우스 님 궁전에 가서 현명한 페넬로페 님께 소식을 전해 드리고 나서 무례한 구혼자들과도 사귀면, 혹시 좋은 식사라도 대접받을지 누가 압니까?"

이 말을 들은 에우마이오스는 크게 화를 내며 말했다.

오디세우스와 에우마이오스

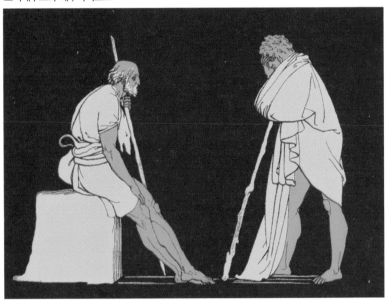

"노인장, 어찌하여 그런 생각을 하십니까? 당신이 정말 그곳으로 가신다면 다시는 돌아오지 못하십니다. 그 불한당 같은 자들이 노인장을 가만히 두지 않을 것입니다. 그리고 당신 같은 분은 그들의 일꾼이 될 수 없습니다. 그들은 젊고 잘생긴 하인들을 뽑기 때문이지요. 그러니 그런 생각은 버리고 여기 계시지요. 노인장이 여기 계신다고 나나 여기의 사람들은 조금도 불편하게 여기지 않을 것입니다. 그리고 만약에 텔레마코스 왕자님이 오시게 되면, 그분이 망토건 속옷이건 입을 것을 주실 게고, 그때 어디든 가고 싶은 곳으로 보내 주실 거요."

그 말에 노인으로 변신한 오디세우스가 대답했다.

"에우마이오스 님, 당신이 나한테 대해 주신 것만큼, 제우스 신께서도 당신을 염려해 주시도록 빌겠습니다. 나의 고달픈 방랑을, 그리고 괴로운 한탄을 덜어주시니 말이오. 집 없이 떠돌아다니는 것처럼 처량한 것은 없습니다. 더구나 목구멍이 포도청이라 온갖 고초를 겪으면서도 구차하게 연명하는 것이 인생인가 합니다. 한데 주인이 올 때까지 머물러 있으라 하시니, 참으로 감격할 뿐입니다. 그러면 오디세우스의 아버님과 어머님에 대한 이야기를 들려주시지요. 그분들은 아직 생존해 계시는지요?"

그 말에 돼지치기들의 우두머리인 에우마이오스가 대답했다.

"손님께서 궁금하시다면 모든 것을 말하지요. 라에르테스 님은 아직 살아 계시지만, 늘 세상을 떠나게 해달라고 기도한답니다. 그럴 수밖에요. 한번 떠난 채 돌아올 줄 모르는 아드님 때문에 몹시 애통해하고 계시니까요. 게다가 현명하신 부인마저 돌아가셨으니 한층 더 안타까워하시며, 그래서 더 빨리 늙으셨다오. 그 부인께서도 이름 높은 아드님을 밤낮으로 그리던 끝에 애처롭게 돌아가셨지요. 나는 부인이 살아 계실 동안에는 항상 무언가를 여쭈었지요. 부인의 막내딸 크티메네와 나는 함께 자랐는데, 나를 딸과 비교하여 차별 없이 아껴주셨기 때문입니다. 그러나 우리가 나이 들어 크티메네가 어여쁜 처녀로 자라자 사메로 출가시켰습니다. 그리고 부인은 나에게 외투와 튜닉 등 훌륭한 옷과 신발을 주시어 농장으로 보내셨습니다. 부인은 정말 나를 아껴주셨지요. 이처럼 영광의 신들께서는 복을 주시어, 먹고 마실 뿐만 아니라 또 귀한 손님께도 나눌 수 있으니 감사할 일이지요. 그러나 왕비께서는 도무지 기쁜 일이라고는 전혀 없답니다. 그 염치없는 구혼자들이 궁에 죽치고 있기 때문이지요. 하지만 시종들은 부인을 못 뵈올까 두려워하여 밤낮으로 문안 인사를 드리고, 조그만 것이라도 갖다 드리는 것을 유일한 낙으로 삼는답니다."

오디세우스가 그에게 말했다.

"오, 에우마이오스여! 그대는 어렸을 때 양친을 떠나 혼자 되셨구려! 자, 무슨 이유로 그렇게 되었습니까? 양친이 사시는 고국 땅이 점령을 당하였소, 아니면 누군가가 그대를 지금 집주인에게 비싼 값을 받고 판 것이오?"

그러자 에우마이오스가 대답했다.

"노인장, 먼저 술이나 축이면서 내 이야기를 들어주시죠. 쉬리에라고 부르는 섬이 있었다오. 혹시 들어서 아실지도 모르겠지만, 오르티기아 위쪽에 있는 섬으로, 그다지 넓지는 않지만 평화로운 곳이오. 목장을 하기에도 알맞고 염소들에게도 좋으며, 포도 농사가 잘돼 포도주도 풍성하게 생산할 수 있고, 밀의 수확도 많으며, 가뭄도 전부터 이 마

오디세우스와 에우마이오스_ 게오르크 크리스티안 프로인트의 작품

에우마이오스는 오디세우스의 궁에서 돼지를 치는 하인이지만, 원래는 왕족 출신이다. 그의 아버지 크테시오스는 쉬리에 섬을 다스리는 왕이었다고 한다. 그가 아직 어렸을 때 페니키아 상인과 페니키아 출신의 여자노예가 배를 타고 도망치는 일이 벌어졌다. 그런데 이 여자노예가 어린 에우마이오스를 배에 데리고 탔던 것이다. 에우마이오스는 라에르테스에게 노예로 팔려, 오디세우스와 크티메네 남매와 함께 자랐다.

을엔 찾아온 일이 없었고, 그 밖에 어떤 전염병도 가난한 사람들을 괴롭히는 일이 없었지요. 그리고 마을 사람들이 늙으면, 궁술의 신 아폴론이 아르테미스 여신과 함께 오셔서 우아한 은화살을 쏘아 죽이시곤 하셨소. 그곳에는 마을이 둘 있었는데, 무엇이건 양쪽에서 서로 나누곤 했다오. 이 두 마을을 우리 아버님이 다스리고 있었지요. 그런데 그곳에 항해로 유명한 페니키아 사람들이 찾아왔습니다. 그들은 욕심 많은 사기꾼으로, 노리개 종류를 배에 산처럼 싣고 말입니다. 그런데 아버님 저택에는 페니키아 태생의 여인이 있었습니다. 그녀는 아름답고 늘씬한 데다 손재주를 가진 여인이었는데, 그 여인을 간교한 상인들이 유혹하여 우묵한 배에서 정을 통해 동침을 했지요. 사랑 앞에서는 약한 게 여자 아닙니까? 상인은 그녀에게 고향과 사는 곳을 물었습니다. 그러자 그녀는 자신의 처지를 전부 설명했지요.

'나는 청동의 산지인 시돈의 부자 아리바스의 딸로, 타포스의 해적들이 들에서 돌아오는 나를 붙잡아 여기 주인댁에다 큰돈을 받고 팔았습니다.'

그녀의 말을 들은 상인은 조용히 말했지요.

'자, 우리와 함께 집으로 돌아가지 않겠소? 부모님은 아직도 살아 계시고 부자라는 평판을 듣는다오.'

어린 에우마이오스의 납치
페니키아인들에게 납치된 어린 에우마이오스는 이타케로 팔려간다.

이에 그녀가 대답했습니다.

'아, 여러분께서 무사히 집으로 데려다 주시겠다고 맹세를 하신다면 여부가 없지요.'

그리하여 상인들은 맹세를 했습니다. 그리고 그녀는 다음과 같은 말을 했습니다.

'모두들 비밀을 지키고, 혹시 앞으로 이곳에서 나를 만나더라도 아는 척하지 마세요. 누가 이 사실을 알고 왕에게 발설한다면 왕은 나를 의심하고 결박해서 처박아 둘 거예요. 또한 당신들도 죽이려 할 테고요. 그러니 그런 이야기는 가슴에 꼭 담아두고, 돌아갈 길의 물건들을 빨리 사들이세요. 하지만 배가 짐으로 가득 차거든 나에게 알려주세요. 내 손이 닿는 데 있는 모든 금을 훔쳐 내올 테니까요. 그리고 또 한 가지, 뱃삯으로 좋은 것을 드릴 게 있어요. 바로 왕의 아들인데, 그 아이를 저택에서 내가 돌보고 있거든요. 무척 영리한 아이랍니다. 언제나 같이 밖으로 나가곤 하니, 그 아이를 납치하여 다른 곳에 팔아넘긴다면 많은 돈을 받을 수 있어요.'

그리고는 그녀는 화려한 저택으로 돌아갔습니다. 그들은 1년 동안 그곳에 머무르며 많은 보화를 우묵한 배에 사들였습니다. 비로소 그 배가 떠날 무렵, 그들은 그 여인한테 사람을 보냈습니다.

그는 매우 약삭빠른 사람으로, 호박을 꿴 금목걸이를 가지고 저택으로 왔습니다. 저택의 시녀들과 어머니가 그 목걸이를 구경하며 값을 흥정하는 사이 그 여인에게 가만히 신호를 보낸 것입니다. 그러자 그녀는 나를 데리고 저택 밖으로 나왔습니다. 마침 모두들 회의를 하러 갔기 때문에 저택에는 아무도 없었습니다. 그녀는 얼른 가슴에다 큰 잔 세

개를 감추고 걸음을 재촉했지요. 어둠이 깔릴 무렵 포구에 도착하자, 그곳에는 페니키아인들의 배가 있었습니다. 그들은 우리를 배에 태우고 밤낮으로 6일 동안 항해를 하였습니다. 그런데 7일째가 되던 날, 아르테미스 여신이 그 여인을 향해 화살을 쏘자 상인들은 그녀를 배 밖으로 던져 물고기 밥이 되게 했습니다. 그들은 이타케 땅에 도착하게 되었고, 이곳에서 라에르테스 님께 나를 팔고 다시 떠났습니다. 그리하여 이 땅에서의 내 운명이 시작되었습니다."

이 말을 묵묵히 듣고 있던 오디세우스가 그를 위로했다.

"에우마이오스 님이여, 그대의 말씀을 듣고 보니 가슴이 아프구려. 얼마나 괴로웠겠소? 하지만 그래도 제우스께서는 당신한테 재앙과 함께 좋은 일도 주셨던 거요. 고생은 무척 했지만, 착한 주인을 만났으니 말이오."

이렇게 말을 주고받던 그들은 잠깐 누워 눈을 붙였는데, 얼마 안 있어 아침이 밝았다.

한편 텔레마코스 일행은 이타케 육지 가까이에 당도하자 돛을 내리고 돛대를 치운 다음, 바로 노를 저어 선창까지 갔다. 그리고 닻을 내린 후 밧줄을 잘 비끄러매었다. 그들이 기슭으로 올라가 술과 음식을 배불리 먹고 나자

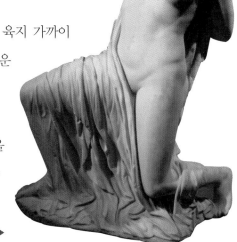

등에 화살을 맞은 여인상 ▶

텔레마코스가 먼저 입을 열었다.

"동지들이여, 그대들은 이제 다시 배를 몰고 시내로 향해 가시오. 나는 농장으로 가 목동들을 찾아봐야겠소. 그래서 저녁때 일이 되어가는 걸 봐가면서 마을로 가겠소이다. 그리고 내일 아침에는 고기와 포도주로 훌륭한 연회를 베풀어, 그대들의 항해에 대한 보답을 하겠소이다."

그러자 신과 같은 테오클리메노스가 말했다.

"왕자님, 그러면 나는 어디로 가야 됩니까? 이타케엔 여러 영주가 계신데, 어느 댁으로 가야 됩니까? 곧장 왕자님의 궁으로 가리까?"

이에 텔레마코스가 대답했다.

"우리 집으로 가는 것은 좀 미루시지요. 지금은 나도 없을 뿐만 아니라, 어머니께서도 밖에 나오지 않기 때문이오. 그대가 가실 만한 곳을 알려드리지요. 솜씨가 좋은 폴리보스의 아들 에우리마코스한테 가시지요. 그는 지금 이타케 사람들이 신처럼 우러러보고 있는데, 내 어머니와 결혼하여 오디세우스의 권력을 잡으려고 혈안이 되어 있답니다. 하지만 결혼 전에 불행한 일을 만나게 될지는 오로지 제우스께서만 아시는 일이지요."

이렇게 그가 미처 말끝을 맺기 전에 오른편으로 새 한 마리가 날아갔다. 아폴론 신의 빠른 심부름꾼인 매였는데, 그 발에 비둘기를 차고 있었기 때문에 배와 텔레마코스 앞으로 그 날개털이 날아 떨어졌다.

그러자 테오클리메노스는 그를 동지들로부터 조금 떨어진 곳으로 불러놓고, 손을 잡으면서 이름을 불러 말했다.

"텔레마코스 님, 저 새가 당신의 오른쪽으로 날아온 것은 신의 조짐임에 틀림없습니다. 왜냐하면 저 새를 보자마자 조짐을 알리는 새라는

텔레마코스_ 얀 스티카의 작품
텔레마코스는 이타케에 돌아오자 일행들과 헤어져, 돼지치기 에우마이오스에게로 간다.

걸 알았으니까요. 당신 집안 이외에 주권을 잡는 데 적합한 집안이란
있을 수 없습니다. 당신들이 영원히 권력을 잡게 될 겁니다."
　텔레마코스가 이에 대답했다.

"오, 제발 그대의 말대로 이루어지기를 바랍니다. 곧 그대에게 많은 선물을 바쳐, 사람들로 하여금 그대가 축복받은 사람임을 알게 하겠습니다."

그러고는 충실한 친구 페이라이오스에게 말했다.

"페이라이오스여, 그대는 어느 누구보다도 내 말을 가장 잘 따라주었소. 그러니 내가 올 때까지 이 손님을 그대 집에서 친절하고 공손하게 대접해 주시오."

그 말에 창으로 이름난 페이라이오스가 대답했다.

"텔레마코스 님, 이분은 제가 돌보아 드리지요. 그리고 손님을 모시는 데 실례되는 일은 결코 없을 것입니다."

그는 말을 마치고 나서 배에 올라 동료들에게 닻줄을 올리도록 했다. 텔레마코스가 빛나는 샌들을 신고 날카롭고 튼튼한 청동 창을 쥐고 배에서 나가자 그들은 시내를 향해 배를 저어 갔다. 동료들과 헤어진 텔레마코스는 돼지치기 에우마이오스에게로 향했다.

오디세우스의 고국 이타카

오디세우스의 고국인 이타카(옛 명칭은 이타케)는 그리스 이오니아 제도에 있는 한 섬으로, 3천여 명 정도의 주민이 살고 있다. 대부분이 산지로 이루어져 있으며, 신석기 시대 이후로 다양한 세력의 영향권 내에 있었던 역사적인 장소다.

중심 도시는 배티만의 입구에 위치한 배티로서 세계에서 크다고 소문 난 자연 항구 중 하나다. 약 1,700명의 주민이 거주하는 배티시는 1,500년의 역사를 지닌 고대 도시다. 섬의 루트사 언덕 정상에는 19세기 초에 프랑스에 의해 건축된 요새가 있으며, 현재는 군대가 주둔하고 있다.

배티의 북쪽 근처에는 님페의 동굴이 있는데, 호메로스의 기록에 의하면 오디세우스가 파이아키아에서 제공한 선물을 숨기기 위한 장소로 사용하였다고 한다. 그 외에 스타브로스, 엑소기, 키오니, 플라트리티아 등의 마을이 있으며, 이들 마을에는 고대 그리스·로마 시대의 유적들과 중세의 교회 등이 남아 있다. 특히 미케네와 코린토스 양식의 유물, 고대 그리스의 기하학적인 무늬가 그려진 다양한 유물들이 발견되어 고고학 박물관에 전시되어 있다.

이타카의 배티시에 있는 오디세우스 동상

제 10 부

오디세우스의 변신

텔레마코스와 만나다

한편 오디세우스와 돼지치기는 날이 새자 오두막에서 불을 피워 아침 식사를 했고, 돼지를 불러 모아 일꾼들과 함께 떠나보냈다. 그때에 텔레마코스가 집 가까이에 이르렀는데, 여느 때 같으면 짖어대던 개들이 그가 다가오는데도 그를 둘러싼 채 꼬리를 치며 반가워했다. 오디세우스는 누군가 오고 있는 것을 알아차렸다. 그래서 곧 에우마이오스에게 말했다.

"에우마이오스여, 친구분께서 오시나 봅니다. 개가 꼬리를 치며 달려드는 것으로 보아 아는 분인가 합니다."

이 말이 채 끝나기도 전에 그의 그리운 아들 텔레마코스가 문 안으로 들어섰다. 술을 거르던 에우마이오스는 벌떡 일어나 한걸음에 달려가서 텔레마코스의 두 손에 입을 맞추며 눈물을 흘렸다. 그러고는 마치 죽었다 살아온 외아들을 맞이하는 아버지처럼 소리쳐 말했다.

"텔레마코스 왕자님, 필로스로 가셨다기에 다시는 못 볼 줄 알았나이다. 자, 왕자님, 어서 들어오시지요. 저희 집에 들르시다니 제 마음 날듯이 기쁘답니다. 소인은 왕자님께서 이곳을 찾으시지 않고 성에만 계셔서 아마도 못된 구혼자들을 구경하시는 데 재미 붙이신 줄 알았습니다."

그러자 영리한 텔레마코스가 말했다.

"나는 그대를 만나보려고 여기까지 왔소. 그대를 내 눈으로 보면서 이야기를 들어보려고 말이오. 어머님께서 아직 성에 머물러 계신지, 아니면 벌써 다른 사나이와 결혼하여 떠나셨는지, 그리하여 오디세우스 집안의 침상은 이부자리도 없는 빈 침상이 되어서 거미줄투성이로 버려지지나 않았는지 말이오."

에우마이오스는 텔레마코스의 청동 창을 받아 들며 대답했다.

"아닙니다. 왕비님께서는 궁에서 밤낮없이 눈물로 지새우고 계시지요."

오디세우스가 자리를 내주자 텔레마코스는 이를 만류하며 말했다.

"그대로 앉아 계십시오. 우리는 다른 방에 자리를 마련하면 되니까요."

돼지치기 오두막에 들어서는 텔레마코스_ 얀 스티카의 작품 텔레마코스가 필로스에서 귀국하여 에우마이오스의 오두막으로 향하는 그림이다.

그 말에 오디세우스는 다시 자기 자리에 가서 앉았다. 그리고 에우마이오스는 텔레마코스를 위해 푸른 나뭇가지를 밑에 깔고, 그 위에 염소 가죽을 펴놓았다. 그리하여 오디세우스의 사랑하는 아들은 그곳에 가 앉았다. 그다음에 에우마이오스는 그들을 위해 구운 고기 접시를 들여왔는데, 그건 어제 먹다 남은 고기였다. 그리고 빵 바구니와 담쟁이 무늬가 새겨진 그릇에 꿀처럼 달콤한 포도주를 담아 들고, 자기도 존엄한 오디세우스 앞에 와 앉았다. 식사가 끝나자 텔레마코스가 에우마이오스에게 말했다.

"이 손님은 어디서 오셨소? 어떻게 이곳까지 오셨고, 이분을 모셔다 준 사람들은 누군가요?"

돼지치기 에우마이오스의 오두막에서 만난 오디세우스와 텔레마코스_ 프리드리히 프렐러의 작품
텔레마코스는 에우마이오스의 오두막에서 거지로 변신한 오디세우스를 만난다.

에우마이오스는 텔레마코스의 물음에 대답했다.

"왕자님, 이분은 크레타에서 오셨는데, 많은 도시를 유랑하시며 풍파를 겪으셨답니다. 그리고 이번에는 테스프로티아의 배로부터 도망 나와 여기까지 오셨다고 합니다."

그 말에 텔레마코스가 대답했다.

"에우마이오스여, 그대의 말을 들으니 참으로 안됐구려. 하지만 나 역시 이 손님을 궁으로 모셔 갈 수 없습니다. 왜냐하면 나는 아직 어려서 무례한 구혼자들을 막을 만한 힘이 없기 때문입니다. 또한 어머님은 갈피를 잡지 못하고 재혼에 대한 문제로 갈등하는 것 같습니다. 하지만 이분께 내 외투와 튜닉 등 의복을 드리고 두 날 달린 칼과 샌들을 드려, 어디든지 가고 싶은 곳으로 보내 드리겠습니다. 그러나 만일 이분이 이곳에 머무르고 싶으시다면 그대가 잘 보살펴 주십시오. 내 이분이 그대에게 폐가 되지 않도록 의복과 음식을 보내겠습니다. 나는 이분을 구혼자들이 있는 곳으로는 모시고 가지 않을 것이오. 그들은 아주 무례하여 이분을 모욕함으로써 나를 괴롭힐지도 모르기 때문입니다. 사람이 아무리 강하더라도 혼자서는 여러 명을 당할 수 없으니 말입니다."

그 말에 참을성 있는 오디세우스가 말했다.

"왕자님의 말씀을 듣자니 참으로 가슴이 아픕니다. 이처럼 고결한 마음을 가진 왕자님을 구혼자들이 능멸하다니, 믿어지지가 않습니다. 혹시 왕자님이 그것을 기꺼이 받아들이는 건 아닌가요? 아니면 섬 전체 사람들이 왕자님에게 적의를 품은 것인지, 또는 신의 말씀에 따라서 그러는 건지요. 만약 내가 그대처럼 젊고 훌륭한 오디세우스의 아들이거나 방랑에서 돌아온 오디세우스라면 당장 라에르테스의 아들 오디세우스의 성안으로 들어가 구혼자들을 모두 처치할 것입니다. 그들의 수가 많아 패한다면 누구든 내 목을 쳐도 좋아요. 다른 곳에서 온 손님들을 푸대접한다거나, 시녀들을 못된 방법으로 저택 안에서 끌고 다니다거나, 술을 마구 퍼마셔 바닥을 낸다거나, 식량을 무턱대고 헤프게 먹어대는 것을 그대로 못 본 체하는 것보다는 내 집 안에서 죽는 편을 선택할 테요. 그들은 조만간에 끝낼 것 같지도 않군요. 그럴 이유도 없는 주제에 말입니다."

그 말에 텔레마코스가 대답했다.

"그렇다면 손님, 내가 모든 자초지종을 말씀드리지요. 사실 시민들은 나에 대해 적의를 갖거나 화를 내지는 않습니다. 하지만 지금 집에는 둘리키온, 사메와 자킨토스 등을 통치하고 있는 영주란 영주는 모두 모여 어머니께 구혼하는 바람에 집안이 파산 지경에 놓이게 되었습니다. 그러나 어머니께서는 그들의 청혼을 거절하지도 받아들이지도 않고 계십니다. 자, 에우마이오스여, 내가 여기 있는 것을 아무에게도 알리지 마시고, 어서 어머니한테만 안부를 전하시오. 그들은 지금 나를 처치하고자 별의별 음모를 다 꾸미고 있다오."

그 말에 돼지치기 에우마이오스가 대답했다.

"잘 알겠습니다. 저도 생각이 있으니까요.

페넬로페 조각상 ▶
페넬로페는 남편의 생사도 모르는 터에 아들인 텔레마코스마저 이타케를 떠났다는 소식에 절망에 휩싸인다.

그런데 가시는 길에 라에르테스 님께 소식을 전하면 어떨까요? 그분께서는 최근까지도 오디세우스왕 때문에 몹시 괴로워하시며 식사도 거르시는 형편입니다. 게다가 왕자님이 필로스로 가시던 날부터는 아예 곡기를 끊으시고 매일 한숨만 쉬며 계신답니다."

그 말에 영리한 텔레마코스가 대답했다.

"슬프기 짝이 없는 일이지만, 할아버님은 잠시 내버려 두는 것이 좋겠습니다. 내가 가장 바라는 것은 우선 아버님의 무사한 귀향입니다. 자, 그러니 어머님께 소식을 전하고 돌아오더라도 아예 할아버님 댁에 들를 생각은 하지 말아요. 대신에 어머님께 말씀드려, 아무도 모르게 시녀를 시켜 할아버님께 소식을 알리도록 하세요."

텔레마코스의 말을 들은 에우마이오스는 얼른 일어나 궁으로 향했다. 그러자 돼지치기 에우마이오스가 오두막을 나서는 것을 본 아테나 여신이 집 안으로 들어왔다. 그러나 텔레마코스는 그 모습을 보기는커녕 알아차리지도 못했다. 오디세우스와 개들만이 아테나 여신을 알아차렸는데, 개들은 짖지도 못하고 쥐 죽은 듯이 처박혀 있었다. 오디세우스는 여신을 알아차리고, 방 밖으로 나와 여신 앞에 멈추어 섰다. 그를 향해 아테나 여신이 말했다.

"꾀에 능숙한 오디세우스여, 이제는 그대 아들에게 숨김없이 이야기하세요. 그래서 그대 부자가 구혼자들을 죽음과 몰락으로 내몰 수 있도록, 세상에도 이름 높은 마을을 향해 떠날 길을 만드시오. 나 또한 그대들 곁에서 이 이상 멀리 떨어져 있지는 않을 것이오."

이렇게 말하고 아테나 여신은 황금 지팡이로 그를 어루만졌다. 처음에는 말쑥한 망토와 속옷을 몸에 걸치게 하고, 그 몸집을 크게 해서 젊음을 더해 준 다음 살갗도 거무스름하게 바꾸어 놓았다. 여신은 이 같은 일을 끝내자, 다시 사라졌다. 한편 오디세우스는 방 안으로 들어갔다. 그런데 텔레마코스는 깜짝 놀라며 두려움에 차서 다른 곳으로 눈길을 돌렸다. 그러면서도 혹 신이 아닐까 생각하며 말했다.

"손님이시여, 조금 전과는 아주 딴판이십니다. 입고 계신 옷도 달라졌거니와 피부빛도 다르고요. 아마 어느 신이 아니신가 싶습니다. 부디 제가 잘못한 일이 있으면 자비를 베풀어 주십시오."

그 말에 참을성 있는 오디세우스가 대답했다.

"나는 결코 신이 아니란다. 어째서 나를 신에다 비한단 말이냐? 그런 게 아니고 바로 너의 아버지다. 나 때문에 네가 탄식을 하고 그것도 모자라 죽도록 고생을 하게 만든 그 아버지다. 그리고 나 자신도 뭇 인간들에게 난폭한 짓을 당하며 살아온 너의 아버지다."

이렇게 큰 소리로 말하고는 아들에게 입을 맞추었다. 이제까지는 언제나 참아왔던 눈물이었는데, 그의 볼을 타고 눈물이 땅바닥으로 뚝뚝 떨어졌다. 그러나 텔레마코스는 아직도 이 사람이 자기 아버지라고 믿기가 어려워서, 또다시 되풀이해서 물었다.

"설마 당신이 우리 아버님 오디세우스는 아니겠지요. 신께서 꾀를 써서 저를 놀리시는 거로군요. 한층 더 슬퍼하며 탄식하라고 말입니다. 신이 아니고서야 어찌 단숨에 젊어졌다 늙어졌다 할 수 있겠습니까? 인간으로서는 도저히 불가능한 일을 제가 믿겠습니까?"

꾀가 많은 오디세우스가 아들에게 말했다.

"아들아, 아버지가 돌아왔다고 하여 지나치게 정신을 잃는 것은 좋지 않구나. 자, 내가 바로 네 아비다. 무서운 고난과 풍파, 끝없는 유랑 끝

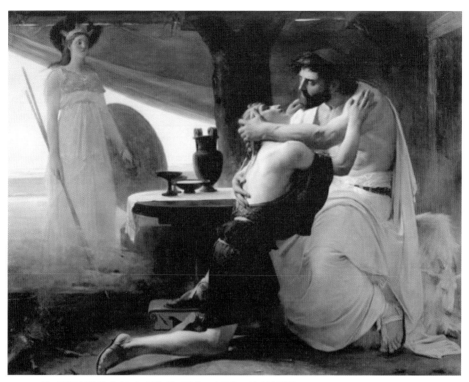

오디세우스와 텔레마코스가 만나는 장면_ 리오넬 로이어의 작품

에 20년 만에 고국 땅을 밟은 네 아비란 말이다. 이는 모두 전쟁의 여신인 아테나가 그분의 뜻대로 변신시킨 것이다. 네 말대로 거지가 젊은 사람으로 변신하거나, 신분을 낮추거나 높이는 것은 오로지 신들만이 할 수 있는 일이다."

그제야 모든 사실을 깨달은 텔레마코스는 아버지를 얼싸안고 눈물을 흘렸다. 두 사람은 눈물이 마를 때까지 부둥켜안고 울었다. 만일 텔레마코스가 말을 꺼내지 않았더라면, 그들은 해가 질 때까지 울었을 것이다.

오디세우스와 텔레마코스의 만남_ 뤼시앙 두세의 작품
에우마이오스의 오두막에서 오디세우스와 텔레마코스가 만나 포옹을 하는 장면이다.

"아버님, 어떤 뱃사람들이 그리운 이타케 땅까지 모셔 왔습니까? 그 선원들은 누구인가요? 걸어서 이곳까지 오셨다고는 생각되지 않기 때문입니다."

그러자 오디세우스가 대답했다.

"얘야, 모든 걸 얘기해 주마. 나를 데려다준 파이아키아 사람들은 유명한 뱃사람들로, 그들은 나그네들을 기꺼이 고향에까지 호송해 주는 종족이란다. 그들은 내가 잠든 사이에 이타케까지 데려다주었지. 그뿐만 아니라 청동이며 황금 등 많은 보물들을 주어서 동굴 안에 넣어두었단다. 그리고 나는 아테나 여신의 도움을 받아 구혼자들을 소탕할 방책을 강구하고자 여기 온 것이다. 자, 구혼자들이 얼마나 되는지 말해 보아라. 우리 단둘이서 남의 힘을 빌리지 않고도 그들을 해치울 수 있을지, 아니면 다른 사람들의 도움을 받아야 할지 알기 위해 그 수가 얼마나 되며 어떤 자들인지 알고 싶다."

이에 텔레마코스가 대답했다.

"저는 일찍이 아버님의 명성에 대해 들었습니다. 무력에서는 강철 같은 무사요, 이성은 신과 같다고 말입니다. 그러나 송구스럽게도 단둘이서 간악한 저들 패거리와 대결한다는 것은 무리라고 생각합니다. 그들은 열 명이나 스무 명이 아니라 훨씬 더 많아요. 둘리키온에서 52명의 젊은 영주와 6명의 수행원, 사메에서 24명, 자킨토스에서는 아카이아 족의 젊은이가 20명, 이타케에서도 12명이 나섰는데 모두 힘이 장사입니다. 만일 이들과 한꺼번에 맞서게 된다면 복수는커녕 오히려 참패를 당할 것입니다. 그러니 지금 누가 우리 두 사람을 진심으로 도울 수 있겠는지 찾아보는 게 좋겠습니다."

그 말에 참을성 있고 존엄한 오디세우스가 대답했다.

"그렇다면 내 말을 잘 듣고 생각해 보아라. 만일 우리 두 사람과 아테나 여신, 그리고 아버지 신인 제우스께서 함께하신다면 그것으로 되겠느냐, 아니면 그래도 다른 협조자의 도움을 받아야 하겠느냐?"

그 말에 영리한 텔레마코스가 대답했다.

"두 신께서 진정으로 우리를 도와주신다면 마음이 놓이지요. 그분들이야말로 모든 신과 인간 들을 다스리는 분이니까요."

이에 오디세우스가 말했다.

"두 신께서는 우리가 싸울 때 보고만 있지 않으실 것이다. 분명히 우리 편이 되어주실 거야. 그러니 너는 날이 밝는 대로 집으로 가서 무례한 구혼자들을 맞아라. 나는 해가 지면 돼지치기를 따라 늙은 거지 차

오디세우스와 텔레마코스의 만남을 표현한 판화 작품

림으로 들어갈 것이다. 만일 그들이 나를 천대하더라도 너는 꼭 참으며 보고만 있어야 한다. 그리고 내가 또 한 가지를 너에게 일러 줄 테니 명심하거라. 예지의 여신 아테나가 나에게 이성을 허락하면 머리를 끄덕일 테니, 그때에 너는 방에 놓아둔 무기를 모두 다락에 갖다 두어라. 혹시 그들이 왜 치우냐고 묻거든 이렇게 대답하거라.

'아버님이 두고 떠나실 때보다 몹시 그을어, 연기를 쏘이지 않게

하기 위함이오. 더욱이 손님들께서 과음하여 취중에 다투기라도 하신다면 서로 다칠 염려도 있고, 모처럼 모이신 연회가 불쾌한 자리가 될까 염려되어서 치웠소.'

그리고 우리 두 사람이 쓸 수 있는 칼 두 자루와 창 두 개, 방패를 남겨 놓아라. 그러면 제우스와 아테나 여신께서 그들을 멸망의 구렁에 빠지게 할 것이다. 또 한 가지 명심할 것은, 네가 내 자식이라면 내가 돌아왔다는 것을 누구도 모르게 하여라. 할아버지는 물론이요, 돼지치기나 집안 식구 어느 누구에게도, 심지어 어머니에게까지도 비밀에 부쳐라. 오로지 너와 나 단둘이서만 여자들의 동향을 살펴보고 시종들까지 시험하게 될 것이다. 따라서 누가 정말로 우리 부자를 존경하고 두려워하는지, 그리고 관심이 없는지 알아보기로 하자."

그 말에 대답하여, 명예로운 오디세우스의 아들이 큰 소리로 말했다.

"아버님, 나중에라도 언젠가는 제 마음을 아실 때가 오리라고 믿습니다. 제 정신은 결코 긴장을 잃지는 않았습니다. 하지만 아무래도 그런 일이 우리에게 도움이 된다고는 생각할 수 없습니다. 그러니 차분하게 심사숙고해 주시기 바랍니다. 그러자면 많은 시일이 필요하겠습니다. 한 사람 한 사람 모두를 떠보고 알아보려면 말이지요. 그동안에 녀석들은 성관 전체를 차지하고 마음대로 재산을 갉아먹을 텐데요.

텔레마코스 주화 ▶

멋대로 우쭐거리며 염치 불고하고 말입니다. 그보다는 여자들에 대해서는 직접 알아볼 수 있겠지만, 남자들에 대해서는 제우스께서 확실한 예시를 내리실 때까지 미루도록 하시지요."

한편, 필로스로부터 텔레마코스가 타고 온 쾌속선은 이타케에 닿았다. 동료들은 배를 정박한 뒤, 곧 그 아름다운 선물들을 클리티오스의 집으로 옮겼다. 또 오디세우스궁으로 전령을 보내 정숙한 페넬로페에게 소식을 전했다. 즉, 텔레마코스는 고귀하신 왕비께서 놀라실까 두려워 목초지로 갔다고 전했다. 그리하여 전령과 착한 돼지치기는 왕비에게 똑같은 소식을 전하러 왔다가 서로 마주쳤다. 전령은 시녀들을 보고 이렇게 말했다.

"마님께 알리시오, 사랑하는 아드님께서 돌아오셨다고."

그리고 돼지치기 에우마이오스도 페넬로페에게 그녀의 사랑하는 아들이 이른 대로 모든 것을 전했다. 그러고 나서 에우마이오스는 궁을 나와, 돼지우리가 있는 오두막으로 돌아갔다. 이 소식을 전해 들은 구혼자들은 기가 한 풀 꺾여, 궁에서 나와 뜰 앞에서 모임을 가졌다. 먼저 폴리보스의 아들 에우리마코스가 말문을 열었다.

"여러분, 참으로 맹랑한 소행이 이것 보라는 듯이 벌어졌소이다. 텔레마코스의 이번 여행 말입니다. 우리는 이렇게 될 줄은 꿈에도 생각지 못했는데. 하지만 아무튼 검은 배를 바다로 끌어내도록 합시다. 가장 튼튼한 것으로 말이오. 그리고 노 젓는 사람과 어부 들을 모아 태우도록 하겠소. 그럼 우리 동지들에게 재빠르게 알려주겠지, 조속히 돌아오도록."

그런데 그 말이 끝나기도 전에 암피노모스가 자기 자리에서 몸을 돌려 뒤를 돌아보고, 깊숙한 포구 안에서 배 한 척을 발견했다. 선원 몇 몇은 이제 막 돛을 내리고 몇몇은 손에 노를 잡고 이었다. 그래서 그는 싱그레 웃으며 자기 동지를 향해 말했다.

"그렇게 급하게 서두를 건 없어. 이미 모두 마을에 와 있는걸 뭐. 아마 신들 가운데 어느 분이 그들에게 말씀하셨거나, 아니면 그들이 텔레마코스의 배가 옆을 지나는 것을 목격하고도 따라잡을 수 없었던 것 같소."

그가 이렇게 말하자 모두 일어서서 바닷가로 나가서 곧 검은 칠한 배를 육지로 끌어올렸고, 힘이 센 수행원들이 배의 도구들을 그들을 위해 날라 갔다. 그리고 모두 회의 장소로 몰려갔는데, 그곳에는 젊은이고 늙은이고 다른 사람은 얼씬도 못 하게 했다. 그리고 그 가운데서 에우페이테스의 아들 안티노오스가 말했다.

"아, 이게 무슨 꼴이람. 신들이 그 녀석을 재난에서 놓아주시다니. 낮에는 언제나 서로 파수를 서고, 바람이 몰아치는 곳 앞 끝에 앉아서 망을 보고 있었는데. 그리고 해가 지고 나면 육지에서 밤을 지낸 적이 없고, 내내 바다에서 빠른 배를 타고 돌아다니며 눈부신 아침을 기다리곤 했단 말일세. 텔레마코스를 기다렸다가 잡아 죽일 작정이었지. 그런데 어느 틈에 신께서 그놈을 고향으로 데려오고 말았단 말일세. 그러니 우리는 다시 텔레마코스가 꼼짝 못 하도록 파멸시켜 버릴 꾀를 세워야 하겠네. 어차피 우리 손아귀에서 빠져나가지 못할 테지만 말이야. 왜냐하면 그 녀석이 살아 있는 한, 이 일은 성취할 수가 없단 말일세. 이미 녀석은 사려 분별을 갖추었고 눈치도 빠르거든. 게다가 마을 사람들도 모든 일에 우리에게만 호의를 보이는 건 아니란 말이야.

오디세우스궁에서 구혼자들이 염소를 잡는 장면을 묘사한 판화 작품

그러니 저 녀석이 아카이아 사람들을 회의 장소로 집합시키기 전에 빨리 손을 써야겠네. 그는 잠시도 가만히 있지는 않을 테니 말일세. 아마 틀림없이 화가 치밀어, 모두 모인 자리에서 이렇게 말할 것이오. 우리가 그를 간사하고 악독하게 살해할 음모를 꾸몄지만, 그를 붙잡지 못했다고 말이야. 그럼 시민들은 그와 같은 못된 일을 꾸몄다는 말을 듣고 우리더러 죽일 놈들이라고 욕하겠지. 그들이 우리에게 무슨 해를 입히거나, 자기들 영토 밖으로 몰아내거나 하는 날에는 큰일이거든. 그래서 다른 나라로 밀려나게 된다면 말일세. 그러니 이쪽에서 선수를 써서 그를 축출하여 그의 가산과 소유물을 적당히 분배하고, 집은 그의 어머니에게 주어 누구든 결혼하는 자와 살게 합시다. 만일 이에 찬성하지 않는다면, 차라리 우리는 각자 집으로 돌아가 그녀에게 선물을 보내

구혼하도록 합시다. 그러면 그녀도 가장 마음에 드는 사람을 골라 운명에 따를 수밖에 없을 것이오."

그가 이렇게 말하자 그들 모두는 침묵을 지켰다. 이윽고 니소스왕의 아들 암피노모스가 일어났다. 그는 풀이 무성하고 곡식이 풍성한 둘리키온 태생으로 구혼자들의 지도자였는데, 이해심이 많아 페넬로페도 그를 다른 누구보다 신뢰했다.

"동지들이여, 나는 텔레마코스를 살해하고 싶지 않소. 왕손을 죽인다는 것은 참으로 무서운 일이오. 그러니 우선 신들의 계시를 받도록 합시다. 만일 위대한 제우스께서 계시를 내리신다면, 나 혼자라도 그를 죽일 것이오. 그러나 신들이 이를 허락지 않으신다면 그만둡시다."

한편 정숙한 페넬로페는 갑자기 이러한 생각을 하게 되었다. 즉, 염치없고 교만한 그들 앞에 직접 나서 보자는 것이었다. 왜냐하면 자기 아들을 살해하려 한다는 계획을 시종 메돈을 통해 들었기 때문이다. 그녀는 시녀를 데리고 홀에 나타났다. 그러고는 구혼자들 앞에 이르러 안티노오스를 꾸짖었다.

"너무도 교만한 안티노오스여, 당신은 아주 제멋대로인 데다 난폭하며 못된 음모를 꾸미는 분입니다. 그런데도 이타케 사람들은 당신이 같은 또래 중에서는 무슨 일을 꾀함에서나 말재주에서나 가장 뛰어난 분이라고들 합니다. 어찌하여 그대는 텔레마코스의 목숨을 빼앗고자 한단 말이오? 다른 사람에게 나쁜 음모를 꾸미는 것은 부당한 일이오. 그대는 그대의 아버지께서 사람들을 피하여 이곳으로 피난해 오셨던 일을 잊었소이까? 그때 그대 아버지께서는 타포스 해적을 도와 우리와 친하게 지내던 테스프로티아 사람들을 약탈했기 때문에 죽을 지경에

구혼자들 앞에 나선 페넬로페_ 얀 스티카의 작품
페넬로페가 구혼자들 앞에 나와, 텔레마코스를 해치려는 음모를 꾸민 안티노오스를 꾸짖는다.

놓았었소. 그러한 것을 물리치시고 그들의 광적인 분노를 잠재우신 분
이 오디세우스셨소. 그런데도 그대는 그분의 살림을 먹어 치우고 그분
의 아내인 나에게 구혼을 하고 그 자식까지 죽이려 들다니, 참으로 배
은망덕하기 짝이 없구려. 이제 내 그대에게 간청하니, 제발 그만두도
록 하고 다른 사람들에게도 멈추도록 이르시오."

그러자 폴리보스의 아들 에우리마코스가 대답했다.

"정숙한 페넬로페시여, 상심치 마소서. 내 기필코 아드님 텔레마코
스에게 해악을 끼칠 자는 없게 할 것입니다. 만일 그런 자가 있다면
곧바로 그의 붉은 피가 내 창을 적실 것입니다. 오디세우스왕께서는
몇 번이나 나에게 구운 고기를 먹여 주시고 포도주를 따라 주었습니

다. 따라서 텔레마코스
는 누구보다도 내가 가
장 사랑하는 분입니다.
그러므로 절대로 구혼
자들로부터 죽음을 당
할까 두려워하지 마십
시오."

페넬로페와 아테나 여신_ 필립 베이트의 작품

그러나 그는 겉으로
는 그녀를 위로하는 척
하면서도 텔레마코스를 살해할 생각은 버리지 않았다. 페넬로페는 다
시 내실로 올라가 오디세우스를 생각하며 슬피 울었다. 그러자 빛나는
눈의 아테나 여신이 그녀에게 단잠을 내려주었다.

저녁 무렵이 되자 돼지치기 에우마이오스는 오디세우스와 그의 아
들에게로 돌아와, 작은 돼지를 잡아 저녁 식사를 준비했다. 그때 아테
나 여신이 오디세우스에게로 와서 지팡이로 그를 치자, 그는 다시 노
인의 모습으로 변신하였다. 아테나는 돼지치기가 이 사실을 알면 페넬
로페에게로 달려가서 일러줄까 두려웠기 때문에 그에게 다시 남루한
옷을 입힌 것이다.

그리고 텔레마코스가 먼저 에우마이오스에게 말했다.

"오, 에우마이오스여, 돌아왔구려 성곽에서는 무슨 소식이라도 있습
니까? 나를 죽이려고 매복한 자들은 아직도 내가 오는 길을 엿보며 그
곳을 지키고 있습니까?"

그러자 에우마이오스가 대답했다.

오디세우스의 귀환
돼지치기 에우마이오스와 오디세우스, 텔레마코스는 오디
세우스궁으로 가려는 의논을 한다. .

"제가 궁에 도착했을 때, 왕자님과 같이 가셨던 일행 중의 한 분이 먼저 왕비님께 소식을 전하러 왔다가 저와 마주쳤습니다. 언덕에 올랐을 때, 빠른 배 한 척이 항구로 들어오는 것을 보았습니다. 배 안에는 여러 남자들과 창이며 방패가 보였습니다. 잘은 모르겠지만 아마도 그들이 돌아온 것으로 보입니다."

그의 말을 듣고 있던 텔레마코스는 얼굴에 미소를 띤 채 돼지치기를 외면하고는 아버지를 힐끔 쳐다보았다. 이윽고 그들은 모두 한자리에 모여 배불리 먹고, 잠자리에 들었다.

거지로 변신한 오디세우스

장밋빛 손가락을 가진 새벽의 여신이 어둠을 거두자, 텔레마코스는 아름다운 샌들을 신은 뒤 큰 창을 들고는 성으로 향하기 전 에우마이오스에게 말했다.

"나는 더 늦기 전에 어머니를 뵈어야겠습니다. 아마도 내가 살아 있는 걸 확인하지 않으시면 슬픔과 한탄을 그치지 않으실 거예요. 그런데 내가 부탁하건대, 이 불쌍한 손님을 시내로 모시고 가서 구걸할 수 있도록 해주세요. 나는 할 일이 많아 오는 손님을 일일이 대접해 드릴 수는 없거든요. 그렇다고 해서 손님이 이곳에 계속 머무르실 수는 없는 노릇이고요."

오디세우스가 이에 대답했다.

"왕자님이여, 나 또한 여기 죽치고 있는 것이 싫소이다. 거렁뱅이는 거렁뱅이답게 마을 사람들에게 구걸하며 다니는 것이 훨씬 마음이 편하다오. 그대는 어서 떠나시오. 나는 잠깐 불에 몸을 녹이고 나서 떠나리다. 옷이라고 해야 너무나 해어져 새벽 찬 서리가 두렵기 때문이오. 게다가 도시도 꽤 멀다고 하니."

텔레마코스는 힘찬 발걸음으로 오두막집을 나와 궁으로 향했다. 궁에 들어가자 유모 에우리클레이아가 양털 덮개를 덮다가 그를 알아보고는 달려와, 머리며 입에다 키스를 퍼부었다. 그리고 정숙한 페넬로페가 마치 아르테미스나 아프로디테처럼 우아하게 나와, 사랑하는 아들의 얼굴과 눈에 키스하고 눈물을 흘리며 떨리는 목소리로 말했다.

"네가 서광처럼 왔구나. 나는 다시는 너를 보지 못할 줄 알았다. 그래, 너는 내게 말도 하지 않은 채 아버지의 소식을 알려고 갔단 말이냐? 자, 이리 와서 무슨 소식을 들었는지 말해 보거라."

그 말에 슬기로운 텔레마코스가 대답했다.

"어머님, 저는 이제야 무서운 죽음의 손에서 벗어날 수 있었습니다. 그러니 눈물을 거두시고 어서 목욕재계하신 뒤 내실로 들어, 신들께 황소 백 마리를 올리겠다고 맹세하시지요. 저는 회의장으로 가서 필로스에서부터 동행하신 분을 모셔 오겠습니다."

오디세우스와 텔레마코스가 그려진 모자이크 벽화

아들의 말을 들은 페넬로페는 목욕을 하고 옷을 갈아입은 다음, 제우스에게 기도하며 황소 백 마리의 제물을 올릴 것을 맹세했다.

한편 텔레마코스는 창을 들고 궁을 나섰다. 두 마리의 빠른 개가 그를 따랐는데,

페넬로페를 만나는 텔레마코스_ 에버하르트 폰 바흐터의 작품
페넬로페와 텔레마코스가 포옹하는 모습을 에우리클레이아와 시녀들이 반갑게 바라보는 장면이다.

마침 아테나가 신비한 빛을 부어주어 그를 보는 사람마다 감탄하며 바라보았다. 그러나 그는 웅성거리는 사람들을 피해서 아버지의 옛 친구인 멘토르와 안티포스, 할리테르세스가 앉아 있는 곳으로 가서 자리를 잡았다. 그러자 그들은 텔레마코스에게 여행 중의 일들을 물어왔다. 이때 창던지기로 유명한 페이라이오스가 손님을 모셔 왔다. 텔레마코스도 머뭇거리지 않고 손님에게 다가섰다.

먼저 페이라이오스가 말했다.

"텔레마코스여, 여인들을 나의 집으로 보내시오. 메넬라오스가 그대에게 준 선물들을 보내도록 할 테니."

그 말에 현명한 텔레마코스가 대답했다.

텔레마코스와 페넬로페의 만남_ 안토니오 주치의 작품
아들 걱정에 근심으로 지내던 페넬로페가 텔레마코스를 만나는 장면이다.

텔레마코스와 페넬로페의 만남 _ 안젤리카 카우프만의 작품

"페이라이오스여, 아직 이 일이 어떻게 될지 잘 모르겠소. 만약 무례한 구혼자들이 성안에서 나를 소리 없이 죽인 다음 재산이고 뭐고 저희들끼리 나눠 가진다면, 차라리 나는 자네가 그것을 가지고 행복을 누리기를 바라고 싶소."

이렇게 말하며 여행으로 지친 손님을 집 안으로 안내했다. 그들이 궁에 다다르자 시녀들이 그들을 정성껏 목욕시킨 다음, 올리브 기름을 발라 주고 외투와 튜닉을 입혀 주었다. 그리고 나이 지긋한 하녀가 빵이며 맛있는 음식을 날라 와서는 옆에 앉아 시중을 들었다. 멀찍이 아들과 마주보고 앉아 실패에 실을 감고 있던 페넬로페는 식사가 끝나자 말을 했다.

"아들아, 나는 이제 내실로 올라가 침대에 누워야겠구나. 그 침대는 너의 아버지께서 트로이아로 떠나신 이래 눈물이 마를 사이가 없었던 곳이지. 혹시 아버지께서 돌아오신다는 소식이라도 들었는지 이야기해 줄 수는 없겠니?"

그러자 텔레마코스가 대답했다.

"어머님이 그러신다면, 사실을 본 대로 들은 대로 말씀드리겠습니다. 우리는 필로스의 지도자인 네스토르를 찾아갔습니다. 그분은 저를 마치 객지에서 돌아온 자식을 대하듯이 반갑게 맞아주시더군요. 하지만 그분은 아버님의 생사에 대해서는 들어본 적이 없다고 하시면서, 메넬라오스왕에게로 호송해 주셨습니다. 메넬라오스왕께서는 저에게 무슨 까닭으로 왔느냐고 물으셨습니다. 제가 사실대로 대답하자 그분은 이렇게 말씀하셨습니다.

오디세우스 생각에 슬픔에 싸인 페넬로페를 묘사한 부조

'바다의 노인 프로테우스에게서 들은 바로는 오디세우스는 님페 칼립소의 집에 강제로 억류당하여 무수한 곤경을 겪고 있다고 했소. 배 한 척 없고, 망망대해를 건너가게 해줄 친구 하나 없다고 했소.'

그리하여 저는 어쩔 수 없이 서둘러 돌아오게 된 것입니다."

이에 곁에 있던 테오클리메노스가 입을 열었다.

"현명하신 부인이시여, 감히 제가 한 말씀 드리겠습니다. 모든 신들 앞에서 맹세하건대, 오디세우스께서 이타케 땅을 밟으신 것만은 확실한 듯합니다. 저는 매끈한 배 위에 앉아서 새의 조짐을 보고 그런 점괘를 알고는 아드님에게 외쳤습니다."

그 말에 눈치 빠른 페넬로페가 말했다.

"오, 손님이시여, 그 말씀이 맞다면 그 은혜를 어찌 잊을 수 있겠소. 내 그대를 후히 대접하고 많은 선물을 드릴 것이며, 만나는 사람마다 그대를 축복할 것이오."

그들은 서로 이런 말을 주고받았다.

한편 무례한 구혼자들은 아직도 오디세우스의 궁 앞에 모여, 전과 다름없이 창이며 원반을 던지며 거드름을 피우고 있었다. 점심때가 되어 들에서 목자들이 양 떼들을 몰고 돌아오자, 시종들은 늘 하던 대로 구혼자들을 인도했다. 그때 시종들 중에서 가장 신임을 얻은 메돈이 말했다.

"자, 이제 경기로 마음도 푸셨으니, 안으로 들어가 배를 채우도록 하시죠."

한편 오디세우스와 착한 돼지치기 에우마이오스는 목초지에서 부지런히 시내로 가고 있었다. 이때 에우마이오스가 먼저 입을 열었다.

"손님께서는 오늘 시내로 가고 싶단 말씀이지요. 나는 이곳에 남으셔서 가축을 돌보면 어떨까 싶었는데요. 하지만 왕자님의 뜻이 그러하고 또한 그걸 거역하는 것은 시종된 도리로서 할 짓이 아니므로, 서두를 수밖에 없군요. 저녁때가 되면 금세 쌀쌀해질 테니 어서 가시지요."

그 말에 지혜 많은 오디세우스가 대답했다.

"알고 있습니다. 나도 그런 생각을 하던 참이라 정말 지당한 말씀인 줄 압니다. 자, 그럼 떠나 볼까요? 이제부터 당신이 길을 안내해 주십시오. 그런데 무슨 나무를 잘라서 만든 막대기라도 있으면 하나 주시구려."

이렇게 말하며 보기에도 초라한 동냥자루를 두 어깨에 걸메었는데, 멜빵은 새끼줄로 된 것이었다. 거기에 쓰기 좋은 지팡이를 에우마이오스가 주었다. 그리하여 두 사람은 길을 떠나고 오두막에는 개들과 일꾼들이 남아서 집을 지켰다. 이렇게 해서 돼지치기는 자기 주인을 마을로 데리고 간 것이다. 오디세우스는 초라한 거지 행색에다 늙은 이 모습으로 지팡이를 짚고, 몸에는 누추한 누더기를 걸친 그런 모습이었다.

이윽고 험한 길을 따라 마을 근처의 맑은 우물가에 이르렀을 때 그곳의 높다란 바위틈에서 차가운 물이 흘러 떨어지고 있었다. 조금 높은 곳에는 님페들을 위한 제단이 마련되어 있었는데, 그곳에서 염소치기인 돌리오스의 아들 멜란티오스가 구혼자들을 먹이기 위해 가장 살진 염소를 몰고 가다가 그들과 마주쳤다.

그는 그들을 보자 욕설을 퍼부었다.

"가련한 돼지치기여, 그대는 이 거렁뱅이인 밥벌레를 어디로 데리고 가는 것이오? 그는 이집 저집 다니며 문전걸식하는 것이 취미지, 농가에서 일하는 것은 견디지 못할 것이오. 만일 그를 내 농장이나 돌보라고 넘긴다면, 나는 그에게 외양간 청소를 시키고 기름진 고기와 우유를 줄 텐데. 하지만 그는 유리걸식으로 굳은 몸이니 동냥이나 해서 창자를 채우는 것이 나을 것이오."

염소치기는 이렇게 말하고 어리석게도 오디세우스의 엉덩이를 걷어찼다.

그럼에도 오디세우스는 분노를 삭이며 꾹 참기로 했다. 그러자 에우마이오스가 그를 꾸짖으며 두 손을 들고 빌었다.

"제우스의 따님이신 우물의 님페들이시여, 일찍이 오디세우스께서 그대 제단에 새끼 양과 새끼 염소를 바쳤다면 이 소원을 들어주소서. 오, 그분께서 하루빨리 돌아오시도록 도와주소서! 그래서 저 괴한들, 무례하게 가축이나 없애는 모리배들을 소탕해 버리게 하소서."

오디세우스를 걷어차는 멜란티오스

그러자 멜란티오스가 말했다.

"이 고약한 놈 같으니라고! 감히 어디서 함부로 입을 놀리는가! 오늘이라도 은활을 가지신 아폴론 신이 텔레마코스를 쏘아 죽이면 시원하겠는걸. 아니면 오디세우스가 돌아올 희망이 없어진 만큼 구혼자들 손에 걸려 죽었으면 좋겠어."

거지 복장을 하고 자신의 궁전 앞에 앉아 있는 오디세우스

이렇게 말하며 오디세우스의 일행과 헤어졌다.

두 사람은 그대로 천천히 걸어갔다. 한편 염소치기들은 몹시 빠른 걸음으로 성에 이르자, 곧 안으로 들어가 구혼자들 사이에 끼어 앉았다. 에우리마코스의 맞은편 자리였는데, 그와는 가장 친한 사이였기 때문이다. 그러자 시중드는 자들이 그의 앞에 고기 조각을 나눠 놓고, 공손한 우두머리 시녀가 음식을 날라다 놓았다.

마침 그때 오디세우스와 갸륵한 돼지치기가 찾아와 바로 그 옆에 머물자, 두 사람 주위에서 하프 소리가 들려왔다. 페미오스가 구혼자들을 위해 하프를 뜯으며 노래를 시작한 것이었다.

그러자 오디세우스는 돼지치기의 손을 잡으면서 그에게 말했다.

"에우마이오스 님, 매우 훌륭한 궁전이군요. 이게 틀림없이 오디세우스왕의 성입니까? 겹겹이 건물이 있고 정원이며 성벽과 벽돌 장식이 화려할 뿐만 아니라 문도 이중으로 되어 있군요. 감히 어느 누구도 넘볼 수 없겠소. 그리고 이곳에서 잔치를 벌이고 있나 봅니다. 비계 굽는 냄새가 이렇게 코를 찌르고, 하프 소리가 울려오니 말이지요."

그 말에 돼지치기 에우마이오스가 이렇게 대답했다.

"벌써 눈치챘군요. 자, 우리는 무슨 일이 벌어지고 있는지 살펴봅시다. 당신이 먼저 궁으로 들어가 구혼자들과 합석하시지요. 나는 여기에 있겠습니다. 아니면 내가 먼저 들어가고 당신이 여기 계셔도 좋습니다. 그러나 밖에 있으면 누군가가 때릴지도 모르니, 조심하셔야 합니다."

그 말에 거지 행색을 한 오디세우스가 대답했다.

"알았소. 내 여기 남아 있을 테니 먼저 들어가시지요. 혹 여기서 얻어맞거나 걷어채이는 것쯤은 능히 견딜 만한 일이니까요. 오히려 내가 두려워하는 것은 진저리나는 식욕이오. 그것을 충족시키기 위해 피비린내 나는 전쟁을 하는 것이 아니오?"

두 사람은 서로 이렇게 수군거렸다. 그 바람에 마침 그곳에서 잠을 자던 개가 머리와 꼬리를 치켜들었다. 그 개는 오디세우스가 기르며 가르쳤던 개 아르고스였다.

◀ 아르고스 개의 조각상

한때 사람들은 그 개를 데리고 사나운 염소며 토끼, 사슴을 몰곤 했었다. 그러나 지금은 아무도 돌보아 주지 않아, 노새며 소가 문간에 쏟아놓은 오물더미 위나 거름더미 위에 누워 있었다.

그 속에서 아르고스는 개벼룩이 들끓은 채 누워 있다가, 오디세우스가 가까이 온 것을 보자 곧 꼬리를 치며 양쪽 귀를 늘어뜨리기는 했지만, 이젠 주인에게로 달려갈 만한 기력이 없었다. 그 모습을 본 오디세우스는 에우마이오스 몰래 눈물을 닦더니, 그에게 물었다.

"에우마이오스여, 이 개가 이런 곳에 누워 있다니, 참으로 놀랍소. 내가 보기엔 훌륭해 보이는데, 왜 애완용 개처럼 눈요기나 하는지 모르겠군요."

그러자 에우마이오스가 대답했다.

"이 개는 오디세우스왕께서 친히 기르시던 개이랍니다. 만일 오디세우스께서 트로이아로 떠나실 때처럼 그 생김새와 동작이 훌륭했더라면 아마 당신은 더욱 놀라셨겠지요. 깊은 숲속에서라도 일단 그놈의 눈에 띄기만 하면 사냥감인 동물들은 죽음이었지요. 그러나 지금은 이 개도 주인님처럼 비참한 신세가 되었지요."

◀ **오디세우스와 아르고스 개의 조각상**
오디세우스의 애견 아르고스는 오디세우스가 트로이아로 떠난 뒤 20년 동안 돌봐 주는 사람 없이 지내다가 마침내 주인을 다시 만나 반가운 나머지 그만 흥분하여 죽고 만다.

이렇게 말하고 있는 사이에 아르고스 개는 오디세우스를 바라보고는 격정에 사로잡혀 온 힘을 다해 반기다가, 그만 쓰러져 그 자리에서 죽고 말았다. 오디세우스는 드러낼 수 없는 감정을 숨기며, 자신의 겉옷을 벗어 사랑했던 개를 덮어주었다.

그사이 에우마이오스는 궁으로 들어갔다. 그때 돼지치기 에우마이오스를 먼저 발견한 텔레마코스는 고개를 끄덕여 그를 불렀다. 그러자 에우마이오스는 주위를 살피면서, 요리사가 요리를 대접할 때 앉는 의자 하나를 가지고 와서 텔레마코스의 옆에 앉았다. 시종이 식사를 가져와 그에게 대접했다.

그 뒤를 따라 행색이 초라한 오디세우스가 지팡이를 든 채 궁으로 들어왔다. 그는 아주 곧게 뻗은 삼나무 기둥에 기댔다. 텔레마코스는 빵을 전부 꺼내고, 양손으로 들어야 할 정도로 커다란 고깃덩어리를 돼지치기에게 집어 주며 말했다.

"이것을 가져다가 저 손님에게 드리고, 구혼자들에게 돌아다니며 구걸하라고 이르시오. 부끄러움이란 아쉬운 사람에게는 쓸데없는 허례일 뿐이오."

돼지치기는 오디세우스에게 텔레마코스의 말을 그대로 전했다.

"노인장, 왕자님께서 이것을 당신에게 드리고 구혼자들에게 돌아다니며 구걸을 하시랍니다."

이에 지략이 뛰어난 오디세우스는 대답했다.

"제우스시여, 왕자님께 복을 내리시고 소원을 이루게 하소서."

그리고는 두 손으로 그것을 받아 남루한 자루 위에 놓았다가, 음유시인이 노래하는 동안 입에 넣었다. 음유시인이 노래를 멈추자 구혼자들은 집이 떠나가라고 떠들어댔다. 그때 아테나 여신은 오디세우스가 구혼자들 사이를 돌아다니며 빵 조각을 구걸하여, 과연 누가 옳은 자이고 누가 무례한 자인지 흑백을 가리도록 충동질했다. 오디세우스는 오랫동안 거지 생활을 한 것처럼 오른쪽에서부터 손을 내밀며 빠짐없이 구걸을 하기 시작했다. 그러자 그들은 그를 가엾게 여겨 무엇이든 주며, 어디서 왔냐고 묻기도 하면서 놀려댔다.

이때 염소치기인 멜란티오스가 거들먹거리며 말했다.

"유명한 왕비의 구혼자들이시여, 나는 돼지치기가 저 사람을 이곳으로 데리고 오는 것을 보았습니다. 하지만 그가 어디서 왔는지는 나도 알지 못합니다."

이에 안티노오스가 돼지치기 에우마이오스를 책망했다.

"어쩌자고 이런 거지를 여기까지 데리고 왔나? 우리 연회를 망치려는 속셈인가?"

에우마이오스가 그에게 대답했다.

"안티노오스여, 그대는 고결한 줄 알았는데 말씀은 그렇지가 않군요. 어느 누가 낯모르는 사람을 연회에 합석시킨단 말씀이오? 사실 그는 예언자도 아니요, 명의도 조선공도 기술자도 음유시인도 아니지만 이 세상 어디에서도 환영을 받지요. 하지만 남의 음식을 없애라고 일부러 걸인을 연회에 청할 사람은 없을 것이오. 그리고 보니 당신은 항상 어느 구혼자보다 나에게 특히 가혹하십니다. 그러나 나는 페넬로페 왕비와 텔레마코스 왕자께서 이 궁에 생존해 계시는 동안은 개의치 않겠습니다."

그러자 텔레마코스가 나서서 말을 했다.

"제발 그만두시오. 말이 많은 사람한테 쓸데없이 변명을 할 필요는 없소. 그는 남을 헐뜯는 것이 버릇이라오."

그러고는 다시 빠른 어조로 안티노오스를 향해 말했다.

"안티노오스여, 그대는 마치 아버지가 아들을 보살피듯이 나를 보살펴 주는군요. 음식이 축이 날까 심한 말까지 하며, 손님을 집에서 내쫓으라 하시니 말이오. 그러나 신께서는 결코 이런 일을 시키지는 않을 것이오. 무엇이든 그에게 주시구려. 나는 인색하지 않소이다. 나의 어머님이나 오디세우스가의 시종이 한 말에 그리 괘념치 마시오. 하지만 그대는 남에게 주기보다는 혼자 먹는 편이 훨씬 좋은가 보오."

안티노오스는 얼굴이 벌게져 텔레마코스에게 말했다.

"텔레마코스여, 버릇없이 입을 놀리지 마시오. 만일 구혼자들이 나처럼 저자에게 대접을 하다가는 그는 이곳에 가히 석 달간은 묵을 것이오."

그는 테이블 밑에서 발판을 가져와 모양새 좋은 발을 올려놓았다. 그러자 오디세우스는 안티노오스 옆에 서서 이렇게 말했다.

"보아하니 아카이아 사람들 중에 가장 높으신 나리 같은데, 좀 후하게 적선해 주시구려. 그러면 나는 어디를 가든지 당신 이름을 높이 칭송하리다. 이 걸인도 한때 부자로 살았을 때에는 유랑자들의 행색을 보지 않고 두둑이 적선했소이다. 하지만 제우스께서 내 모든 재산을 빼앗아 갔소이다. 신은 진실로 나를 해적과 더불어 끝없는 유랑을 하게 하였고, 결국 멸망의 길을 걷게 한 것이오. 내가 이집트에 갔을 때를 잠깐 말하겠습니다. 나는 이집트에 다다른 뒤 나의 충실한 동료들을 불러 염탐하라고 내보냈습니다. 그러나 그들은 어리석게도 자기 힘

오디세우스가 지어낸 무용담을 묘사하고 있는 판화

만 믿고 이집트 사람들의 농장을 노략질했을 뿐만 아니라, 그들의 아
내와 무고한 어린아이들을 내쫓았지요. 온 성이 아수라장이 되자 갑
자기 보병들과 기병들이 한꺼번에 몰려왔소이다. 우리는 완전히 포위
되어 죽임을 당하는가 하면, 일부는 강제로 끌려갔소이다. 그러나 나
는 그들과 친교가 있던 키프로스의 군주 드메토르에게 넘겨졌으므로,
목숨만은 건져 이곳으로 오게 되었소이다."

그러자 안티노오스가 화를 버럭 내며 말했다.

"어느 신이 이 원수를 보냈단 말이오? 또다시 쓴맛을 보지 않으려
거든 어서 내 식탁에서 떨어지시오. 그저 사람들이 동정하니까 더욱
염치없는 짓을 하는구려. 하긴 남의 물건을 제멋대로 내주는데 무엇
이 아깝겠소이까?"

그러자 그 말에 지혜로운 오디세우스가 대답했다.

"그게 무슨 말이오? 그렇다면 당신은 보기와 달리 사리 분별이 부족한 모양이군요. 당신 살림이라면 사람에게 소금 한 톨도 내주지 않겠군요. 지금은 남의 집 음식 신세를 지고 그렇게 잔뜩 가졌으면서, 그 중에서 빵 한 조각도 내게 줄 수 없단 말이오?"

이렇게 말하자 안티노오스는 한층 화가 치밀어, 눈을 버럭 치켜뜬 채 거침없이 말했다.

"이렇게 된 이상 나한테 그런 욕설까지 퍼붓고서야 온전하게 이곳을 빠져나갈 줄 아느냐?"

그는 이렇게 말하고 발판을 들어 오디세우스의 오른쪽 어깻죽지를 냅다 쳤다. 그러나 오디세우스는 바위처럼 우뚝 서서 꼼짝도 하지 않은 채 가만히 고개를 흔들며 문간으로 다시 가서 자루를 내려놓고는 구혼자들에게 말했다.

"정숙하신 왕비의 구혼자들이시여, 잠깐만 내가 느낀 바를 좀 말씀드리겠습니다. 정말로 소든 양이든 자기 재산 때문에 싸우다가 얻어맞는다면 원통할 것도, 섭섭할 것도 없습니다. 그러나 지금 안티노오스는 그저 내 굶주린 창자 때문에 나를 쳤습니다. 오, 참으로 신이 계시다면 저 안티노오스를 결혼 전에 화장터 맛이나 보게 해주소서."

이에 사람들이 웅성거리자 에우페이테스의 아들 안티노오스가 말했다.

"이보게, 조용히 앉아서 먹기나 하시오. 아니면 공연히 젊은 사람들에게 욕보지 말고 다른 곳으로 가든지 말이오."

이 말에 사람들이 몹시 분개했다. 그중에 한 거만한 젊은이가 나서서 말했다.

"안티노오스, 자네가 불행한 떠돌이를 때린 것은 온당한 일이 못 되네. 오히려 재앙을 부른 거나 다름없지. 만약 이 사나이가 하늘에 계시는 신이시라면 말이야. 사실 신들께서는 다른 나라에서 온 부랑자로 행색을 꾸미고 갖가지 변신된 모습으로 바꿔가면

페넬로페와 안티노오스_ 핀투리키오의 작품
페넬로페가 구혼자들의 감시하에 베를 짜는 모습으로, 중앙의 인물이 안티노오스이다.

서 사람들이 사는 곳을 방방곡곡 찾아다닌다고 들었네."

그러나 안티노오스는 그들의 말에 아랑곳하지 않았다. 텔레마코스는 아버지가 맞는 것을 보고 가슴이 아팠으나, 가만히 머리를 흔들며 마음속 깊이 복수심을 키웠다.

페넬로페는 행인이 맞았다는 소리를 시녀로부터 듣자 혼자 중얼거렸다.

"궁술의 신이여, 안티노오스를 징계해 주소서!"

그러자 하녀 에우리노메가 말했다.

"부디 우리의 이 기도가 실현될 때가 오기를 빕니다. 그렇게만 된다면 여기 있는 남정네들 어느 한 사람도 아름다운 의자에 앉아 새벽까지 목숨을 지탱할 수 없게 될 거예요."

하녀의 말에 페넬로페가 대답했다.

"유모, 모두가 보기 싫은 사람들뿐이로군그래. 나쁜 음모만 꾸미고 들 있는걸. 특히 안티노오스는 가장 못된 사람이지. 불쌍한 과객에게 모두들 음식을 주어 자루에 채워 주는데도, 안티노오스만은 발판으로 그를 내리치다니 말이오."

이렇게 페넬로페는 내실에서 시녀들과 함께 말을 주고받으며 앉아 있었다. 한편 오디세우스는 그대로 계속 빵을 먹고 있었다. 그때 페넬로페는 돼지치기 에우마이오스를 가까이 불러 말했다.

"에우마이오스여, 가서 그 손님더러 이리 오라고 하시오. 인사나 나누고, 혹시 오디세우스왕의 소식을 알고 있는지 묻고 싶소."

이에 에우마이오스가 대답했다.

"왕비님이시여, 그분 말씀을 들으시면 마음이 황홀해지실 겁니다. 저는 오두막집에서 사흘 밤이나 그분과 함께 지냈습니다. 그분은 배에서 빠져나오자마자 저에게 오신 분입니다. 저도 아직 그분이 당한 재난 이야기를 다 듣지 못했습니다. 사람을 즐겁게 해주는 천품을 신으로부터 받은 음유시인의 노래에 귀를 막을 수 없는 것처럼, 저는 그분의 얘기에 그만 매혹되고 말았습니다. 그분 말씀이 미노스족이 살고 있는 크레타가 고국으로, 오디세우스왕과는 전우 사이라고 했습니다. 또한 그분은 오디세우스왕께서 테스프로티아족이 사는 기름진 땅에 살고 계시다가, 많은 재화를 가지고 집으로 돌아오는 길이라는 소식을 직접 들었다고 했습니다."

이 말을 듣고 페넬로페가 그를 재촉했다.

"자, 어서 가서 그분을 모셔 오시오. 다른 사람들이 어찌 놀든 상관하지 않겠소. 날이면 날마다 소와 양 그리고 살진 염소 들을 잡아

근심에 젖은 페넬로페_ 안젤리카 카우프만의 작품
구혼자들의 난동에 페넬로페가 오디세우스를 그리워하는 모습이다.

마음껏 흥청거리며 술을 마셔대다니. 아, 장차 우리 집은 어떻게 된단 말이오? 하지만 오디세우스왕께서 다시 돌아오시기만 한다면, 이들의 행악을 곱절로 갚아줄 텐데. 만일 그 손님의 말이 틀림없다는 걸 알게 되면 망토나 옷이나 좋은 것을 입혀 주어야지."

이런 말을 들은 돼지치기 에우마이오스는 곧 달려가, 오디세우스의 바로 옆에 다가서서 그 말을 전했다.

"손님, 눈치가 빠르신 페넬로페 님이 당신을 부르시오. 온갖 고생을 다 겪고 계신 텔레마코스의 모친께서 말입니다. 뭔가 이 댁 주인님에 대해 물어보고 싶은 일이 있으신 모양이오. 당신 말이 모두 사실이라는 걸 확인하시면, 망토든 속옷이든 당신이 가장 필요한 옷을 주시겠다고 하오. 또 빵 같은 건 이 나라 어디를 돌아다니며 구걸하더라도 배는 곯지 않을 거요. 누구든지 생각이 있는 사람들은 적선을 할 테니까."

이에 인내심이 강한 오디세우스가 말했다.

"에우마이오스 님, 이제 당장이라도 나는 이카리오스 님의 따님이신 페넬로페 님께 모든 것을 사실대로 말하고 싶소이다. 왜냐하면 그분에 대한 일이라면 알고도 남음이 있으니까요. 둘 다 똑같이 서럽고 쓰라린 고난을 당해 온 처지니까요.

페넬로페 조각상 ▶

그러나 못되게 구는 구혼자들에게 조금 두려움을 느낍니다. 그 무리들의 오만무례하고 난폭한 행동은 하늘에 닿아 있군요. 방금도 전혀 잘못한 것이 없는 나를 저 사람이 쳐서 고통을 주었는데도 텔레마코스나 그 누구도 막지 못하더군요. 그러니 부인께서 아무리 급하시더라도 해가 질 때까지 내실에서 기다리시라고 여쭈시지요. 그리고 내 옷이 너무나 해져 있어서 난로가 옆에 자리를 마련해 주시면 더욱 고맙겠습니다. 이는 그대에게도 도움을 청했던 일이니까, 그대 자신도 잘 알 것이오."

그의 말을 들은 에우마이오스는 다시 페넬로페에게로 향했다.

그가 문에 들어서는 것을 본 페넬로페가 말했다.

"왜 손님을 데리고 오지 않느냐? 그분에게 무슨 일이라도 있소, 아니면 누군가를 지나치게 두려워해 그런 것이오?"

그 말에 돼지치기 에우마이오스는 이렇게 대답했다.

"자신을 구하기 위해서는, 누구든 아마 그렇게 생각할 테지요. 마님께도 해 질 녘까지만 기다려 주십사 하더군요. 참말이지 마님을 위해서도 그렇게 하시는 게 좋을 듯싶습니다. 마님 혼자서 손님한테 조용히 말을 묻고 들어보시도록 하시지요."

그러자 눈치 빠른 페넬로페가 말했다.

"그렇게 생각하는 것으로 보아 지각없는 분은 아닌 것 같소. 세상에 저토록 무례한 구혼자들은 또다시 없을 것이오."

그제야 마음이 놓인 돼지치기는 구혼자들 틈으로 가서 텔레마코스에게 귓속말로 전했다.

"왕자님, 저는 이제 가볼까 합니다. 돼지들이랑 오두막의 모든 것들

을 지키기 위해서요. 왕자님과 제 생활 밑천이 아닙니까? 그러니 이쪽
일은 왕자님이 알아서 처리하십시오. 우선 무엇보다도 왕자님께 아무
탈이 없도록 하시고요. 마음속으로 충분히 생각하시고 모든 일을 해나
가시기를. 아카이아족 가운데는 못된 짓을 꾸미는 사람이 많으니까요.
하지만 그 무리들은 제우스 신께서 멸망시키실 겁니다. 우리한테 귀
찮은 일이 없도록 말입니다."

그 말에 영리한 텔레마코스가 대답했다.

"그렇게 하지요. 그럼 그대는 저녁 식사를 마치고 떠나도록 하시오.
그리고 이곳의 모든 일은 나와 불사이신 신들께 맡기도록 하고, 아침
일찍 또 살진 제물을 끌고 오시오."

이렇게 말하자 돼지치기는 다시 윤이 나는 의자에 걸터앉았다. 그
리고 마음껏 먹고 마시고 배를 채운 다음, 돼지들이 있는 곳으로 가기
위해 잔치가 벌어진 성의 홀을 떠났다.

오디세우스의 변신

그리스 신화에는 변신 이야기가 자주 나온다. 신화 속 변신 이야기에서 변신하는 대상을 보면 주로 동물과 식물이다. 그래서 변신은 인간이 자연과 어우러져 행복하게 살던 황금시대에 대한 흔적일지 모른다. 인간이 동물이나 식물로 변하고, 동물이나 식물이 인간으로도 변할 수 있으며, 자연과 인간이 서로 조화를 이루며 살던 시대에 대한 향수가 어렴풋이 남아 있는 자취일 수 있다.

아테나 여신이 오디세우스를 노인으로 변신시킨다.

변신의 명수 제우스가 신들의 왕으로 군림할 수 있었던 것도 바로 그런 시대 변화를 가늠하고 따라갈 수 있는 능력이 다른 신들에 비해 월등했기 때문일 것이다. 제우스가 여성 편력을 하면서 보여준 남다른 변신 능력은 그의 바람기와 조응한다기보다는 그의 빼어난 시대 적응 능력을 암시한다.

변신이라고 다 긍정적인 것은 아니다. 아라크네처럼 오만이나 만용을 부리다 신의 노여움을 사 몸이 바뀌는 경우도 있다. 때로는 그 죽음이 너무 애처로워 이를 불쌍히 여긴 신이 아름다운 꽃이나 별자리로 만들어 주기도 한다. 이런 사례는 목적을 이루기 위해 스스로 변신을 꾀한 것이 아니다. 자신의 의지와 상관없이 이루어지는 변신이다.

오디세우스의 변신은 비록 자신이 원한 것은 아니지만 어떤 목적을 이루고자 하는 열망을 신이 읽고 채워 주는 형식이므로 주체 의지가 강하게 반영된 변신이라고 할 수 있다. 변신은 이처럼 능동적인 조건일 때 진정한 힘을 발휘한다.

제 11 부

오디세우스의 잠입

걸인 이로스와 싸우다

　텔레마코스와 에우마이오스가 이야기를 나누고 있는 사이에 구혼자들의 연회가 벌어지고 있었다. 이때 그곳에 또 다른 거지가 왔다. 그는 이타케의 거리마다 구걸을 하고 다니는 아르나이오스라는 걸인으로, 거구의 몸을 가지고 있었지만 오로지 먹고 마시는 것밖에 몰랐다. 다른 사람들은 그를 이로스라 부르는데, 그것은 무지개의 전령인 이로스처럼 심부름을 잘한다고 붙여진 이름이었다.

　그 걸인은 오디세우스를 발견하자 그를 쫓아낼 작정으로 욕설을 퍼부으며 대들었다.

　"이 거렁뱅이야, 지금 당장 질질 끌려 나가기 전에 문 밖으로 썩 없어져 버려라. 모두들 나에게 너를 끌어내라고 눈짓하는 것이 보이지 않나? 나도 주먹다짐하기 싫으니, 어서 네 발로 꺼지란 말이다."

　그러자 오디세우스는 그 사나이를 매섭게 쏘아보며 말했다.

　"건방진 소리를 하는구나. 나는 너에게 해가 되는 일이라고는 하나도 한 적이 없거니와, 그런 말도 하지 않았다. 그리고 누구든지 많은 물건을 너에게 준다 하더라도 나는 조금도 샘을 내지 않을 거야. 이곳은 신께서 우리에게 똑같이 얻어먹게 하신 곳이니 말이지. 보건대 너도 나와 마찬가지로 거지 행색으로 같은 처지이니, 힘으로 너무 나에게 덤비지 않는 게 좋을 거야. 내 비록 늙었을망정 네 가슴이나 혀를 피투성이로 만드는 것쯤은 쉬운 일이지."

그러자 거지 이로스는 화가 나서 버럭 소리쳤다.

"허풍쟁이 녀석이 뭐라고 지껄이는 거야. 너 따위 놈은 지금 당장이라도 네 잘난 이빨을 모조리 부러뜨릴 수 있다. 자, 덤빌 테면 덤벼라."

이렇게 두 사람은 거칠게 말을 주고받았다. 이 두 사람의 언쟁을 듣고 있던 건장한 체격의 안티노오스가 재미있다는 듯 너털웃음을 웃으며 구혼자들에게 말했다.

"들어보시오, 여러분. 여태껏 이런 일은 있은 적이 없습니다. 신께서 우리에게 이런 즐거움을 보내주신 겁니다. 다른 곳에서 온 이 손님과 이로스가 주먹 싸움으로 솜씨를 겨루어 보겠답니다. 그러니 그들을 당장 맞붙여 보는 것이 좋지 않겠습니까?"

이렇게 말하자 사람들은 모두 크게 껄껄대고 웃으며 자리에서 일어나, 행색이 초라한 거지들의 주변에 몰려들었다. 그 사람들 사이에서 안티노오스가 말했다.

"모두 잘 들어보시오, 용감한 구혼자 여러분! 잠깐 할 말이 있습니다. 여기 불 위에 우리가 먹을 염소 살코기와 염소 순대가 있습니다. 두 사람 중에서 누구든 이겨서 승리자가 된 사람에게는 이 중에서 바라는 것을 마음대로 골라 가지게 합시다. 그리고 이제부터 언제나 여기서 우리와 같이 식사를 하도록 허락해 줍시다. 그러나 진 거지에게는 다시는 여기에 구걸하러 오지 못하도록 합시다."

이에 모두들 찬성했다. 그러자 오디세우스가 말했다.

"여러분, 나처럼 늙은 사람이, 그것도 갖은 고생으로 지쳐 있는 처지에 젊은이와 대항한다는 것은 어리석은 일인 줄 압니다. 그러나 굶주린 창자가 싸우라고 강요하는구려. 그러니 여러분께서 굳은 맹세를 해주시오. 누구라도 부당하게 이로스의 편을 들지 않겠다고 말이오."

구혼자들은 모두 그의 말대로 맹세를 했다. 맹세가 끝나자 텔레마코스가 다시 한번 상황을 정리했다.

"손님, 그대의 마음이 이 젊은이와 싸우고자 한다면 나는 그걸 만류할 수 없소. 하지만 아카이아 사람 누구든 이로스 편을 들어 그대에게 부당하게 하는 자가 있다면 그는 많은 사람들의 적이 될 것이라는 점은 약속할 수 있소. 이 궁의 주인은 바로 나이며, 지체 높으신 영주님 안티노오스와 에우리마코스도 이 말에 찬성하실 것이오."

그의 말에 모두 동의했다. 잠시 후 오디세우스는 누더기를 허리에 둘둘 말아 감았다. 그러자 크고 우람한 넓적다리와 떡 벌어진 어깨와 가슴, 힘센 팔뚝이 드러났다. 아테나 여신이 그렇게 만들어 준 것이다. 구혼자들은 모두 당황하여 여기저기서 수군거렸다.

"이러다가 이로스는 자청해서 화를 입게 되겠는걸. 이 노인은 누더기 속에 정말 대단한 다리를 감추고 있었군."

모두 이런 말을 하자 이로스는 기가 죽어서 어쩔 줄 모르고 있는데, 하인들은 아랑곳없이 겁에 질려 있는 그를 억지로 끌어냈다. 손발을 덜덜 떨고 있는 그에게 안티노오스는 꾸짖고 이름을 부르면서 말했다.

"이 겁쟁이 이로스야! 네가 정말 이 노인이 무서워서 벌벌 떨 지경이라면, 차라리 넌 이 자리에 없었던 편이 나을 걸 그랬어. 아니면 아예 태어나지 않았다면 더 좋았을 거야. 자, 만일 네가 저 노인에게 진다면 너는 검은 배에 실려 전 인류의 파괴자인 에케토스왕에게로 보내질 것이다. 그는 날카로운 청동 칼로 너의 코와 귀를 벨 것이고, 몸뚱이는 산 채로 개에게 주어 뜯어 먹히게 하겠지."

이 말을 듣자, 이로스는 더욱 떨었다. 그때 인내심이 강한 오디세우스는 그를 당장 넘어뜨려 목숨을 거둘 것인가, 아니면 살짝 쳐서 땅에 쓰러뜨릴 것인가를 곰곰이 생각해 보았다. 고심 끝에 오디세우스는 살짝 쳐서 쓰러뜨리기로 하였다. 사람들이 자기 정체를 알아차리지 않을까 염려해서였다. 오디세우스는 이로스의 귀 밑 목을 쳐서 뼈를 으스러뜨려 놓았다. 그는 순식간에 검붉은 피를 쏟으며 땅에 쓰러졌다.

오디세우스와 이로스의 결투를 묘사한 판화

그러자 교만한 구혼자들은 손가락질을 하며 웃어댔다. 오디세우스는 이로스의 발을 잡아 회랑 어귀에 기대어 놓고는 그에게 지팡이를 쥐여 주면서 부드러운 목소리로 말했다.

"거기 앉아 돼지나 개한테 큰소리를 치시게나. 다시는 불쌍한 과객이나 걸인을 괴롭히지 말고. 그러다가는 보다 더 큰 불행에 처하게 될 테니."

그는 끈 달린 자루를 어깨에 걸머지고는 다시 자리를 잡았다. 한편 구혼자들은 즐겁게 웃으며 이렇게 인사를 했다.

"손님이시여, 제우스와 그 밖의 불멸의 신들께서 그대의 소원을 이루게 해줄 것이오. 그대가 그 건방진 자를 이 고장에서 다시는 구걸하

오디세우스와 이로스의 싸움
구혼자 안티노오스의 부추김에 오디세우스와 이로스가 대결하는 모습을 묘사한 그림이다.

오디세우스와 걸인 이로스의 싸움_ 로비스 코린트의 작품
오디세우스와 걸인 이로스가 대결하는 모습을 묘사한 그림이다.

지 못하게 해놓았으니! 우리는 곧 그를 전 인류의 파괴자인 에케토스 왕에게 보낼 것이오."

이에 오디세우스는 마음이 흐뭇해졌다. 그때 암피노모스가 바구니에서 고기 두 쪽을 집어 들고 금잔에 술을 부어 축배를 들며 말했다.

"손님이여, 반갑소. 그대가 오래도록 행복하게 살기를 바라네. 그렇지만 지금은 온갖 모진 재난을 겪고 있구먼."

이에 지혜가 풍부한 오디세우스가 대답했다.

"암피노모스시여, 그대는 분별력을 가지신 분이구려. 아마 그것은 훌륭한 부친을 두었기 때문인 것 같소. 나는 일찍이 둘리키온의 니소스의 명성을 익히 들어 알고 있소이다. 그분의 자제분이라고 하시니

사리가 밝겠지요. 그래서 한 말씀 드리겠습니다. 세상에서 숨쉬고 움직이는 만물 중에서 가장 연약한 존재가 인간입니다. 영광의 신들께서 고난에 빠뜨릴 때에는 갖은 힘을 다해도 소용이 없으니 말입니다. 나도 한때는 제법 버젓이 살았소이다. 하지만 내 힘과 세력, 부모 형제를 믿고 분별없이 행동했지요. 그러다가 이렇게 되고 보니, 인생이란 절대로 자신의 본분을 잊어서는 안 되며 그저 신중히 받아들여야 할 것으로 생각되더군요. 그래서 나는 구혼자들이 어떤 잘못을 저지르고 있는지 눈여겨보았소이다. 그분은 가까이 계시오. 여러분들도 댁으로 돌아가, 여기서 오디세우스왕의 귀국을 맞이하지 않도록 함이 현명한 일이외다. 분명 오디세우스왕께서 이 지붕 밑으로 들어서신다면 서로 피를 흘리지 않고는 갈라설 리가 없기 때문이오."

오디세우스는 말을 마친 뒤 신께 제주를 따라 올리고 달콤한 술을 마신 다음, 다시 그 무리의 지도자들 손에 잔을 돌렸다. 암피노모스는 비탄에 젖어 고개를 끄덕이며 홀을 지나 돌아가려고 했다. 어떤 흉조를 예감했기 때문이다. 그러나 또 어떤 운명의 지침에 이끌려 처음 자리로 되돌아왔다. 물론 그 자신은 몰랐겠지만 이것은 그가 텔레마코스의 칼 아래 사라질 숙명을 아테나 여신이 지워 주었기 때문이다.

그리고 아테나 여신은 페넬로페의 가슴속에 이러한 생각을 불어넣었다.

대리석으로 조각된 페넬로페상 ▶

몸소 구혼자들 앞에 나서서 그들을 부추기고, 전보다도 훨씬 남편과 자식에 대해 사랑과 경의를 갖도록 한 것이다.

페넬로페는 시녀를 불러 까닭 없이 웃으며 말했다.

"에우리노메여, 내 구혼자들이 몹시 밉기는 하지만 그들을 한번 보고 싶소. 그리고 아들에게 저들과 영영 손을 끊으라고 말해야겠소. 그들은 겉으로는 친한 체하지만, 속으로는 음흉한 계략만 일삼는 무리들이오."

이에 시녀인 에우리노메가 말했다.

"왕비님, 옳으신 말씀입니다. 우선 얼굴에 눈물 자국을 지우시고 화장을 하시지요. 왕비님께서 신들께 수염이 난 왕자님을 보고 싶다고 기원하시더니, 이제 왕자님도 어엿한 성인이 되었답니다."

이번에는 현명한 페넬로페가 말했다.

"에우리노메여, 나에게 목욕을 하고 화장을 하라니, 당치 않은 말이오. 저 하늘을 지키는 올림포스 신들이 그분을 떠나보내신 뒤로 내 청춘은 이미 망가져 버렸다오. 자, 혼자서 남자들 앞에 나서는 것은 수치스러운 일이니 아우토노에와 힙포다메이아를 불러 나를 안내하게 하시오."

이렇게 말하자 유모인 에우리노메는 다른 하녀들에게 명령을 전하고 그들을 여주인에게 데려오기 위해 떠나갔다.

이때 빛나는 눈의 여신 아테나는 또 다른 일을 생각해 내어, 페넬로페에게 달콤한 잠을 선사했다. 그리고 온 아카이아 사람들을 황홀케 할 만한 불멸의 선물을 보냈다. 의자에 앉은 채 잠에 취해 있는 페넬로페를 아프로디테가 무도회에 갈 때처럼 씻기고 화장을 시켜 더욱

근심에 젖은 페넬로페_ 단테이 게이브리얼 로세티의 작품

페넬로페를 재우는 아테나 여신
아테나 여신은 페넬로페를 잠재운 뒤 그녀를 아름답게 치장한다.

아름답게 한 것이다. 또한 그녀를 더욱 늘씬하고 풍만하게 보이게 했고, 피부는 새로 깎은 상아처럼 희게 해놓았다.

이렇게 아테나가 그녀를 아름답게 꾸며놓고 나간 후에, 시녀들이 방으로 들어왔다. 그제야 깜짝 놀라 단잠에서 깨어난 페넬로페는 얼굴을 문지르며 말했다.

"내가 너무 고민했던 나머지 그만 잠이 들고 말았어. 제발 이처럼 달콤한 죽음을 지금 당장 성스러운 아르테미스께서 나에게 주시면 고마울 텐데. 그리운 오디세우스 님의 뛰어난 덕망을 연모하면서 더 이상 한탄하고 슬퍼하고 마음을 썩이지 않도록 말이야. 그분은 참으로 아카이아 용사들 중에서도 가장 뛰어난 분이었어."

이렇게 말하고 두 시녀를 데리고 2층 계단을 내려왔다. 그리하여 부인들 중에서도 존귀로운 이분은 구혼자들이 있는 장소에 도착한 후, 탄탄한 지붕 밑 기둥 옆에 얼굴을 베일로 가린 채 멈추어 섰다. 그 양옆에는 충실한 시녀들이 한 사람씩 지키고 섰다. 그것을 보자 그곳에 있던 구혼자들은 연모의 마음 때문에 모두 매혹되고, 품에 안아보고 싶다는 생각에 초조해지면서 무릎에 힘이 빠지는 것이었다. 그러자 그녀는 자기 아들 텔레마코스에게 말했다.

"텔레마코스야, 이젠 너의 마음이나 생각이 분명치가 못하구나. 어렸을 때에는 지금보다 현명한 분별심을 가지고 있었어. 더욱이 지금은 키도 더 크고 어른이 되었으니, 부귀와 영화를 갖춘 분의 자제라고 다른 사람들도 말할 테지. 체격이나 얼굴 생김새로 보아서도 다른 사람들도 그렇게 생각할 거다. 그런데 너의 마음이나 생각은 절대로 사리에 맞지 않는구나. 지금 이렇게 손님이 수치를 당하는 일을 이 궁전 안에서 그냥 보고만 있다니. 만일 손님이 우리 궁전에 와서 불친절한 대접 때문에 봉변이라도 당한다면 앞으로 어떻게 되겠느냐? 이것이야말로 네 치욕이 되고, 세상 사람들에게서 비난을 받게 될 거야."

이에 영리한 텔레마코스가 말했다.

"어머님, 아무리 역정을 내셔도 저는 드릴 말씀이 없습니다. 저도 그만한 것은 이해하고도 남습니다. 사실 얼마전까지는 제가 어린애여서 모든 것을 분별 있게 처리하지 못했습니다. 그들이 음흉한 흉계를 꾸미지만 정작 저를 도와주는 사람이 한 명도 없기도 했고요. 아무튼 이로스와 손님의 이번 싸움은 구혼자들이 기대한 대로는 되지 않았습니다. 제우스 아버지와 아테나, 그리고 아폴론이시여, 이곳의 모든 구혼자들을 당장 쓸어내어 저 문 옆에 앉아 있는 이로스와 같이 다리를 늘어뜨려 제집에도 걸어갈 수 없게 해주소서!"

그들이 이렇게 주고받는데, 에우리마코스가 끼어들었다.

"현명한 페넬로페 님, 만일 아르고스에 사는 모든 아카이아족이 당신의 자태를 보았다면, 더 많은 구혼자들이 당신의 성관에 몰려와서 아침부터 잔치에 참가했을 것입니다. 그것은 당신이 모든 여인 중에서도 그 자태나 마음속의 섬세하고 빈틈없는 생각이 남달리 뛰어났기 때문입니다."

그러자 이번에는 현명한 페넬로페가 말했다.

"에우리마코스여, 남편 오디세우스왕이 일리오스로 출항한 날, 신께서는 내 용모와 몸매를 빼앗아 갔나이다. 그분이 돌아오셔서 나의 명예를 되찾아 주기 전까지는 그저 눈물만 흘릴 뿐입니다. 아, 그분께서는 고국을 떠나시면서 내 오른손을 붙잡고 이렇게 말씀하셨지요. '부인, 아카이아 대군이 모두 트로이아로부터 무사히 귀환할 수는 없을 것이오. 왜냐하면 트로이아군도 대단한 용사들이어서 대등한 전쟁이 벌어질 것이기 때문이오. 그러니

오디세우스를 그리워하는 페넬로페_
요한 하인리히 퓌슬리의 작품

당신은 집에 계신 아버지와 어머니를 잘 봉양하시오. 비록 내가 멀리 떨어져 있더라도 지금보다 더 정성을 다해야 하오. 그리고 아이는 성장하거든 당신이 원하는 혼처를 찾아 결혼시키도록 하시오.' 그런데 그분의 말씀이 모두 사실로 되고 말았습니다. 제우스께서 나에게 가장 혹독한 시련을 주셨기 때문입니다. 게다가 지금까지 구혼자들은 이런 짓을 하지 않았습니다. 지위 있는 사람의 딸에게 구혼하는 자는 다투어 소를 선물하거나 훌륭한 양 떼를 가져오거나 신부 친구에게 식사 대접을 하면서 굉장한 선물을 보내긴 했어도, 이렇게 무턱대고 살림을 축내지는 않았습니다."

그녀의 말을 들은 오디세우스는 매우 기뻐했다. 페넬로페가 부드러운 말로 그들을 매혹시켜 선물을 가져오게 했으되, 실상 마음은 다른 곳에 있다는 것을 알았기 때문이다. 이번에는 안티노오스가 끼어들어 말했다.

"이카리오스의 따님이시며 현명한 페넬로페 님, 아카이아족 가운데서 청혼을 희망하는 사람들은 선물을 여기에 가지고 올 것입니다. 그것을 받아주십시오. 선물을 거절하고 받지 않는다면 좋은 일은 아닙니다. 아카이아족 가운데서 가장 뛰어난 남자와 당신이 결혼하기 전에는 결단코 내 영지나 어떠한 곳에도 돌아가지 않으렵니다."

◀ 오디세우스를 기다리는 페넬로페가 새겨진 금반지

이 말에 그들은 모두 찬성하고, 각자 사람을 보내 선물을 가져오도록 했다. 안티노오스는 열두 개의 금 브로치가 달린 휘황찬란한 훌륭한 예복을 가져왔다. 또한 에우리다마스의 두 하인은 매우 우아하게 빛나는 세 개의 구슬이 주렁주렁 달린 귀걸이를 가져왔다. 그리고 폴릭토르의 아들 페이산드로스왕은 아름다운 보석 목걸이를 가져오는 등 모두들 훌륭한 선물들을 하나씩 가져왔다. 그러자 부인은 내실로 올라갔고, 시녀들은 그 귀한 선물들을 옮겨 놓았다.

한편 구혼자들이 춤을 추고 노래를 부르며 즐기는 동안 어두운 밤이 찾아왔다. 그들은 곧 홀에 있는 세 개의 화로에 불을 피운 다음, 바싹 마른 장작을 새로 쪼개어 놓았다. 화로 옆 가운데에는 시녀들이 횃불을 들고 서 있었다. 이때 지략이 뛰어난 오디세우스가 시녀들에게 말했다.

"자, 오디세우스왕의 시녀들이여, 왕비가 계신 내실로 들어가 그분을 위해 실을 잣고 위안을 드리시오. 내 여기서 불을 돌보리다. 비록 모두들 빛나는 새벽을 기다리지만, 나만큼은 아닐 것이외다."

그의 말에 시녀들은 모두 웃었다. 그중에서 특히 돌리오스의 딸 멜란토는 에우리마코스와 정을 통하고 있는지라, 오디세우스를 몹시 꾸짖으며 망신을 주었다. 페넬로페가 친자식처럼 장난감도 주면서 아무 부러울 것 없이 키웠는데도, 고마움을 느끼기는커녕 배은망덕한 것이다. 그녀는 모욕적인 말을 서슴지 않았다.

"보잘것없는 떠돌이야, 대장간에 가서 잘 생각은 없느냐? 여기는 지체 높은 분들이 계신 곳으로, 어디서 건방을 떨고 있는 것이오? 정말 술에 취한 것이오, 아니면 평상시의 습관이오? 그래, 부랑자 이로스를 치고 나니 기고만장한 것이오? 그러나 이로스보다 센 사람이 나타나 그대의 머리를 후려칠 수도 있으니 조심하는 게 좋을 것이오.”

지혜로운 오디세우스가 그녀를 쏘아보며 말했다.

“뻔뻔스러운 계집 같으니! 이제 곧 텔레마코스 님에게 말해 줄 테다. 저쪽에 가서 당장에 너의 손발을 잘라 없애도록. 네가 뭐라고 지껄였는지 말해 줄 거야.”

이렇게 말하여 여자들의 간담을 서늘하게 만들어 놓았다. 시녀는 홀을 나가 버렸으나, 모든 사람이 겁에 질려 있었다. 그가 한 말이 진정으로 여겨졌기 때문이었다. 그러자 오디세우스는 타고 있는 촛대 옆에서 불을 물끄러미 보며 장승처럼 서서는 모든 사람을 살펴보고 있었다. 그러나 마음속으로는 반드시 하지 않으면 안 될 일들을 여러 가지로 궁리하고 있었다.

이제 아테나 여신은 교만한 구혼자들이 가슴 아프고 무정하게 구는 것을 그만두게 하지 않았다. 그 까닭은 오디세우스의 마음을 괴로움으로 더욱 아프게 하기 위해서였다. 그리하여 폴리보스의 아들 에우리마코스는 오디세우스를 또다시 조롱하여 사람들을 즐겁게 했다.

“고명한 왕비의 구혼자들이시여, 잠시 내 말 좀 들으시오. 이 사람이 이곳에 온 것은 신의 뜻인 것 같소이다. 지금 그의 머리에서 관솔불이 타고 있는 것 같지 않소? 머리에는 머리카락 하나 없는데 말이오.”

그는 다시 오디세우스를 향해 말했다.

“손님이여, 정말 우리 집에서 머슴을 살 생각은 없소? 우리 농원에서 성 쌓을 돌을 주워 모으고 나무를 심는 일을 하면 돈은 충분히 주리다. 물론 식사며 의복뿐만 아니라 샌들까지 주겠소. 하긴 못된 짓만 한 당신은 농사일에는 관심 없고, 돌아다니며 구걸이나 하며 배를 채우고 싶겠지만."

그러자 지혜가 풍부한 오디세우스가 대답했다.

"에우리마코스 님, 해도 길어진 이른 여름에 우리 둘이서 밭일하기 내기를 해보면 어떻겠소? 목초 베기 내기를 한다면 나는 날이 흰 낫을 들겠소. 또 황소에게 멍에를 씌워 쟁기질 내기도 해 봅시다. 그때 당신은 내가 얼마나 밭고랑을 잘 갈 수 있는지 볼 것이오. 그러면 건 방지고 고집이 센 당신이라도 나를 조롱하며 비위를 건드리지는 못할 것이오. 당신은 자기보다 약한 사람들과 싸워 스스로 강인하다고 착각하는구려. 만일 오디세우스왕께서 귀국하시는 날에는 저 넓은 문들도 당신들이 도망치기에는 좁기만 할 것이오."

에우리마코스는 분노하여 그를 무섭게 노려보며 소리쳤다.

"천하에 지천한 놈이! 어디다 대고 함부로 입을 놀리는가! 네가 보잘것없는 이로스를 이겼다고 기고만장했구나!"

그는 말을 마치기 무섭게 발판을 집어 오디세우스에게 던졌다. 그러자 오디세우스가 얼른 암피노모스의 뒤로 피하자 발판은 술을 들고 있던 시종의 오른손을 맞혔다. 동시에 잔이 바닥에 떨어지면서 시종은 신음소리를 내며 나뒹굴었다

구혼자들이 어두운 홀을 다니며 야단법석을 떨자 그들 중 한 사람이 한탄했다.

"저 걸인이 이곳으로 오기 전에 죽여버릴걸. 그러면 이런 소동도 일어나지 않았을 텐데! 저 걸인 때문에 소동이 일어나니 무슨 연회를 즐길 수 있겠는가."

이윽고 텔레마코스가 나서서 그들을 꾸짖었다.

"참으로 어리석은 분들이여, 어느 신이 그대들을 선동하는가 보구려. 자, 이제 많이들 드셨으면 어서 돌아가 편히 쉬도록 하시오. 나도 이제는 아무도 받지 않겠소이다."

텔레마코스의 노골적인 말에 그들은 모두 놀랐다. 그러자 니소스의 훌륭한 아들인 암피노모스가 일어나 한마디 했다.

"동지들, 이제 손님을 너무 심하게 다루지 마시오. 또 유명한 오디세우스궁의 시종들도 마찬가지요. 자, 우리도 각기 축배를 올리고 돌아갑시다. 그는 텔레마코스 집에 온 손님이니 말이외다."

그들 모두는 그의 말에 동의하고, 시종인 물리오스가 돌린 달콤한 포도주를 불사의 신들에게 헌주했다. 그리고 그들은 각기 자신의 처소로 돌아갔다.

오디세우스와 에우리클레이아

구혼자들이 사라지고 마침내 오디세우스 혼자 홀에 남게 되었다. 그는 아테나 여신의 도움을 받아 구혼자들을 처치할 방법을 여러 가지로 궁리하고 있다가, 갑자기 텔레마코스에게 소리 높여 말했다.

"텔레마코스, 무기를 모두 안에 감추어 두어라. 만일 그들이 무기가 없어진 걸 알아차리고 물을 때는 이렇게 적당히 구슬려 넘겨야 한다. '연기에 그을리지 않도록 잘 간직해 두었습니다. 오디세우스 님이 트로이아에 가실 때 남겨두고 간 것과는 이제 모양이 완전히 달라졌기 때문입니다. 불이 그 무기들을 아주 망쳐 놓았습니다. 더욱이 신께서는 더 중요한 일을 깨닫게 해주셨습니다. 말하자면 여러분이 자칫 술에 취해서 싸움을 벌인 끝에 서로 상처를 입히고, 잔치도 구혼도 못하게 만들지 모르기 때문이지요. 속담에도 쇠붙이라는 것은 스스로 무사들을 유혹하는 힘이 있다고 하니 말입니다.'"

이렇게 말하자, 텔레마코스는 사랑하는 아버지의 지시에 따라 유모 에우리클레이아를 불러내어 말했다.

"유모, 아버님께서 떠나신 이후 무기를 간수하지 않아 녹이 슬고 연기에 그을었으니, 무기들을 내실에 갖다 놓아야겠소. 그때까지 아무도 방에서 나오지 못하도록 해주시오. 이제라도 나는 불기가 미치지 않는 곳에 그것들을 잘 간직해 두어야겠소."

그러자 유모 에우리클레이아가 대답했다.

"오, 왕자님. 집안일에 대해 이처럼 신경을 쓰시다니, 정말 잘 생각하셨습니다. 그런데 급히 갖다 놓으려면 누군가가 불을 밝혀야 하는데, 누구한테 시중을 들게 할까요?"

그러자 영리한 텔레마코스가 말했다.

"여기 계시는 손님이 해줄 거야. 그가 누구이든 우리 집 빵을 먹은 이상, 먼 데서 온 손님이라 할지라도 무슨 일이라도 시켜야 해."

이렇게 말했기 때문에 유모는 무어라 대꾸도 못하고 잘 꾸며진 방문을 모두 닫았다. 그래서 지혜가 풍부한 오디세우스와 명예로운 그의 아들 텔레마코스는 부리나케 일어나 투구라든가 가운데 꼭지가 달린 방패, 또는 끝이 날카로운 창들을 수없이 운반해 들였다. 그들 앞에는 아테나 여신이 황금 촛대를 손에 들고 특별히 밝은 빛을 주었다. 바로 그때 텔레마코스는 자기 아버지에게 말했다.

"아버님, 참으로 놀라운 일입니다. 왕실의 벽이며 아름다운 기둥, 들보, 그리고 천장이 마치 불길처럼 환하게 타오릅니다. 틀림없이 어느 신께서 와 계신 모양입니다."

그러자 지혜가 풍부한 오디세우스가 대답했다.

"이 모든 것은 올림포스에 사시는 신들께서 하시는 일이니, 잠자코

네 마음속으로만 느끼고 묻지는 말아라. 이제 너는 가서 자는 것이 좋겠구나. 나는 슬픔에 잠긴 네 어머니와 이야기를 나누어야겠다."

오디세우스의 말을 들은 텔레마코스는 자신의 거처로 향했다. 한편 홀에 남아 있던 오디세우스는 아테나의 도움을 받아 구혼자들을 몰아낼 계략을 짰다.

그때 마침 아프로디테처럼 아름다운 페넬로페가 내실에서 나왔다. 그녀는 늘 앉던 불가에 털가죽이 깔린 의자에 앉았다. 발밑에 고정되어 있는 의자는 당대의 명장 이크말리오스가 상아와 은을 입혀 나선형으로 만든 것이었다. 페넬로페가 이곳에 앉자 흰 팔의 시녀들은 교만한 구혼자들이 먹던 식탁이며 잔을 서둘러 치운 다음, 화로에서 불을 긁어내고는 새 장작에 불을 지폈다. 이때 시녀인 멜란토가 오디세우스를 조롱했다.

걸인 행색을 한 오디세우스가 페넬로페에게 다가가는 모습이 새겨진 테라코타

"이 거렁뱅이야, 아직도 여기 남아서 밤새도록 애를 먹이려는 거야?
집 구석구석을 돌아다니면서 여자들을 엿볼 생각은 아니겠지? 저녁을
얻어먹었으면 감지덕지해야지. 안 나가면 이제 불이 붙은 장작개비로
얻어맞고서 쫓겨나게 될 거야."

그러자 그녀를 쳐다보면서 오디세우스가 말했다.

"이상한 여인이군. 나를 그토록 쫓아내고 싶은 이유가 무엇이오?
누더기를 몸에 걸쳤다고 그러는가, 아니면 이 지방 곳곳을 구걸하면
서 돌아다니는 탓인가. 그것은 나로서도 어쩔 수 없는 노릇이야. 나
도 한때는 남부럽지 않게 부유한 집에서 호의호식하면서 의지할 곳
없는 길손에게 동정을 베풀었던 사람이오. 아쉬움이라곤 눈곱만큼도
없이 수많은 시종을 거느리고 살았지. 그런데 제우스께서 나를 이 모
양으로 만들어 놓았소. 그대도 지금은 시녀들 중에서 제법 서열이 높
은 자리에 있을지 모르지만, 언제

쫓겨날지 누가 알겠소? 왕비님께
서 화가 나서 그대를 꾸짖을 수도
있고, 오디세우스께서 돌아오실지
도 모르는 일 아니오? 그리고 만일
그분이 그대 생각대로 돌아오지 않
으신다 해도, 텔레마코스 같은 아
드님이 있지 않소? 그분도 이제는
더 이상 어린애가 아니니 말이오."

이렇게 말하자, 현명한 페넬로
페가 그 말을 듣고 시녀를 꾸짖고

시녀 멜란토를 꾸짖는 페넬로페

그녀의 이름을 불러 말했다.

"멜란토, 너는 정말 뻔뻔스러운 아이로구나. 하지만 절대 내 눈을 속일 수 없어. 부끄러운 짓을 저질러 놓았으니, 그 잘못은 네가 톡톡히 갚는 수밖에 없을 것이다. 내가 저 손님을 내 방에 불러서 우리 주인님 일에 관해 여러 가지로 물어보려고 한다는 것을 너는 이미 다 알고 있을 것이다. 내가 너에게 말해 주었지. 나는 지금 정말 여러 가지 고초를 겪고 있어."

이렇게 말한 다음 늙은 시녀 에우리노메에게 말했다.

"에우리노메여, 의자에 양털 가죽을 깔고 저 손님을 앉히시오. 내가 물어볼 말이 있소."

페넬로페를 만나는 오디세우스_ 요한 하인리히 빌헬름 티슈바인의 작품
오디세우스는 페넬로페에게 자신의 정체를 감춘 채 대화를 한다.

페넬로페를 만나는 오디세우스_ 요한 하인리히 빌헬름 티슈바인의 작품

　그러자 에우리노메는 서둘러 의자에 양털 가죽을 깐 뒤 오디세우스를 앉게 했다. 먼저 페넬로페가 오디세우스에게 말했다.

　"당신은 누구시며 어디서 오셨습니까? 그리고 이곳에 어떻게 왔으며, 누구의 후손이십니까?"

　이에 지혜가 풍부한 오디세우스가 대답했다.

　"예, 왕비님! 이 끝없는 세상에서 죽음의 숙명을 지닌 인간 중에서, 그 누구라 할지라도 당신을 비방할 사람은 없습니다. 당신의 명성은 하늘에까지도 떨쳐 마치 만능의 왕과도 같습니다. 그러나 부탁하건대, 나에게 가문이며 고국에 대해서는 묻지 말아 주십시오. 왜냐하면 나의 인생에 관해서는 눈물 없이 말씀드릴 수가 없기 때문입니다. 성스러운 이곳에서 눈물을 흘려서야 되겠습니까?"

그러자 정숙한 페넬로페가 말했다.

　"손님이여, 아르고스의 군사들이 일리오스를 향해 배를 띄우고 그와 함께 내 남편인 오디세우스가 떠났을 때, 불사의 신들께서는 나의 우아함도 아름다움도 모두 빼앗아가 버렸어요. 만일 그분이 돌아오셔서 나를 돌보아 주신다면, 나에 대한 세상의 평판도 더 좋아지고 모든 일이 다 순조롭게 될 거예요. 그런데 나는 지금 곤경에 처해 탄식만 하고 있답니다. 구혼자들이 떼로 몰려와 나에게 구혼하며 강제로 결혼하자고 할 뿐만 아니라 재산까지 축내고 있습니다. 그래서 사실 손님 같은 걸인이나 시종 들에게 전혀 관심을 가질 수가 없었습니다. 오로지 오디세우스왕에 대한 걱정으로 애간장이 다 녹았기 때문입니다. 여태껏 나는 구혼자들을 속이며 거짓 길쌈을 하였습니다. 그러나 4년째가 되던 어느 날 시녀들의 고발로 발각되어 길쌈을 그만두어야 했습니다. 그리고 지금은 별다른 구실도 없고, 묘안도 짜낼 수가 없습니다. 그뿐만 아니라 나의 부모님께서도 재혼을 재촉하고 계시고, 아들은 구혼자들이 우리 살림을 탕진하고 있어 몹시 괴로워합니다. 그건 그렇고, 당신의 성과 어디서 오셨는지를 이야기해 주세요. 당신이라고 해서 옛말에 나오듯 떡갈나무나 돌에서 태어난 것은 아니겠지요."

　그녀가 이렇게 말하자 지략이 뛰어난 오디세우스가 대답했다.

페넬로페 조각상 ▶
오디세우스의 소식을 듣고 상심에 젖어든 페넬로페.

길쌈을 하는 페넬로페_ 레안드로 바사노의 작품
페넬로페는 구혼자들의 청혼을 물리치기 위해 베틀에 앉아 길쌈을 하곤 했다.

"거룩한 왕비님! 내 가문과 혈통에 대해 꼭 알고 싶으시다면 말씀
드리지요. 비록 슬픔이 나를 가슴 아프게 해도 말입니다. 바다 저 멀
리 크레타라는 섬이 있습니다. 기름진 옥토로 90개나 되는 마을에 헤
아릴 수 없이 많은 사람들이 살고 있답니다. 그 마을들은 주민에 따
라 언어가 다르지만, 서로 섞여 살고 있습니다. 그중에 크노소스라
는 큰 마을에는 제우스와 절친한 미노스라는 분이 다스리고 있었는

데, 그분의 아들 데우칼리온께서는 나와 이도메네우스를 낳으셨습니다. 나의 이름은 아이톤인데, 오디세우스왕께서는 트로이아로 항해를 하는 도중 바람이 세게 불어 크레타로 오게 되었습니다. 그분은 아주 드나들기 힘든 항구, 암니소스에 정박하고 바람을 피하셨습니다. 나는 그분을 내 집으로 데려와 정성껏 모셨습니다. 그분의 동료들에게도 식사와 포도주를 대접하고 소를 잡아 마음껏 드시도록 했습니다. 그래서 저희 집에서 12일 동안이나 묵었습니다. 무서운 북풍이 불어 감히 배를 타고 갈 수 없었기 때문이지요. 그러나 13일째가 되어 물결이 잔잔해지자, 그분들은 닻을 올렸습니다."

오디세우스가 거짓말로 그럴듯하게 늘어놓자 페넬로페는 눈물을 흘렸다. 오디세우스는 비탄에 우는 자기 아내의 모습에 가슴이 찢어지는 듯했다. 그러나 그 두 눈은 마치 뿔이나 쇠붙이로 되어 있는 듯 조금도 움직이지 않았고, 억지로 감추려는 듯 눈꺼풀 속에 눈물이 숨겨져 있었다. 실컷 울고 난 페넬로페는 이렇게 말했다.

"그러면 손님, 이번에는 당신 이야기를 시험해 보려고 합니다. 만일 정말로 내 남편을 당신 집에서 손님으로 대접했다고 한다면, 우리 남편은 어떤 옷을 입고 있었고 또 남편은 어떤 사람이었나요? 그리고 남편을 따라간 동지들은 어떠했나요?"

그러자 지혜가 풍부한 오디세우스가 대답했다.

"왕비님이시여, 떠나신 지 이미 20년이나 된 분의 얘기를 전한다는 게 참으로 어렵습니다. 그러나 생각나는 데까지 말씀드리겠습니다. 오디세우스왕께서는 겹으로 된 자줏빛 망토를 입으셨는데, 앞을 장식한 황금 브로치와 두 개의 버클은 참으로 빛났습니다. 개가 앞발로 얼룩 사슴의 목을 졸라대는 모습과 사슴이 발버둥 치며 달아나려는 모습을 어떻게 금으로 그토록 정교하게 만들었는지 사람들은 모두 입을 다물지 못했습니다. 그분이 입고 계시던 튜닉도 껍질을 벗겨 놓은 마른 양파처럼 반짝거렸지요. 그것은 마치 태양과 같이 빛나서 많은 부인들이 놀라움을 감추지 못하고 그분을 쳐다보았습니다. 물론 그런 차림을 고국에서부터 하셨는지, 아니면 낯모르는 사람이 드렸는지는 잘 모르겠습니다. 아무튼 그분께서는 많은 사람들로부터 사랑을 받으셨습니다. 나도 직접 그분에게 청동 칼과 아름다운 자줏빛 겹외투, 술 달린 튜닉을 배로 보내 드렸습니다. 그분께서는 약간 늙은 시종을 데리고 다니셨는데, 그 사람의 외모를 말씀드릴 것 같으면, 어깨가 굽었고 피부가 검었으며 고수머리에 이름은 에우리바테스라고 했습니다. 오디세우스께서는 누구보다도 그를 가장 위하셨던 것 같습니다."

그의 말을 들은 왕비는 더욱더 구슬프게 울었다. 오디세우스의 얘기가 하나도 틀리지 않았기 때문이다.

"자, 손님, 이제 편히 쉬시지요. 당신께서 말씀하신 옷들은 내가 손수 지어 드린 것이고, 빛나는 브로치도 내가 달아 드렸지요. 하지만 이제는 두 번 다시 이 그리운 고국에 돌아오시는 모습을 맞을 수는 없을 거예요."

그러자 지혜와 꾀가 풍부한 오디세우스는 말했다.

"현명하신 왕비님, 부디 바라건대 아름다운 몸을 해롭게 해서는 안 됩니다. 그리고 남편을 위해 마음이 눈물과 슬픔으로 터지도록 아프게 해서는 안 됩니다. 나는 조금이라도 왕비님 마음을 해하려고 말씀 드리는 것은 아닙니다만, 세상에는 남편을 잃고 슬픔으로 지새우는 부인들이 얼마든지 있습니다. 오디세우스 님과는 다른 분이지만 사랑으로 맺어지고 어린아이를 가지게 된 정당한 남편, 게다가 신들과도 같은 분이었던 지아비들 말입니다. 그러니 내가 드리는 말을 잘 명심하십시오. 아무런 숨김없이 이야기를 해드릴 테니까. 벌써 오디세우스 님이 귀국했다는 소문을 나는 근처에서 들었습니다. 테스프로티아 사람들이 사는 비옥한 마을에 아직 살아 계시다고요. 그리고 여러 나라에서 받으신 많은 훌륭한 보배를 가지고 오셨답니다. 하지만 충실한 동지들과 가운데가 깊숙한 배는 바다에서 잃어버렸습니다. 트라나키아섬을 나서자 제우스 신과 태양의 신에게 노여움을 사서 큰 파도가 몰아치는 바다에서 동지들은 한 사람도 남김없이 목숨을 잃었습니다. 그것은 동지들이 태양신의 소들을 죽였기 때문이었지요. 그런데 그분만은 배 용골에 매달려 있었는데, 물결이 바닷가로 닿게 했습니다. 그곳은 파이아케스족의 나라로, 혈통을 가진 사람들이랍니다. 그들은 그분을 신과도 마찬가지로 소중히 대접하여 많은 선물을 드린 뒤, 그들의 힘으로 아무런 재난도 입지 않도록 고향에 보내 드리려고 했습니다. 그러나 오디세우스왕께서는 많은 나라를 돌아다니며 재화를 모아 귀국하는 편이 나으리라 생각하셨던 모양입니다. 더욱이 페이돈왕께서는 내가 보는 앞에서 제주를 올리고 맹세하시기를, 오디세우스왕을 틀림없이 고국으로 보내 드린다고 했습니다. 또한 나에게 오디세우스께서 모아놓은 많은 재물을 보여주셨는데, 10대에 걸쳐 쓰고도 남을 정도로 값진 것들이더군요. 페이돈왕의 말에 따르면 오디세우스왕께서는 제우스의 계시를 받기 위해 도도네로 떠나셨다고 하더군요. 고국으로 공공연히 돌아갈 것인가, 아니면 비밀리에 돌아갈 것인가를 알고자 떠나신 것이지요. 나는 마침 둘리키온으로 떠나는 배편이 있어 먼저 온 거지요. 저 그믐달이 사라지고 초승달이 떠오를 때면 오디세우스왕께서는 돌아오실 것입니다."

이렇게 말하자 현명한 페넬로페가 대답했다.

"손님, 정말 그 이야기가 실현된다면 얼마나 기쁘겠어요. 그렇게 된다면 손님은 나에게서 마음의 친절과 많은 선물을 받을 수 있을 거예요. 자, 시녀들이여! 이 손님의 발을 씻겨 드리고, 새벽이 될 때까지 따뜻하고 편안히 쉬실 수 있도록 자리를 깔아드려라. 그리고 아침 일찍 목욕을 시켜 드리고 기름을 발라 드려라. 또한 안에 들어 텔레마코스 옆에서 식사를 하시도록 할 것이니라. 그리고 구혼자들이 손님을 괴롭히지 못하도록 할 것이다."

이에 거룩하고 현명한 오디세우스가 말했다.

"아, 존경스러운 왕비님이시여, 크레타섬의 눈 쌓인 산들을 뒤에 두고 긴 노를 저어 배를 타고 떠난 뒤부터 요와 이불은 싫어졌습니다. 그래서 누군가 내 발을 씻겨 준다거나 목욕을 시켜 준다면, 오히려 번거로운 일이 되었답니다. 그러나 단지 나처럼 많은 고생을 해서 마음이 다져지고, 오래전부터 일해 온 정성스러운 마음의 할머니가 계신다면, 그 할머니가 내 발을 만지더라도 감히 거절을 하지 않겠습니다."

그러자 슬기로운 페넬로페가 말했다.

"이제껏 당신처럼 현명한 분이, 먼 곳에서 우리 집에 오신 손님 중에는 한 분도 없었어요. 그만큼 당신은 생각이 깊고 무엇이든 잘 아시고 이야기하십니다. 마침 나에게도 사려가 깊으신 분이 있지요. 저의 남편을 어릴 때부터 정성껏 길러주신 분으로, 분별심이 뚜렷한 유모입니다. 비록 나이가 들었지만 기꺼이 당신의 발을 씻어드릴 것입니다. 자, 에우리클레이아여, 이리 와서 이분을 씻어드리세요. 아마 오디세우스왕께서도 이분처럼 손과 발이 험하게 되셨을지도 모르겠구려. 인간이란 고생을 많이 하면 쉬 늙는 법이니."

이렇게 그녀가 말하자, 나이 먹은 그 하녀는 얼굴을 두 손으로 가리고 뜨거운 눈물을 떨어뜨리면서 말했다.

"오, 가여운 왕비님이시여! 어느 누구도 당신처럼 제우스 신께 살진 양의 허벅다리와 백 마리의 황소를 제물로 바치며 기원한 사람은 없지요. 그런데 당신에게만 유독 슬픔을 주시는군요. 아마도 여기 심술궂은 여자들이 이 손님을 농락하는 것처럼, 오디세우스 님께서도 타관을 떠도실 때마다 여자들한테 농락당하셨겠지요. 그래서 이 손님도 그들이 씻겨 주는 것을 거절하신 것이겠지요. 그러나 왕비님께서

오디세우스의 발을 씻기는 유모와 페넬로페, 텔레마코스가 새겨진 부조

미약한 저에게 분부를 내리시니 그저 따를 뿐입니다. 그런데도 제 생전에 목소리와 몸, 발에 이르기까지 이 손님만큼 오디세우스 님과 닮은 사람은 본 적이 없습니다."

지혜롭고 꾀가 뛰어난 오디세우스가 대답했다.

"노부인이여, 많은 사람들이 그대 말처럼 오디세우스와 닮았다고 언제나 말합니다."

그러자 에우리클레이아는 번지르르 윤이 나는 큰 대야를 가져와서 먼저 찬물을 그 속에 부은 다음 뜨거운 물을 붓고는 오디세우스의 두 발을 깨끗이 씻어주었다. 이때 오디세우스는 화로 가까이에 등을 돌리고 고쳐 앉더니, 곧 어두컴컴한 쪽으로 얼굴을 돌렸다.

그 까닭은 갑자기 마음속에 어떤 생각이 떠올랐기 때문이었다. 그것은 유모가 자신의 발을 씻어 주다가 자칫 어릴 때 상처 난 흉터를 알아보고 모든 일이 밝혀지지 않을까 하고 염려했기 때문이었다. 한편 늙은 유모는 자기 주인의 곁에 가서 발을 씻기기 시작했는데, 곧 그 상처를 알아챘다. 그것은 일찍이 외조부 되는 아우톨리코스와 그의 아들들과 같이 파르나소스에 갔을 때, 멧돼지 송곳니에 찔린 상처였다. 이 아우톨리코스는 오디세우스 어머니의 친아버지로서, 세상 사람들 중에서도 훔치는 솜씨와 거짓말로 뛰어난 인간이었다. 그것은 헤르메스 신께서 그에게 베풀어 준 재간이었다. 신의 마음에 들 만한 어린 염소와 산양의 허벅다리를 구워서 그가 제물로 바쳤던 덕택이

멧돼지를 사냥하는 부조

었다. 그래서 신은 후하게 마음을 써서 그를 돌보아 주신 것이다. 안티클레이아가 아들을 낳자 아우톨리코스는 이타케의 비옥한 땅에 와서 자기 딸이 새로 낳은 어린아기를 만나 보았다. 만찬이 끝난 후에 우리클레이아는 사랑스러운 그 갓난아기를 외할아버지의 무릎에 올려놓고 말했다.

"아우톨리코스 님, 그러면 당신이 이 갓난아이에게 이름을 붙여 주십시오. 무척 기다리던 아이였으니까요. 당신의 귀여운 따님이 낳은 아이에게 무엇이라고 이름 붙여 주십시오."

이에 아우톨리코스가 대답했다.

"내 사위와 딸아, 이제 내가 부르는 이름이 어떤 이름이든 이 아이에게 꼭 붙여 주기 바란다. 여태껏 나는 많은 것을 기르는 대자연의 넓고 큰 땅 위에 있는 남녀들과 모든 사람에게 미움을 받는 자로 오늘까지 살아왔기 때문에, 오디세우스(증오를 받는 자)라는 이름을 이 아이에게 붙이는 것이 좋겠다. 그리고 이 아이가 성인이 되어 파르나소스에 오면 내 선물을 주어 즐겁게 돌아가게 하리라."

그 뒤 오디세우스가 자라서 선물을 받으러 파르나소스에 갔다. 아우톨리코스와 그의 아들들은 그를 맞았고, 외조모인 암피테아는 그를 껴안고 얼굴과 두 눈에 입을 맞추었다. 그리고 아우톨리코스는 그의 아들들을 불러 식사 준비를 시켰다. 그러자 그들은 5년 된 황소를 잡아 솜씨 있게 꼬챙이에 꿰어 맛있게 구웠다. 이렇게 하루 종일 해가 서산에 질 때까지 연회를 베풀었다.

새벽의 여신이 장밋빛 손가락을 펼치자 모두들 사냥을 나갔다. 아우톨리코스의 아들들은 개들을 앞세우고, 용감한 오디세우스를 데리

멧돼지 사냥_ 뉴웰 컨버스 와이어스의 작품
오디세우스는 멧돼지 사냥을 하다가 뾰족한 어금니에 다리를 다쳐 상처를 남긴다.

고 나간 것이다. 그들은 나무가 울창한 파르나소스의 험한 산을 올라 바람의 계곡까지 왔다. 사냥개들이 냄새를 따라 킁킁거리며 달려가는 대로 아우톨리코스의 아들들이 바짝 쫓았고, 오디세우스도 긴 창을 휘두르며 따라나섰다. 우거진 숲에는 굉장히 큰 멧돼지가 누워 있었는데, 바람도 불지 않고 햇빛은커녕 빗물조차 새어들지 못할 정도로 울창한 낙엽이 겹겹이 쌓여 있었다. 그들의 발자국 소리를 들었는지 멧돼지는 털을 곤두세우고 눈빛을 번득이면서, 일어서 달려들 태세였다. 오디세우스는 긴 창을 들고 멧돼지를 명중시킬 목적으로 먼저 뛰어나갔다. 그러나 멧돼지는 몸을 돌려 피하더니, 오디세우스의 무릎을 물고 도망쳤다. 오디세우스는 다시 겨냥하여 멧돼지의 오른쪽 앞다리 쪽을 찔렀다. 그러자 멧돼지는 소리를 고래고래 지르며 그 자리에 고꾸라졌다.

아우톨리코스의 아들들은 오디세우스의 상처를 잘 동여매고 주문을 외어 출혈을 막고는 멧돼지를 들쳐 메고 궁으로 돌아갔다. 그리고 오디세우스의 상처를 잘 치료한 뒤, 훌륭한 선물과 함께 이타케로 돌려보냈다.

오디세우스의 유모인 에우리클레이아는 바로 그 상처를 알아본 것이다. 유모인 노부인이 놀라 오디세우스의 발을 놓치는 바람에, 청동 대야가 기울어지면서 물이 바닥에 쏟아졌다. 순간 기쁨과 고통이 동시에 그녀의 가슴속에 휘몰아쳤다.

그녀는 오디세우스의 턱을 어루만지면서 속삭였다.

"오, 당신은 오디세우스왕이군요. 다리를 만져 보기 전에는 전혀 몰랐습니다."

그녀는 눈짓을 해 페넬로페에게도 이 소식을 알리려 했다. 그러나 페넬로페는 아무것도 알아채지 못했다. 아테나 여신이 그녀에게 다른 생각을 불어넣었기 때문이다.

한편 오디세우스는 얼른 유모의 목을 끌어당겨, 귀에다 바싹 대고 속삭였다.

"유모여, 나를 죽일 작정이오? 나를 품에 안아 기른 분이 바로 그대가 아니오? 나는 지금 온갖 풍파를 겪고 20년 만에 돌아왔소. 신께서 유모에게 영감을 내리셨을지라도, 입을 꾹 다물고 어느 누구도 알게 해서는 안 되오. 그러지 않으면 신의 도움으로 내 저 오만한 구혼자들을 처치할 때 유모라 해서 살아남지 못할 거요."

그러자 유모인 에우리클레이아가 말했다.

오디세우스의 발을 씻기는 유모 에우리클레이아의 부조

유모의 입을 막는 오디세우스_ 귀스타브 불랑제의 작품
오디세우스는 자신을 알아보는 유모의 입을 막아 페넬로페가 알지 못하게 한다.

오디세우스의 발을 씻기는 에우리클레이아_ 윌리앙 아돌프 부그로의 작품

"오, 오디세우스왕이시여, 무슨 섭섭한 말씀을 하십니까? 제 입이 얼마나 무거운지는 잘 알고 계실 겁니다. 차돌이나 쇳덩이처럼 꾹 다물고 있지요. 그리고 만일 신께서 구혼자들을 정복하게 해주신다면, 과연 누가 당신에게 불충했고 누가 죄를 저질렀는지 자세히 알려 드리겠나이다."

이에 지혜로운 오디세우스가 말했다.

"유모여, 조금도 그럴 필요가 없네. 그건 내가 충분히 조사한 뒤 그 하녀들을 구별해 낼 수 있을 거야. 그러니 그동안 침묵을 지키고 계시오. 모든 것은 신께서 알아서 하실 테니까."

이렇게 말하자 유모는 발 씻을 물을 다시 떠 오려고 방을 나갔다.

이윽고 발을 다 씻은 다음 올리브 기름을 바르자, 오디세우스는 다시 한번 화로 가까이에 의자를 끌고 가서, 상처의 흉터를 누더기 속에 감추고 발을 말리기 시작했다. 그러자 아무것도 모르는 페넬로페가 입을 열어 말했다.

"손님, 한 가지만 더 묻겠습니다. 이제 곧 잠을 취할 시간이지만, 나는 그저 한탄과 울음으로 밤을 꼬박 새우곤 한답니다. 신께서 슬픔을 주셨기 때문이지요. 내 집안 돌아가는 꼴을 보면 더욱 그렇습니다. 그래서 밤이 되면 더욱 괴롭습니다. 마치 판다레오스의 딸인 꾀꼬리가 봄기운이 갓 들었을 무렵에 얼마나 고운 소리로 울부짖는지, 또한 우거진 나뭇잎에 앉아 몇 번이고 목청을 바꾸어 사방에 울리는 목소리로 사랑하는 아들 이틸로스(제토스 사이에서 태어남)를 생각하며 정처 없이 우는 것처럼 내 영혼도 정처 없답니다. 손님, 나는 앞으로 어떻게 하면 좋겠습니까? 모든 재산과 시종들, 남편의 침실을 지켜야 할지, 아니면 값진 선물을 보내며 구혼해 오는 사람들 중에서 가장 나은 사람을 택해 결혼해야 할지 잘 모르겠습니다. 아들이 아직 철이 들지 않았을 때에는 내가 개가를 한다는 것에 대해 상관하지 않았지만, 이제 성장하여 성인이 되고 보니 내가 성 밖에만 나와도 눈총을 보냅니다. 또한 구혼자들이 눈앞에서 재산을 탕진하는 것도 몹시 못마땅해하고 있습니다. 그건 그렇고, 이 꿈 좀 해몽해 주시지요. 우리 집에서 거위 스무 마리가 물에 나와서 밀을 먹고 있었어요. 그것을 바라보면서 나는 마음을 위로하고 있었지요. 그러자 산 쪽에서 갈고리 같은 큰 솔개가 날아와서 거위들의 목을 쪼아서 모두 죽여 버렸어요. 거위들은 집안 한군데에 죽어서 넘어졌고, 솔개는 하늘 높이 날아 올라갔어요.

꿈속에서 나는 흐느껴 울고 있었는데, 내 옆에 곱게 머리를 땋아 올린 아카이아족 여자들이 모여들었지요. 그런데 그 솔개가 다시 날아와서 대들보가 솟아 나온 지붕 끝에 앉아, 사람의 음성으로 내가 우는 것을 달래면서 말했어요.

'걱정하지 말아라, 먼 나라까지 평판이 자자한 이카리오스의 딸아, 이건 꿈이 아니라 현실로 나타날 좋은 징조이니라. 이것은 반드시 나타날 것이다. 거위는 구혼자를 가리킴이고, 나는 본디 솔개였으나 지금은 너의 남편이 되어서 돌아온 것이다. 그리하여 모든 구혼자들에게 비참한 죽음의 운명을 줄 것이다.'

이렇게 말해 주기에 나는 꿀같이 단잠에서 깨어났답니다. 그래서 여기저기 살펴보니 궁전 안에 거위 떼들이 보였어요. 전과 같이 물통 근방에서 밀을 쪼아 먹고 있었지요."

그러자 지혜가 풍부한 오디세우스가 대답했다.

"왕비님이시여, 그 꿈을 풀 수가 없소이다. 그러나 구혼자들은 한 사람도 남김없이 파멸될 것이 분명합니다. 누구 한 사람도 죽음의 운명에서 벗어나지 못합니다."

이에 현명한 페넬로페가 말했다.

"손님, 본디 꿈이라는 것은 정해진 이치도 없고, 또 그 풀이대로 실현되는 것도 아닙니다. 허무한 꿈에는 두 개의 문이 있다고 하더군요. 그 문 하나는 뿔로 되어 있고, 다른 하나는 상아로 되어 있답니다. 꿈 중에서도 상아를 깎아서 만든 문을 통해 나가는 꿈은 거짓이라서 얼토당토않은 환상을 알릴 뿐이고, 휘황한 뿔을 통해서 나오는 꿈은 사실 그대로 된다고 합니다. 그런데 내가 본 무서운 꿈은 그 뿔의 문을 통해 나온 것이 아닌가 생각해요. 정말 그렇다면 나나 아들에게도 경사스러운 일이겠지요. 그리고 또 하나 이야기할 것이 있는데, 그 말을 가슴에 잘 명심해 두세요. 이제부터 밝아오는 새벽은 불길한 것입니다. 오디세우스의 성에서 나를 떠나보내게 되니까요. 그러기에 나는 경기의 과녁에 쌍날을 한 도끼를 놓겠어요. 그 도끼는 내 남편이, 배의 용골을 버텨 주는 받침대처럼 이 집 속에 여러 개 줄줄이 놓아두었던 것인데, 모두 열두 개가 있습니다. 그분은 꽤 멀리 선 채 활을 쏘아 그 도끼 자루의 구멍을 맞히었지요. 그래서 이번에는 구혼자들에게 내기를 시키려고 해요. 그러니 누구든 활을 쏘아 열두 개의 도끼 자루 구멍을 꿰는 분을 따라서 나는 이 남편 집을 떠날 것입니다. 아주 값진 재물로 가득 차 있는 이 집을 나는 꿈에서나 다시 생각하게 되겠지요."

이에 오디세우스가 말했다.

"왕비님이시여, 이 경기를 더 이상 지체하지 마시고 빨리 시행하소서. 지략이 뛰어난 오디세우스왕께서는 이 사람들이 번쩍이는 활을 당겨 쇠도끼 자루 구멍을 꿰기 전에 반드시 이곳에 와 계실 테니까요."

그러자 현명한 페넬로페가 말했다.

"당신께서 내 옆에 앉아 말씀해 주신다면 잠을 자지 않아도 될 것 같습니다. 그러나 자지 않고 살 수 있는 사람은 없지요. 그래서 나는 이만 내 침대로 가겠어요. 당신도 편히 주무시도록 하세요."

그리고 나서 페넬로페는 시녀를 데리고 아름다운 자기 방으로 올라갔다. 페넬로페는 침실로 올라가자마자 무너지듯 침대 위에 쓰러져, 사랑하는 남편을 그리며 비탄의 눈물을 흘렸다. 아테나 여신이 그녀의 눈꺼풀에 잠을 쏟아 넣어 줄 때까지.

수호신 아테나

아테나 여신과 포세이돈의 청동상

오디세우스는 아테나 여신의 총애를 받던 영웅 중 한 명이었다. 아테나 여신은 그에게 지혜로운 호의를 베풀어, 트로이아에서 이타케로 돌아가는 여정 동안 스스로의 힘으로 문제를 해결할 수 있도록 절제된 도움을 준다. 반면, 바다의 신 포세이돈은 오디세우스에게 모진 고통을 준다. 이렇듯 두 신이 상반된 역할로 오디세우스를 시험하는 연유는 아테나 여신과 포세이돈의 관계에서 찾아볼 수 있다.

포세이돈과 아테나는 아테네 도시를 서로 자신의 이름으로 부르겠다고 제우스에게 허락을 구했다. 이 건에 대해 제우스는 인간들에게 필요한 것을 줄 수 있는 신이 도시의 수호신이 될 수 있다는 결론을 내렸다. 그러자 포세이돈은 인간들에게 유용한 말을 주겠다고 했다. 반면, 아테나는 인간들에게 생활을 풍요롭게 해줄 올리브나무를 주겠다고 했다. 말이나 올리브 모두 필요한 것이었지만 도시 사람들은 고민 끝에 올리브를 선택했다. 그때 이후로 도시는 여신의 이름을 따서 아테네라 불리게 되었고, 포세이돈은 심술을 부려 인간들에게 격랑을 일으키기도 했다. 오디세우스가 바다에서 표류하며 모진 고생을 한 것처럼 말이다.

제 12 부

오디세우스의 복수

복수의 계시를 받다

오디세우스는 문간방에서 잠자리에 들었다. 짐승의 생가죽을 깔고 그 위에는 구혼자들이 잡아먹은 양털을 수북이 덮어 잠자리를 만들었다. 거기에 드러누운 오디세우스에게 에우리노메가 망토를 걸쳐 주었다. 오디세우스는 어떻게 하면 구혼자들에게 복수를 할 것인가 생각하느라 좀처럼 잠이 들지 못했다. 시녀들은 방 밖으로 나가 버렸는데, 이 여자들은 전부터 구혼자들과 늘 동침하고 있었기에 깔깔대고 웃고 재미있다는 듯이 지껄이곤 했다. 그 꼴을 보는 오디세우스는 노여움에 가슴이 지글지글 들끓어 속으로 궁리에 잠겼다. 그는 당장에라도 무례한 구혼자들을 모조리 죽여버리고 싶은 충동이 일었지만 가까스로 참아냈다. 그는 가슴을 치면서 자신을 타일렀다.

"참아라, 나의 가슴이여. 이보다 더 비열한 일도 참아내지 않았던가. 저 무시무시한 키클롭스가 내 동료들을 함부로 잡아먹던 그날, 꾀를 써서 그 끔찍하고 무서운 괴수의 동굴을 벗어나던 그때도 나는 참앉었었노라."

오디세우스는 이렇게 자신을 타이르며 끓어오르는 분노를 다스렸다. 그러나 그 자신은 이리저리 몸을 뒤척이고 있었다. 마치 사람이 석쇠에 올린 고기를 뒤집듯이 그는 계속해서 뒤척였다. 그의 머릿속은 저 많은 구혼자 무리들을 어떻게 처단할까 하는 생각으로 꽉 차 있었다. 그러자 하늘에서 아테나 여신이 내려와 그에게 가까이 다가왔다.

여신은 평범한 여인의 모습으로 변신한 채 그의 머리맡에 서서 말했다.

"무엇을 그리 고민하시오? 이곳은 그대의 궁전이 아닌가! 그대의 사랑하는 아내와 늠름한 아들이 있는 곳이 아니오?"

그러자 지혜가 뛰어난 오디세우스가 말했다.

"여신이시여, 모두 옳으신 말씀입니다. 전 지금 저 무도한 구혼자들에게 어떻게 복수를 할까 고민 중입니다. 그런데 큰 걱정거리가 하나 있습니다. 만일 제가 신들의 뜻을 받들어 그들을 죽인다 해도, 그로 인한 복수의 칼날을 어떻게 피할 수 있겠나이까? 원컨대 그 점에 대해 알려주십시오."

그러자 아테나 여신이 눈을 반짝이며 말했다.

"오, 의심 많은 사내여! 그대는 연약하고 명석하지 못한 인간들을 두려워하고 있구려. 그러나 내 그대를 온갖 고초로부터 끝까지 수호해 주리다. 자, 그럼 솔직히 말하리다. 비록 50개 부대가 그대를 죽이려고 에워싼다 해도 그대는 그들을 물리칠 것이오. 그러니 뜬눈으로 밤을 새운다는 것은 그대에게 결코 이롭지 못하니 눈을 붙이구려. 그대는 곧 고난에서 일어서게 될 몸이니."

아르테미스_ 기욤 세냑의 작품
제우스와 레토의 딸로, 아폴론과는 쌍둥이 남매간이
다. 올림포스 12신 가운데 하나이다. 처녀 사냥꾼으
로 산과 들에서 사슴을 쫓는 활의 명수이다. 또한 처
녀의 수호신으로서 순결을 상징한다.

아테나 여신은 이렇게 말한 뒤 그의 두 눈에 잠을 퍼붓고는 올림포스로 돌아갔다. 오디세우스가 깊은 잠에 들자, 마침 그의 아내 페넬로페는 푹신한 침대에서 일어나 앉아 울기 시작했다. 그녀는 실컷 울고 난 뒤 아르테미스에게 기도를 올렸다.

"제우스의 따님이신 아르테미스시여, 지금 당장이라도 제 심장에 화살을 꽂아 저를 저승으로 보내 주소서. 아니면 거센 바람을 일으켜 저를 저 무섭게 소용돌이치는 오케아노스강에다 던져 주소서. 폭풍으로 판다레오스의 딸들을 앗아 가던 때처럼 말입니다. 신들의 손에 양친을 잃고 그들은 졸지에 고아가 되었지요. 그러자 아름다운 아프로디테께서 치즈며 꿀이며 포도주로 그들을 양육했습니다. 그리고 신들의 어머니인 헤라께서는 그들에게 어느 여인들보다 뛰어난 미모와 지혜를 주셨습니다. 또한 성처녀 아르테미스께서는 그들에게 정신적 능력을 심어 주셨고, 지혜로운 아테나께서는 그들에게 뛰어난 손재주를 전수해 주셨습니다. 그러나 아프로디테께서 올림포스로 가서 그들의 혼례식을 신들의 왕 제우스께 청원하는 동안, 폭풍의 정령이 그들을 낚아채서는 무시무시한 복수의 여신들에게 하녀로 주어버렸지요. 올림포스에 계시는 위대한 신들이시여, 저도 그처럼 멸하여 주소서. 아니면 아르테미스의 화살에 맞아 넋으로라도 저 차디찬 지하 세계로 가 지아비를 만나 보게 해주소서. 그리하여 소인배의 노리개가 되지 않게 해주소서. 그러나 뼈아픈 슬픔으로 온종일 흐느껴 울다가도 잠이 들면 고통을 면할 수 있는 법. 더구나 오늘 밤에는 남편처럼 보이는 이가 군대를 지휘하던 그때의 모습으로 옆에 와서 눕기에 어찌나 기뻐했는지 모릅니다. 이것이 그저 헛된 꿈이 아니라 현실이라고 여겨졌으니까요."

그녀가 이렇게 기도하자 얼마 뒤 밤이 새고 새벽이 찾아왔다. 거룩한 오디세우스는 아내의 울음소리를 듣고 잠시 마음이 어지러웠으며, 그녀가 자신을 남편인 줄 알아보고 그의 머리맡에 와서 서 있는 것만 같았다. 그래서 위에 걸치고 있었던 망토와 양털을 집어서 방 안 안락의자 위에 놓고, 쇠가죽은 방 밖으로 가지고 나가서 치워 버렸다. 그리고 두 손을 들고 제우스 신에게 기도했다.

"오, 제우스 아버지 신이여, 신들께서 저를 땅과 바다 위로 끌고 다니신 뒤에 고국으로 돌아오게 하셨으니, 저한테는 마음껏 곤욕을 주셨습니다. 그러니 부디 지금 이 집 안에서 깨어 있는 사람 중에서 그 누구이든 좋은 예언을 하게 해주십시오. 그리고 집 밖에서도 제우스님의 특별한 조짐을 나타내 주십시오."

올림포스의 제우스는 이렇게 기도드리고 있는 그의 말을 듣고, 곧 드높은 구름 사이로 번쩍이는 천둥을 울려 주었다. 이에 거룩한 오디세우스는 기뻐했고, 집안에서 방아를 찧는 여자가 바로 가까이에서 예언의 말을 하는 것이었다. 그곳에는 백성의 어진 왕을 위해 절구가 놓여 있었고, 12명의 여자들이 사람들의 음식이 되는 보리와 밀을 열심히 가루로 만들고 있었다. 그런데 다른 여자들은 밀을 가루로 다 만들어 자고 있었으며, 그중에 가장 연약한 여자 하나만이 남아서 아직 방아를 찧고 있었는데, 그 여자가 방금 방아 찧던 일손을 멈추고 주인에게 예언이 되는 말을 했던 것이다.

"신들과 인간들을 모두 지배하시는 제우스 신이시여, 별이 총총 빛나는 하늘에서 당신은 참으로 큰 천둥을 울렸습니다. 그런데 구름은 어디에도 보이지 않습니다. 이것은 분명히 누구에겐가 특별한 예언을 하시려는 것입니다. 그러시다면 이 가엾은 저에게도 한마디만 하게 해주십시오. 구혼자들이 오디세우스 님의 성에서 훌륭한 만찬을 들게 되는 것도 오늘이 마지막이 되도록 부탁합니다. 그들은 나한테 밀가루를 빻도록 하여 목숨을 재촉하는 피로감으로 무릎도 쓰지 못하도

오디세우스궁 유추도

록 만들어 놓았습니다. 그러니 지금 당장 최후의 만찬을 마련하는 것이 어떻겠습니까?"

이렇게 말하자, 거룩한 오디세우스의 훌륭한 성에 있는 다른 시녀들이 모여와서 지칠 줄 모르고 화덕에 불을 활활 지폈다. 한편 텔레마코스는 잠자리에서 일어나, 신과도 같은 자태에 옷을 입고 어깨에는 날카로운 칼을 메었다. 또 아래쪽에는 건장한 다리에 짧은 가죽신을 신고, 예리한 청동 촉을 단 탄탄한 창을 손에 잡고 홀에 나왔다. 그리고 에우리클레이아를 향해 말했다.

"유모, 밤에 잠자리든가 식사 등 손님 대접은 어떻게 했나? 어머님이 총명한 분이시지만 언제나 멋대로 내버려 두신단 말이야. 훌륭한 남자들도 제대로 대접하지도 않고 보내 버리시는 일이 종종 있어."

그러자 눈치 빠른 유모가 말했다.

"왕자님, 왜 무고한 어머님을 책망하십니까? 손님은 실컷 먹고 마신 다음 어머니께 더 이상 음식을 들지 않겠노라고 말씀하셨습니다. 그리고 그분이 주무시고 싶어하기에, 시녀를 시켜 잠자리도 깔아 드렸습니다. 그러나 손님은 침대에 모포를 깔고 눕기를 거절하셨지요. 그 대신 현관에서 거친 쇠가죽과 양털을 깔고 주무시겠다고 하기에 우리는 그분께 외투를 덮어 드렸습니다."

그녀의 말을 들은 텔레마코스가 창을 들고 홀을 나가자, 두 마리의 날랜 개가 그 뒤를 따랐다. 그는 갑옷으로 무장한 아카이아 사람들을 만나기 위해 회의장으로 가는 중이었다. 그러자 에우리클레이아가 시녀들을 불렀다.

"자, 누가 이리 좀 와서 홀을 치우고 물로 닦아라. 그리고 이 의자에는

하녀들_ 프란체스코 지암바티스타 바사노의 작품
오디세우스궁의 시녀들의 생활을 유추해 그린 그림이다.

자색 덮개를 깔도록 해라. 또한 행주로 식탁을 깨끗이 훔치고, 병이
며 손잡이가 달린 잔들도 씻어야지. 또한 우물에 가서 물도 길어 와
야 하고. 구혼자들이 곧 들이닥칠 것이다. 오늘은 그들을 위한 경축
의 날이니라."

　이렇게 말하자 시녀들은 우두머리 시녀의 명령을 귀담아듣고 있다
가 그대로 실행했다. 그들 중 스무 명은 물이 철철 흐르는 샘터로 갔
고, 또 한 무리는 저택에 남아서 솜씨 좋게 일하고 있었다.

　그때 구혼자들의 부하들인 교만한 종들이 들어와 장작을 솜씨 좋게
패기 시작했다. 샘터에 갔던 시녀들이 돌아왔고, 그들과 함께 돼지치

기 에우마이오스도 살진 수퇘지 세 마리를 몰고 왔다. 그는 오디세우스에게 와서 말을 건넸다.

"손님, 어떻습니까? 구혼자 여러분들이 당신을 어느 정도 대접해주던가요? 아니면 전과 마찬가지로 이 저택에서 무례하게 천대하던가요?"

이에 지혜로운 오디세우스가 대답했다.

"에우마이오스여, 남의 집에서 함부로 무례를 일삼는 자들, 철면피 같은 자들에게 복수케 해달라고 신께 빌었다오."

그들이 이런 말을 주고받고 있을 때, 염소를 치는 멜란티오스가 구혼자들에게 먹일 살진 염소를 끌고 왔는데, 그 뒤에는 두 명의 목자가 따라붙고 있었다. 멜란티오스는 염소를 회랑에다 매어놓고 나서 오디세우스에게 모욕적인 말을 건넸다.

"여보쇼, 손님. 그댄 왜 아직도 예서 얼쩡거리고 있는 거요? 구걸을 하더라도 좀 성가시지 않게 해야 하지 않겠소? 이처럼 경우에 어긋난 짓은 내 일찍이 보지 못했소이다. 다른 곳에서도 아카이아 사람들이 연회를 베풀고 있으니, 썩 물러나 그리로 가보시오. 얼쩡거리다가 괜히 주먹맛을 보기 전에."

이런 모욕적인 언사를 들으면서도 오디세우스는 아무 대꾸도 하지 않았다. 다만 말없이 머리를 흔들며 복수할 생각에 전념했다.

이번에는 시종들의 우두머리인 필로이티오스라는 사람이 들어섰다. 그는 구혼자들을 위해 새끼를 밴 적이 없는 암소 한 마리와 살진 염소들을 몰고 왔던 것이다. 그는 돼지치기 에우마이오스에게 다가와 물었다.

"이보게, 저 손님은 누구신가? 어느 종족의 후손이고, 어디서 왔다고 하는가? 행색을 보니 참으로 불쌍해 뵈는구나. 아주 높고 고상한 혈족인 듯하나, 고생을 많이 했는지 여기저기 성한 구석이 없는 듯하이. 천하의 왕인들 신들이 내린 재난의 그물을 벗어날 도리는 없었겠지."

그는 오디세우스에게 환영을 표한 다음 가까이 다가가 말했다.

"손님, 잘 주무셨습니까? 아무쪼록 복 많이 받으십시오. 보아하니 고생을 많이 하신 듯하오만. 당신처럼 가혹한 분이 또 어디 계신단 말입니까. 신께서 사람들을 이 세상에 보내 놓고서 불행과 고통 속으로만 몰아넣으시니, 너무도 가혹하십니다. 손님을 보니 가슴이 저리고, 오디세우스왕이 생각나 눈물이 앞을 가립니다. 만일 그분께서 살아 계신다면 혹 손님처럼 남루한 옷을 걸치고 걸식을 하시고 있겠지요. 그러나 만일 그분이 이미 운명하여 명부로 가셨다면, 아, 왕을 그리는 내 슬픔은 끝이 없을 거요. 그분께서는 내가 젊어서 케팔레니아족 땅에 살고 있을 때 나에게 소들을 보내 기르게 하셨소이다. 그리하여 지금은 그것들의 수효가 늘어 선뜻 헤아리기 힘들 정도로 많아졌지요. 그러나 아무 연고도 없는 구혼자 무리들의 배를 채우기 위해 그것들을 갖다 바쳐야 하니, 장차 이곳에 무엇이 남으리요. 그들은 왕자님은 물론이요,

◀ 걸인 행색의 오디세우스 조각상

신들의 복수조차 개의치 않는 모양입니다. 게다가 오랫동안 부재중이신 주인의 재산까지 분배하자고 덤비니, 이 무슨 참람한 짓이란 말이오. 왕자님이 버젓이 살아 있는데, 구혼자들 앞에 소를 바쳐야 하니, 정녕 기막힌 일이 아닐 수 없다오. 내 이럴 줄 알았다면, 진작에 다른 고명한 왕을 찾아 달아났어야 했을 것을. 아, 언제쯤에나 그분이 돌아오셔서 저 무도한 이들을 소탕할지 걱정이라오."

그러자 현명한 오디세우스가 말했다.

"목자시여, 당신은 나쁜 사람도 어리석은 사람도 아닌 것 같구려. 게다가 내가 보건대, 분별이 당신의 머리를 차지했다는 걸 알 수 있습니다. 그런 까닭에 당신한테만 말해 두겠소이다. 틀림없는 맹세라도

크로노스 조각상
대지의 여신 가이아와 하늘의 의인화된 신 우라노스 사이에서 태어났다. 레아를 아내로 삼았는데, 헤스티아, 데메테르, 헤라, 하데스, 포세이돈, 제우스 등 6명의 자식이 태어났다.

하겠소. 이제 두고 보시구려. 신 중 첫째로는 제우스 신, 또 손님을 대접하는 네 발 탁자, 그리고 고결한 오디세우스의 부엌, 그런 곳을 의지해서 내가 지금 와 있는 것입니다. 틀림없이 당신이 여기 있는 동안에 오디세우스는 집으로 돌아오실 것이오. 그리고 당신의 눈으로 보게 될 거요. 혹은 당신이 원한다면 지금 우쭐대고 설치는 구혼자들이 죽어가는 모습을 말이오."

그 말에 소를 지키는 그가 말했다.

"정말이지 이제 그 이야기를 크로노스의 아드님인 제우스 신께서

실현시켜 주신다면 얼마나 좋겠소. 그렇게만 된다면 아마 당신도 알아주실 거요. 내가 얼마만큼의 힘과 솜씨를 몸에 지녔는지를."

그러자 에우마이오스 역시 모든 신들에게 오디세우스왕의 귀국을 빌었다. 이렇게 그들이 서로 얘기를 주고받고 있는 동안, 구혼자들은 텔레마코스를 살해할 흉계를 꾸미고 있었다. 이때 그들 왼편에서 독수리 한 마리가 나타나서는 재빠르게 비둘기를 낚아채어 높이 날아올랐다. 이를 보고 암피노모스가 입을 열었다.

"동지들이여, 아무래도 텔레마코스를 살해할 계획은 없던 일로 해야 할 것 같소이다. 계획이 잘 이루어지지 않을 것 같구려. 차라리 연회나 즐기도록 합시다."

암피노모스가 이렇게 말하자 그들은 모두 이에 따랐다. 그들은 궁 안으로 들어가 외투를 벗어 던진 다음, 살진 양과 염소를 잡고, 다시 기름진 돼지며 암소 등을 잡기 시작했다. 그들은 내장을 구워 골고루 나누고 술을 걸렀다. 그리고 돼지치기가 잔을 돌렸다. 시종의 우두머리인 필로이티오스가 바구니에 빵을 담아 와 돌렸고, 멜란티오스는 포도주를 따랐다. 이리하여 그들은 앞에 차려진 진수성찬을 먹기 시작했다.

한편 텔레마코스는 지혜를 써서 오디세우스를 으리으리한 홀의 돌로 된 문턱 옆에 자리 잡게 했다. 초라한 걸상과 조그마한 상을 옆에 놓고, 거기다 모두에게 나누어준 내장을 한 몫 갖다 놓고 황금 술잔에 포도주를 따르고 나서 그를 향해 말했다.

"그럼 잠시 여기에 앉아서 구혼자들과 함께 술이나 드시지요. 모든 구혼자들의 모욕적인 언사와 손찌검은 내가 못하도록 할 테니까요.

이 집은 공용의 건물이 아니라 오디세우스의 성이에요. 나를 위해 그분이 마련하신 자택입니다. 그리고 구혼자 여러분들도 무례한 욕이나 폭력은 삼가주십시오."

이렇게 말하자 사람들은 모두 입술을 깨물면서, 텔레마코스가 이처럼 용감한 말을 하는 데에 그만 기가 질려버렸다. 그때 에우페이테스의 아들 안티노오스가 말했다.

"아카이아족 여러분, 애송이 같은 텔레마코스의 말이 몹시 귀에 거슬리지만 그의 말을 받아들이기로 합시다. 우리한테 무척이나 아픈 소리를 해대긴 했지만, 그래도 제우스 신이 만류하신 것이니 말이오. 제우스 신이 그러지만 않았다면 텔레마코스가 아무리 달변가라 할지라도 지금 이 홀에서 우리에게 저처럼 무례하게 요구하는 일은 없었을 거요."

안티노오스의 이런 말을 듣고도 텔레마코스는 꿈쩍도 하지 않았다.

한편 시종들은 신에게 제물로 올릴 성스러운 황소 백 마리를 이끌고 성을 지나오고 있었다. 그러자 긴 머리칼을 늘어뜨린 아카이아인들이 궁술의 신 아폴론의 울창한 숲 밑으로 모여들었다.

텔레마코스 조각상_ 루이지 비엔에메의 조각 작품 ▶
텔레마코스는 아버지 오디세우스의 정체를 알고 나서 구혼자들을 절멸시키려는 계획을 오디세우스와 함께 세운다.

오디세우스궁의 구혼자들 부조

그들은 구운 고기를 꼬챙이에서 빼낸 다음 사람들에게 골고루 분배하였다. 또한 시종들은 오디세우스에게도 많은 양의 고기를 떼어 주었는데, 이는 텔레마코스가 시킨 일이었다.

이때 아테나 여신은 구혼자들의 교만한 마음을 충동질하여 폭언을 하도록 만들었다. 이는 오디세우스의 심중에 보다 큰 분노를 심어주기 위한 여신의 조치였다. 구혼자들 가운데 크테시포스라는 아주 무례한 자가 있었다. 그는 사메가 고향으로 그곳에서 아주 큰 부자였으며, 오래전부터 페넬로페에게 구혼을 해왔었다. 먼저 그가 구혼자 무리에게 말을 했다.

"고매하신 구혼자들이시여, 내 한 말씀 드리겠습니다. 저 손님은 여러 날 동안 이곳에서 묵으면서, 자기 몫이라고 음식들을 챙기고 있소이다. 여기 있는 누구를 불문하고 손님의 권리를 빼앗는 것은 부당한 일일 거외다. 자, 그러면 내 저 손님에게 선물을 줄 터이니, 저 손님 또한 위대한 오디세우스궁에서 일하는 시종이나 목욕 시중을 드는 시녀들에게 선물을 주지 않으면 안 될 것이오."

그는 이렇게 말하고 나서 바구니에서 소의 다리를 집어 오디세우스에게 던졌다. 그러나 오디세우스는 슬며시 고개를 옆으로 숙여 그것을 피하고는 속으로 몹시 비아냥거리는 무서운 웃음을 웃었다. 소다리는 벽에 부딪혔다. 그것을 본 텔레마코스는 크테시포스를 꾸짖어 말했다.

"그대는 참으로 운이 좋았소이다. 다행히 그대는 손님을 맞히지 못했소. 만일 그랬다면, 내 날카로운 창으로 그대의 흉부를 공격하여 혼인 잔칫날 그대 아버지는 아들의 장례식을 준비했어야 할 겁니다. 그런즉 누구든 이 성에서는 꼴사나운 행동은 삼가도록 해주시오. 나도 예전에는 어린애였지만 이젠 흑백을 가릴 만큼 컸소이다. 나는 그대들이 한 짓을 보고도 지금껏 참아왔소. 자, 더 이상은 나를 괴롭히지 마시오. 만일 그대가 칼을 뽑아 나를 죽이려 든다면 달게 받겠소. 이런 넌더리나는 짓을 더 이상은 못 봐 주겠으니, 차라리 죽는 편이 나을 것이오."

이에 모두들 입을 다물어 버렸다. 그러다 한참이 지나 다마스토르의 아들 아겔라오스가 말을 했다.

"동지들이여, 텔레마코스의 말이 옳게 들리오. 여기 있는 이 손님과 궁 안에 있는 시종들을 함부로 대하지 맙시다. 그리고 이건 호의로써 들어주길 바라는데, 텔레마코스와 그의 모친에게 한 가지 청을 좀 하겠소이다. 당신들이 마음속으로 오디세우스왕이 귀가할 거라는 희망을 품고 있다면 구혼자들을 궁궐 내에 얼마 동안 체류시킨다 해도 화낼 사람은 하나도 없소이다. 그분께서 무사히 귀국만 하신다면야 이

보다 더 좋은 일은 없겠지요. 하지만 그런 일은 없을 거라는 게 명백하지 않소이까? 그분은 이미 고인이 된 사람이오. 그러니 어서 모친께 가서 말씀드리시오. 구혼자들 중에서 최적임자로 가장 큰 선물을 올리는 자와 결혼하시라고 말이오. 그리한다면 그대도 시달림 없이 부친의 재산을 지키게 될 것이고, 어머님은 다른 집에 가서서 편안하고 행복한 삶을 누리게 될 것이오."

이에 텔레마코스가 대답했다.

"아겔라오스여, 제우스 신의 뜻으로 우리 아버님께서는 이타케를 멀리 떠나 생사 불명의 불행을 당하셨으니, 나도 어머님의 결혼 문제를 더 이상 지체하지는 않겠소이다. 어머님이 마음이 있으셔서 어느 분이고 최적임자에게 개가하신다면, 나 또한 많은 선물을 올리겠다고 말씀드린 바 있소이다. 하지만 당신께서 마음이 없는데도 강제로 출가를 시킨다는 것은 자식된 도리가 아니라고 생각합니다. 신께서도 결코 이런 소행을 용납하지 않을 것이라 믿습니다."

텔레마코스가 말을 마치자, 아테나 여신은 구혼자들의 심중을 뒤흔들어 이성을 마비시키고 웃음을 터뜨리게 하였다. 함부로 계속 웃어대는 그들의 입에서는 피 묻은 고기 살점들이 튀어나왔고, 눈에는 눈물이 고였으며, 가슴속에는 분노하는 마음이 끓어올랐다. 그러자 예언자 테오클리메노스가 말했다.

"불행한 사람들 같으니! 이 얼마나 추악한 모습이란 말인가? 자네들의 머리와 얼굴, 아래쪽 무릎은 시커먼 밤으로 덮여 있고, 공중엔 애도의 아우성이 넘쳐 있으며, 뺨은 눈물로 흠뻑 젖었군그래. 게다가 훌륭한 벽도 가운데가 피로 물들어 있구나. 앞방에는 또 유령이 가득하고 안마당에도 가득한데, 그것들이 모두 어둠 속으로, 저승으로 자꾸만 가려고 들떠 있고, 태양은 하늘에서 자취를 감추고 말았소. 불길한 어둠이 사방을 모조리 차지하고 있구나."

이렇게 말했는데, 구혼자들은 누구나 그를 향해 기쁜 듯 웃을 뿐이었다. 그러자 폴리보스의 아들인 에우리마코스가 앞에 서서 그들을 향해 외쳤다.

"어딘가 다른 데서 지금 막 닿은 손님은 제정신이 없는 모양이오. 여기가 밤이라고 하니 말이오. 그러니 도련님이여, 그를 이 집에서 나가도록 하시오."

그러자 테오클리메노스가 대꾸했다.

"에우리마코스여, 나는 그대에게 내 갈길을 묻지는 않으리다. 내게는 눈과 귀가 있을 뿐만 아니라, 튼튼한 두 다리에다 남 못지않은 굳센 의지도 있소이다. 그러니 나는 내 힘으로 가겠소이다. 부디 명심하시오. 그대들에게 화가 닥쳐들고 있소이다. 고명한 오디세우스의 궁에서 무례를 범하고 불법을 일삼은 무리 중에서 재앙을 면할 자 단 한 명도 없으리다."

그는 말을 마친 다음, 화려한 홀을 나와 페이라이오스에게로 왔다. 페이라이오스는 그를 반갑게 맞아주었다. 구혼자들은 서로를 쳐다보며 텔레마코스의 화를 돋우는 한편, 그의 손님들을 조롱하기 시작했다. 구혼자들 중의 한 건방진 젊은이가 이렇게 말했다.

"텔레마코스여, 그대보다 불운한 손님은 없는 듯싶소. 누구인지도 모르는 그 추한 과객을 붙잡아 두고서 밤낮으로 술과 밥을 구걸하게 하고 있으니 말이오. 무슨 품위 있는 일이나 전술에 달통한 것도 아니

오디세우스를 그리워하는 페넬로페_ 헤바 쿠만스의 작품

요. 그저 빌어먹는 데에만 정신이 팔린 밥버러지를 모시고 매우 수고가 많소이다. 게다가 이젠 다른 사람의 예언을 들어야 할지도 모르오. 하지만 그대가 내 말을 들어주게. 그러는 편이 훨씬 이로울 거야. 이런 손님들은 노걸이가 주욱 달린 배에 태워, 시칠리아 사람들이 사는 고장으로 보내주는 것이 어떻겠나? 그러면 그 고장에 그만한 값을 받고 팔아먹을 수 있을 게 아닌가?"

그러나 텔레마코스는 그런 말에는 귀도 기울이려 하지 않고, 아버지가 언제 이 파렴치한 구혼자들을 처치할 것인가 그 순간을 그저 잠자코 기다리면서, 그에게 눈을 돌리고 있었다.

한편 이카리오스의 딸로서 성품이 자상하기 그지없는 페넬로페는 특별히 훌륭한 의자를 바로 맞은편에 갖다 놓게 하고, 홀에서 제각기 떠드는 사나이들의 말을 모조리 듣고 있었다. 그럴 수밖에 없는 것이, 그들은 웃어젖히면서 점심 식사를 준비시켰던 것이다. 아주 맛있는 것을 듬뿍, 그것도 참으로 많은 가축을 제물로 잡았으니 말이다.

의자에 앉은 페넬로페의 조각상 ▶

활쏘기 시합

아테나 여신은 페넬로페의 마음속에 이런 생각을 떠오르게 하였다. 바로 오디세우스의 성안에서 구혼자들에게 활 경기를 벌이되, 잿빛 강철 도끼를 과녁으로 할 것을. 그 일은 결국 그들에게 파멸의 전조가 되었다.

그녀는 높은 층계가 있는 곳으로 가서 구부러진 열쇠를 손에 꼭 쥐었다. 아름다운 상아 손잡이가 있는 청동 열쇠였다. 그리고 시녀들을 거느리고 가장 끝 쪽의 광으로 갔다. 그곳에는 왕의 재물이 간직되어 있었는데, 활과 화살을 넣어두는 화살통이 있었다. 그것은 이전에 라케다이몬에서 만난 친구, 에우리토스의 아들 이피토스가 오디세우스에게 준 선물이었다. 그 두 사람은 메세네에 있는 오르실로코스의 집에서 만났다. 당시 오디세우스는 사람들에게 준 빚을 받기 위해 그곳에 간 것이다. 그리고 이피토스는 열두 필의 잃어버린 암말과 그 말이 낳은 새끼들을 찾으러 그곳에 온 것이다. 그러나 그는 훗날 제우스의 아들

에우리토스 왕의 연회에 헤라클레스, 이올레, 이피토스가 함께 있는 도자기 그림

이피토스는 그리스 신화에 나오는 오이칼리아 왕 에우리토스의 아들이다. 오이칼리아 왕 에우리토스는 활쏘기 대회를 열어, 우승한 사람에게 딸 이올레를 주기로 하였다. 헤라클레스가 이 대회에 참가하여 최후의 승리자가 되었으나, 에우리토스는 자식들을 죽인 전력이 있는 헤라클레스에게 딸을 주기를 꺼렸다. 이에 이피토스가 아버지를 설득하였으나 에우리토스는 결국 약속을 지키지 않았고, 헤라클레스는 화가 나서 오이칼리아를 떠났다.

헤라클레스가 떠난 뒤에 공교롭게도 에우리토스의 마구간에서 암말 몇 마리가 없어졌는데, 이 말들은 도둑질의 명수 아우톨리코스가 훔친 것이었다. 이피토스는 말들을 찾아나섰다가 메세네에서 아우톨리코스의 외손자 오디세우스를 만나, 우정의 표시로 아버지에게서 받은 활을 주었다. 뒷날 오디세우스는 20년 만에 귀향하여 아내 페넬로페를 괴롭히던 구혼자들을 물리치는 데 이 활을 사용한다.

인 역사 헤라클레스의 집을 방문했다가 죽임을 당하는 운명에 처하고 만다. 헤라클레스는 무지막지한 괴력의 사나이여서, 손님의 신분으로 자신을 찾아온 이피토스를 신들의 눈도 개의치 않고 참살하고 말았다.

이피토스는 자신의 가축을 찾으러 간 길에서 오디세우스를 만나 그에게 활을 선물로 주었다. 오디세우스는 이피토스에게 답례로 예리한 칼과 튼튼한 창을 주어 우정을 나누었는데, 이피토스가 헤라클레스에

오디세우스의 활을 꺼내는 페넬로페_ 안젤리카 카우프만의 작품

게 죽었기 때문에 이후 그들은 두 번 다시 만나지 못했다. 오디세우스는 트로이아 전쟁에 나갈 때 활을 가져가지 않고 궁궐에 보관해 두어, 이피토스와의 우정을 오래오래 기렸다.

사려 깊은 페넬로페는 보물창고 앞에 이르러 참나무 문지방을 건넜다. 이는 일찍이 솜씨 좋은 목수가 매끈하게 고르고 반듯하게 잡아 양옆에 기둥을 박고 번쩍거리는 문을 달아놓은 것이다. 그녀는 익숙한 손놀림으로 문고리에서 끈을 풀고 열쇠를 꽂은 다음 빗장을 밀어젖혔다. 안에는 눈부시게 빛나는 의복들이 들어 있는 여러 개의 상자가 놓여 있었다. 그녀는 활집을 벽에서 끄집어 내린 다음 무릎 위에 올려놓고 주저앉아, 남편의 손때 묻은 활을 꺼내며 목놓아 울었다. 실컷 울고 난 그녀는 남편의 체취가 잔뜩 묻어 있는 활과 화살통을 손에 들고, 구혼자들이 기다리고 있는 홀로 돌아왔다. 그녀의 뒤에는 시녀들이 철이며 청동으로 된 무기들을 들고 따랐다. 그리하여 여인 중에서도 우아한 페넬로페는 아름다운 베일을 드리우고 구혼자들 앞에 이르자, 견고한 지붕을 받친 기둥 옆에 가서 섰다. 그리고 그녀는 구혼자들을 향해 말을 시작했다.

"구혼자들이여, 당신네들은 끊임없이 이 집에 몰려와서는 식사다 술이다 하고 요구하셨지요. 그것도 주인도 없는 집에 들이닥쳐서는 이렇다 할 구색도 없이, 다만 나와 결혼을 하고 싶다는 명목만으로 말입니다. 그렇다면 자, 구혼자들이여! 여기에 경기 준비가 되어 있으니, 다시 말해 여기 존엄한 오디세우스의 활이 놓여 있으니, 누구든지 가장 훌륭하게 이 활을 손에 들고 시위를 당겨 도끼 12자루의 구멍을 모조리 꿰는 분, 그분을 따르기로 하겠어요. 내 보금자리, 화려하고 풍족한 이 궁궐을 버리고 말입니다."

그녀는 이렇게 말하고 나서 돼지치기 에우마이오스에게 명하여 구혼자들 앞에 활과 회색 도끼를 가져다 놓도록 했다. 에우마이오스가 눈물을 흘리면서 활과 도끼를 옮겨 놓자, 다른 목동들도 슬피 통곡했다. 안티노오스는 그런 모습이 눈에 띄자 그들의 이름을 불러 나무랐다.

"너희 시골 녀석들이 어린아이처럼 철딱서니가 없구나. 당장 코앞의 일밖에 모른단 말이야. 가뜩이나 죽은 왕을 못 잊어 애

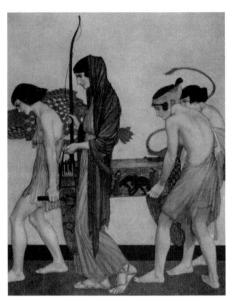

활을 옮기는 페넬로페_ 윌리엄 러셀 플린트의 작품
페넬로페는 아테나 여신의 영감을 받아, 이피토스가 오디세우스에게 선사한 활을 꺼내 구혼자들에게 활쏘기 대회를 연다.

달파하는 왕비의 심사를 더욱 괴롭히려고 이 꼴들이란 말이냐? 잠자코 앉아서 처먹기나 해라. 정 울고 싶다면 밖으로 나가서 울어라. 하지만 경고하건대, 활은 여기에 두고 가라. 이제부터는 우리 구혼자들이 치열한 경쟁을 벌여야 할 테니 말이다. 내 생각에 이 윤기 나는 활은 그리 호락호락하게 다룰 수 있는 물건 같지 않구나. 여기 모인 우리들 가운데 오디세우스왕만큼 힘센 이가 뵈지 않기 때문이다. 내 비록 어렸을 때 일이긴 해도 그분을 본 기억이 아직도 눈에 선하거든."

그는 말을 이렇게 했지만, 마음속으로는 활줄을 당겨 쇠도끼 자루의 구멍을 꿸 수 있을 것으로 기대했다. 명예로운 오디세우스의 손에서

맨 먼저 그 화살 맛을 맛볼 운명이면서 말이다. 이때 텔레마코스가 용기를 내어 입을 열었다.

"위대한 제우스께서 정녕 나를 얼간이로 만드셨군요. 정숙하신 내 어머님께서는 여러분 가운데 적임자가 나타나면 이 집을 버리겠다고 말씀하셨습니다. 어찌할까요? 어리석기 그지없는 나는 기뻐하며 웃고 있습니다. 자, 구혼자들이여, 그대들 앞에는 상이 걸려 있소. 아카이아나 성스러운 필로스, 아르고스, 미케네에서도 찾아볼 수 없는 여인이 앞에 서 있소이다. 여러분이 잘 아는 바이니, 굳이 내 입으로 내 어머니에 관해 이런저런 찬사를 늘어놓지는 않을 생각이오. 그러니 이제 주저하지 말고 활을 잡아들 보시오. 어차피 당할 일, 이제는 한순간이라도 빨리 당하고 싶소이다. 그리고 나 또한 이 활을 한번 당겨 보고 싶소. 만일 내가 이 활로 화살을 날려 과녁을 맞힌다면, 비록 내 어머니께서 이 집을 떠나 다른 분을 따라가신다 해도, 그리 큰 슬픔은 남지 않을 것이오. 내가 아버지의 무기를 능히 다룰 만큼 컸음을 확인한 뒤이기 때문일 거요."

그는 이렇게 말하고 나서 어깨에 걸친 붉은 망토를 벗어 던진 다음, 어깨에서 칼을 뽑았다. 그리고 땅을 파고 도끼를 한 줄로 나란히 세운 뒤 흙을 메우고 발로 다졌다. 전에 그러한 경기를 구경해 보지 않았을 게 분명한 그가 그토록 가지런하게 도끼를 늘어놓는 것을 보자 모두들 놀라움을 금치 못했다. 텔레마코스는 문지방으로 가서 활을 들었다. 그러나 활시위를 당겨 보려고 무진 애를 썼지만 몸만 부르르 떨 뿐이었다. 그런데도 그가 시도를 멈추지 않자, 오디세우스가 고개를 흔들며 만류했다.

그러자 낙심한 텔레마코스가 그들에게 다시 한마디 했다.

"여러분, 나는 실패했소이다. 난 겁쟁이이고, 내게 행패 부리는 자를 막아낼 만한 힘을 가지지 못한 약자입니다. 자, 그럼 나보다 힘이 센 사람이 있다면, 나와서 활을 쏘아 자신의 능력과 운을 시험해 보시오."

그는 이렇게 말하고 활을 땅 위에 세워 놓은 다음, 좀 전에 일어섰던 자리로 가서 앉았다. 그러자 안티노오스가 말했다.

"동지들이여, 저 술 따르는 자리 왼쪽에서부터 오른쪽으로 차례대로 일어나 활을 쏘도록 합시다."

이에 모두들 찬성을 표했다. 먼저 오이놉스의 아들 레오데스가 자리에서 일어났다. 그는 예지력을 지닌 사제였는데, 항상 홀 맨 끝에 있는 술동이 옆에 앉아 있었다. 그만이 구혼자들의 방자한 행동을 못마땅해 하면서 줄곧 그들을 비난해 왔다. 그는 활과 화살을 들고 문지방으로 가서 활시위를 당겨보았다. 그러나 그는 활을 구부릴 수 없었다. 줄을 당기기도 전에 말랑한 그의 팔에서 먼저 힘이 빠져 버렸기 때문이다. 그는 구혼자들을 향해 말했다.

"어이구, 여러분! 나는 전혀 못 하겠습니다. 다른 분에게 넘겨드리지요. 이 활은 아주 많은 용사들에게 재난을 가져오는 결과가 될 겁니다. 생명에도 영혼에도 말이지요. 하고자 하던 바를 얻지 못하고 살아 있기보다는 차라리 단숨에 죽어버리는 게 훨씬 나으니까요. 그걸 얻자고 우리는 늘 이곳에 모여 들었던 것이지요. 매일매일 기대를 하면서요. 그런데 이제는 누구든 간에 마음속으로는 오디세우스의 부인 페넬로페와 결혼할 것을 희망하는 동시에 절망할 것입니다. 그렇지만 이 활을 다루어 보고 난 다음에는 누구나 그 밖에 아름다운 옷을 입은 아카이아 여

페넬로페에게 결혼을 강요하는 구혼자들_ 야콥 요르단스의 작품

페넬로페는 구혼자들의 청혼에 지친 나머지, 그들에게 활쏘기 시합을 벌여 승자에게 결혼할 자격
을 주려고 한다. 이는 아테나 여신의 영감적 지시였다.

성에게로 마음을 옮기는 게 좋겠지요. 서랍 속의 선물 따위로 구걸하다
시피 말이지요. 페넬로페 님은 그다음 누구든지 가장 많은 선물을 보낸
사람, 그래서 연분으로 나타난 사나이와 결혼하는 게 마땅할 겁니다."

그는 큰 소리로 이렇게 말하고 들고 있던 활을 내려놓더니, 이가 꼭
맞게 닫혀 있는 반들반들한 판자문에 기대 놓았다. 또한 날랜 화살은
구부러진 활 끝에 걸쳐 놓고는 팔걸이의자가 놓여 있는 제자리로 돌아
와 앉았다. 그러자 안티노오스가 그를 비난하며 이름을 불러 말했다.

"레오데스, 무슨 말을 그렇게 함부로 지껄이는가. 그따위 돼먹지 못
한 소리는 입 밖에 꺼내지도 말게. 이 활이 우리 용감한 사내들의 생명
을 빼앗아 가다니! 이는 자네가 활을 구부리지 못했기에 우릴 시기해서
하는 소리임이 분명하네. 미안하지만, 자네가 당기지 못한 이 활시위
는 우리 고명한 구혼자들의 힘 앞에서는 순순히 허리를 꺾고 말 걸세."

그는 이렇게 큰소리친 후, 염소치기 멜란티오스에게 명령했다.

"멜란티오스, 자네는 지금 즉시 홀에 불을 피우고 그 옆에 긴 의자를 갖다 놓게나. 그리고 의자 위에 양털을 깔고 커다란 비계를 준비해 두게. 우리 장부들이 활을 따듯하게 하고 기름을 바른 뒤, 활을 구부려 시합을 할 수 있도록 말일세."

이렇게 말하자 멜란티오스는 곧 지칠 줄 모르는 불을 피워 올려 평상 가까이에 날라다 놓고 양털을 평상 위에 깐 다음, 남겨 두었던 기름덩이를 꺼내 왔다. 그리고 젊은이들은 그것으로 활을 데워 당겨 보았지만 아무도 활시위를 당기지 못했다. 도저히 팔심이 미치질 못했던 것이다. 그러나 안티노오스와 신과도 같은 에우리마코스만이 단념하지 않고 계속했다. 이 두 사람은 구혼자들의 우두머리로서 힘도 뛰어나게 우수했다.

그러자 존엄한 오디세우스의 소치기와 돼지치기는 나란히 밖으로 나갔는데, 오디세우스도 그들의 뒤를 따라 저택 밖으로 나왔다. 이윽고 그들이 안마당을 지나 대문 밖으로 나서는 것을 보고 부드럽게 말을 걸었다.

오디세우스와 돼지치기 에우마이오스

"소치기 양반, 그리고 돼지치기 님, 잠깐 말씀드리고 싶은 것이 있소. 혹시 내 가슴에 숨겨두고 싶은 것인지도 모르지만, 내 마음이 말하기를 자꾸 권하는군요. 당신들은 어떤 편에 설 작정이신가요? 오디세우스 편입니까, 아니면 구혼자들 편입니까? 혹 그분이 돌아오신다면 말이오."

그 말에 소치기가 대답했다.

"아버지 신이신 제우스 님께서 부디 그런 소원을 실현시켜 주셔서 그분이 돌아오신다면 얼마나 좋겠소. 그렇게만 된다면 내 팔이 어떤 역할을 하는지 당신도 아시게 될 텐데."

마찬가지로 에우마이오스도 모든 신들에게 기도를 드리며, 지혜로운 오디세우스가 자기 집으로 돌아오기를 간절히 빌었다. 오디세우스는 그들의 마음을 확인하자 다시 두 사람을 향해 대답했다.

"그는 벌써 집에 와 있다네. 여기 있는 내가 틀림없는 그란 말이야. 많은 재앙을 겨우 막아내며 20년 만에 고향 땅을 밟은 것이네. 나는 모두 보았지. 하인들 가운데 자네들 둘만이 내 귀국을 애타게 원한다는 것을. 그 밖의 다른 하인들이 내가 다시 고향에 올 것을 비는 말은 듣지 못했네. 그러니 자네들 둘에게만은 당연한 일이긴 하겠지만 진실을 말해 주지. 만약에 신들께서 오만한 구혼자들을 내 손으로 물리치게만 해주신다면, 그때는 자네들을 장가도 보내 주고 재산도 주겠네. 내 성 옆에 아담한 집까지도. 그래서 이후로는 텔레마코스와 동지 겸 형제로서 지내도록 하게. 자, 보라! 너희가 날 믿을 수 있는 확실한 증거를 보여주마. 내가 아우톨리코스의 아들들과 함께 파르나소스로 사냥을 갔다가 멧돼지의 송곳니에 찔린 상처가 여기 있지 않느냐?"

오디세우스는 이렇게 말하며 누더기를 들춰서 큰 흉터를 보여주었다. 두 사람은 그 상처를 금방 알아보고는 오디세우스를 끌어안고 울음을 터뜨렸다. 그리고 나서 그의 머리와 어깨에 입을 맞추었다. 오디세우스가 말을 꺼냈다.

"자, 그만 울어라. 혹시 홀에서 누가 나와 이 꼴을 보면 눈치를 챌지도 모르니까. 그만 안으로 들어가자. 내가 먼저 안으로 들어갈 테니, 너희들은 나중에 따로 들어오너라. 그리고 이것이 우리들의 암호다. 저 구혼자들은 활과 화살통이 내게 오는 것을 허락지 않을 것이다. 자, 에우마이오스여! 자네는 활을 들고 홀 안을 돌다가 그것을 내 손에 쥐여 주고, 여자들

멧돼지에게 다리를 다치는 오디세우스

에게 일러 방문에 빗장을 질러 잠그도록 해라. 그리고 궁에서 비명소리며 고함소리가 들리더라도 절대 뛰어나오지 말고, 각기 제 방에서 조용히 일을 계속하도록 일러라. 착한 필로이티오스, 자네는 뜰 바깥문을 잠그고 끈으로 단단히 잡아매도록 하라."

그는 이렇게 말하고 나서 홀을 지나 처음 일어섰던 자리로 가서 앉았다. 그러자 두 하인도 나중에 뒤따라 안으로 들어왔다.

한편, 에우리마코스는 활에다 골고루 불기를 쬐었다. 그러나 아무리 해도 활을 구부릴 수는 없었다. 그는 고개를 천천히 저으며 말했다.

"동지 여러분, 참으로 가련하오. 나를 포함해 우리 모두 말이오. 내가 이처럼 원통해 하는 것은 다른 이유가 아니오. 우리가 이 활 하나를 당기지 못할 정도로 힘이 약하대서야 어찌 안타깝고 슬프지 않겠소? 이는 두고두고 치욕이 되리다."

그러자 에우페이테스의 아들 안티노오스가 말했다.

　"에우리마코스여, 그렇지 않네. 자네도 잘 알지 않는가. 오늘은 궁술의 신을 위한 성스러운 잔치가 백성들 사이에서 벌어지고 있네. 이런 때 누가 감히 활을 구부릴 수 있단 말인가? 자, 아무 말 말고 활을 놓아두게. 그리고 도끼도 그대로 두면 될 걸세. 그렇게 한다고 해서, 잘못될 게 뭐 있단 말인가! 누가 이곳에 와서 가져가겠는가. 자, 시종에게 제주를 붓도록 하고, 그 다음에는 활을 치우도록 하세나. 그리고 내일 아침에는 멜란티오스에게 제일 좋은 염소를 가져오라고 해서 그것을 궁술의 신인 아폴론에게 올린 후, 활을 구부려 시합을 끝내도록 하세나."

　안티노오스의 말을 듣고 모두들 고개를 끄덕였다. 시종이 그들의 손에 일일이 술을 채워 돌리자, 각기 제주를 올렸다. 그들이 취하도록 술을 마시자 기회를 엿보던 오디세우스가 슬쩍 이렇게 말했다.

　"고명하신 구혼자 여러분, 제가 감히 한마디를 여쭈어도 되겠는지요? 특히 에우리마코스와 위대하신 안티노오스께 간청을 드리고 싶습니다. 좀전에 하신 말씀에 따르자면, 이제 궁술 시합은 중지하고 내일 아침 신의 처분을 받아 누구든지 소원대로 승리를 얻게 하자는 것 같습니다. 그렇다면 미천한 저에게도 그 활을 한번 만져 볼 기회를 주십시오. 존귀하신 구혼자 여러분 앞에서 아직도 제가 옛날과 같은 힘을 가지고 있나, 아니면 끝없는 유랑과 기갈로 몸을 망쳤는가를 알아보고자 합니다."

　그의 말이 끝나자마자, 구혼자 무리들은 혹시 그가 활을 구부리게 되지 않을까 염려해 크게 화를 냈다. 그래서 안티노오스가 그를 보고 나무라며 말했다.

"너는 도대체 예의라는 걸 모르는 놈이로구나. 점잖은 우리와 같은 좌석에 앉아 마음 놓고 음식을 먹으면서 고마운 생각도 없느냐? 우리의 말과 대화를 듣는 것으로는 성이 차지 않느냐? 다른 거렁뱅이들은 우리의 말을 함부로 듣지 못한단 말이다. 손님은커녕 거렁뱅이인 주제에 아마 꿀처럼 달콤한 포도주가 너를 해친 모양이구나. 이제까지 여러 사람을 해롭게 했던 그 술이 말이다. 적당한 양을 넘어 무작정 퍼마실 때에는, 술은 반은 사람이고 반은 말이었던 것으로 유명했던 켄타우로스조차 잘못을 저지르게 했지. 도량이 넓은 페이리토오스의 집에서 술에 취해 분별없는 언행을 일삼았소. 그래서 여러 장사들이 분노하여 술 취한 그를 밖으로 끌어내 무참하게도 칼로 귀와 코를 베어냈다오. 켄타우로스는 이 일로 낙심하였고, 인간들과 불화하기 시작했소이다. 하지만 명백히 따지자면, 잘못은 술에 취해 무례한 짓을 했던 켄타우로스 자신에게 있는 것이오. 만일 그대가 그 활을 구부린다면, 그대에게 큰 화가 닥칠 거라는 것을 내 선언해 두는 바요. 어느 누구도 그대를 도와주지 않을 것이오. 그대는 곧장 검은 배에 실려 에케토스왕에게로 보내질 거고, 그러면 다시는 살아 나오지 못할 거외다."

그러자 정숙한 페넬로페가 끼어들었다.

"안티노오스여, 내 집에 오신 분이라면 그 누구든지 손님으로서 당당히 대접받을 권리를 가지고 있소이다. 그래, 그대는 만일 저 손님이 활을 휘어 자신의 힘을 자랑한다면, 나를 아내로 삼으리라고 생각하시오? 설마 저분께서 그런 야심을 가슴속에 품고 계시리라고 생각지 않소. 그러니 그 일에 대해선 애태우지 않았으면 합니다. 그것은 정말 옳지 않은 일이오."

폴리보스의 아들 에우리마코스가 대답했다.

"페넬로페 왕비시여, 우리도 설마 저분이 부인을 모셔 가리라곤 생각지 않습니다. 추호도 그런 일은 벌어지지 않을 겁니다. 다만 우리는 소문이 퍼지지나 않을까 두려워하는 것입니다. 비루한 인간들이 이런 소리들을 하고 다니겠지요. '정말 그 무리들은 아주 형편없는 사나이들이군. 더없이 훌륭한 남자의 배우자를 아내로 삼겠다는 주제에 잘 손질한 활시위도 당기지 못하다니. 그래 낯모를 거렁뱅이 사나이가 여기저기 방랑 끝에 찾아와 힘 안 들이고 쉽사리 활시위를 당겨 쇠도끼 자루 구멍을 꿰었다면서.' 이렇

페넬로페_ 도메니코 베카푸미의 작품
페넬로페는 구혼자들의 반대를 무릅쓰고 걸인으로 변신한 오디세우스에게 활쏘기를 요구한다.

게 말할지도 모릅니다. 그렇게 되면 우리는 비난을 받을 게 아닙니까?"

그 말에 총명한 페넬로페가 대답했다.

"에우리마코스 님, 꼭 그게 아니더라도 당신들은 이 나라에서 좋은 평판을 받지 못합니다. 훌륭한 무사의 성에서 염치 불고하고 남의 재산을 축내는 짓을 한다면 말이지요. 그런데도 어떻게 이것을 비난의 대상이라고 생각하십니까? 그리고 이 손님은 키도 아주 훤칠하시고 몸집도 좋으신 데다 신분도 훌륭한 분의 자제라고 하시니까요. 그러니 자, 어

서 이분에게 손질이 잘 된 활을 넘겨 드리십시오. 우리 모두 보는 앞에서요. 나는 이렇게 분명히 말씀드리고 반드시 실행해 보이겠어요. 만약 아폴론 신께서 이분에게 영광을 내리시어 활을 당기게 하신다면, 이분한테 망토와 속옷 모두를 입혀드리고, 개나 사나이들을 물리치도록 끝이 날카로운 투창과 양면에 날이 서 있는 칼을 드리지요. 그리고 발에는 신을 것도 드리도록 하겠습니다. 그래서 어디나 희망하시는 대로 보내도록 하지요."

그 말에 영리한 텔레마코스가 대답했다.

"어머님, 활에 대해서는 아카이아족 누구도 나 이상으로 권한을 가진 이는 없을 테니까, 빌려 주든 안 빌려 주든 그것은 내 마음대로입니다. 참으로 이 험준한 이타케섬에서 세도를 부리는 분이든, 그중의 누구도 내가 허락하지 않는데 억지로 말리지는 못할 겁니다. 만약에 손님에게 이 활을 드리려고 마음먹은 바에는요. 그러나 어머님은 안으로 들어가 어머님 볼일이나 보십시오. 베를 짜시거나 실을 감으시거나, 시녀들에게 열심히 일하도록 분부를 하시거나요. 활에 대해서는 남자들이 모두 알아서 할 테니까요. 특히 제가 이 성관 안을 지배하는 권리를 가졌으니까 말입니다."

페넬로페는 깜짝 놀라 자기 처소로 총총히 돌아갔다. 아들의 의젓한 말솜씨에 참으로 흐뭇했기 때문이다. 2층으로 올라가 시녀들과 함께 한참 동안 사랑하는 남편 오디세우스의 처지를 한탄했고, 빛나는 눈의 여신 아테나가 거부할 수 없는 잠을 눈꺼풀 위에 뿌려 주기까지는 내내 울고 말았다.

한편 이쪽에서는 갸륵한 돼지치기가 휜 활을 날라 가자, 홀 안에 모

깊은 밤에 오디세우스를 그리워하는 페넬로페_ 토마스 세돈의 작품

여 있던 구혼자들은 일제히 이를 나무라며 욕을 퍼부었는데, 이렇게 저마다 우쭐대는 젊은이들은 너나 할 것 없이 말하는 것이었다.

"도대체 그 흰 활을 어디로 가져가는 것이냐, 고리타분한 돼지치기 불한당 같은 놈아. 머지않아 네놈을, 아마 이번에는 재빠른 개들이 돼지 옆에서 물어 죽일 것이다. 너 혼자뿐인 외딴 곳에서 네놈이 길러낸 개들이 말이다. 만약 아폴론 신이나 다른 불사인 신들이 우리한테 동정을 하여 주신다면 말이다."

돼지치기는 대청에 있는 모든 사람들이 마구 나무라는 바람에 주눅이 들어서, 들고 가던 활을 그대로 그 자리에 놓아버렸다. 그러자 텔레마코스가 한쪽 구석에서 위엄 있게 말했다.

"여보게, 상관 말고 어서 활을 가져가시오. 이들의 말을 듣는 날에는 곧 좋지 못한 결과가 올 테니까요. 내가 나이는 어리지만 그대를 돌로 쳐서 들판으로 내쫓지 않도록 조심해요. 체력으로는 내가 훨씬 셀 테니까. 참으로 이 성관에 모여 있는 구혼자들 모두보다도, 팔심에서나 체력에서나 그만큼 내가 뛰어나다면 얼마나 좋겠는가. 그렇기만 하다면 곧 우리 집에서 누구 할 것 없이 형편없는 꼴로 돌려보내겠는데. 이들이 못된 음모를 꾸미고 있으니 말이야."

이렇게 말하자 구혼자들은 모두 그를 보고 재미있다는 듯 웃어대며, 텔레마코스에 대한 못된 적의를 누그러뜨렸다. 그 틈에 돼지치기는 활을 가지고 홀을 지나 오디세우스의 손에 그것을 쥐어 주었다. 그리고는 재빨리 유모 에우리클레이아를 불러 말했다.

"에우리클레이아여, 텔레마코스께서 명하셨소. 즉시 방의 덧문을 잠그고, 혹시 홀 안에서 어떤 고함이나 아우성이 들리더라도 여인들은 모

활쏘기 시합_ 뉴웰 컨버스 와이어스의 작품
페넬로페가 제안한 활쏘기는 우여곡절 끝에 오디세우스에게까지
차례가 오게 된다.

두 꼼짝 말고 제자리에서 조용히 일을 하라고 말이오."

그러자 그녀는 두려운 표정으로 서둘러 방들의 문을 잠갔다. 이때 필로이티오스는 조용히 홀을 나와 울타리 안뜰의 바깥문을 잠갔다. 그러고는 파피루스 섬유로 만든 밧줄을 회랑 밑에서 찾아내어 그것으로 문을 단단히 잡아맨 후 안으로 들어왔다.

돼지치기로부터 활을 받아 든 오디세우스는 활을 이리저리 살펴보면서, 그동안 뿔로 된 활에 벌레가 먹지 않았나 확인해 보았다. 그러자 구혼자들 중 하나가 곁에 있는 사람을 보면서 이렇게 말했다.

"아무래도 저 사람은 활 전문가인 듯싶네. 자기 집에 같은 종류의 활이 있거나, 아니면 잘 봐뒀다가 나중에 비슷한 것을 만들어 보려는 게 틀림없어."

그때 다른 이가 말했다.

"어디, 저 놈팡이에게 생기는 게 있어야 할 텐데……. 정말 활을 구부릴 수 있는지 힘을 써보시라지!"

구혼자들은 이렇게 함부로 떠들어 댔다. 그러나 오디세우스는 묵묵히 활을 들어 자세히 살피는 일에 열중했다. 마치 하프에 능한 사람이 힘들이지 않고 현의 양편을 잘 동이는 것처럼 오디세우스가 즉석에서 손쉽게 활시위를 당겼다 놓으니, 마치 제비가 나는 것처럼 날카로운 소리가 울렸다. 그러자 구혼자들의 안색이 검게 변했다. 이때 제우스는 전조로써 뇌성벽력을 일으켰다. 오디세우스는 활시위에 화살을 걸고 힘껏 잡아당겨 과녁을 향해 쏘았다. 과녁은 하나도 빗나가지 않았다. 청동으로 촉을 박은 화살은 첫 번째 도끼 머리로부터 마지막 도끼까지 구멍을 깨끗이 뚫고 지나갔다. 화살을 쏘고 난 그는 텔레마코스에게 말했다.

고리 사이로 활을 쏘는 오디세우스

활을 쏘는 오디세우스_ 직물 그림인 '태피스트리' 작품이다.

　"텔레마코스여, 내 그대의 손님으로서 체면을 세워 주었소이다. 긴 활을 구부렸고, 과녁 또한 어긋나지 않았소. 아직도 내 힘이 이리 꿋 꿋하니, 감히 구혼자들이 날 능욕하지는 못할 거외다. 자, 약소하지 만 이제는 저 구혼자들에게 식사를 올려야겠소. 식사가 끝난 다음에 는 다른 경기를 하도록 합시다. 연회를 감칠맛 나게 할 춤과 하프도 갖추고서 말이오."

　그가 이렇게 말하고 활을 들어 고개를 끄덕이자, 텔레마코스는 시퍼 런 칼과 창을 들고서 제 아버지의 옆에 다가와 섰다.

오디세우스의 복수

구혼자들을 처단하는 오디세우스

오디세우스가 진정으로 사랑한 여인은 칼립소나 키르케가 아니라 아내 페넬로페였다. 그녀는 절세 미인이 아니었지만 절개와 현명함을 갖춘 여인이었다. 페넬로페는 트로이아 전쟁이 끝난 후에도 유독 돌아오지 않는 오디세우스를 기다리며 20년을 살았다.

당시는 여인이 홀로 되면 재가를 허락하던 시절이라, 아름다움과 재력을 갖춘 미망인에게 많은 구혼자들이 몰렸다.

페넬로페 역시 구혼자들의 손길을 뿌리치기 쉽지 않았다. 백 명이 넘는 구혼자들은 오디세우스궁에 눌러 살며 집안의 재산을 탕진했고, 힘이 약한 페넬로페와 그녀의 아들 텔레마코스를 겁박하며 결혼을 종용했다. 그러나 페넬로페는 슬기롭게 대처하며 하루하루를 보냈다.

많은 구혼자들은 페넬로페보다 오디세우스의 막대한 재산과 권력을 노렸던 것이다. 또한 오디세우스의 사람들 대부분이 구혼자 편에 기울어, 페넬로페와 텔레마코스는 항거할 힘조차 없었다. 이런 사정을 안 오디세우스는 걸인의 모습으로 변신하여 복수를 도모한다.

복수에는 피비린내가 진동한다. 복수는 또 다른 복수를 낳는다. 형이 동생을 죽이고, 아내가 남편을 죽이고, 아들이 어머니를 죽인다. 복수라는 이름 아래 상상도 못할 끔찍한 일들을 저지른다. 하지만 꿀처럼 달콤한 복수의 끝은 결국 끔찍한 비극이다. 허무하고도 허무한 우울이다. 그러나 오디세우스는 사랑하는 여인을 위해 달콤한 복수를 결행한다.

제 13 부

오디세우스의 심판

구혼자들을 소탕하다

지략이 뛰어난 오디세우스는 누더기를 벗어 던진 다음, 화살을 모두 바닥에다 쏟고는 놀라움에 가득 찬 구혼자들을 향해 말했다.

"자, 이 경기는 마침내 끝을 보았소이다. 이제 다른 과녁이 또 하나 있소이다. 이제까지 사람이 쏘아본 적이 없는 표적을 시험해 보겠소. 명중할는지 어떨는지, 아폴론 신께서 나한테 영예를 주시겠는지를 시험해 볼 테다."

이렇게 말하고는 안티노오스를 향해 화살을 겨누었다. 그런데 그는 마침 아주 훌륭한 술잔을 집어 들려는 참이어서, 황금으로 만든 두 귀 달린 그 술잔을 두 손으로 받쳐 들고 술을 마시려 하고 있었다. 한 사나이가 자기를 죽이리라고는 꿈에도 생각지 않았던 것이다. 그리고 향연에 참석한 사람들 사이에서, 제아무리 용맹스러운 장사라 해도 혼자서 그에 맞서 재앙스러운 죽음과 무도한 운명을 안겨주리라고 누가 감히 생각했을까. 오디세우스는 화살을 쏘았다. 화살촉이 그의 연약

안티노오스를 향해 활을 쏘는 오디세우스

한 목덜미를 관통하자 안티노오스는 모로 쓰러지며 손에서 잔을 떨어뜨렸다. 그의 코에선 피가 분수처럼 뿜어져 나왔다. 그리고 발로 식탁을 차는 바람에 빵과 구운 고기들이 땅으로 전부 떨어지며 흩어졌다.

구혼자들은 안티노오스가 넘어지는 것을 보자 일제히 소란을 피웠다. 그리고 간담이 서늘해지면서 자리에서 펄쩍 뛰어 일어나 이리저리 집 안의 단단한 벽 쪽으로 눈길을 굴려 창과 방패를 찾아보았지만, 전혀 눈에 띄지 않았다. 그래서 그들은 격분하여 오디세우스를 향해 소리쳤다.

"부랑자 주제에 무사들을 겨누어 활을 당기다니, 천벌을 받을 놈 같으니. 네가 지금 무슨 짓을 한 줄 아느냐? 너는 이타케의 고귀한 청년 중에서도 가장 뛰어난 인물을 살해했다. 그러니 네놈은 이 자리에서 마땅히 독수리 밥이 되어야 한다."

구혼자의 무리들은 오디세우스가 고의로 안티노오스를 쏜 줄은 아직 모르고 있었다. 게다가 정녕 어리석게도, 그들은 자신들에게 떼죽음이 다가오고 있음을 깨닫지 못하고 있었다.

이때 오디세우스가 한마디 했다.

"이놈들아! 내가 트로이아에서 영원히 못 돌아올 줄 알았느냐? 내 재산을 축내고, 시녀들을 강제로 끌어다 동침을 하고, 내가 눈이 시퍼렇게 살아 있는데도 내 아내에게 추파를 던지다니. 너희들은 신들이 두렵지도 않느냐? 너희들에게 쏟아질 만민의 분노를 짐작하지 못하겠느냐? 자, 이제 네놈들을 하나도 남김없이 다 쓸어버리리라."

구혼자들은 오디세우스왕의 고함을 듣고는 얼굴이 새파랗게 질려 다리를 떨며, 도망칠 곳을 찾아 사방을 두리번거렸다. 이때 에우리마코스가 떨리는 목소리로 말했다.

"진정 당신이 이타케의 왕 오디세우스란 말이오? 지금껏 아카이아 사람들은 당신의 궁에서 수없이 많은 죄를 범했소이다. 그러나 그 모든 죄를 주동한 저 안티노오스는 지금 죽어 쓰러져 있소. 그는 우리를 이 꼴로 만들어 놓은 장본인이오. 뭐 그다지 결혼을 하고 싶었던 것은 아니고, 스스로 이타케 마을 전체의 왕이 되려는 생각에서 저지른 일이었소. 그것을 운 사납게도 제우스께서 실현시켜 주지는 않으셨지만, 매복하여 기다렸다가 당신 아들까지도 죽여 없애려고 음모했던 것이었소. 하지만 이제는 이미 그 사나이도 제 분수대로 죽임을 당하고만 것이니, 당신은 당신이 다스리는 나라 사람인 우리를 너그러운 마음으로 용서하시기 바랍니다. 그럼 우리도 나중에 나라 전체에서 긁어모아, 이 댁에서 축내 버린 재산을 제각기 소 20마리씩 계산해서 갚아주기 위해 별도로 가져다 드리도록 하지요. 청동이든 황금이든 당신의 직성이 풀릴 만큼 말이오."

오디세우스가 치켜뜬 눈으로 그를 노려보면서 말했다.

"에우리마코스여, 당신들이 지금 가지고 있는 전 재산에다 무엇이든지 더 덧붙여 내놓는다고 해도, 당신들이 여태 저지른 패악에 대해 마지막 심판의 손을 멈추지 않을 것이다. 자, 어느 쪽을 택하든 그건 당신들 마음대로 해라. 맞서 싸우든지, 아니면 도망을 가든지. 혹 누구든 죽음과 재앙을 피할 수 있는 사나이가 있다면 말이다. 하지만 험악한 이 파멸을 모면할 사나이는 아마 없을 것이다."

이렇게 말하자, 모두 가슴이 떨리고 무릎이 흔들려 그대로 그 자리에 무너져 버렸다. 맥이 빠져 엉거주춤 주저앉았는데, 꼭 얼빠진 사람들 같았다. 그들 사이에서 에우리마코스가 다시 한 번 말했다.

"동지 여러분, 거기 있는 사나이는 무적의 솜씨를 그대로 거두지는 않을 거요. 잘 닦여진 활과 화살을 손에 쥔 이상, 말끔한 문지방에서 우리를 모조리 죽여 없애기 전에는 활을 쥔 손을 멈추지는 않을 거요. 그러니 우리도 맞서 싸우는 게 어떻소? 모두 칼을 뽑아들고 네 발 탁자를 방패삼아 죽음을 내리는 화살을 막아냅시다. 그리고 그에게 우리 모두 맞서 싸웁시다. 어쩌면 그를 현관에서 문 밖으로 쫓아낼 수도 있을 것이오. 그때 모두 성으로 가서 재빨리 고함을 지릅시다. 그러면 저 사람도 곧 마지막 화살을 쏘게 될 것입니다."

그는 이렇게 말하고 나서 예리한 청동 칼을 뽑아 들고 고함을 지르며 오디세우스에게 덤벼들었다. 그 순간 오디세우스는 화살을 날려

격전을 벌이는 오디세우스와 구혼자들을 묘사한 판화

그의 심장과 간장을 관통시켰다. 그러자 그는 손에서 칼을 떨어뜨리고 식탁 위로 엎어졌다. 그 때문에 음식이며 잔 들이 땅바닥으로 쏟아졌다. 그는 몹시 신음하며 이마로 땅바닥을 쳤는데, 그의 눈에는 어느덧 죽음의 그림자가 덮었다.

그다음으로는 암피노모스가 오디세우스에게 달려들었다. 그는 날카로운 칼을 들고 오디세우스를 문 밖으로 쫓아낼 심산으로 공격해 들어왔다. 그러나 텔레마코스가 청동 창으로 그의 가슴을 찌르자, 그는 외마디 소리를 지르며 바닥으로 쓰러졌다.

텔레마코스는 얼른 아버지에게로 뛰어가서 말했다.

"아버지, 제가 아버지를 위해 방패와 창과 청동 투구를 가져오겠습니다. 그리고 저도 가서 무장을 하고, 돼지치기와 소치기에게도 무장을 시키겠습니다."

그러자 오디세우스가 대답했다.

"아직 화살이 남아 있으니 얼마간 방비를 할 수 있을 것이다. 그러니 어서 가서 무장하고 무기를 가져오너라. 저들이 문을 향해 한꺼번에 밀려오면 큰일이니까 말이다."

이 말을 듣고 텔레마코스는 아버지의 말대로 안에 있는 광으로 달려갔다. 거기에는 훌륭한 무구들이 간직되어 있으므로, 방패 네 개와 창 여덟 개에 청동 촉을 끼우고, 말총 장식이 달려 있는 투구를 끄집어냈다. 그것들을 가지고 잽싼 걸음으로 사랑하는 아버지 곁에 이른 후, 우선 자기가 먼저 청동 무기로 무장을 했다. 그리고 갖가지 일들을 꾸미는 오디세우스 곁에 가서 딱 막아섰다.

그러자 오디세우스는 남은 화살들로 구혼자 하나하나를 겨냥해서 쏘아 차례차례 쓰러뜨렸다. 이윽고 화살이 없어지자, 오디세우스는

구혼자들을 죽이는 오디세우스와 텔레마코스_ 레옹 팔리에르의 작품

오디세우스의 공격에 놀란 구혼자들_ 로비스 코린트의 작품
오디세우스의 기습에 놀란 구혼자들이 반항을 하는 장면을 묘사하였다.

견고한 홀 문기둥 옆, 눈부시도록 흰 벽에 활을 기대 놓고, 두 어깨에
네 겹의 쇠가죽을 겹친 방패를 걸쳤다. 그리고 늠름한 머리에는 말총
장식을 단 투구를 썼다. 그 꼭대기에서 무시무시한 말총이 늘어져 흔
들거리고 있었다. 오디세우스는 손으로 청동 촉을 꽂은 육중한 창 두
개를 집어 들었다.

그런데 튼튼하게 쌓아 올린 벽에는 뒷문이 있었다. 또 문지방 가장
높은 곳 바로 옆에는 홀에서 옆으로 난 통로가 있고, 거기에는 꼭 들어

맞는 판자문이 통로를 에워싸고 있었다. 오디세우스는 돼지치기 에우마이오스에게 명하여 바로 그 문을 잘 지키게 해두었다. 그곳만이 유일한 공격 지점이었기 때문이다. 아겔라오스는 모두를 보고 말했다.

"여러분, 어떻게 할까요? 누구든 뒷문으로 빠져나가 마을 사람들에게 알리면, 그 길이 가장 빠르게 구원을 청하는 길입니다. 그렇게만 되면, 이 사나이도 활 쏘는 것이 마지막이 되겠지요."

그 말에 염소치기 멜란티오스가 대답했다.

"아겔라오스왕이여, 그건 불가능한 주문인 듯합니다. 뜰의 큰 문이 가까운 데다, 그 길 입구는 아주 위험합니다. 혼자서도 능히 대군을 막아낼 수 있을 곳이지요. 자, 여러분, 이리 오십시오. 내 저 안쪽 방에서 무기들을 가져오겠습니다. 저 방 속에 오디세우스 부자가 무기를 갖다 두었을 겁니다."

오디세우스와 결전을 벌이는 구혼자_ 크리스토퍼 빌헬름 에케르스베르크의 작품
오디세우스가 텔레마코스와 함께 구혼자들과 대적하는 장면이다.

그는 이렇게 말한 다음, 좁다란 통로를 따라 오디세우스의 내실로 들어갔다. 거기서 방패 열두 개와 다수의 창, 그리고 청동 투구를 가져다가 재빨리 구혼자들에게 나누어주었다. 그 모습을 본 오디세우스는 어깨에 힘이 빠지는 듯했다. 적도들이 어느새 무장을 하고 긴 창을 손에 들고 휘두르는 것을 보니 기가 막혔던 것이다. 그는 급히 텔레마코스에게 말했다.

"텔레마코스야, 이는 틀림없이 우리 집안 사람 중 누군가가 저들과 내통하고 있다는 징표이다."

그러자 텔레마코스가 대답했다.

"아버님, 이런 잘못을 저지른 건 저 자신이지 다른 누구의 책임도 아닙니다. 문을 열어 놓은 채로 그냥 둔 데다, 누군가 염탐한 놈이 있었던 모양입니다. 자, 에우마이오스여! 어서 가서 문을 닫고, 우리를 곤경에 빠뜨린 게 누구인지 알아보도록 하시오. 내 생각에는 돌리오스의 아들 멜란티오스가 의심이 간다만."

그들이 이런 말을 주고받는 사이에 멜란티오스가 다시 무기를 가지러 방으로 갔다. 하지만 돼지치기가 이를 지켜보고 있다가 곧 오디세우스에게 보고했다.

"왕이시여, 우리가 의심하던 멜란티오스 놈이 과연 또 그 방으로 들어갔습니다. 명령만 내려주십시오. 놈을 처치하겠습니다."

그 말에 오디세우스가 대답했다.

"나와 텔레마코스는 오만한 구혼자들을 상대하고 있을 테니, 너희 두 사람은 놈의 다리와 팔을 묶어 방으로 끌고 가도록 하라. 그리고 천장 도리까지 끌어올려 매달아 놓도록 하라. 그러면 목숨은 붙어 있어도 큰 고통을 느끼게 될 것이다."

오디세우스의 명을 받은 돼지치기와 소치기는 서둘러 방으로 들어갔다. 멜란티오스는 누군가 다가오는 줄도 모르고 방 여기저기를 뒤져 무기를 찾기에 정신이 없었다. 두 사람은 문기둥 옆에 서서 그를 기다렸다. 잠시 뒤 염소치기 멜란티오스가 투구와 녹슨 방패를 들고 문턱을 넘어서자, 두 사람은 그에게 달려들었다. 그리고 그를 방바닥에 메어치고는 꽁꽁 묶어 오디세우스가 명령한 대로 몸뚱이를 천장도리에 매달아 놓았다.

돼지치기 에우마이오스는 그를 조롱하며 말했다.

"멜란티오스여, 네놈에게 딱 맞는 그 잠자리에서 방이나 지키고 있거라. 새벽의 여신이 오케아노스강에서 떠오르다가 설마 네놈의 이마를 불시에 습격하지는 않겠지. 그때는 아마도 네놈이 구혼자들에게 바칠 염소를 끌어오던 시각이 될 것이다."

그러고는 그대로 방을 나와 버렸다. 두 사람은 갑옷으로 무장을 하고 문을 잠근 뒤 오디세우스에게 갔다. 오디세우스와 텔레마코스는 숨을 몰아쉬며 문 앞에 있었다. 그러나 홀 안에는 아직도 적지 않은 구혼자들이 남아 있었다. 이때 아테나 여신이 멘토르로 변신하여 모습을 드러냈다. 그러자 오디세우스가 반색을 하며 말했다.

"멘토르여, 어서 우리를 도와주시오. 당신은 우리의 우정을 잊지 않으셨겠지요?"

말은 이렇게 했지만, 내심으로는 아테나일 거라고 그는 생각하고 있었다. 한편 구혼자 무리들은 저마다 욕을 퍼부었다. 맨 처음에는 다마스토르의 아들 아겔라오스가 서서 외쳐댔다.

오디세우스와 텔레마코스가 함께 구혼자들을 대적하는 장면

"멘토르여, 오디세우스의 감언이설에 넘어가지 않도록 조심하게나. 자기편을 들어 구혼자들과 싸우라는 그 말에 말이야. 왜냐하면 우리의 꾀가 어떤 식으로 실현되는가 이제 곧 보여줄 테니 말이야. 이놈들 부자를 한꺼번에 때려잡았을 때에는 네놈도 덩달아 당하게 될 거야. 홀 안에서 그따위 짓을 하려는 경우에는 말이야. 그래서 네 목을 바쳐 갚게 될 거다. 그리고 또 너희들의 목을 청동 칼로 쳐버리는 날에는 네놈의 재산도 남김없이 몰수할 것이다."

그러자 아테나는 몹시 화를 내며 오디세우스를 다그쳤다.

"오디세우스여, 그대 백절불굴의 영웅적인 힘과 용기는 어디로 사라졌는가? 고귀한 미녀 헬레네를 되찾기 위한 트로이아와의 싸움에서 9년 동안이나 연전연승하지 않았던가. 또한 무서운 격전에서 수많은 적을 베고 출중한 전략으로써 프리아모스의 도시를 점령하지 않았던가. 그런 그대가 저 한 줌도 안 되는 구혼자 무리를 처리하지 못한단 말인가? 그 대단한 용기는 다 어디다 버렸단 말인가? 자, 내 옆에 와서 서시오. 이 멘토르가 어떤 인간인지 보여주리다."

그녀는 이렇게 말하였지만, 아직은 일방적인 승리를 거두게 하지 않고 오디세우스와 그의 명예로운 아들의 기력과 무술을 시험해 볼 생각이었다. 여신은 제비처럼 위로 날아올라, 검게 그을은 홀 천장 서까래에 앉아 있었다.

한편 구혼자 쪽에서는 다마스토르의 아들 아겔라오스와 에우리노모스, 암피메돈, 데모프톨레모스, 폴릭토르의 아들인 페이산드로스, 그리고 폴리보스 등의 지휘를 받고 있었다. 이들은 현재 목숨이 붙어 있는 구혼자들 중에서 비교적 뛰어난 사람들이었다. 아겔라오스가 입을 열어 무리들을 격려했다.

"보시오, 여러분! 이제는 이미 저 사나이도 지쳐 그만 손을 멈추고 말 거요. 그리고 멘토르 놈도 허황된 큰소리만 치고 떠나가 버렸으니, 저놈들만 문어귀에 남아 있는 셈이오. 그러니 우리 모두가 한꺼번에 창을 던지는 건 그만두기로 하고, 우선 여섯 사람만이 창을 던지기로 합시다. 어쩌면 제우스 신께서 우리가 오디세우스에게 명중시켜 명예를 올릴 것을 허락하실지도 모를 일이니. 그 밖의 놈들은 생각할 필요도 없어요. 저 사나이만 없애버린다면."

그의 지시를 따라 모두 열심히 창을 던졌지만, 아테나 여신이 그 창을 모조리 빗나가게 하였다. 창 한 개는 홀의 단단한 문기둥에 부딪쳤고, 또 한 사람이 던진 창은 꽉 닫힌 문짝에 맞았으며, 또 다른 청동

구혼자들과의 싸움_ 뉴웰 컨버스 와이어스의 작품
오디세우스와 그의 용사들이 구혼자들에게 창을 던져 죽이기 시작한다.

촉을 단 물푸레나무 창은 벽에 부딪혀 떨어졌다. 이윽고 구혼자들의 창을 이쪽 편에서 모두 피해 버리자, 참을성 있고 존엄한 오디세우스는 그들을 향해 말했다.

"자, 저 무도한 놈들의 공격에 우리 또한 일격을 가하자. 극악한 죄를 짓고도 반성치 못하고 우리들을 이리 죽이려고 발버둥치는 꼴을 더 이상은 지켜볼 수가 없구나."

그러자 오디세우스 일행은 일제히 시퍼런 창들을 던졌다. 오디세우스의 창은 데모프톨레모스를 관통했고, 텔레마코스는 에우리아데스를, 돼지치기 에우마이오스는 엘라토스를, 그리고 소치기는 페이산드로스를 각각 찔렀다. 창을 맞은 이들은 모두 바닥으로 나자빠졌고, 나머지는 홀의 깊숙한 구석으로 퇴각했다. 그러자 오디세우스의 일행은 그들을 추격해 가면서 죽은 시체에서 창을 뽑았다.

다시 구혼자들이 창을 던졌지만 아테나가 또다시 빗나가게 했다. 점점 기운과 의욕이 솟구치는 오디세우스 편 용사들은 다시금 날랜 창을 들어 적의 공격을 무찔렀다. 그래서 오디세우스의 창에 에우리다마스가 쓰러졌고, 텔레마코스에 의해서는 암피메돈이 넘어졌으며, 돼지치기의 창에는 폴리보스가 쓰러졌다. 그리고 소치기는 크테시포스의 가슴을 치고 난 뒤 크게 외쳤다.

"폴리테르세스의 아들이여, 이 조롱이나 일삼는 자여! 네놈이 두 번 다시는 그 주둥아리를 놀리지 못하게 해주겠다. 허풍 따위는 이제 저승 신 앞에 가서 하거라. 신들이야 인간보다는 말에서 훨씬 강하니까. 이 선물은 지난번 네놈이 홀 안에서 우리 주인이신 오디세우스왕께 던졌던 쇠족에 대한 답례이다."

그리스 도자기에 새겨진 오디세우스와 구혼자들 간의 전투

　그때 오디세우스는 다마스토르의 아들에게 창을 날려 부상을 입혔다. 그리고 텔레마코스는 긴 창으로 레오크리토스의 가슴을 정통으로 관통시켜 넘어뜨렸다. 이에 아테나 여신은 높은 지붕에서 운명의 방패를 폈다. 그러자 모든 적도의 무리들이 겁을 집어먹고 달아나기 시작했다. 마치 기나긴 봄날 암소의 몸에서 등에들이 떨어져 여기저기 흩어지는 것과도 같았다. 그러나 네 사람은 여기저기로 달아나는 구혼자들에게 마치 사나운 독수리 떼가 작은 새들을 내리덮치듯이 쏜살같이 덤벼들었다. 구혼자들은 목이 떨어져 나갈 때마다 비명을 내질렀다.

　그러자 레오데스는 오디세우스의 무릎을 붙들고 애걸복걸하기 시작했다.

　"엎드려 비나이다. 한 번만 자비를 베풀어 주소서. 사실 저는 이 궁 안에서 어떤 언행으로도 고귀한 부인께 해를 끼친 적이 없습니다. 오

죽어가는 구혼자들_ 귀스타브 모로의 작품
아테나 여신은 오디세우스가 구혼자들을 무찌르도록 도와준다.

히려 누가 그런 짓을 하면 그들에게 그만두라고 말렸습니다. 하지만
그들은 제 말을 듣지 않고 나쁜 버릇을 버리지 못했으며, 그래서 저리
죗값으로 천벌을 받은 것입니다. 그러나 저는 예언자입니다. 그들처
럼 죽어 마땅한 비행은 저지르지 않았습니다. 그러니 널리 살피시어,
부디 제 목숨만은 거두지 말아 주십시오."

이 말에 오디세우스는 냉소를 지으며 말했다.

"네가 그들의 예언자였다고 한다면, 너는 이 홀 안에서 나의 귀국이 멀어지라고 축원을 올리고, 또 내 아내를 데려다가 자식들을 낳으며 살기를 축원했을 것이 아니냐? 그러니 너도 천벌을 면하지 못하리라."

오디세우스는 이렇게 말하고 나서 레오데스의 목을 후려쳤다. 그러자 그의 머리가 분리되어 땅으로 굴러 떨어졌다. 이 모습을 본 음유시인 페미오스 역시 마지막 비운을 면할 궁리로 전전긍긍하고 있었다. 이 홀을 빠져나가 정원에 있는 제우스 제단 뒤에 숨을까? 아니면 오디세우스의 발밑에 엎드려 항복할까? 그는 생각 끝에 오디세우스의 무릎을 끌어안고 애원하는 편이 나으리라는 생각을 하였다.

"살려 주십시오. 오디세우스 님, 저에게 너그러운 마음으로 자비를 베풀어 주십시오. 만약에 저와 같은 가인을 죽이신다면 당신께서도 아마 뒷날 괴로울 겁니다. 본디 저는 신을 위해, 그리고 인간을 위해 노래하는 직분을 타고난 것뿐이니까요. 저는 이 길을 스스로 습득해

구혼자들을 처단하는 오디세우스_ 벨라 치코시 세시야의 작품

구혼자들을 처단하는 오디세우스_ 토마스 데조지의 작품
오디세우스에게 목숨을 구걸하는 페미오스.

온 사람입니다. 신께서 제 마음속에 모든 노래를 심어주신 거지요. 왕께서 제 목을 베기를 원치 않으신다면, 당신께도 신이 심어주신 제 가슴속의 노래를 뽑아 올려 드리겠습니다. 또한 아드님이신 텔레마코스님께서도 저의 무고함을 증명해 주실 줄로 믿습니다. 저는 자신의 뜻과 필요에 의해 이 궁의 연회석상에서 노래를 불러준 것이 결코 아닙니다. 그들은 수도 많았고 모두가 저보다 힘이 세서 어쩔 수 없이 불려 나왔던 것입니다."

이렇게 음유시인이 애원하는 소리를 옆에서 듣고 있던 텔레마코스는 곧 아버지에게 말했다.

"아버님, 죽이시는 것만은 참아주십시오. 이분은 죄가 없습니다. 그리고 저 시종 메돈도 구해 주소서. 저 사람은 제가 어렸을 때 늘 저를 돌보아 주었습니다. 부디 아버님, 분노의 칼을 그가 맛보지 않게 해주소서."

텔레마코스가 말하는 것을 총명한 메돈이 들었다. 그는 의자 밑으로 기어들어가 쇠가죽을 뒤집어쓰고 숨어 있었으므로 죽음을 면하고 있던 중이었다. 메돈은 재빨리 의자 밑에서 쇠가죽을 벗고 뛰쳐나와 엎드려 애원했다.

"왕자님이시여, 제가 여기 있습니다. 제발 제 목숨을 살려주시도록 아버님께 여쭈어 주소서. 그 무섭도록 시퍼런 칼을 제 목에 대지 않게 해주소서. 왕께서는 지금 당신의 가족과 집안을 모욕해 온 구혼자들에 대한 격분이 크셔서 칼날을 억제하지 못하실 겁니다."

그러자 오디세우스가 웃음을 터뜨리며 그에게 말했다.

"메돈아, 염려 말아라. 보다시피 내 아들이 너를 감싸 보호하며 목숨을 책임졌으니까. 너도 그런 걸 깊이 깨닫도록 하라. 이제 세상으로 나가, 악보다 덕이 얼마나 고귀한가를 널리 전하도록 하여라. 어서 저 음유시인과 함께 시체에서 떨어져 뜰로 나가 있거라. 내가 이 집에서 할 일을 다 마칠 때까지 거기서 기다리거라."

그리하여 두 사람은 홀을 빠져나와 제우스의 제단 옆에 앉았다. 그러나 아직도 죽음의 공포에서 벗어나지 못해 불안스레 주위를 살피고 있었다.

그러는 사이 오디세우스는 온 집안을 샅샅이 뒤져, 아직도 목숨이 붙어 있는 잔당들이 없나 살폈다. 그는 모든 적도들이 피투성이가 되어 있는 것을 발견했다. 이윽고 오디세우스는 텔레마코스에게 말했다.

"텔레마코스야. 가서 유모 에우리클레이아를 불러 오거라. 내가 명할 것이 있느니라."

이렇게 말하자 텔레마코스는 아버지의 분부에 따라 뒷문을 열고 유모에게 소리쳤다.

"유모, 좀 나오시오. 아버님께서 찾으시오. 유모께 하실 말씀이 있으시다고 하오."

유모는 화려한 홀 문을 열고 텔레마코스를 따라 홀 안으로 들어왔다. 오디세우스는 즐비하게 널브러진 시체들 가운데에 서 있었다. 그의 손이며 발은 온통 피투성이였다. 유모는 그 자리에 참혹한 구혼자들의 시체와 어마어마한 피를 보자, 대단한 일이 이루어졌다는 걸 짐작하고 저도 모르게 탄성을 올렸다. 그러나 오디세우스는 그녀가 기뻐 소리치는 것을 막으며, 위엄 있는 소리로 말했다.

"유모, 속으로만 좋아하게나. 죽은 사람들 앞에서 의기양양하게 뽐내는 건 좋지 못한 일이니까. 이 사나이들은 신들께서 정해 주신 운명과 무참한 소행 때문에 신세를 망쳐 버린 걸세. 그들은 이 세상 어떤 사람이라도 천한 사람이든 귀한 사람이든, 소중하게 대접한 적이 없었지. 결국 오만하고 못된 소행 때문에 비참한 끝을 가져오게 된 것이야. 자 그럼, 이제 자네는 여자들을 홀 안으로 불러 모으게나. 나를 푸대접한 여자들뿐만 아니라 죄가 없는 여자들도 말이네. 그리고 누가 배신을 했고 누가 죄가 없고 선량한가를 말해 주시오."

그러자 상냥한 유모가 말했다.

"그렇다면 주인님, 제가 바른 대로 말씀드리겠습니다. 이 저택 안에는 모두 50명의 시녀들이 있는데, 우리는 그녀들에게 양털을 빗질하거나 시중을 들거나 하는 가사일을 처리하는 법을 가르쳐 주었지요. 그런데 그중에 12명이 뻔뻔스러운 짓에 몸을 맡겼으며, 저를 얕볼 뿐 아니라 페넬로페 마님에게도 건방지게 구는 형편이랍니다. 게다가 도련님은 이제 겨우 어린 티를 벗어나신 형편이고, 마님께서는 아드님한테 아직은 시녀들을 부리는 건 허용치 않으시니까요. 자, 그러면 저는 서둘러 내실로 올라가, 신이 내린 잠기운을 쐬고 주무시는 왕비님을 깨워 모든 사실을 알려 드리겠습니다."

그러자 오디세우스가 그녀를 말렸다.

"아직은 왕비를 깨우지 말고, 과거에 소행이 불량했던 시녀들을 오라고 하시오."

그리하여 유모는 홀을 지나 문제의 시녀들을 불러 신속히 오게 했다. 그리고 오디세우스는 텔레마코스와 소치기, 그리고 돼지치기를 불러 위엄 있게 명했다.

"그대들은 여기 있는 시체들을 치워주기 바란다. 시녀들에게 도와달라고 해라. 그 다음 의자와 식탁을 물과 걸레로 깨끗이 닦아라. 그리하여 온 집안이 깨끗이 정리되거든, 문제의 시녀들을 홀 밖으로 데리고 나가 둥근 방과 뜰의 큰 담 사이 좁은 곳에서 모두 베어버려라. 그들의 목숨을 모두 거두어, 전에 그들이 구혼자들과 간음하며 속삭이던 사랑을 깨끗이 잊어버리게 하라."

그가 말을 마치자마자, 문제의 시녀들이 홀 안으로 몰려와 대성통

구혼자들의 시신을 치우는 시녀들_ 니콜라 앙드레 몽시오의 작품
오디세우스는 텔레마코스를 시켜 시녀들이 구혼자들의 시신을 치우도록 명령한다.

곡을 해댔다. 그러나 우선은 쓰러진 시체들을 치우는 데 힘을 합해야
했다. 그런 다음 물과 걸레로 식탁과 의자를 깨끗이 닦도록 시켰다.
그리고 텔레마코스와 소치기, 그리고 돼지치기는 궁궐 바닥을 삽으로
문질러 깨끗이 했다.

시녀들은 시체를 모두 날라다가 문 밖에 놓았다. 홀 정리가 끝난 다
음 텔레마코스 일행은 시녀들을 큰 홀로부터 나오게 하여 둥근 방과
뜰의 큰 담 사이 좁은 곳으로 몰아넣었다. 텔레마코스는 소치기와 돼
지치기에게 말했다.

"나는 이 시녀들이 순결한 죽음으로써 생을 마치게 할 수 없소. 이
는 신께서 엄벌하실 거요. 내 아버지와 어머니를 배반하고, 악당들과
간음했으니 말이오."

그러고는 검은 밧줄을 큰 기둥에 높이 올려 동여맨 뒤, 시녀들의 발이 땅에 닿지 못하게 하였다. 마치 긴 날개가 달린 지빠귀나 비둘기 들이 잠잘 곳을 찾다가 덤불에 쳐놓은 그물에 걸려 끔찍한 죽음의 둥지 안으로 빠져 들어가는 것처럼, 그들을 한 줄로 나란히 세워 놓고 올가미를 씌웠다. 가장 비참한 죽음을 당하는 셈이었다. 그들은 잠시 발버둥을 쳤으나, 그 꿈틀거림이 얼마 가지 않았다. 그다음 묶여 있던 염소치기 멜란티오스를 문 밖으로 끌고 나가 귀와 코를 베고, 생식기를 잘라내어 개에게 던져주어 뜯어먹게 했다. 그리고 무서운 분노의 칼로 사지를 절단해 버렸다. 그런 다음 모두 손발을 씻고 집으로 들어가니, 복수의 의식은 그렇게 종결되었다.

에우리클레이아에게 소행이 불량했던 시녀들을 모으라고 지시하는 오디세우스

오디세우스는 유모 에우리클레이아를 불렀다.

"유모여, 유황과 불을 가져오시오. 유황으로 온 집안을 깨끗이 하리다. 그리고 왕비에게 시녀를 동반하고 홀로 나오라고 아뢰시오. 또한 모든 시녀들에게도 빨리 이리로 들라고 이르시오."

그러자 유모가 대답했다.

"주인님, 옳은 말씀이십니다. 그러나 먼저 왕께서 입으실 의복을 가져오겠나이다. 이런 누더기를 계속 걸치게 할 수는 없지요. 이것도 책망의 원인이 될 것입니다."

그 말에 지혜로운 오디세우스가 대답했다.

"우선 홀에 불부터 피워 주게."

그의 말대로 상냥스러운 유모는 반대하지 않고 곧 불과 유황을 가져왔다. 오디세우스는 유황을 피워서 홀과 안뜰을 구석구석 깨끗하게 했다. 그런 다음 유모는 홀을 지나 시녀들에게 빨리 홀로 오라고 일렀다. 시녀들은 관솔불을 들고 방에서 나와 홀로 들어왔다. 그리고는 모두 오디세우스를 둘러싸고 기쁨에 넘쳐 환영의 말을 했다. 그들은 그에게 입을 맞추고 어깨며 머리며 손을 다정히 잡았다. 그러자 오디세우스도 그리움으로 통곡을 터뜨렸다. 이들 한 사람 한 사람을 그가 똑똑히 기억하고 있었기 때문이다.

부부의 상면

유모는 기쁨을 감추지 못하고 2층으로 올라갔다. 마님이 오매불망 그리던 남편 오디세우스왕께서 돌아오셨다는 사실을 알리기 위해서였다. 그런데 마음이 조급한 나머지 무릎이 앞서고 발은 자꾸만 헛놓여 제대로 말을 듣지 않았다. 그러면서도 이윽고 왕비의 머리맡에 다가가 말했다.

"어서 잠을 깨세요. 매일매일 그렇게도 그리던 나리께서 돌아오셨습니다. 어서 일어나서 당신 눈으로 확인해 보십시오. 참으로 늦게 오셨지만, 그렇게 악행을 일삼으며 살림을 좀먹던 구혼자들을 일거에 소탕하셨습니다."

그러자 페넬로페가 대답했다.

"유모, 아마도 귀신이 그대의 정신을 나가게 했나 보오. 귀신은 현명한 이의 지혜도 금방 못쓰게 만든다더니, 정녕 유모의 똑똑하고 자상하던 머리를 돌게 하신 모양이군요. 그리고 어째서 나를 놀리려 드

페넬로페를 깨우는 에우리클레이아_ 안젤리카 카우프만의 작품

는 건가? 이미 속이 썩을 대로 썩은 내게 그런 실없는 소리를 해가면
서 단잠을 깨우다니. 오디세우스왕께서 그 원수 같은 일리오스로 떠
나신 후 처음으로 깊은 잠에 들었는데 말이오. 그러니 헛꿈 같은 이야
기는 그만두고 어서 물러나시오. 만일 누구든 내 집 시녀가 이런 헛소
리를 내게 또 들려주려고 잠을 깨운다면, 가차 없이 혼을 내어 쫓아버
릴 것이오. 유모는 이제 나이가 들었으니 이번 한 번은 용서하지만."

그 말에 유모 에우리클레이아는 다시 말했다.

"마님을 놀리다니요. 당치도 않은 말씀입니다. 제가 말씀드린 대로
정말 오디세우스 님이 집에 도착하셨다니까요. 저 다른 나라에서 오신
손님, 홀에서 모두가 천대하던 바로 그분이 오디세우스 님이십니다.
왕자님께서는 아버님이 오신 걸 이미 알고 계셨답니다. 그러면서도 조

심스럽게 아버님의 계획을 감추고 계셨지요. 무례한 구혼자들을 처리하기까진 말이지요."

이렇게 말하자 페넬로페는 너무나 기쁜 나머지 침상에서 뛰쳐나와 늙은 시녀를 끌어안았다. 그리고 눈물을 비 오듯 흘리며 그녀를 향해 말했다.

"자네 말대로 정말 그분께서 집에 오셨다면, 그럼 자, 어서 확실한 이야기를 하게나. 혼자서 어떻게 모두 한자리에 몰려 있던 그 구혼자들을 처치하였는가?"

그 말에 상냥스러운 유모가 대답했다.

"저도 전혀 모르고 있었답니다. 다만 그들이 죽어갈 때의 신음 소리만 들었을 뿐입니다. 우리는 모두 간덩이가 내려앉아 안채 구석에 앉아 있었지요. 그 중간은 모두 튼튼한 판자문으로 막혀 있었는걸요. 처음으로 텔레마코스 님이 방에서 저를 부르실 때까진 말입니다. 그래서 나가 보니까 오디세우스 님이 한가운데에 서 계시고, 주위에는 그 무리들의 시체가 겹겹이 쌓여 나자빠져 있었습니다. 아마 마님께서 그걸 보셨더라면 속이 후련하셨을 겁니다. 지금은 모두 안뜰 문간 구석에 처박아 놓고, 집 안은 유황불을 피워 깨끗하게 해놓았지요. 그리고 마님을 모셔 오도록 저를 보내신 겁니다. 그러니 어서 따라오세요.

▶ 페넬로페 조각상
페넬로페는 오매불망 오디세우스를 그리워했으나, 그가 돌아왔다는 소식을 처음엔 믿지 않았다.

이제야 슬픔의 구름이 걷히고 소원했던 햇살이 궁궐을 환히 비추나 봅니다. 오디세우스왕께서는 금의환향하시어 아드님과 아내를 맞이하시게 되었습니다. 그분에게 악행을 저지른 구혼자들은 한 사람도 남김없이 모두 그분의 칼맛을 보았지요."

그러자 정숙한 페넬로페가 말했다.

"하지만 유모, 그렇게 너무 호들갑 떨지 말아. 자네도 잘 알다시피 이 집안의 모두가 그분이 돌아오시길 얼마나 기다려 왔나. 그중에서도 나하고 내 아들은 말이야. 하지만 아마 자네가 이야기한 것은 모두가 거짓일 거야. 틀림없이 어떤 신께서 건방진 구혼자들을 죽이신 거겠지. 천인공노할 못된 행동에 화가 나서 말이야. 사실 그놈들은 흑과 백을 가릴 줄 모르고 천하의 인사를 공경할 줄 모르는 흉악한 자들이었으니까. 이미 오디세우스왕께서는 머나먼 이국에서 행방불명이 되신 걸 우리 모두 알고 있으니까."

그러자 유모가 말했다.

"마님, 무슨 말씀을 그리 하십니까? 바로 그분이 지금 궁으로 돌아오셔서 벽난로 옆에 앉아 계시다니까요! 참으로 의심도 많으십니다. 자, 그러면 어서 가보세요. 제가 분명히 증거를 보여드리지요. 멧돼지가 송곳니로 찌른 다리의 흉터를 보여드리면 될 것 아닙니까? 제가 그분의 발을 씻겨 드릴 때, 전 그걸 보고 알았지요. 하마터면 마님께 여쭐 뻔했는데, 그분께서 제 입을 손으로 틀어막고는 아주 엄한 표정으로 절대 비밀로 하라고 말씀하시더군요. 자, 아무튼 따라오십시오. 만일 제가 마님을 속였다면 제 목숨을 걸겠습니다."

그 말에 페넬로페가 대답했다.

오디세우스궁의 페넬로페_ 프랜시스 시드니 무삼의 작품
오디세우스는 구혼자들을 살육하고 페넬로페에게 자신이 돌아왔음을 밝힌다. 그럼에도 페넬로페
는 의심을 거두지 않는다.

"유모, 신들의 꾀를 알아차린다는 건 아주 어려운 일이지. 물론 자네
도 어지간히 눈치는 빠른 편이지만 말이야. 아무튼 아들이 있는 곳으
로 나가 보세나. 죽임을 당한 구혼자들을 구경하기 위해서도, 그리고
그들을 죽인 분을 만나 보기 위해서도 말이야."

그녀는 이렇게 말하며 2층 계단을 내려왔다. 그리고 마음속으로 이
리저리 망설였다. 멀리 떨어져 남편에게 물어보아야 하는지, 아니면
곧장 곁으로 다가가 두 손과 머리에 키스를 해야 하는지에 대하여. 그
러나 그녀가 실제로 한 것은 홀로 들어가 돌 문지방을 넘어 불빛이 밝
은 저편 벽 쪽에 가서 오디세우스와 마주 보고 앉은 것이었다. 한편
오디세우스는 높은 기둥에 기대어 아래를 내려다보면서 앉아 있었다.

그리고 우아한 페넬로페가 자기를 보았으니 무슨 말을 꺼내겠지 하고 기다렸는데, 그녀는 오래도록 말 한마디 없이 앉아 있을 뿐이었다. 그녀는 두 눈으로 그의 얼굴을 뻔히 쳐다볼 뿐 여전히 남편을 알아보지 못했다. 그가 몸에 남루한 누더기를 걸치고 있었기 때문이었다. 그것을 보고 텔레마코스는 나무라며 페넬로페를 부르며 말했다.

"어머님, 어떻게 된 셈입니까? 이다지도 냉정하시다니요. 곁으로 가셔서 말씀이라도 좀 나눠 보시지요. 이 세상에 어머니 같은 분이 또 어디 계실까요? 천신만고 끝에 20년 만에 귀국하신 아버님을 이렇게 떨어져서 보고만 계시다니, 그래 어머니 마음은 돌처럼 단단히 굳어지셨단 말씀입니까?"

그 말에 현명한 페넬로페가 대답했다.

"내 아들아, 내 마음은 너무도 큰 놀라움에 마비되어 버린 것 같구나. 그저 기가 막혀 말할 기운도 없고, 얼굴을 쳐다볼 기력마저 일지 않는구나. 하지만 진정 저분이 오디세우스왕이시라고 한다면 우리 좀 더 알아보도록 하자. 아무도 모르게 우리끼리만 아는 증거가 있으니 말이다."

이 말에 오디세우스는 미소를 띠며 텔레마코스에게 말했다.

"텔레마코스야, 어머니를 홀에 모시거라. 진실을 좀 더 알아보시도록 말이다. 그러면 머잖아 확실하게 아시게 될 것이다. 내가 남루한 차림을 하고 있어 네 어머니가 나를 알아보지 못하시는 모양이다. 그건 그렇고, 지금 우리는 뭔가 최선의 대책을 강구해 봐야 할 듯싶구나. 누구나 사람을 살해했을 경우엔, 딱히 복수를 받지 않는다 하더라도 국외로 추방되는 법이다. 우리는 우리 나라의 중견 영주들, 이타케

청년 가운데에서도 최정예 인사들을 살해하였다. 이 점을 깊이 생각해 보지 않으면 안 될 것이다."

그러자 영특한 텔레마코스가 대답했다.

"아버님, 모두들 아버님의 생각이 가장 옳았다고들 합니다. 인간이라면 그 누구도 감히 아버님에게 대항치 못할 것입니다. 우리 모두는 최선을 다해 아버님을 따르겠사오니, 아버님께서는 결코 용기를 잃지 마소서."

그러자 지혜로운 오디세우스가 대답했다.

"그렇다면 내가 가장 좋은 방법이라고 생각하는 것을 말하겠다. 우선 모두들 각자의 처소로 돌아가서 목욕을 하고 의복을 갖추도록 해라. 그리고 시녀들에게도 모두 옷을 갖추도록 해라. 또한 음유시인에게 하프로 아름답고 명랑한 무도곡을 뜯으며 우리 뒤를 따르게 해라. 그러면 밖에서 그 소리를 듣는 사람들은 누구나 혼인잔치가 벌어졌을 거라고 짐작할 것이다. 이렇게 해서 구혼자들을 살해했다는 소문이 널리 퍼지기 전에 우리는 울창한 산 속 농원으로 들어가는 거다. 그곳에서 올림포스 신들께서 우리에게 지혜로운 신탁을 내리실 때까지 기다려 계획을 세우자꾸나."

이렇게 말하자 그들은 오디세우스의 뜻을 받아 그대로 따르기로 했다. 그래서 우선 목욕을 한 뒤 정갈한 옷으로 갈아입고, 시녀들도 모두 준비를 하게 했다. 그리고 신성한 가인은 하프를 손에 들고 모두에게 즐겁고 유쾌한 노래와 춤이 저절로 나오도록 부추겼다. 그리하여 웅장한 성은 성장을 한 사나이들과 아름다운 띠를 맨 여자들의 춤으로 발소리도 요란하게 울려 퍼졌다. 그래서 성관 밖의 사람들은 이런

오디세우스가 목욕을 하고, 아테나 여신의 힘을 빌려 본모습으로 돌아오는 장면

소리를 듣자 서로 이렇게 말하는 것이었다.

"아마도 여러 구혼자들 중에서 누가 드디어 왕비님과 결혼을 하는 모양인데, 참 경박한 부인이군. 주인이 돌아오실 때까지 저 웅대한 성을 줄곧 지켜나갈 만한 절개가 없으니 말이야."

그들은 실제로 일어난 사실을 몰랐다. 그동안 시녀의 우두머리인 에우리노메는 오디세우스를 깨끗이 목욕시키고 올리브기름을 바른 뒤 훌륭한 의복을 입혔다. 그 위에다 아테나 여신이 머리끝에서 발끝까지 늠름한 풍채를 떨쳐 주고 몸집을 더욱 장대하게 해 주니, 더욱 우람하게 보이는 데다가 머리에서는 곱슬곱슬한 머리 타래가 늘어져 그 모습이 마치 히아신스 꽃과 같아 보였다.

오디세우스와 페넬로페_ 윌리엄 러셀 플린트의 작품
페넬로페는 의심을 풀지 않은 채 오디세우스와 이야기를 하고 있다.

오디세우스는 처음 일어섰던 자리로 돌아가 다시 페넬로페와 마주 앉았다.

"부인, 올림포스의 신들은 이 세상 어느 여자보다도 차가운 마음을 당신에게 주셨나 보오. 천하에 이런 부인을 얻은 사내는 나밖에 없으리다. 천신만고 끝에 고국 땅을 밟고 아내 앞에 돌아왔건만, 남편을 이처럼 멀리하는 여인이 또 어디 있으리요. 자, 유모여, 잠자리를 보아주오. 내 혼자 가서 눕겠소. 분명히 아내의 마음은 단단한 무쇠인가 보오."

이렇게 그가 서운해하자 페넬로페가 말했다.

"당신이야말로 이상한 분이시군요. 제가 어찌 당신을 냉대하겠습니까? 저는 그 옛날 배에 몸을 싣고 출항하실 때의 당신의 모습을 다시 뵙게 되었는데, 제가 감히 얼음 같은 마음을 담고 있을 수 있겠는지요? 자, 에우리클레이아여, 신부방 밖에다 이분께서 손수 만드신 편안한 침대를 놓도록 하고, 그 위에 금침을 깔고, 털이며 융이며 빛나는 모포 등을 마련해 놓거라."

그녀는 이렇게 말하며 남편을 시험해 보고자 했다. 오디세우스는 매우 불쾌한 얼굴로 항의했다.

"정말 부인의 말은 냉정하기 이를 데 없구려. 어찌 남의 침대를 함부로 옮긴단 말이오. 그렇게는 안 되리다. 아무리 기술이 좋고 힘이 세다 할지라도, 그걸 들어올리지는 못할 거외다. 왜냐하면 그 침대를 만든 데는 특별한 비결이 있었으니 말이오. 더구나 다른 사람도 아닌 내 손으로 직접 만들었으니까. 안뜰에 올리브나무가 있었는데, 잎이 우거지고 아주 잘 자라서 밑동 굵기가 기둥 둘레만 했었지. 이 나무 주위로 둘러 가며 내가 돌을 쌓아 방을 만들고, 그 위로 지붕을 덮은 다음 이중 창문을 냈소. 그리고 올리브나무의 가지들을 다 쳐내고 뿌리에서 위로 밑동을 대강 자른 뒤, 잘 드는 손도끼로 다듬어 고르게 하고는 침대 기둥을 만들어 송곳으로 구멍을 뚫었소이다. 침대 기둥에 금은과 상아를 입히는 것까지도 전부 내 손으로 했소. 그러고는 밤색 쇠가죽으로 매듭을 단단히 지어놓았단 말이오. 하지만 부인, 나도 그 침대에 관해 모르는 게 하나 있소. 과연 그 침대가 아직도 그 자리에 아무런 사고 없이 그대로 놓여 있는 거요? 아니면 누군가가 올리브나무의 밑동을 잘라버리고 침대를 치워버린 거요?"

오디세우스가 말을 마치는 순간, 페넬로페는 갑자기 울음을 터뜨리며 그에게로 달려들어 몸을 껴안고 머리에 입을 맞추었다.

"오디세우스왕이시여, 노하지 마소서. 당신은 그 옛날부터 현명한 분이셨지요. 우리를 갈라놓았던 것은 바로 신이셨습니다. 우리가 청춘을 함께 즐기는 것을 시기하여 신은 이렇게 오랜 세월이 흐른 후에야 당신을 집으로 보내셨습니다. 자, 그러니 노여움과 화를 거두소서. 처음 당신을 뵈었을 때, 그 자리에서 당장 기뻐하고 환대할

오디세우스의 침대 ▶
페넬로페는 오디세우스를 시험하기 위해 그들이 썼던 침대의 구조를 물어본다.

수 없었습니다. 왜냐하면 이것이 무슨 속임수이지나 않을까 하고 두려운 마음이 들었기 때문입니다. 그간 숱한 구혼자들이 그럴듯한 간계와 모략을 써왔으니까요. 하지만 당신께서는 우리 침실의 모든 비밀을 정확히 말씀하셨습니다. 이 비밀은 이 세상에서 오직 우리 부부와 제가 이곳으로 시집을 때 아버님께서 딸려 보내신 시녀 에우리노메만이 아는 것이지요. 그녀는 당신께서 제 마음을 사로잡은 그때부터 이 순간까지도 제 정결한 침실을 지켜주고 있어요."

이렇게 말하며 남편의 마음에 한층 그리움을 북받치게 했다. 그래서 그는 진실하고 충실한 아내를 끌어안고 하염없이 눈물에 젖었다. 빛나는 눈의 아테나가 다른 방도를 강구하지 않았더라면 아마 울음으로 새벽을 맞았으리라. 아테나 여신은 서방 극지에다 오랫동안 밤을 묶어두는 한편, 금관을 쓴 새벽의 여신을 오케아노스강 옆에서 지체케 하여, 지상에 광명을 주는, 나는 듯이 달리는 뛰어난 준마의 출발 장비조차 허락지 않았다. 이 준마는 람포스와 파에톤으로 새벽을 실어 오는 영원한 청춘의 말들이었다.

이윽고 지략이 뛰어난 오디세우스가 아내에게 말했다.

오디세우스와 페넬로페_ 안 스티카의 작품

"부인, 우리는 아직 우리에게 주어진 고난과 풍파의 끝에 이르지 못했소. 헤아릴 수 없는 난관과 형극이 아직도 우리 앞을 가로막고 있소. 내가 우리 일행의 귀국길을 묻기 위해 하데스궁으로 갔을 때, 테이레시아스의 영혼이 말을 해줍디다. 자, 부인, 침실로 갑시다. 단잠이란 휴식의 향락을 맛보러 어서 침대로 듭시다."

그러나 정숙한 페넬로페는 서두르지 않았다.

"침실은 마음 내키실 때면 언제라도 드실 수 있도록 되어 있어요. 처음부터 신들께서 당신을 훌륭한 집과 조국으로 돌아오게 하신 일이니까요. 그런데 당신께서 일단 그렇게 마음먹은 일이라면, 부디 저에게도 그 어려운 일들을 말씀해 주세요. 나중에 언젠가는 꼭 알 수 있겠지만, 지금 이 자리에서 알아둔다 해도 해로울 건 없지 않아요?"

그 말에 지혜가 풍부한 오디세우스가 대답했다.

"부인, 뭘 그리 급하게 서두르시오? 내 차차 모두 숨김없이 말해 주리다. 서둘러 들어봐야, 그다지 즐거울 것이 없소이다. 테이레시아스의 영혼이 이렇게 말하였소. 일생 동안 바다 구경도 못 하고, 소금과 고기를 먹어보지도 못했으며, 뱃전이며 배의 노조차 보지도 듣지도 못한 사람을 찾으라고 말이오. 그 사람이 내게 이런 예언을 말해 줄 것이라고 합디다. 한 행인이 나를 보고 넓은 어깨에 까부르는 부채를 지녔다고 하거든, 그 즉시 노를 땅에다 꽂고 포세이돈에게 푸짐한 제물을 올리라고 했소. 숫양 한 마리와 황소와 수퇘지를 각각 한 마리씩 잡고, 곧 집으로 가서 영생의 신들께 황소 백 마리의 제물을 올리라고 말이오. 그렇게 하면 객사를 면하고 편안히 늙다가 최후를 마칠 것이며, 백성들도 모두 행복하게 살 테니 꼭 그렇게 하라고 했소."

오디세우스와 페넬로페_ 뉴웰 컨버스 와이어스의 작품
페넬로페는 오디세우스를 알아보고 그의 품에 안긴다.

이에 정숙한 페넬로페가 말했다.

"정말로 신들께서 더 좋은 노년을 베풀어 주신다면, 그렇다면 당신은 이제부터는 갖가지 재앙을 모면하실 희망이 있겠군요."

이렇게 두 사람은 이야기를 주고받았다. 그 동안에 에우리노메와 유모는 활활 타오르는 횃불 밑에 보드라운 이부자리를 펴서 잠자리 준비를 했다. 부지런히 손을 보아 빈틈없이 침상을 꾸린 다음, 유모는 자기 방으로 되돌아갔다. 거기서 페넬로페의 몸종인 에우리노메가 침실로 향하는 두 사람에게 횃불을 밝혀 안내를 했다. 그리고 안개 깊숙이 침실로 모신 다음 돌아왔다. 그래서 두 사람은 즐거운 마음으로 옛날부터 정해졌던 잠자리를 맞았던 것이다.

한편 텔레마코스와 소치기와 돼지치기는 춤추던 발을 멈추었고, 여자들에게도 춤을 멈추게 하고는 자신들도 어둠이 깃든 집 안에서 잠자리에 들었다.

이리하여 오디세우스 부부는 달콤한 사랑의 기쁨을 나누며 재회했다. 페넬로페는 궁에서 무도한 구혼자들에게 당한 그간의 고초를 이야기했다. 많은 가축이 도살되었고, 마셔 버린 포도주는 그 통의 수를 헤아릴 수가 없었다. 다음으로 오디세우스가 부하들과 겪은 갖은 고난과 천신만고의 무수한 회고담을 이야기하자, 페넬로페는 이야기가 끝날 때까지 도무지 잠을 청할 줄을 몰랐다.

그는 키코네스족과 싸워 이긴 이야기부터 시작해, 사지를 헤매다가 파이아케스족을 찾아가 신과도 같은 대우를 받고 고국으로 돌아오게 되기까지의 긴 이야기를 하다가 그만 잠이 쏟아져 스르르 눈을 감았다.

그런데 빛나는 눈의 여신 아테나가 또 다른 일을 생각해 냈다. 이윽고 오디세우스가 페넬로페와 함께 실컷 즐기고 상쾌한 잠도 충분히 취했으리라 짐작이 될 무렵, 이내 오케아노스에서 황금 의자에 기대어 일찍 탄생하는 새벽의 여신을 하늘로 오르게 하고, 세상 사람들에게 빛을 베풀게 하였다. 그래서 오디세우스도 푹신한 침상에서 일어나 페넬로페를 향해 자기 계획을 말했다.

　"부인, 당신과 나는 지난날 신물이 나도록 고난을 겪었소이다. 하지만 이제 우리는 소원하던 보금자리에서 함께 지낼 수 있게 되었으니,

오디세우스와 페넬로페_ 프리마티초의 작품
오디세우스와 페넬로페는 20년간의 사연을 이야기하며 오랜만에 회포를 푼다.

무장을 한 오디세우스와 텔레마코스
오디세우스는 죽은 구혼자들의 복수를 하려는 동조자들을 예단하여 텔레마코스와 소치기, 돼지치
기에게도 무장을 시킨다.

아무쪼록 가산을 돌보는 데 전력합시다. 그리고 건방진 구혼자들이 먹
어치운 가축은 걱정하지 마시오. 아카이아족 사람들도 가축을 보내주
겠지만, 내가 힘을 쓰면 금방 해결이 될 것이오. 가축 우리를 양 떼로
가득 채우는 건 어려운 일이 아니라오. 나는 이제부터 나무들이 무성
한 우리 농장에 다녀오겠소. 훌륭하신 아버님을 뵈러 말이오. 그동안
나 때문에 몹시 한탄하며 세월을 보내셨다고 하니 말이오. 그러니 여
보, 당신은 말하지 않아도 잘하겠지만, 한 가지 일러둘 일이 있소. 머
지않아 태양이 떠오르면 구혼자들에 대한 소문이 퍼질 것이오. 내가
이 집 안에서 죽인 자들 말이오. 그러니 당신은 시녀들을 데리고 2층
에 올라가 꼼짝 말고 있어요. 누구도 만나서는 안 되며, 더구나 잘못

을 캐묻고 꾸짖는 일은 삼가야 하오."

　이렇게 말하고는 두 어깨에 훌륭한 무구를 걸머지고, 텔레마코스와 소치기와 돼지치기를 깨워 모두에게 싸울 준비를 갖추라고 명령했다. 그러자 이내 모두 알고서 청동 무구로 몸을 무장하고 문을 열어 오디세우스 뒤를 따라 떠났다. 벌써 아침 햇살이 비쳐들기 시작했는데, 아테나 여신은 이 사람들을 밤의 어둠으로 감싸서 재빨리 마을 밖으로 데려갔다.

예술 속에 나타난 오디세우스

오디세우스는 호메로스의 《오디세이아》의 주인공으로 그리스 신화 속 영웅이자 이타케섬의 왕이다.

오디세우스는 트로이아 전쟁에 배 12척을 가지고 참가하여 지모가 뛰어난 장군으로 활약하였다. 전쟁 후 귀향하던 길에 각 지역을 표류하며 많은 고난을 겪었으나, 출국 20년 후 간신히 고국에 귀환한다.

오디세우스의 활약을 담은 예술 작품들은 매우 많다. 그만큼 그의 소재가 많은 예술가들로부터 사랑을 받았다는 증거이다.

그리스 도기화에는 외눈의 거인 폴리페모스의 눈을 찌르는 그림을 비롯해 오디세우스의 많은 무용담이 아로새겨져 있다.

근세에 들어서서 스프랑헬 〈오디세우스와 키르케〉(빈 미술사미술관), 루벤스 〈오디세우스와 나우시카〉(피렌체 피티미술관), 베크린 〈오디세우스와 칼립소〉(바젤 미술관), 피카소 〈오디세우스와 세이렌〉 등 수많은 작품들이 있다.

◀ 그리스 도자기에 새겨진, 폴리페모스의 외눈을 찌르는 오디세우스 일행

제 14 부

오디세우스의 귀결

모든 시련을 마치다

전령의 신인 헤르메스는 황금 지팡이를 휘둘러 대며 구혼자들의 혼령을 안내했다. 마치 음침한 굴 속에 겹겹이 매달려 있던 박쥐 떼 중 한 마리가 날면 다른 박쥐들도 덩달아 날듯이, 구혼자들의 망령은 갈팡질팡하며 헤르메스가 인도하는 대로 움직였다. 그들은 오케아노스 강을 건너고 흰 바위와 태양문을 지나 영혼이 사는 곳, 수선화가 핀 목장으로 왔다.

거기서 그들은 펠레우스의 아들인 아킬레우스의 망령과 파트로클로스, 명예로운 안틸로코스, 그리고 아이아스의 망령을 만났는데, 아이아스는 이름 높은 아킬레우스를 제쳐놓고는 다른 그리스인들의 후손

헤르메스 조각상 ▶
올림포스 12신 중 하나. 제우스와 티탄 아틀라스의 딸 마이아 사이에서 태어났다. 전령의 신이자 여행·상업·도둑의 신이다.

중에서 얼굴 생김새에서나 몸집에서나 가장 뛰어났던 사나이였다. 이 무리들이 아킬레우스를 둘러싸고 왁자지껄할 때, 바로 그 옆으로 아트레우스의 아들 아가멤논의 망령이 괴로운 듯한 모양을 하고 찾아왔다. 그 주위에는 다른 망령들, 즉 그와 함께 아이기스토스의 집에서 목숨을 잃은 사나이들이 있었다.

아가멤논의 망령을 향해 먼저 아킬레우스가 말했다.

"아트레우스의 아들이여, 사람들의 소문으로 듣자니 영웅이라 부르는 무사들 중에서도 당신은 특히 언제나 변함없이 벼락을 치시는 제우스 신에게서 사랑을 받고 계신다는 말을 들었소. 그것은 당신이 많은 용맹을 떨치는 무사들을 통치하셨기 때문이겠지요. 우리 아카이아 족 사람들이 형편없이 고된 처지에 놓여 있을 때, 저 트로이아 사람들 마을에서의 일입니다. 그런데 당신에게도 벌써부터 저주스러운 운명이 따르게 되어 있었던 모양이군요. 그 운명은 이 세상에 태어난 인간으로서는 누구든지 모면할 수 없는 것입니다만, 그럴수록 당신이 우두머리로서 누렸던 그 영광을 계속 보존하신 채 트로이아 사람들 나라에서 마지막을 고하셨다면 한층 더 좋았을 것이오. 그랬더라면 아카이아의 모든 병사들은 당신을 위해 무덤을 쌓아 올리고, 당신의 자손에게도 나중까지 굉장한 명예를 남기게 되었을 텐데 말입니다. 그런데 당신은 더없이 처절하게 죽어야만 할 운명이었군요."

그러자 아가멤논의 망령이 대답했다.

"행복한 펠레우스의 아들 아킬레우스여, 신이나 다름없는 당신은 아르고스에서 멀리 떨어진 트로이아 땅에서 죽었소. 당신을 비롯해서 그 밖에도 트로이아 편과 아카이아족 가운데 특히 용맹스러운 많

은 아들들이 죽었다오. 당신의 시체를 둘러싸고 다투는 동안에 말이

지요. 하지만 당신은 모래 먼지가 자욱한 속에, 커다란 그 덩치를 아

주 대범하게 쓰러뜨리고 있었지요. 기사의 뛰어난 재주는 이미 다 잊

어버린 채. 그래서 우리는 하루 종일 싸웠지요. 아무튼 당신이 참으로

거룩하게 구름 속에 누워 있자 제우스께서는 태풍을 몰아 싸움을 중

지시켜 주었지요.

아킬레우스의 죽음_ 루벤스의 작품
트로이아 전쟁의 영웅 아킬레우스는 트로이아의 파리스가 쏜 화살을 발뒤꿈치에 맞고 죽어간다.
발뒤꿈치는 불사의 몸을 지니고 있던 아킬레우스의 유일한 약점이다.

그래서 우리는 당신의 시체를 배로 날라다가 따뜻한 물로 깨끗이 씻어놓았고, 그리스 동포들이 벌 떼처럼 몰려들어 자신들의 머리를 자르며 얼마나 통곡했는지 모르오. 그때 이 소식을 들은 당신 어머니가 이상한 울음소리를 내며 불사의 선녀를 데리고 와, 우리는 모두 사시나무 떨듯 공포에 떨었지요. 그래서 모두 뛰쳐나가 배에 올라타고 말 뻔했다오. 만약 옛날 일들을 이것저것 많이 알

테티스 님페와 펠레우스
테티스는 바다의 님페이다. 너무 아름다워 신들이 탐하였으나, 그녀가 낳은 아들이 아버지를 능가할 것이라는 예언 때문에 결국 인간인 펠레우스와 결혼하여 아킬레우스를 낳았다.

고 있는 용사 네스토르가 모두를 제지하지 않았더라면 말입니다. 본디 그전부터 그 사람의 의견은 가장 훌륭한 것으로 인정되어 있었지만요. 네스토르가 모두를 위해 충분히 생각한 끝에 회의를 열고 말했지요.

'아르고스의 용사들이여, 도망칠 생각은 그만두게나. 아카이아의 젊은이들이여, 보게나. 이렇게 불사이신 아킬레우스 어머님께서 바다 여신들을 이끌고 세상을 떠난 아드님을 만나 보기 위해 오신 참인데 말일세.'

이렇게 말하는 바람에 기세등등하던 아카이아 군사들도 그만 주저앉고 말았소. 그리고 당신 주위에는 바다 노인 네레우스의 딸들이 늘어서서 슬픈 통곡 소리를 내며, 시신에 아주 거룩한 옷을 입혔던 것이오. 게다가 아홉 분의 뮤즈들(시와 노래의 여신)이 할 수 있는 가장 아름다운 소리로 합창을 하며 슬픈 노래를 불러댔지요. 그 자리에서 아르

아킬레우스의 무덤_ 위베르 로베르의 작품
아킬레우스는 님페 테티스의 아들로 트로이아 전쟁 당시 그리스 연합군의 영웅이었으며, 그의 무
공은 당할 사람이 없었다. 그러나 파리스의 간계로 인해 죽음을 맞았고 그리스군은 높은 피라미드
를 세워 그를 기렸다.

고스 군사 중 누구 하나 눈물을 흘리지 않는 이가 없었소. 그처럼 뮤
즈들의 낭랑한 노랫소리는 감동적인 것이었으니까요. 이렇게 해서 열
이레 동안을 불사의 신들도, 그리고 죽어야 하는 인간들도 밤낮없이
슬퍼했소. 그리하여 열여드레 만에 우리는 당신을 화장시키고자 살진
양들이며 암소를 잡아 올렸지요. 무장한 아카이아의 많은 영웅들이 화
장하는 나무를 에워싸고 당신을 지키고 있었는데, 보병이든 기병이든
그 위용은 참으로 대단했소이다. 헤파이스토스의 불길이 당신을 완전
히 살라버린 이튿날 아침, 아킬레우스여, 우리는 당신의 백골을 순수
한 포도주와 기름에 모아 넣었지요. 당신 어머니께서는 디오니소스가

파트로클로스의 죽음을 슬퍼하는 아킬레우스_ 개빈 해밀턴의 작품

선물한 두 개의 손잡이가 달린 황금 항아리를 주셨는데, 이는 유명한 헤파이스토스가 만든 것이라고 말씀하셨소. 그 속에 위대한 아킬레우스, 당신의 백골은 메노이티오스의 아들 파트로클로스의 뼈와 함께 들어갔지요. 왜냐하면 당신이 죽은 파트로클로스를 모든 동료들 중에서 가장 마음에 두었기 때문이지요. 그 무덤은 바로 우리 아르고스의 용맹스러운 군사들이 쌓았다오. 헬레스폰토스 해협을 향해 튀어나온 곳 근처의 바다에서도 선명히 볼 수 있도록 말이오. 지금 사람들에게도, 또 뒷날에 태어날 사람들에게도.

장례를 위해 아카이아 용사들이 재주를 겨루고 있는 경기장 한가운데, 테티스 여신께서 신들에게 부탁드려 이긴 용사에게 줄 어마어마한 상품을 내놓으셨지요. 이 상품을 위해 젊은이들은 서둘러 장례에 참석했지요. 당신도 영웅들의 장례식에 참석한 적이 많았겠지만 테티스 여신이 장례 경기를 위해 보낸 상품을 보았다면, 뛰어나게 훌륭하고 찬란한 모습에 진정 감탄했을 것이오. 은처럼 흰 다리를 한 테티스 여신은 신들과 아주 친하게 지내셨기에 당신은 죽어서도 명성을 잃지는 않았소. 그뿐 아니라 그 훌륭한 명예는 영원히 온 세상 사람들에게 전해지겠지요. 아킬레우스여, 그런데 나는 전쟁을 완전히 끝낸 이 마당에 이게 무슨 꼴이랍니까? 귀국을 하자마자 제우스 신은 내게 무참한 죽음을 계획하고 계셨던 거지요. 아이기스토스와 저주스러운 내 아내의 손에 죽임을 당하도록 말이오."

이렇게 그들은 자신들의 죽음에 관해 서로 이야기했다. 그런데 바로 그때에 아르고스를 죽인 신 헤르메스가 오디세우스에게 죽임을 당한 구혼자들의 망령을 지상에서 이끌고 왔으므로, 두 사람은 깜짝 놀라 바로 그들 곁으로 달려갔다.

아가멤논의 망령은 멜라네우스의 아들로서 자신의 친구인 암피메돈을 단번에 알아보았다.

아가멤논의 망령은 먼저 그에게 말했다.

"암피메돈이여, 여기에 웬일로 왔는가? 이 어두운 지하 세계로 출두하다니? 그리고 그대들 모습을 보니 성에서 가장 뛰어난 투사들만 모아 온 것 같구려. 혹 한 배를 타고 가다 포세이돈에게 노여움을 사 격랑을 맞고 침몰되었는가? 아니면 원수의 소나 양을 베다가 죽임을 당했는가? 도시와 처자를 살리고자 전쟁을 했는가? 말해 보라. 예전에 메넬라오스와 함께 오디세우스를 찾아가, 널찍한 배를 타고 일리오스로 동행하고자 권유하였던 그때를 기억하지 못하는가? 도시의 정복자

헤르메스와 죽은 망령들_ 아돌프 히레미 히츨의 작품
전령의 신인 헤르메스는 오디세우스에게 죽임을 당한 구혼자들의 망령 및 배반한 시녀들의 망령을
이끌고 명계의 세계로 인도한다.

오디세우스를 설복하느라 만 한 달이나 지체하다가 너른 바다를 건너
돌아가지 않았는가 말이다."

그러자 암피메돈의 망령이 대답했다.

"참으로 명예로운 아트레우스의 아들이며 용맹스러운 무사이신 아
가멤논이시여, 그런 건 제우스의 양자인 당신께서 방금 말씀하신 대
로 모두 잘 기억하고 있습니다. 그래서 나는 당신에게 우리가 어떤 사
유로 이곳 지하 세계에 왔는지 숨김없이 말씀드리겠습니다. 오디세우
스가 트로이아 전쟁 후에도 오랫동안 돌아오지 않기에, 우리 구혼자들
은 오디세우스의 현숙한 아내 페넬로페에게 청혼을 했습니다. 그러자
그녀는 우리들의 구혼을 치사한 일이라고 거부하는 것도 아니고, 그

페틀 앞의 페넬로페_ 존 로댐 스펜서의 작품

렇다고 딱 부러지게 끝을 내려고도 하지 않았답니다. 그 대신 엉큼스러운 꾀를 한 가지 마음속에 품고 있었던 것이지요. 바로 큼직한 베틀을 집 안에 마련해 놓고, 발이 곱고 유난히 폭이 넓은 천을 짜더군요. 어쩌면 그때부터 우리에게 죽음과 멸망을 안길 계략을 궁리했는지도 모릅니다. 그리고 우리에게 말했지요.

'내게 구혼하시는 젊은 분들이여, 존엄한 오디세우스가 행방불명이 된 이 마당에 나와 결혼할 생각에 조급하시겠지만, 부디 잠시 동안만 더 기다려 주십시오. 이 폭이 넓은 천을 내가 모두 짤 때까지요. 이 천은 시아버지인 라에르테스 님의 장례 때 쓸 천이니까 말이에요. 죽음의 저주스러운 운명이 그분을 잡아챌 그때를 위해서요. 혹시나 시신을 감쌀 옷도 없이 돌아가시게 한다면, 재산도 넉넉하게 있으면서 그랬다고, 온 나라 안의 아카이아족 여자들한테 고약한 여자라는 비난을 받게 될 것입니다.'

이렇게 말하기에 우리 구혼자들은 조급한 마음을 누르고 그녀의 말을 따르고 있었지요. 하지만 그녀는 낮 동안은 쉴 새 없이 베를 짰으나 밤이 되면 횃불을 곁에 놓고 그 천을 도로 풀어버렸습니다. 무려 3년 동안이나 이런 거짓말로 아카이아족 사나이들의 눈을 속여가며 기다리게 했던 것입니다.

그러나 4년째가 되자, 마침 그때 우리와 내통을 하고 있던 시녀 하나가 그것을 알려주어서 우리는 그녀가 그 눈부신 천을 풀고 있는 현장을 불쑥 찾아갔지요. 그래서 페넬로페는 울며 겨자 먹기로 그 천을 다 짜서 마쳤습니다.

그녀가 마침내 폭넓은 천을 짜고 나서 햇빛이나 달빛처럼 빛나는 그

낮 동안 베틀로 짠 천을 밤에 몰래 풀고 있는 페넬로페_ 도라 횔러의 작품

천을 사람들에게 공개했을 무렵, 일부러 어떤 사악한 신께서 오디세우스를 어디선가 데려왔답니다. 그는 돼지치기 에우마이오스가 사는 농장 맨 끝머리 쪽에 검은 칠을 한 배를 타고 상륙했지요. 그때 오디세우스의 아들 텔레마코스도 모래사장이 많은 필로스에서 막 귀환했지요. 두 사람은 구혼자들을 흉측하게 죽일 계획을 꾸민 다음, 세상에 이름 높은 마을로 향해 왔던 것입니다. 그중에서 오디세우스는 나중에 오기로 했으며, 텔레마코스가 먼저 궁으로 떠나며 길을 일러주었습니다. 오디세우스는 초라한 누더기로 몸을 가리고 형편없이 말라빠진 걸인의 행색에, 더구나 늙은이처럼 지팡이를 짚으면서 돼지치기 에우마이오스를 따라왔답니다. 그래서 우리 가운데 그가 오디세우스라고 알아본 사람은 하나도 없었지요. 그래서 짓궂은 말로 그를 조롱하기도 했고, 그를 마구 윽박지르고 물건을 던지기도 했답니다.

그래도 그는 얼마 동안은 자기 성에서 얻어맞고 조롱을 당하면서도 참았습니다. 그런데 이윽고 성스러운 방패를 가지신 제우스 신이 그를 부추기자 텔레마코스와 함께 힘을 합쳐 세상에 이름 높은 무구들을 내전 깊숙이에 빗장을 걸어 감추어 두었지요. 그리고 페넬로페는 아주 음흉한 생각으로 구혼자들에게 활로 잿빛 쇠도끼 자루의 구멍을 꿰도록 시합을 벌였습니다. 이것이 무서운 죽음의 운명을 맞이할 우리의 경기 도구로 살육의 시초가 되었지요. 우리 중에 아무도 그 강한 활을 당길 수 있는 자가 없었습니다. 그런데 그 강하고 커다란 활이 오디세우스의 손에 넘어가고 말았습니다.

그때 우리는 모두 하나같이 활을 오디세우스에게 주어서는 안 된다고 떠들어 댔으나, 텔레마코스가 우겨서 오디세우스가 활을 손에 쥐었지요. 오디세우스는 그 강한 활의 시위를 가볍게 당겨 쇠도끼 자루의 구멍을 모조리 꿰어 구혼자들을 놀라게 했지요. 그러고는 문지방에 몸을 기대어 활을 구혼자들에게 당겼지요. 맨 처음 화살은 안티노오스의 목을 관통시켜 살육을 했으며, 뒤이은 화살들도 구혼자들을 잇따라 쓰러뜨려 죽음의 행렬을 만들었지요. 우리는 반항을 하여 오디세우스에게 덤벼들었지만, 어느 신께서 가담하셨는지 모두 오디세우스의 활시위에서 벗어나지 못했지요. 이렇게 해서 우리는 목숨을 잃고 말았답니다. 더구나 우리 시신은 아직까지도 오디세우스의 홀 안에 손도 대지 않은 채 방치되어 있습니다. 만약 우리 가족이 알게 된다면 거무칙칙하게 엉겨 뭉친 시꺼먼 피를 상처에서 씻어낸 다음, 관에 넣어 애도해 주겠지요."

그 말에 아가멤논의 망령이 높은 소리로 대답했다.

"행복한 오디세우스여, 참으로 그는 미덕을 갖춘 아내를 얻었군그래. 페넬로페는 얼마나 갸륵한 마음씨를 지녔단 말인가. 이카리오스의 따님은 남편 오디세우스의 귀국을 오매불망 기다렸으니. 그런 까닭에 그녀의 덕행이 쌓은 명예는 언제까지고 결코 사라지지 않을 것이다. 불사의 신들은 언제나 조심성을 잃지 않는 페넬로페를 위해 지상의 인간들에게 아름다운 노래로 칭송할 것이오. 이에 반해 나의 악처인 클리타임네스트라처럼 못된 짓을 계획해서 남편을 죽여버린 것과는 애당초부터 상대도 안 되는 일이니까. 그녀에게는 끔찍스러운 긴 노래가 인간 세계에 울려 전해질 것이오. 그리하여 여성들 모두의 이름을 더럽히는 원인이 되겠지. 좋은 행동을 하는 정직한 여자에게 조차 말이오."

그들은 서로 이런 일들을 이야기하고 있었다. 땅속 깊숙한 곳에 있는 하데스의 궁전 안에 서서 말이다.

한편 오디세우스 일행은 마을을 떠난 지 얼마 안 가서, 아버지 라에르테스의 잘 손질되어 있는 농장에 이르렀다. 여기는 옛날부터 라에르테스가 차지한 영지로서 무척 고생한 보답으로 받은 것이었다. 이곳에 그의 집이 있고, 그 집을 사방으로 둘러싸 행랑이 쭉 이어져 있었다. 그곳은 하인들이 식사도 하고 쉬기도 하는 장소였다. 또 집에는 시칠리아 출신의 늙은 하녀가 일하며 노인 라에르테스의 수발을 들고 있었다. 그리하여 오디세우스는 돼지치기 에우마이오스와 소치기 필로이티오스와 아들에게 말했다.

"이제부터 너희들은 집으로 가, 돼지 중에서도 가장 살진 놈을 골라 잡아 점심 준비를 해라. 그동안 나는 아버님을 뵙고 올 것이다."

돼지치기 에우마이오스에게 무기를 건네는 오디세우스

　이렇게 말하며 하인들에게 자기의 무장을 건네주었다. 두 하인은 곧 집을 향해 갔다. 그리고 오디세우스는 풍성하게 열매를 맺은 포도밭 근처로 갔는데, 거기에 돌리오스의 모습은 보이지 않고 다른 머슴이나 그의 아들들도 눈에 띄지 않았다. 그는 큰 과수원으로 떠난 뒤였으며, 머슴들도 포도밭 울타리를 만들기 위해 돌을 주워 모으러 따라간 참이었다. 노인 돌리오스가 모두의 앞장을 서서 길을 안내해 갔던 것이다. 오디세우스는 마침 부친이 혼자 있는 곳에 이르게 되었다.

　아버지는 잘 손질된 밭의 잡초를 뽑고 있는 참이라, 누덕누덕 기운 초라하고 지저분한 옷을 입고, 정강이에는 쇠가죽으로 이어 만든 행전을 감아 매고, 두 손에는 장갑을 끼고 있었다. 이때 참을성 많은 오디세우스는 너무도 노쇠하고 비참해 보이는 아버지의 모습을 바라보고는 키가 큰 야생 배나무 밑에 멈춰 서서 눈물을 흘리고 있었다. 그리고 가슴속으로 이리저리 망설였다. 자기 아버지한테 매달려 입을 맞추고 그동안의 자초지종을 남김없이 이야기해 드려야 할지, 아니면 우선 천천히 말을 걸고 뜸을 들여보는 게 옳을지 하고. 그런 생각을 하는 동안에 처음에는 짓궂은 말을 걸어서 마음을 떠보는 것이 좋겠다고 판단했다. 그렇게 생각한 후 존엄한 오디세우스는 곧장 그를 향해 걸어갔다. 늙은 아버지는 머리를 숙이고 나무 주위를 이제 막 파헤치려고 하던 참이었다. 명예로운 아들이 그 옆으로 다가가 말을 걸었다.

"노인장이여, 과수원을 가꾸는 솜씨가 훌륭하구려. 정말 잘 가꾸어 놓았어요. 어느 것이든 좋아 보이는군요. 무화과나무도 포도나무도 모두 튼실하고 말이오. 그런데 단 한 가지 흠잡을 게 있는데, 영감님께서는 정작 자신의 몸은 돌보지 않으시군요. 늙으면 처량하기 짝이 없는데, 남루하기 짝이 없는 의복을 입으시다니요. 그런데 제가 뵙기에는 영감님의 풍채가 적어도 왕의 지위에 계신 분 같군요. 이렇듯 고생스럽게 일할 분이 아니라, 편히 쉬면서 남은 여생을 보내실 분처럼 보인단 말입니다. 자, 숨김없이 말씀해 보시지요. 이곳은 누구의 과수원이며, 여기가 바로 이

오디세우스와 라에르테스_ 얀 스티카의 작품
오디세우스가 아버지 라에르테스와 상면하는 장면이다.

타케입니까? 길에서 만난 어느 분께 물었는데, 그분은 잘 모르시더군요. 제 친구를 수소문하는데도 그가 아직 살아 있는지, 아니면 죽었는지 전혀 들은 척도 하지 않더군요. 한때 저는 이곳에서 오신 분을 환대해 드린 적이 있습니다. 그는 이타케 태생이고, 아버지는 아르케이시오스의 아들 라에르테스라고 하더군요. 저는 그분을 제집으로 모셔다가 잘 대접한 뒤 금 7달란트, 꽃을 새긴 순은 술병, 옷 열두 벌에 많은 담요며 화려한 외투, 그리고 튜닉 등을 선물했답니다. 게다가 일을 아주 잘하는 네 명의 시녀까지 데려가게 했지요."

그러자 라에르테스는 울면서 대답했다.

"손님께서 찾으시는 곳이 바로 이곳입니다. 하지만 이곳은 이미 무례한 자들의 손에 들어가 있어서 그 많은 선물들은 모두 헛것이 되었소이다. 만일 그 아이가 이곳에 살아 있어 손님을 만난다면 얼마나 기뻐하겠소. 아마 정성을 다해 은혜에 보답코자 했을 거요. 자, 그럼 말씀 좀 자세히 들어봅시다. 진정 내 아들을 언제 만나셨습니까? 아, 참으로 불운한 자식은 아마도 너른 바다에서 물고기의 밥이나 짐승의 밥이 되지는 않았을는지. 그런데도 그 아이가 어떻게 되었는지 모르니, 장사도 못 지내고 울어보지도 못한다오. 마음이 꿋꿋한 내 며느리조차 그의 눈을 감겨 주지도 못했고 버젓하게 입관한 모습을 보며 실컷 울지도 못했다오. 이런 일들이 모두 죽은 사람에 대한 예의인데도 말이오. 그리고 내게 당신에 대해 확실한 걸 말해 주기를 바라오. 잘 알아들을 수 있게 말이오. 도대체 당신은 누구시며 어느 나라에서 오셨는지, 그리고 당신 고향은 어디며 양친은 계신지. 그리고 빠른 배를 어디에 대어 놓았는지, 당신을 이곳까지 데려온 그 배 말이오. 또 뱃사람들을 부려 같이 왔는지 아니면 승객으로 남의 배를 타고 오셨는지, 그 배는 당신을 내려놓고 이미 떠나 버린 건지 말해 주시오."

그러자 지혜로운 오디세우스가 대답했다.

"그렇다면 제가 모든 걸 충분하게 납득이 가도록 말씀드리지요. 저는 알리바스 출신으로 폴리페몬의 손자이자 아페이다스의 아들이며, 이름은 에페리토스입니다. 어느 신께서 인도하셨는지 저는 시카니아로부터 이곳에 오게 되었습니다. 제 배는 저기 성으로부터 떨어진 곳에 정박해 있습니다. 오디세우스를 만난 지는 5년이 되었습니다. 팔자가 기구했지만 그가 떠나갈 때에는 새들이 오른쪽으로 날아가 좋은 징조를 보이더군요. 그래서 그와 저는 매우 기뻐하며 작별하였고, 또 다시 만나 우정을 나누자고 기약했었지요."

이렇게 말하자 노인은 깊은 절망에 빠져 몹시 신음하면서, 두 손으로 검은 잿먼지를 움켜쥐고 잿빛 머리칼에 마구 뿌려댔다. 사랑하는 아버님의 이런 모습을 보자 오디세우스의 마음은 마구 흔들려 콧구멍에서 돌연 단 콧김이 흘러나왔다. 결국 참지 못한 그는 아버지께 달려들어 입을 맞추며 말했다.

"아버님, 제가 왔습니다. 바로 아버님이 밤낮없이 그리던 제가 왔습니다. 아버님, 이제 눈물을 닦으시고 그만 울음을 그치십시오. 아버님, 제 말씀 좀 들어보세요. 꿈에 그리던 고국 땅에 와, 궁중에서 구혼자들의 몸서리쳐지는 포악무도한 행동에 대해 보복을 했습니다."

그 말에 라에르테스가 대답했다.

"정말 여기 있는 당신이 내 아들 오디세우스라면, 그럼 자, 어서 무엇이든 뚜렷한 증거를 말해 주시오. 내가 진심으로 납득이 가도록."

이에 오디세우스가 말했다.

"네, 우선 이 흉터를 보시지요. 제가 외할아버님 댁에 갔다가 멧돼지의 흰 송곳니에 찔린 자국입니다. 이걸 믿기 어려우시다면 그럼 우리 과수원에 대해 말씀드리겠습니다. 언젠가 제가 아주 어렸을 때, 아버님은 저에게 나무 이름을 일일이 가르쳐 주셨습니다. 배나무 열 세 그루, 사과나무 열 그루, 무화과나무 사십 그루를 주셨지요. 그리고 포도나무 오십 고랑을 저한테 주신다고 하셨는데 이것은 절기를 달리하여 열리고, 송이도 여러 가지 모양이라고 말씀하셨지요."

그의 거침없는 말에 노인은 갑자기 부들부들 몸을 떨며 기절해 버렸다. 틀림없이 아들이었던 것이다. 잠시 후에 정신을 차린 라에르테스는 기운을 모아 기원했다.

"제우스 아버지시여, 인간 세상을 다스리는 여러 신들이시여, 얼빠진 구혼자들에게 복수를 했다면, 오, 참으로 두렵나이다. 이제 이타케 시민들이 불같이 일어나 우리에게 대항하지 않겠나이까?"

그 말에 지혜가 풍부한 오디세우스가 대답했다.

"안심하십시오. 결코 그런 일이 아버님 마음을 괴롭혀 드리지는 않을 테니까요. 그보다도 어서 집으로 가시지요. 과수원 바로 옆에 세워져 있는 집 말입니다."

◀ 오디세우스와 라에르테스의 조각상

그곳에는 텔레마코스와 소치기와 돼지치기가 이제 막 많은 고기를 썰어서 나누고, 붉게 빛나는 포도주를 섞는 참이었다. 그동안 기상이 높은 라에르테스는 자신의 집 안에서 단장을 했다. 시칠리아 태생의 시녀가 그를 목욕시키고, 올리브 기름을 살갗에 바르고, 그 어깨에 아름다운 망토를 입혀 주었다. 그러자 아테나 여신은 그의 곁에 바싹 다가가서, 백성들의 어진 우두머리의 팔과 다리를 보기 좋게 살찌우고 전보다도 훨씬 굵고 튼튼하게 했다. 그리하여 그가 욕실에서 나오자 사랑하는 아들도 감탄하여 말했다.

"아버님, 참으로 영생의 신께서 아버님을 더욱 위엄 있게 해주셨습니다."

오디세우스가 아버지의 포도밭을 찾아가 아버지를 만나는 장면

아버지 라에르테스, 충직한 하인 돌리오스와 재회하는 오디세우스

이에 현명한 라에르테스가 대답했다.

"오, 제우스 아버지와 아테나, 그리고 아폴론께서 난공불락의 성 네리코스를 점령했을 때로 돌아가게 해주시고, 궁에서 너를 돕도록 해주셨다면 좋았을걸! 그랬다면 나도 그놈들의 정강이를 분질러 너를 좀 놀라게 해주었을 텐데!"

이들은 음식 준비가 다 되자 차례로 의자에 앉아 식사를 했다. 이때 돌리오스 노인과 그의 아들들이 들어왔다. 시칠리아 출신 노파가 불러온 것이다. 이들은 오디세우스를 알아보고는 기뻐서 어찌할 바를 몰라하며 멍하니 서 있었다.

오디세우스가 반갑게 인사했다.

"할아범! 아까부터 그대들을 기다리던 참이야. 자, 어서 앉아 식사를 하게나. 반갑고 놀라운 일들은 잠시 잊기로 하세. 지금은 그저 고픈 배를 채우고 싶은 생각뿐이네."

이렇게 말하자 돌리오스는 다짜고짜 두 팔을 벌리고 그를 향해 다가갔다. 그리고 오디세우스의 손을 잡고 그 손목에 입을 맞춘 다음, 가슴이 벅차 그를 향해 높은 소리로 말을 걸었다.

"아아, 그리운 오디세우스 님, 기다리던 우리한테로 와 주셨군요. 전혀 생각지도 못했는데, 이렇게 모셔온 건 틀림없이 신들이겠지요. 정말 기쁘고 고마운 일입니다. 이렇게 무사하시게 신들께서 복을 내려주셨으니. 그런데 한 가지, 이 일만은 확실히 우리한테 말씀해 주십시오. 우리가 잘 알아듣도록 말입니다. 지혜와 분별이 밝으신 페넬로페 님은 벌써 당신께서 돌아오신 걸 아시는지, 아니면 급히 전령을 보내셨는지요."

그 말에 지혜로운 오디세우스가 대답했다.

"아무 걱정 말게, 할아범. 그녀도 벌써 알고 있으니까."

이렇게 말했으므로 그는 다시 잘 닦인 의자에 걸터앉았다. 그와 때를 같이해서 돌리오스의 아들들도 이름 높은 오디세우스를 둘러싸고 그 손에 매달려 환영하는 말로 인사를 했다. 그리고 차례차례 아버지인 돌리오스 곁에 가서 앉았다.

이렇게 그들이 집 안에서 식사하기에 여념이 없는 동안 발이 빠른 전령이 구혼자들의 살육 소문을 온 마을에 전하고 다녔다. 사람들은 이 소문을 듣자 곧 사방팔방에서 달려 나와 탄식하고 신음하며, 오디세우스의 성 앞으로 몰려와서 제각기 시체를 운반해 장례를 치렀다.

구혼자들의 시체를 발견하고 놀라는 그 가족들

또 다른 나라에서 온 사나이들의 시체는 빨리 달리는 배에 태워 뱃사
람들에게 각자의 집에까지 데려가도록 보내 주었다. 그리고 그들은
모두 함께 모여 마음 아파하며 비탄에 젖어 회의 장소로 나갔다. 그리
하여 모두 한자리에 모여 회합을 했는데, 그중에 에우페이테스가 일
어서서 말했다. 그럴 수밖에 없는 것이 아들 안티노오스에 대한 뼈아
픈 비탄이 가슴속에 사무쳐 있었기 때문이었다. 안티노오스는 오디세
우스가 맨 처음 죽인 인물인데, 그 아들 생각에 눈물을 흘리면서 그는
회의 좌석에서 사람들을 향해 말했다.
  "시민들이여, 정말 우리는 너무나 끔찍한 일을 당했습니다. 자, 보
십시오. 고귀한 청년들을 배에 가득 싣고 나가서는 혼자서 귀국하더
니, 또다시 수많은 케팔레니아 정예 인사들을 몰살하지 않았습니까?

여러분, 우리 모두 그가 필로스나 엘리스 땅으로 달아나기 전에 잡읍시다. 여기서 그냥 주저앉는다면 장차 우리는 얼굴을 들고 다닐 수 없을 것입니다. 우리가 만일 우리의 자손과 형제 들의 복수를 하지 못한다면, 그 오명을 자손만대에 걸쳐 벗지 못할 것이오. 그때는 더 이상 인생을 살아갈 가치가 없을 것이오. 차라리 죽어간 그들의 뒤를 따라감만 못하리다. 자, 시간이 없소이다. 그들이 이미 바다를 건넜을지도 모르오."

그의 눈물 어린 호소에 아카이아 시민들 중에서 눈물을 흘리지 않는 자가 없었다. 이때 고명한 음유시인과 메돈이 군중들 가운데에 서자 모두들 이상하게 여겼다. 그들은 오디세우스의 집에서 잠이 깨자 곧장 나오는 길이었다. 지혜로운 메돈은 먼저 나서서 상황을 설명했다.

"이타케 동포들이여, 잠시 진정하시고 제 말씀을 들으시지요. 실로 신의 계시가 없었다면, 오디세우스는 감히 이러한 사건을 저지르지 못했을 겁니다. 아니, 제가 직접 목격했습니다. 불사의 신은 멘토르의 모습으로 변신하여 오디세우스 옆에 서 있었습니다. 불사의 신이 오디세우스를 격려하는 한편 구혼자들을 위협하였기 때문에, 모두들 쓰러졌던 것이지요."

이렇게 말하자, 모여 있던 사람들은 너나 할 것 없이 새파랗게 질려서 두려움에 떨었다. 그때 또 모두를 향해 마스토르의 아들인 할리테르세스 노인이 말을 걸었다. 이 사람은 그들 중에서 유일하게 옛날 일을 보듯 앞으로 일어날 일도 볼 수 있는 터라 이 회의의 결과가 어떠할지 알 수 있었기 때문이다. 그가 모두를 염려하며 일어나 말했다.

"자, 이타케 여러분, 내가 이제부터 말하는 것을 부디 잘 들으시오.

여러분, 이런 결과를 가져오게 된 것도 모두 당신들의 마음이 약한 탓이었소. 무슨 일이든 당신들은 내 말을 전혀 들은 척도 안 했으며, 심지어 백성들의 지도자인 멘토르 님을 따르지도 않았소. 멘토르 님은 당신들에게 분명히 말씀하셨지. 당신들 아들들의 어리석은 행동을 그만두게 하라고 말이오. 하지만 당신들은 말을 듣지 않았고, 당신들의 아들들 또한 고약한 생각을 품고 악랄한 소행을 일삼아 왔소. 지체 높으신 분의 재산을 털어먹고 그 배우자에게 무례한 짓을 해가면서 말이오. 그가 이제는 영원히 돌아오지 못하리라는 생각에서. 그러니 이제라도 내 말을 들으시오. 쫓아가는 건 그만두는 게 좋겠소. 자칫해서 스스로 불행을 초래하고 그걸 뒤집어써서는 안 되니까요."

이렇게 말하자 그들 가운데 반수 이상이 큰 소리로 외치면서 자리에서 벌떡 일어섰다. 한편 보다 적은 수의 그 밖의 사람들은 함께 모여 그대로 그곳에 남았다. 그들 대다수에게는 할리테르세스의 말이 귀에 거슬렸고, 에우페이테스의 말이 옳게 여겨졌기 때문이다. 그래서 그들은 무구를 가지러 급히 달려갔다. 번쩍거리는 청동 갑옷을 입고 널찍한 마을 입구에 모두 집결하였다. 에우페이테스가 그들을 직접 진두지휘했다.

그때 아테나가 제우스에게 기원했다.

"크로노스의 아드님이시며 신들의 신이신 우리의 아버지시여, 당신 마음속에 품은 뜻은 대체 무엇입니까? 또다시 전쟁을 일으켜 무서운 소란을 계속하실 작정이십니까? 아니면 그들에게 우의를 확립하실 생각이십니까?"

그러자 하늘을 주재하는 제우스가 대답했다.

제우스와 아테나 여신_ 르네 앙투안 우아스의 작품
올림포스의 주신 제우스와 딸인 아테나 여신은 오디세우스가 벌인 일은 종결하고 평화를 이루기를 원한다.

"얘야, 어찌하여 나에게 자꾸 물어대느냐? 네가 스스로 오디세우스가 돌아오는 길로 즉시 복수하도록 작전을 세운 것이 아니냐? 너 좋을 대로 하거라. 굳이 내 의견을 알고 싶다면 말해 주마. 자, 이제 위대한 오디세우스가 구혼자들에게 원수를 갚았으니, 그의 일생 동안 길이 왕권을 누리도록 하여라. 또한 시민들이 형제며 자식 들을 살해당한 원한을 잊게 하자꾸나. 그리하여 양쪽이 옛날처럼 서로 사랑하여 각기 풍요롭게 행복을 누리도록 하는 것이 좋겠구나."

이렇게 제우스가 아테나의 사기를 더욱더 북돋워 주자, 아테나는 얼른 올림포스산 꼭대기에서 아래로 내려갔다.

한편 꿈맛 같은 식사를 마친 영웅 오디세우스가 입을 열었다.

"누구든지 밖을 살펴보고 오게나. 마을 사람들이 몰려와서 근처에 있으면 큰일이니까."

이렇게 말하자, 돌리오스의 아들 가운데 하나가 시키는 대로 밖으로 나가 문지방에 올라서서 바라보자, 이미 마을의 무리들이 근처에 모두 모습을 나타낸 것이었다. 그는 이내 되돌아와서 오디세우스를 향해 흥분하여 말했다.

　"큰일났습니다. 그들은 벌써 가까운 곳에 와 있습니다. 그러니 빨리 무장을 해야만 되겠습니다."

　이렇게 말하자 그들은 모두 일어서서 무장을 했다. 오디세우스 일행 네 명과 돌리오스의 아들 여섯 명, 게다가 라에르테스와 돌리오스도 머리는 백발이 되었지만 그래도 전사가 되어 갑옷을 입었다. 그들은 모두 오디세우스를 앞장세우고 밖으로 밀고 나갔다.

　그 사람들 바로 가까이에 제우스 신의 딸 아테나 여신이, 그 목소리부터 모습까지 멘토르와 똑같이 하고 왔다. 그 모습을 보고 참을성 있고 존엄한 오디세우스는 몹시 기뻐하며, 곧 자기의 사랑하는 아들 텔레마코스에게 말했다.

　"텔레마코스여, 이제는 너도 그만한 위치에 이르렀으니 각오는 되었겠지. 전쟁에 나가는 무사들 가운데 누가 가장 뛰어난지 결정되려는 참이다. 바로 조상을 욕되게 하지 않겠다는 각오 말이다. 우리 집안은 예전부터 무력에서나 용맹함에서나 온 세계에서 뛰어났으니까."

　그 말에 텔레마코스가 사려 깊게 대답했다.

　"아버님, 이번 기회를 저에게 주십시오. 아버님 말씀대로 저 역시 우리 집안의 혈통을 티끌만큼도 더럽히지 않겠사옵니다."

　텔레마코스의 굳은 결의를 보고 라에르테스도 매우 기뻐하며 말했다.

"오, 오늘은 참으로 영광된 날이로구나. 신이시여, 제 아들과 손자가 이처럼 무용을 겨루니 저는 정말 행복한 사람입니다."

그러자 빛나는 아테나 여신이 그 옆에 다가서서 그를 향해 말했다.

"이것 보아요, 아르케이시오스의 아들이여, 나의 모든 전우들 중에서 특히 친한 친구여! 빛나는 눈의 여신과 위대한 제우스 신에게 기원을 한 다음, 곧 긴 그림자를 만들어 내는 창을 잘 휘둘러 던져 보시오."

이렇게 말하고 아테나 여신은 대단한 기력을 노인에게 불어넣어 주었다. 그래서 그도 위대한 제우스 신의 따님에게 기도를 드리고 바로 기다란 창을 잘 휘둘러 던져, 에우페이테스의 투구를 맞혀 그 청동 볼

라에르테스에게 말하는 아테나 여신
아테나 여신은 오디세우스의 아버지 라에르테스에게, 창을 들어 안티노오스의 아버지 에우페이테스에게 던질 것을 명한다.

가리개를 꿰뚫었다. 투구가 창을 막아내지 못하여 청동 창끝이 사정없이 안으로 들어갔다. 에우페이테스가 요란한 소리를 내며 쓰러지자 갑옷이 그의 몸 위에서 딜그렁하고 울었다. 그러자 오디세우스와 명예로운 아들은 적군의 선두 대열에 뛰어들어, 때로는 검으로 때로는 쌍지창으로 적을 무찔렀다. 그야말로 염소가죽 방패를 가진 아테나 여신이 큰 소리로 외치고 적의 군사를 만류하지 않았더라면, 한 사람도 살아서 돌아갈 수 없었을지도 몰랐다.

"전투를 중지하시오. 이타케 여러분, 처참한 전쟁에서 더 이상 피를 흘리지 않고 한시라도 빨리 일을 수습하도록."

공포에 질린 그들은 여신의 명령대로 손에서 무기를 버리고 성을 향해 발길을 돌렸다. 그러나 오디세우스는 무섭게 고함을 지르며, 하늘을 나는 독수리처럼 덤벼들었다. 이때 제우스가 번쩍거리는 번갯불을 보내니 아테나 여신의 발밑에 떨어졌다. 그때 오디세우스를 향해 빛나는 눈의 아테나 여신이 말했다.

"제우스의 후손인 라에르테스의 아들이며 지혜가 풍부한 오디세우스여, 그만두게나. 모두에게 꼭 같은 피비린내 나는 전쟁은 이제 그만둬. 넓은 하늘에 천둥을 울리시는 제우스 신께서 자칫 그대에게 화를 내시면 안 되니까."

아테나 여신의 만류에 오디세우스는 내심 기뻐했다. 마침내 아테나 여신은 양측을 설득하여 미래를 위한 화해의 서약을 맺도록 하였다.

오디세우스의 원죄

오디세우스가 자신의 아버지 라에르테스를 만나 뜨거운 부자의 정을 나누고, 구혼자들 중 안티노오스의 아버지 에우페이테스를 물리침으로써 이타케는 평화를 되찾고 대단원의 막을 내린다.

주인공인 오디세우스는 냉철하고 이기적이면서 또 교활한 측면도 있지만 위기의 순간에는 자신의 기지로 빠져나가기 때문에 "좋아하기는 쉽지 않아도 경의를 표하게 되는 인물"이라고 할 수 있다.

오디세우스는 트로이아 전쟁의 위대한 영웅인데도 고향 이타케로 돌아오기까지 장장 20년이라는 세월을 허비한다. 그렇다면 어떤 연유로 갖은 고난을 겪은 이후에야 고향으로 돌아갈 수 있었을까?

그것은 신의 노여움을 샀기 때문이다.

오디세우스는 그리스군의 승리를 위해 트로이아성에 숨어들어 신성한 팔라디온을 훔침으로써 신으로부터 분노를 사게 된다. 또한 바다의 신 포세이돈의 아들 폴리페모스의 하나뿐인 눈을 실명시켰기 때문에 포세이돈으로부터 분노를 사 바다에 표류하게 된다.

그러나 신들의 분노 탓이라기보다는 인간의 이기심 탓에 귀향이 늦어졌다고 볼 수도 있다. 대표적인 사례로는 오디세우스가 키르케와 칼립소의 아름다움에 취하여 세월을 보낸 점, 그리고 그의 동료들이 이타케에 닿았을 때 바람주머니를 열어보는 바람에 역풍으로 배를 돌리게 된 점 등이다.

부록

명화 속의 뒷이야기

오디세우스를 사랑한 칼립소

그리스 신화에서 칼립소는 오기기아라는 신비의 섬에 사는 님페로서 티탄족 아틀라스의 딸로 알려져 있다. 칼립소에 관한 유명한 일화는 대부분 호메로스의 대서사시 《오디세이아》를 통해 전해진다. 오디세우스는 약 10년간 벌인 정쟁을 매듭짓기 위해 '트로이 목마'를 고안하여 그리스군을 승리로 이끈다. 이후, 고향 이타케로 돌아가기 위해 다시 10년의 세월을 떠돌게 되는데, 그중 7년이 칼립소와 함께 보낸 시간이었다. 칼립소가 오디세우스를 처음 만난 때는 이미 그가 트로이아를 떠나 수년간의 험난한 고초를 겪은 뒤였다.

네덜란드 출신의 화가 코르넬리스 반 푸렌뷔르흐가 그린 그림에서 알 수 있듯 오디세우스는 괴물 스킬라와 카립디스, 또한 신의 저주로 발생한 풍랑으로 인해 부하들을 모두 잃고 부서진 배의 파편에 의지해 간신히 살아남아 칼립소에게 구출된다. 그림에는 오디세우스의 모습이 보이지 않고, 칼립소의 손을 잡으려는 오디세우스의 손만 보인다.

오디세우스의 난파_ 코르넬리스 반 푸렌뷔르흐의 작품

님페 칼립소의 손님 오디세우스_ 헨드리크 반 발렌의 작품

칼립소는 자신이 구해 준 오디세우스에게 반해 그를 곁에 붙잡아 두고 있었다. 이곳에 머문다면 영원히 늙지도 죽지도 않게 해주겠다는 말로 오디세우스의 환심을 사고자 했고, 밤에는 그와 동침하며 욕망을 달래주었다. 하지만 오디세우스는 마음속으로 고향에서 자신을 기다리고 있을 아내 페넬로페와 아들 텔레마코스를 그리워하며 하루하루를 보내고 있었다.

17세기에 활동한 벨기에의 화가 헨드리크 반 발렌이 묘사한 이 작품에서는 오디세우스를 위해 갖가지 음식을 차려놓고 그에게서 눈길을 떼지 않고 있는 칼립소가 보인다. 또한 화면 속에 등장하는 다양한 동물들은 세상을 이룬다고 여긴 4가지 요소인 공기, 물, 불, 흙을 뜻한다. 이 작품은 신화의 내용을 전달하는 한편, 당시 지식인들의 서재 혹은 집무실에 걸어놓는 용도로 제작된 일명 '캐비닛 그림'이기도 하다.

작품 완성을 위해 세 명의 작가가 함께 참여했는데, 반 발렌은 인물들을 그렸고, 얀 브뤼헐은 동물들을, 풍경화가 요스 데 몸퍼는 우거진 수풀과 바위산을 각각 그렸다고 알려져 있다. 당시에는 그림에 대한 수요가 많았으므로, 이처럼 몇몇 화가가 각자의 특기를 발휘해 분업조로 협업한 작품도 종종 보인다.

칼립소의 극진한 대접에도 불구하고, 고향에 두고 온 아내와 자식을 그리워하는 오디세우스의 마음은 깊어만 갔다. 이러한 오디세우스의 심경을 가장 잘 드러낸 작품이 아마도 아르놀트 뵈클린의 〈오디세우스와 칼립소〉가 아닐까 한다.

화면 왼쪽에 등을 보이고 서 있는 오디세우스는 마치 바위에서 솟아난 석상처럼 보인다. 미동조차 느껴지지 않는 검은 뒷모습에서 그의

오디세우스와 칼립소_ 아르놀트 뵈클린의 작품

오디세우스를 그리워하는 칼립소_ 앙리 레만 의 작품

사무치는 그리움과 고통이 배어 나오는 듯하다. 한편, 붉은 천 위에 하얀 나신을 드러낸 채 그를 바라보는 칼립소의 눈길 역시 예사롭지 않다. 대각선으로 이어지는 그녀의 집요한 시선에는 사랑하는 이의 마음을 알면서도 놓아주고 싶지 않은 욕망과, 그 반대편을 서성이는 서운함이 뒤섞여 있다.

오디세우스의 처지를 안타깝게 여긴 아테나 여신이 나서면서, 둘의 갈등은 해결 국면을 맞이한다. 아테나는 올림포스의 신들이 모인 자리에서 제우스에게 '이 위대한 영웅이 집으로 돌아갈 수 있게 도와 달라'고 청을 올렸다. 그러자 제우스는 신들의 전령 헤르메스를 시켜 칼립소에게 오디세우스를 풀어 주라는 자신의 명령을 전하도록 했다. 칼립소는 마지못해, 그러나 신속하게 신들의 제왕의 명령에 따라 오디세우스가 섬을 떠날 수 있도록 돕기로 한다. 그러고는 오디세우스에게 뗏목을 만들 수 있는 튼튼한 도끼와 잘 마른 나무를 준비해 주고 마침내 뗏목이 완성되자 물과 포도주, 그리고 식량까지 넉넉히 챙겨서 그의 뗏목을 순풍으로 밀어주었다.

텔레마코스의 여행

　텔레마코스는 오디세우스와 페넬로페 사이에서 태어난 아들로 이타케의 왕자였다. 그는 트로이아 전쟁이 끝난 후에도 아버지가 돌아오지 않자, 아버지의 행적을 찾아 항해에 나선다. 이때 아테나 여신은 멘토르로 변신하여 그를 인도하며 조언을 한다.

폴리카스테_ 얀 스티카의 작품
필로스의 왕 네스토르의 딸인 그녀는
텔레마코스와 결혼한다.

　텔레마코스가 여행 목표로 삼았던 곳은 은빛 모래로 유명한 필로스로, 트로이아 전쟁의 영웅 네스토르가 지배하는 나라였다. 이곳에서 그는 네스토르의 딸 폴리카스테를 만났는데, 그녀는 텔레마코스를 목욕시키고 몸에 감람유를 발라 주었다. 이것이 인연이 되어 두 사람은 사랑하는 관계가 되었고, 그녀는 페르세폴리스라는 아들을 낳았다.

텔레마코스를 반기는 칼립소_ 윌리엄 해밀턴의 작품

텔레마코스의 두 번째 여행 목표는 라케다이몬의 메넬라오스왕을 만나는 일이었다. 메넬라오스는 트로이아 전쟁의 원인이 되었던 헬레네의 남편으로 아가멤논의 동생이자 오디세우스와는 절친한 관계였기에, 그를 만나면 아버지의 행방을 알까 해서였다.

그러나 메넬라오스도 아버지의 행방을 알지 못했고, 텔레마코스가 오디세우스의 아들이라는 것을 알게 된 이후에는 헬레네와 더불어 융숭한 대접을 해준다.

호메로스의 《오디세이아》 4권까지의 내용은 바로 이 텔레마코스의 이야기로 이루어져 있다. 그러나 화가들이 그린 텔레마코스의 일화는 《오디세이아》보다는 프랑스 절대왕정 시기의 대주교 프랑수아 드 페늘롱이 쓴 소설 《텔레마코스의 모험》에서 전하는 장면을 토대로 한 경우가 많다.

페늘롱에 따르면 텔레마코스는 멘토르와 함께 오디세우스를 찾아 다니던 중 폭풍우를 만나 오기기아섬에 표착한다. 그때까지 오디세우스를 잊지 못하고 있던 칼립소는 텔레마코스가 자신이 사랑했던 이의 아들임을 한눈에 알아채고 그와 멘토르를 환대한다.

18세기 영국의 화가 윌리엄 해밀턴의 작품에는 텔레마코스가 오디세우스의 아들이라는 것을 한번에 알아본 칼립소가 그에게 모험담 이야기를 청한다. 그녀는 텔레마코스의 이야기에 마음을 빼앗겨, 자신과 함께 살자고 유혹한다. 18세기 프랑스의 화가 장 라우의 작품에는 칼립소가 청년을 붙잡아 두기 위해 모험담을 들려달라고 청한 뒤, 이야기를 듣고 있는 장면이 묘사되어 있다.

텔레마코스는 칼립소의 유혹을 외면하고, 그녀의 시녀들 중 하나인

텔레마코스의 이야기를 듣는 칼립소_ 장 라우의 작품

님페 에우카리스와 사랑에 빠진다. 그러나 텔레마코스와 에우카리스도 오디세우스와 칼립소의 경우와 마찬가지로 헤어질 수밖에 없는 운명이었다. 텔레마코스에게는 아버지를 찾아야 하는 숭고한 사명이 있었기 때문이다.

여류 화가인 안젤리카 카우프만의 작품 〈오기기아섬의 텔레마코스〉를 보면 칼립소는 멘토르와 이야기를 나누고 있으며, 텔레마코스는 에우카리스와 님페들과 어울려 즐거운 시간을 보내고 있다. 질투심에 사로잡힌 칼립소는 분노하였다. 텔레마코스는 멘토르와 함께 칼립소의 노여움을 피해 낭떠러지에서 몸을 던져 바다로 뛰어들고는 지나던 배에 간신히 올라탐으로써 오기기아섬을 탈출한다.

아프로디테 여신의 방해로 텔레마코스와 멘토르는 이타케 대신에

오기기아섬의 텔레마코스_ 안젤리카 카우프만의 작품

살렌토 지방에 도착한다. 프란츠 힐의 작품 〈에로스의 화살을 막는 아테나 여신〉을 보면 텔레마코스가 에우카리스와 헤어져 슬픔에 젖어 있는 중에, 칼립소의 편을 드는 아프로디테가 자신의 아들 에로스를 통해 텔레마코스에게 사랑의 화살을 쏘게 하자 아테나 여신이 이를 방패로 막는다. 결국 아프로디테 여신은 텔레마코스의 배를 살렌토 지역으로 돌린다.

살렌토는 크레타에서 쫓겨난 왕 이도메네우스가 다스리고 있었다. 왕은 텔레마코스와 멘토르를 환영한다. 살렌토는 이웃 마을과 전쟁을 벌이고 있었는데, 멘토르의 탁월한 중재 덕분에 전쟁을 종결짓는다.

멘토르는 이도메네우스에게 행정에 관한 적절한 조언들을 하고, 이는 훌륭한 성과로 이어진다. 이도메네우스는 자신의 불행이 자신이

에로스의 화살을 막는 아테나 여신_ 프란츠 힐의 작품

아끼던 신하를 너무 총애한 나머지 덕 있는 왕자를 쫓아낸 탓이었다
고 반성한다. 멘토르의 충고에 따라 사모사섬에 칩거하고 있던 왕자
를 데려온다.

한편, 연합군의 일원으로 전쟁에 참가한 텔레마코스는 트로이아 전
쟁 영웅 중의 한 명인 활의 명수 필록테테스를 만난다. 필록테테스는
텔레마코스에게 자신의 이야기를 들려준다. 텔레마코스는 포로 처리
문제를 둘러싸고 다른 왕과 격렬하게 대립하지만, 이 틈을 노리고 쳐
들어온 적군들을 용감하게 물리친다.

아버지에 대한 불길한 꿈을 꾼 텔레마코스는 지옥에 내려가 보기로

한다. 지옥의 왕은 그에게 아버지를 찾아보라고 허락한다. 텔레마코스와 만난 증조할아버지는 오디세우스가 아직 죽지 않았다고 알려주고, 훌륭한 통치에 대해서도 조언해 준다.

진영에 돌아온 텔레마코스는 군대 내의 갖가지 문제에 대해 현명한 해결책을 제시하여 여러 사람들의 인정을 받는다. 그리고 패배한 적국에 대해서는 가혹한 배상을 강요하는 대신에 관용을 베풀 것을 제안한다. 사태를 원만하게 마무리지은 후에 텔레마코스는 살렌토로 돌아온다. 그런데 살렌토는 이전과 다른 면모를 띠고 있다. 농촌은 번영하는데, 도시는 예전의 사치스러움을 잃고 검소해진 것이다. 이는 그간 멘토르가 시행한 개혁 덕분이었다.

텔레마코스와 안티오페_ 안젤리카 카우프만의 작품

한편 텔레마코스는 이도메네우스의 딸 안티오페에게 반한다. 그녀는 나중에 그의 아내가 될 터이지만, 텔레마코스는 우선 이타케로 돌아가야 한다.

이후 텔레마코스는 항해 중 오디세우스를 사랑한 키르케와 나우시카를 만나 사랑했다고 전해진다. 멘토르는 자신이 아테나 여신임을 밝히고는 사라진다. 이타케로 돌아온 텔레마코스는 돼지치기 에우마이오스의 집에서 오디세우스를 극적으로 만난다.

텔레고네이아

《텔레고네이아》는 고대 그리스의 서사시로서 《오디세이아》의 후속작이다. 저자는 에우가몬이며, 본문은 오래전에 분실되어 전해지지 않지만 여러 학자들의 기록 등에서 언급되고 있다.

《텔레고네이아》는 《오디세이아》의 결말에서 오디세우스에게 죽은 '페넬로페의 구혼자들'을 매장하는 장면으로 시작된다. 오디세우스는 님페들에게 제물을 바치고 엘리스로 항해하여, 다른 문헌에서는 전혀 나타나지 않는 폴릭세노스라는 인물에게 트로포니오스 이야기가 그려진 그릇을 받는다.

오디세우스는 이타케로 돌아와서 다시 테스프로티아로 항해를 간다. 그것은 테이레시아스와 약속했던 희생 제물을 바치기 위해서였다. 테스프로티아에 도착한 오디세우스는 그곳의 여왕 칼리디케와 사랑에 빠져 그 사이에 폴리포이테스라는 아들을 낳는다.

그리고 테스프로티아와 이웃나라 브뤼고이 사이에 전쟁이 벌어지자 오디세우스는 테스프로티아의 편을 들어 참전한다. 이때 전쟁의 신 아레스가 브뤼고이의 편을 드는 바람에 오디세우스가 이끄는 테스프로티아 군은 아레스에게 궤멸을 당한다. 이때 오디세우스의 수호신인 아테나가 개입해 그의 목숨을 구하고, 아폴론이 중재에 나선다. 그러나 전쟁 와중에 칼리디케가 죽고, 그 왕위를 폴리포이테스가 계승한다. 오디세우스는 이타케로 돌아간다.

한편, 오디세우스를 사랑했던 키르케는 그를 떠나보낸 후 아들 텔레고노스를 낳는다. 텔레고노스는 아이아이아섬에서 어머니 키르케의 손에서 자란다. 아테나의 권고로 키르케는 텔레고노스에게 그의 아버지가 오디세우스라는 것을 알려준다. 텔레고노스가 아버지를 찾아 떠나갈 때, 키르케는 아들에게 헤파이스토스가 가오리의 독가시로 만들어 단조한 투창을 건네준다. 항해를 하던 텔레고노스는 이타케에 닿지만, 자기가 상륙한 곳이 어디인지도 모르고 약탈을 시도한다.

오디세우스가 자기 나라를 지키기 위해 나와 싸우던 와중에 텔레고노스가 그를 창으로 죽인다. 가오리의 독가시로 만든 창에 찔려 죽음으로써 《오디세이아》에서 테이레시아스가 말한,

오디세우스의 죽음
아버지를 몰라본 아들 텔레고노스에게 살해당하는 오디세우스. 1350년경의 판화 작품으로 작자 미상이다.

키르케_ 존 윌리엄 워터하우스의 작품
키르케가 마법의 주문을 거는 장면이다.

오디세우스의 죽음은 "바다에서 나올 것"이라는 예언이 이루어진다. 오디세우스가 쓰러져 죽어가면서 자기 정체를 밝힘으로써 부자는 뒤늦게 서로를 알아보게 되고, 텔레고노스는 자신의 실수를 후회한다. 텔레고노스는 아버지의 시신을 아이아이아섬으로 가져가는데, 이 과정에서 페넬로페와 텔레마코스도 데려간다.

키르케는 오디세우스를 닮은 텔레마코스에게 반해 그와 결혼한다. 텔레고노스는 페넬로페를 아내로 맞이하는데, 여기에는 아테나가 둘을 짝지어 줬다는 전승, 키르케가 처음부터 텔레고노스와 페넬로페를 결혼시킬 계획이었다는 전승 등이 있다. 키르케는 텔레고노스와 페넬로페를 불로불사로 만들고, 둘은 엘리시온에서 평생을 행복하게 보낸다는 것으로 서사시가 끝난다.

호메로스의 생애와《오디세이아》작품에 대하여

호메로스는 고대 그리스의 전설적인 음유시인 오르페우스의 후손이라 하나, 그의 가계에 대해 알려진 바는 없다. 다만 20세기 초반까지 호메로스는 약 기원전 750년경 고대 그리스의 이오니아 지방에서 활동하던 이른바 유랑시인으로서, 《일리아스》와 《오디세이아》가 그의 작품이라고 소개되어 왔었다. 그러나 고전 문헌학계에서는 호메로스와 그의 작품을 두고 많은 의문점이 제기되었다.

호메로스에 관해서는 예부터, 특히 18세기 이래 학계에서 끊임없이 논쟁이 있어 왔다. 그 쟁점은 호메로스라고 하는 시인이 실재하여 그가 《일리아스》와 《오디세이아》를 지었는가의 여부이다. 처음에는 실존을 인정했으나, 근대에 와서 독일의 고전학자 볼프가 《일리아스》와 《오디세이아》 가운데 모순이 굉장히 많다는 것(한 번 죽은 것으로 되어 있는 영웅이 후에 다시 전사하는 등)에 착안하면서부터 의문이 시작되고 때로 논쟁이 일었다. 차츰 논쟁이 극단으로 나가 드디어는 "호메로스라는 시인은 실재하지 않았다. 다만 짧은 시가 있었을 뿐으로 이것이 시대의 흐름과 함께 집대성되어 호메로스의 시로 이루어졌다."는 주장에 도달했다.

그러나 오늘날에는 다시 호메로스의 실존을 긍정하는 견해가 유력해지고 있다. 《일리아스》를 세계 최대의 서사시로 드높일 만한 예술적 통일은 한 사람의 위대한 시인이 없이는 생각할 수 없기 때문이다.

"말해 다오, 뮤즈 여신이여. 숱하게 돌아다닌 사내의 행적을.
그 사내는 성스러운 트로이아의 함락 후 너무 멀리까지 헤매었고,
수많은 인간들의 도시를 보고 풍속을 익혔다네.
그리고 바다에서 이루 말할 수 없는 고난을 수도 없이 겪었다네."

그리스 영웅 오디세우스가 트로이아로부터 고향 이타케로 돌아가는 길에 겪는 10년간의 모험을 그린 서사시는 이렇게 시작된다.

시의 주제는 트로이아 전쟁 영웅 오디세우스의 10년간에 걸친 귀향 모험담이다. 이런 이유로 서양 문학사에서는 모험담의 원형으로 주목된다. 《일리아스》와 마찬가지로 시는 총 24편으로 나뉘며, 6각운으로 작곡되었다.

키클롭스 등의 괴물이 등장하기 때문에 아무도 실제 사건에 기반을 둔 작품이라고 생각하지 않았으나, 트로이아 공성전 마지막 1년의 이야기를 다룬 《일리아스》의 사실성 여부가 밝혀진 뒤 추가 연구가 진행되면서 오디세우스가 실제로 표류를 했다는 사실이 드러났다. 대략 기원전 1178년 4월 16일 즈음에 오디세우스가 귀환한 것이라는 학설이 있는데, 이는 《오디세이아》 내에서 묘사된 일식 등을 토대로 한 것이다.

학자들은 문체와 구성이 일관된 《일리아스》에 비해 구성이 뒤죽박죽인 《오디세이아》를 보고 '호메로스라는 이름의 동인이 지은 작품이다.'라든지 '각 지방의 설화들을 모아 호메로스라는 가상의 작가를 내

세워 발표한 글이다.'라는 식의 의문을 제기해 왔다. 그러나 뒤죽박죽
이라고 하기에는 너무도 정교한, 그리고 면밀한 구성이기에 현재는 사
라진 가설이다.

심각한 비극이던 《일리아스》와 비교하면 희극이라고 해도 좋을 정도
지만, 잔인하고 좀 기괴한 모습도 보인다. 하지만 아군 적군 모두 사연
이 있어 비극적이던 《일리아스》와는 달리 선악 구도가 뚜렷하다. 구혼
자들도 확실한 악역인 데다가 무례하고, 오디세우스의 아들 텔레마코
스를 죽이려 한다거나 가문의 재산을 모두 다 갈취하려는 등 온갖 추악
한 계략을 세우므로, 독자들은 그들이 오디세우스에게 처벌받기를 원
하게 마련이다. 또한 사람들의 선입견과는 달리 매우 살벌했던 고대 그
리스의 사회를 생각하면, 오디세이아 내에서의 잔혹성은 당시로선 크
게 문제되지 않았을 것이다.

《오디세이아》는 특히 인간상에서 《일리아스》와 구분된다. 길을 잃고
방랑하는 것을 끝내기로 결정하는 것은 신들의 충고 때문이지만, 그렇
다고 신들이 《일리아스》에서처럼 항상 존재하지는 않는다. 따라서 인간
의 운명은 신들보다는 인간 자신의 고유한 행동에 의해 결정된다. 또한
두려움이 없고 용감하지만 폭력적이고 잔인한 《일리아스》의 영웅들과
는 달리 책임감, 신중함, 현명함, 인내심, 온유함, 용기, 자제심, 상상력
등의 특징을 지닌 오디세우스는 인간성의 이상적인 모습을 보여준다.

장님 호메로스_ 윌리앙 아돌프 부그로의 작품

명화로 보는
오디세이아

초판 1쇄 발행 2018년 10월 15일
개정판 1쇄 발행 2023년 8월 25일

편 역 자 강경수
펴 낸 이 박경준
펴 낸 곳 미래타임즈

표지디자인 김보영
표지디자인 공간42
홍　　보 김선영

주　　소 경기도 고양시 일산동구 장진천길 22-71
전　　화 031-975-4353
팩　　스 031-975-4354
이 메 일 thanks@miraetimes.com
출판등록 2001년 7월 2일 (제 2020-000209호)

ISBN 978-89-6578-191-2 (03920)
값 21,800원